经济法文库（商法系列）

Economic Law Library

上海市第三期重点学科——经济法学（S30902）
上海市教委社科基金重点项目（06ZS58）

# 股东资格研究

ESSENTIALS OF SHAREHOLDER'S QUALIFICATION

◎ 沈贵明 著

北京大学出版社
PEKING UNIVERSITY PRESS

## 图书在版编目(CIP)数据

股东资格研究/沈贵明著.—北京:北京大学出版社,2011.6
(经济法文库.商法系列)
ISBN 978-7-301-18975-7

Ⅰ.①股… Ⅱ.①沈… Ⅲ.①股份有限公司-股东-公司法-研究-中国 Ⅳ.①D922.291.914

中国版本图书馆CIP数据核字(2011)第106652号

| | |
|---|---|
| 书　　　名: | 股东资格研究 |
| 著作责任者: | 沈贵明　著 |
| 责 任 编 辑: | 徐　音　王业龙 |
| 标 准 书 号: | ISBN 978-7-301-18975-7/D·2857 |
| 出 版 发 行: | 北京大学出版社 |
| 地　　　址: | 北京市海淀区成府路205号　100871 |
| 网　　　址: | http://www.pup.cn　电子邮箱:law@pup.pku.edu.cn |
| 电　　　话: | 邮购部 62752015　发行部 62750672　编辑部 62752027 |
| | 出版部 62754962 |
| 印　刷　者: | 三河市北燕印装有限公司 |
| 经　销　者: | 新华书店 |
| | 730毫米×980毫米　16开本　20印张　372千字 |
| | 2011年6月第1版　2011年6月第1次印刷 |
| 定　　　价: | 46.00元 |

未经许可,不得以任何方式复制或抄袭本书之部分或全部内容。
版权所有,侵权必究
举报电话:010-62752024　电子邮箱:fd@pup.pku.edu.cn

# 《经济法文库》总序

我国改革开放三十余年来的经济法制状况,可以用"突飞猛进"这几个字形容。仅从经济立法看,在完善宏观调控方面,我国制定了预算法、中国人民银行法、所得税法、价格法等法律,这些法律巩固了国家在财政、金融等方面的改革成果,为进一步转变政府管理经济的职能,保证国民经济健康运行提供了一定的法律依据。在确立市场规则、维护市场秩序方面,制定了反不正当竞争法、消费者权益保护法、城市房地产管理法等法律,这些法律体现了市场经济公平、公正、公开、效率的原则,有利于促进全国统一、开放的市场体系的形成。

然而,应该看到,建立与社会主义市场经济相适应的法制体系还是一个全新的课题。我们还有许多东西不熟悉、不清楚,观念也跟不上。尤其是面对未来逐步建立起的完善的市场经济,我们的法制工作有不少方面明显滞后,执法、司法都还存在着许多亟待解决的问题。

三十余年的经济法研究呈现出百家争鸣、百花齐放的良好局面,各种学术观点和派别不断涌现。但是,总体来说,经济法基本理论的研究还相当薄弱,部门法的研究更是分散而不成系统。实践需要我们回答和解释众多的疑难困惑,需要我们投入精力进行艰苦的研究和知识理论的创新。

在政府不断介入经济生活的情况下,我们必须思考一些非常严肃的问题:政府介入的法理依据究竟是什么?介入的深度与广度有没有边界?政府要不要以及是否有能力"主导市场"?我们应如何运用法律制度驾驭市场经济?

在国有企业深化改革过程中,我们不能不认真研究这样一些问题:国有的资本究竟应当由谁具体掌握和操作?投资者是否应与监管者实行分离?国有企业应当覆盖哪些领域和行业,应通过怎样的途径实现合并和集中?如何使国有企业既能发挥应有的作用,又不影响市场的竞争机制?

加入WTO以后,我国经济、政治、社会生活的方方面面都会发生重大影响。我们必须研究:市场经济法制建设将面临什么样的挑战和机遇?在经济全球化的背景下,我们的经济法制将如何在国际竞争中发挥作用?国外的投资者和贸易伙伴进入我国,我们会提供一个什么样的法律环境?我们又如何采取对策维护国家的经济安全和利益?

面对环境日益恶化和资源紧缺的生存条件,循环经济法制建设任务繁重。如何通过立法确定公众的权利义务,引导和促进公众介入和参与循环经济建设?怎样增强主动性和控制能力,以实现经济发展与环境资源保护双赢,实现利益总量增加?如何发挥法律的鼓励、引导、教育等功能,通过受益者补偿机制,平衡个体与社会之间的利益?

在市场规制与监管方面,如何掌握法律规制监管的空间范围、适当时机和适合的力度?在法律上,我们究竟有什么样的有效规制和监管的方式、方法和手段?对各类不同的要素市场,实行法律规制和监管有什么异同?

……

我们的经济法理论研究应当与经济生活紧密结合,不回避现实经济改革与发展中提出的迫切需要解决的问题,在观念、理论和制度等方面大胆创新。这是每一个从事经济法科学研究者与实际工作者应尽的义务和光荣职责。我们编辑出版《经济法文库》,就是要为经济法研究者和工作者提供交流平台。

《经济法文库》的首批著作汇集的是上海市经济法重点学科和上海市教委经济法重点学科的项目成果,随后我们将拓展选择编辑出版国内外众多经济法学者的优秀研究成果。我们坚信,这些优秀成果一定会引起社会各方面的广泛关注,一定会对我国的经济法制建设起到推动和促进作用。

期望《经济法文库》在繁花似锦的法学苑中成为一株奇葩。

华东政法大学　顾功耘

# CONTENTS 目　录

导论　向往股东资格的理性研究　　　　　　　　　　　1
　一、选题及其价值：从资格认定到系统思考　　　　　1
　二、研究背景：由感性向理性的过渡　　　　　　　　3
　二、思路与方法：理性探索的思维路径　　　　　　　5
　四、结构与内容：理性思考的展示　　　　　　　　　6

## 上编　股东资格的法理问题：理念与边界

### 第一章　股东与股东资格的基本理念　　　　　　　　11
　一、股东理念之分析　　　　　　　　　　　　　　　11
　二、股东资格概念研究　　　　　　　　　　　　　　47
　三、理念梳理　　　　　　　　　　　　　　　　　　51

### 第二章　股东资格的主体边界　　　　　　　　　　　60
　一、股东资格主体边界的法理根据　　　　　　　　　60
　二、自然人的股东资格　　　　　　　　　　　　　　80
　三、合伙的股东资格　　　　　　　　　　　　　　　100
　四、法人的股东资格　　　　　　　　　　　　　　　112
　五、国家的股东资格　　　　　　　　　　　　　　　123

# CONTENTS 目 录

## 下编 股东资格的规范问题：取得、变化与灭失

**第三章 股东资格取得的一般理论问题**　　129
　一、股东资格取得的要件　　129
　二、股东资格取得的证明文件　　136
　三、股东资格取得的方式　　142
　四、股东资格取得疑难问题辨析　　168

**第四章 股东资格的特别取得**　　177
　一、股东资格的共同取得　　177
　二、行为能力欠缺自然人的股东资格取得　　187
　三、隐名投资的股东资格取得问题　　197
　四、股东资格的瑕疵取得　　218

**第五章 股东资格的变化**　　231
　一、股东资格变化研究的边界　　231
　二、股东资格变化的实质分析　　234
　三、股东资格变化的原因　　237
　四、公司资本的变动与股东资格变化　　241

**第六章 股东资格的灭失**　　251
　一、股东资格灭失的基本理念与法律意义　　251
　二、股份流转之股东资格灭失　　255

## CONTENTS 目 录

三、股份收回之股东资格灭失　262
四、主体消亡之股东资格灭失　265
五、股东资格灭失与股东财产权保护　273

**附编　股东资格立法问题：思考与建议**　288
　一、股东资格取得的立法完善之建议　288
　二、出资与相关管理制度的思考与建议　292
　三、股东资格灭失方面的立法建议　295

**参考文献**　298

**后记**　311

# 导论　向往股东资格的理性研究

## 一、选题及其价值：从资格认定到系统思考

从上世纪末开始，随着公司法的逐步实施和国有企业股份制改革的全面铺开，我国公司诉讼案件逐渐增多，而这些案件大部分都与股东资格的认定有关。由于公司立法存在的瑕疵，投资者在设立公司、股份转让以及公司解散等环节中的不规范行为，导致了股东资格认定十分复杂。对股东资格的认定，成了司法审判中的难点和理论研究上的热点。近几年来，与此问题相关的司法规范频频出台，[①]审判实务研究文集密集出版，相关论文犹如"商品批发"似的发表于各类刊物，专题研究以项目成果、硕士学位论文、博士学位论文等各种形式涌现出来。然而，迄今为止，司法实践中有关股东资格认定的规则仍缺乏强有力的理论支持，理论界对股东资格的认定标准更是众说不一。现行公司法中存在的不足，在一定程度上阻碍了股东资格司法审判与理论研究的科学化发展。司法审判机关善良的"从实际出发"的审判指导思想，迁就了不规范的投资行为和股份交易行为，使不规范的相关行为"合法化",[②]而相关理论研究也为这些司法实践审判规则进行"学理阐释"，这使人们感到现实的不规范行为似乎"绑架"了司法制度，"操纵"了理论研究。

面对有关股东认定的现实问题和研究状况，我们有理由担心，对投资和股份交易不规范行为迁就所起到的极其不良的示范效应，不仅会对公司法制的正常

---

[①] 如北京市高级人民法院、上海市高级人民法院、江苏省高级人民法院、山东省高级人民法院均有关于《公司法》适用的司法意见。

[②] 例如，在隐名投资的有限责任公司股东资格纠纷中，司法审判会因为有限责任公司具有一定的人合因素，为保障公司的稳定性，而要通过考量其他股东的态度来确认股东资格是归显名投资者或归隐名投资者。这样一来，似乎要由其他股东来决定隐名投资的股东资格归属了。

发展产生误导作用,还会对相关理论研究的科学思维造成不良影响。我们更有理由对现行《公司法》某些规定的合理性与科学性提出质疑,如《公司法》有关股东资格工商登记的规范究竟起到了什么作用?《公司法》对有限责任公司与股份有限公司在股份凭证与股东名册方面不同规定的法理基础是什么?股东资格认定的法理根基何在?……

笔者在寻觅认定股东资格法理根基的过程中深切感悟到,股东资格的问题是公司制度和公司法学理论中最重要的基础性问题之一。从制度层面来看,有关股东的法律规范,是公司制度体系的基础规范,因为没有股东就不会有公司。在此意义上,有关股东资格的规范,是公司制度的基础内容。从法学理论的角度思考,如果说民法是对公民的终极关怀,那么,公司法也应当是对股东的终极关怀;在此意义上,公司法的规范,在相当大的程度上是围绕着股东展开的。有关股东资格问题,必然会与公司法的各种规范产生不同程度的联系;有关股东资格的研究,自然也会涉及公司法规范的方方面面。因此,对股东资格的研究,不能囿于股东资格的本身,而应当将其置于整个公司法律制度的体系之中,从公司法的整体层面来准确把握股东资格的内在本质,由此展开对股东资格相关问题的系统分析。

从公司制度的宏观高度俯视股东资格问题,我们可以看到:股东资格的法理基础涉及财产理论与公司法学的基础理念;股东资格的主体范围涉及公司法对股东权利能力的立法态度;股东资格的取得涉及股份权益的归属;股东资格的认定涉及股份内涵与外在表现的认识态度,甚至涉及对公司法律制度的价值取向;股东资格的变化,既有股东主体更替之可能,更有股东利益量变之客观,这涉及股东在公司内部相关利益关系的变化;股东资格的灭失,不仅表明股东对公司关系的解除,更是反映出股份财产的流动以及股东相关财产价值形态的变化,这涉及在股东资格灭失中相关主体财产利益的合理保护以及诸如公司变更、公司解散清算等相关制度的合理构建。

股东与公司是公司法中两个紧密相连、休戚相关的基本概念。只有将包括资格认定在内的股东资格相关问题置于公司整体层面的环境中,全方位地进行考察分析,才能就这些问题的研究得出科学的结论。所以,本书并不一般性地关注股东资格认定这一热门话题,而是从公司法的整体层面分析思考股东资格这一既熟悉又陌生的问题。本书将系统考察分析股东资格的基本原理以及相关问题,归纳梳理股东资格以及与其相关的理念,探究股东资格深层次的法学理论问题。本书将努力揭示股东资格的本质,揭示股东资格取得、变化和灭失对公司制度的影响。在此基础上,本书将积极探索对股东利益保护的正当路径,从而努力为公司法律制度的发展完善提供理论支持;为公司法学相关问题的深入研究拓宽视野,拓展思路。

## 二、研究背景:由感性向理性的过渡

国外有关股东方面的研究,主要侧重于对股东权利的研究,而对股东权利的研究又侧重于股东的表决权、控制权交易、股东诉讼以及股东权利保护等方面,①鲜见有关股东资格的著述。这是因为,在市场经济发达的国家,投资者公司法律意识强,投资行为规范。类似于我国公司中不设股东名册,股东资格出资不登记的行为,被视为愚蠢的低级错误。② 在投资规范的环境下,股东资格归属的路径清晰,即使有相关的纠纷也不可能出现多种标准混乱纠结在一起令人无所适从的局面。

然而在我国,投资行为不规范,人们的公司法知识贫乏,投资者权利意识淡漠等原因,促成了我国特有的股东资格归属之纠结的"国情",同时也催生了我国学界对股东资格研究的"繁荣",这有"三多一密切"予以佐证。所谓"三多"是指数量多、成果形式种类多和参与研究的人员多。其一,数量多。2010年4月,笔者曾以"股东资格"为主题在中国知识资源总库——CNKI系列数据库检索,自1999年至2009年十年间,仅中文期刊相关数据显示的论文就达近千篇之多,其中2005年至2009年期间发表各类论文600余篇,占60%以上;另外,以股东资格为主题的优秀硕士论文720篇,博士论文46篇。各种各样涉及股东资格的论文集和著作更是量大面广,难以统计。其二,成果形式种类多。有关股东资格分析论述成果的表现形式种类繁多,如报纸期刊的学术论文、硕士博士的学位论文、司法实践部门的研究报告、有关专题项目研究的结项成果、案例分析等。其三,参与研究的人员多,且专业面广。有关股东资格研究的成果显示,参与股东资格研究的人员,既有从事学术理论研究人员,也有从事司法实践工作的审判人员、律师和公司企业内部的法律顾问;既有法学专业人员,也有非法学专业人,如经济管理专业类人员。所谓"一密切"是指对股东资格的研究与我国现实生活联系密切。由于股东资格的各种具体问题大都源于实际,对股东资格的确定,实际上是要解决现实的问题,所以有关股东资格的研究,都与现实生活紧密相连。法律学科研究的应用性,在这里得到了充分的体现。

对股东资格分析研究成果的高额数量,自然也会提升对股东资格研究的质量。资料显示,仅在2005年至2007年三年间在核心期刊发表的论文为96篇,

---

① 参见侯东德:《股东权的契约解释》,西南政法大学2008年博士学位论文,第2页。
② 参见黄辉:《股东资格与股权转让:澳大利亚经验及其对我国的启示》,载赵旭东、宋晓明主编:《公司法评论》2006年第4辑,人民法院出版社2007年版,第2页。

而此前从1994年到2004年十年间在核心期刊发表的论文才只有114篇。对股东资格的繁荣的学术研究取得了明确的成效,例如一些重要观点得到澄清,一些重要理念获得厘清,投资者的股东意识明显提升,司法审判中有关股东资格的案件审理更加规范,股东权利的保护日益被重视。

然而,我国法学界对股东资格的研究仍有不足,主要表现在以下几方面:

第一,研究视野有待拓宽。现有关于股东资格的研究,大都只局限于对股东资格的认定,且以股东身份的确定为研究的基本目的。的确,对股东资格认定的研究是必需的,尤其是以股东资格作为专题研究形成专著,更是具有理论和实践价值。但是,从整个学术界层面来看,如果有关股东资格的研究,仅以资格的认定为研究目标,就会使研究目标的定位缺乏高度,这样也势必会限制研究的视野。有关股东资格的问题,不仅涉及股东身份确认,还关系到公司运作其他许多方面的事项,渗透于公司制度众多方面的领域。其实,作为公司法中一个非常重要的基本理论课题,股东资格的法理基础、股东资格主体范围界定、股东资格的取得、股东资格的变化和灭失等等一系列问题都是互为联系的,极有研究价值。然而,目前由于对股东资格认定研究的现实急需,有关股东资格更多更广的研究内容没有引起人们足够的关注。在学界,似乎缺乏对股东资格研究应有的思维空间和必要的想象力。

第二,理论研究有待深入。从整个学界和有关股东资格的研究成果来看,对股东资格的研究,囿于对资格认定研究的目标,难以将研究的内容引向深入。例如,关于股东资格的基本观念,学界只是简单地解释为"股东地位、股东身份的代名词"①。本书认为,这一观念容易为一般层次的法学研究和司法实务所接受,但它明显存在两个方面的缺憾:一是没有揭示股东资格本质;二是没有反映出股东资格与公司的内在关系以及股东与股份之间的内在联系。再如,对股东资格的认定,现有研究成果大都或从公司的人合性分析,或从公司的外观性分析,或从证据学方面分析,却都没有认真思考研究股东资格的内涵本质,也没有涉及股东资格的法理根基。其实,即便对股东资格认定的研究,也应当努力追求研究成果的正确性和科学性,力求提炼其基本原理和规则,而这一原理和规则是高度抽象理念的表现形式,具有普遍性的意义。

第三,专业基础有待充实。这首先表现为对股东资格特殊性的研究不够,机械地照搬相关专业的概念原理来分析解释股东资格的问题,致使其专业基础欠厚实。例如,将物权登记、专利登记、商标登记的一般规则、原理,直接套用于股

---

① 参见李晓霖:《论股东资格确认》,吉林大学2008年博士论文,第3—5页;虞政平:《股东资格的法律确认》,载《法律适用》2003年第8期。

东资格相关问题的解析;将一般的物权外观原理,简单地用于股东资格的外观分析。专业自身的特殊性往往蕴含了该专业的基础性原理,而对这一原理的深入分析与揭示状况,则表明了该专业理论的深厚程度。对股东资格特殊性问题研究的不到位,必然会使股东资格研究的专业基础显得浅薄。其次,对相关专业的基础原理理解失误,并将这一失误的理解用于股东资格的分析阐释,导致股东资格研究成果出现专业基础方面的瑕疵。例如,民事主体要件规则和民事主体原理的误解影响股东资格取得研究,继承法原理认识的欠缺牵涉股份继承规则,这些反映出学界对股东资格研究的专业基础有待进一步充实。

纵观有关股东资格研究的状况,本书认为,我国学界对股东资格的研究,正处于由感性认识转向理性分析的过渡阶段。如果说,近十几年来有关股东资格认定的大量的一般性研究成果,反映了对现实司法审判中的具体问题的感性认识,那么,新近出现的以股东资格认定为选题进行专题分析思考的博士学位论文研究成果,则是将股东资格的研究开始推向理性研究的境界。学界有关股东资格的学术研究,正处于一个新的发展阶段。本书将力求深度,分析相关问题的本质,探究研究对象的特殊性,尽可能全面、系统地研究股东资格的相关问题,积极促进股东资格理性研究的深入发展。

## 三、思路与方法:理性探索的思维路径

本书对股东资格的研究思路包括三个方面,并相应地运用了不同的研究方法:

一是从本质的分析到规则的阐述之思路,运用了由抽象到具体的演绎分析方法。本书从对股东概念的分析入手,揭示股东资格的本质内涵,在此基础上对股东资格的各具体问题逐一展开分析,分别归纳,有序论述。

二是围绕股东资格包括"权利能力"和"身份"两个方面的基本内涵之分析论述,运用了归纳分析、实证与理论相结合等研究方法。本书以股东资格之"能力"内涵的理论分析论证为基础,厘定股东资格的主体范围;以股东资格之"身份"内涵分析论述为平台,解析股东资格的取得、变化和灭失等具体实务问题。

三是对股东资格概念的内涵、本质以及股东资格取得、变化和灭失等相关理念和规则进行梳理归纳,运用了演义归纳和理论与实际相结合的研究方法,努力构造股东资格的理论体系化框架。基于这一思路,本书在这一部分形成了三个层面的论述结构:第一层面是对股东资格基本理论问题的分析论述,揭示股东资格的本质,并从权利能力的角度分析界定股东资格的主体范围,为股东资格的立法规范与司法认定提供基础理论支持;第二层面是从股东身份角度对股东资格

取得、变化和灭失等问题进行分析论述,展示本书对股东资格分析的全面、系统之思路;第三层面是将股东资格研究成果运用于法律规范的分析,对公司立法的完善提出建议,体现本书研究的现实意义。

## 四、结构与内容:理性思考的展示

对股东资格研究的思路和方法的运用,形成了本书的基本结构。本书分为三部分,分别为上篇、下篇和附篇。

上篇包括第一章和第二章,分别分析阐述股东、股东资格的基本理念和可以享有股东资格主体的边界。

第一章是对股东与股东资格的概念和本质进行分析。本书认为,股东既是股份财产的所有者,又是公司法人组织体的成员。股东这两个方面的内涵因素,在不同的公司形态中,具有不同的意义:有限责任公司的人合性因素,使得股东的"公司成员"内涵因素具有积极的作用,以体现出股东与公司之间的主体关系;而股份有限公司具有开放性,以股份的自由流动为必需,则使得股东的"股份所有者"内涵因素具有重要价值,以体现出股份权益归属的法律意义。从总体上来看,股东是在公司组织形式环境下的股份财产利益归属的载体。

"资格"在法学理论上具有人格和能力两个层面的意义和价值,而股东资格的意义和价值则主要表现在"能力"和"身份"两个层面上。我国汉语的"资格"具有能力和身份两层涵义,与"股东资格"的内涵意义是吻合的,即具有股东权利能力和股东身份两方面的意义;在法律规范设计层面,涉及哪些主体能够成为股东的规范边界问题,因而股东资格的内涵侧重于权利能力因素;在法律规范实施层面,涉及股份权益归属的主体确定问题,因而股东资格的内涵侧重于身份的因素。

基于对股东与股东资格基本内涵的理论分析,本书第二章从权利能力涵义角度分析阐述了自然人、合伙、法人和国家等民事主体享有股东资格的具体问题,以期廓清能够享有股东资格的主体边界。本书力求表明这样一个重要理念:享有民事权利能力的主体均可以享有股东资格,因为平等地享有财产权益,是民事主体权利能力制度的基本要求;法律对股东资格的规制,应当以有利于民事主体有效运用股份财产为价值取向。

下篇包括第三章至第六章,分别从"身份"内涵的角度对股东资格的取得、变化和灭失等问题进行分析阐述。

第三章分析、论述了股东资格取得的要件、外观形式以及取得的方式等基础性问题。本书认为,股东资格的取得应当具备特定公司的合法存在、取得股东资格之主体适格、股东资格取得方式合法三项基本要件;股东资格的取得,通过股东名册和股份凭证这两个外观形式得以显现。章程作为公司组织体的"宪章"性规则,对股东资格取得的认定具有一定的辅助性作用。本书在分析论述了股东资格取得的基本原理后,解析了现实生活中有关股东资格认定的相关问题。

第四章对股东资格的共同取得、行为能力欠缺自然人的股东资格取得、隐名投资股东资格的取得以及股东资格的瑕疵取得等特殊情况进行了深入分析。关于股东资格的共同取得,本书在阐述了相关原理后提出了广义上的股份共有和狭义上的股份共有概念,并认为狭义上(严格意义上)的股东资格共同取得应当具备共有股份的合意、符合公司章程规定、在股东名册上登记、明确共有股份权利行使人四项要件。本书分析了行为能力欠缺的自然人,通过受赠、继承、购买以及设立公司等路径取得股东资格的可能性及其合法方式。本书将复杂的隐名投资分为行权式隐名投资和非行权式隐名投资两类;分析论述了隐名投资中不同层面的法律关系,以及两种不同类型的隐名投资中股东资格的归属问题。本书阐述了各种不同方式的瑕疵投资及股东资格瑕疵的纠正,分析论证了抽逃出资的本质,指出抽逃出资不是股东对出资义务的违反,因此与股东资格的瑕疵无关。由此表明,抽逃出资行为责任的法理根据与股东出资理论无关。

第五章通过对股东资格的主体变化、量的变化、隐形变化和属性变动四种情形的阐述,揭示了股东资格变化的实质内涵与外延范围;从公司资本的增加和减少、公司合并和分立、股份转移、股份属性变动等各种导致股东资格变化的原因入手,论述了股东资格变化所体现的股东的意志,分析了股东资格变化对股东利益的影响。诚然,股东资格的变化需要由法律予以规制,但是法律对股东资格变化的规制,应当充分尊重股份权益的私权属性,正确认识股份流转对公司资本以及资本市场的影响,既要有利于股东权益的维护,还要有利于公司发展和资本市场的稳定,使股东资格变化得以合理有序地进行。

第六章对股东资格的灭失进行系统分析。本书将股东资格灭失的繁杂原因梳理归纳为三大类:股份的转移,包括股份的转让、赠与、被强制执行或遗失等原因;股份的收回,包括股东的退出或被公司除名;主体的消亡,包括股东资格主体的消亡(即股东的消亡)和股东资格依附主体的消亡(即公司的消亡)。在对这三大类股东资格灭失的原因逐一论述后,深入分析了股东资格灭失的财产权保护。本书认为,股东资格的灭失,只是民事主体作为股东资格的丧失,其民事主体本身不依股东资格的灭失而消亡。正如民事主体在取得股东资格时向公司投资换取股份财产,表现为特定财产交易一样,民事主体在股东资格灭失时,本质上也是特定的财产交易:股东将其所持有的股份变现为普通财产。即便因公司消亡的股东资格灭失,其本质也是如此。公司解散时,必须清理财产并向股东分配剩余财产,这实质上是公司收回股份,向股东支付相应对价。总之,无论在何种情况下,当股东将股份转移至接受人(公司或其他股东)而丧失股东资格时,都应当从接受人那里获取与股份相应的财产,而接受人应当向股东支付相应的对价财产。一般而言,股东丧失股东资格的过程,实质上是股东所持股份变现的过程,这一过程体现了股东对所拥有的股份财产的运作,体现着一种民事主体财产权利的转换。

附篇是基于对股东资格理论研究的结果对公司立法完善提出的建议。在这一部分,本书从股东资格的取得、股东资格相关事宜的规范和股东资格灭失三个方面对现行公司立法的完善提出了建议,并扼要阐述了理由。这一部分内容是本书研究的主要成果之一。

# 上编
# 股东资格的法理问题：
# 理念与边界

# 第一章　股东与股东资格的基本理念

股东和股东资格是公司法学中两个密切相关的特定范畴。从法学属性来看,股东是在公司组织形式环境下的股份财产利益的归属或载体。他既是股份财产的所有者,又是公司法人组织体的组成成员。股东这两个方面的内涵因素,在不同的公司形态中,具有不同的意义。"资格"在法学理论上具有"人格"和"能力"两个层面的意义和价值,而在我国法律制度的语境中,"股东资格"的意义却表现在"能力"和"身份"两个层面上。

股东资格理论分析,应以股东为核心内容。有关股东资格的命题,也是以股东为出发点和归属的命题。对股东资格的研究,自然要以对股东的分析开启篇章。

## 一、股东理念之分析

### (一)股东概念的一般解说及分析

股东是公司法中最基本、最重要的概念之一。虽然在二十余年前,股东似乎还是一个很陌生的概念,有关股东的论文,更是寥若晨星,但是眼下公众对这个名词已耳熟能详,有关股东、股东权的论文也可谓汗牛充栋。然而,何谓股东?我国公司法对此没有规定,我们也难以从国外公司法规范中找有关股东的立法定义。有关学者对股东的解释莫衷一是。对公司法不同视角的观察,对公司法不同专题的思考,都可能引起对股东不同角度的思维和不同目的的研究,从而形成了对股东不同的理解和解释。

按照解释方法不同,可将我国公司法学界对股东资格的理解分为如下三类:

其一,对股东概念的单一解释。

单一解释方式是对股东从一个方面进行解释。根据解释的内容不同,这类方式的解释大致可分为两种观点：

一是认为股东是股份的持有人。在汉语里，"股东"的语意就是"股份的东家"，即股份的持有人或所有人；在英文中，"shareholder"由"share"（股份）和"holder"（持有人）两部分组成，直译也是"股份的持有者"或"股份的所有人"。虽然两种语言不同，但从词的构造上所反映出来的直观含义都是：股东是股份的持有人，是股份财产的所有权主体。对股东概念的这种解释，实际上是基于股份财产权或股份权益归属的理解。

二是认为股东是股权的所有者，是股权的主体。"股东是公司组成并在其中享有股东权利的人。凡是基于对公司的投资或基于其他的合法原因而持有公司资本的一定份额并享有股东权利的主体均是公司的股东。"①我国台湾地区公司法学者郑玉波先生认为，股东是"股东权之主体"，而股东权"乃股东基于其地位与公司间所有之法律关系是也"②。这种观点实际上是从股东的法律地位的角度来解释股东概念的内涵，因为股东的权利义务是股东法律地位的具体反映。德国学者也倾向于这一观点，认为股东作为股份的持有者，通过股份体现着"与公司法人之间的一种永久关系，也代表着许多具体权利与义务"。股东享有的权利是一种"成员权"。③

这两种方式，虽然都是仅从单一方面解释了股东的概念，但是，在这些不同文字表述的不同概念中却蕴含着不同的公司法理念：第一种表述，实际上强调了股东对股份的所有权关系，淡化了股东与公司之间的关系；第二种表述，强调了股东权利的行使，反映出股东作为公司成员在公司经营中所应当具有的法律地位，但是淡化了股东对股份的权属关系。其实，无论怎样选择视角，对股东单从一方面解释似乎都难尽如人愿，因为股东本身反映的就不是单一法律关系。或许，在法学领域中，股东是最为复杂的一种法律主体类型。

其二，对股东概念的综合解释。

综合解释方式是从多角度、多方面对股东作出解释。最常见的综合解释是将股份的主体与股权的主体相结合来解释股东这一概念。如叶林教授认为，将公司股东解释为投资者或者股票的持有者的观点，盛行于公司法学界。一般而

---

① 赵旭东主编：《公司法学》（第二版），高等教育出版社2006年版，第296页。在这里作者是对股东从一般意义的角度作出解释，然后，作者又从不同公司组织形式的角度对股东作了区别解释，认为"有限责任公司的股东是指因在公司成立时向公司投入资金或在公司存续期间依法继受取得股权而对公司享有权利和承担义务的人；股份有限公司的股东是指在公司设立时或在公司成立后合法取得公司股份并对公司享有权利和承担义务人。"显然，作者在这里所作的区别解释并无实质意义。

② 郑玉波：《公司法》，三民书局股份有限公司1980年版，第106页。

③ 参见〔德〕托马斯·莱塞尔、吕迪格·法伊尔：《德国资合公司法》，高旭军等译，法律出版社2005年版，第99—100页。

言,这种观点是正确的,但这是在对公司股东身份作出静态分析后得到的结论。若从动态角度分析,这种结论就显得有些简单。公司股东是公司成员,是相对于公司或其他股东而存在的特殊概念。公司股东是股权的拥有者,但与财产所有人有所不同,也不可能脱离公司或者公司意思来判定公司股东。否则不仅难以确定公司股东身份的真实内涵,难以获得更周密的学术结论,还容易引起司法实践的混乱。① 周友苏教授认为,股东"是指取得公司股份,作为公司组成成员并对公司享有股权的人。"周教授进一步解释道,具体而言,股东包括两层含义:其一股东是公司法人组织的成员;其二,股东是股权的享有者。② 周友苏教授从股份持有、股权享有,以及公司成员等方面解释了股东的概念。李建伟教授认为在法律上股东有三层含义:公司法人的成员;股权的主体;相对于公司的一种身份。③

综合解释的方式从不同侧面解释了股东的概念,丰富了股东概念的内涵,使人们对股东概念的理解更为全面。但是,这一解释没有揭示相关含义的法理基础,没有说明这些不同内涵之间的关系,使得股东概念缺乏整体性印象,使人对股东概念的理解更为复杂。

其三,对股东概念的区别解释。

区别解释方式是对不同组织形式公司的股东作不同的解释。虽然我国公司法对不同组织形式的投资者"平等"对待,都使用"股东"称谓,没有采用不同的名称,但仍有些学者对不同公司的股东作了不同的解释。如王保树教授认为,有限责任公司股东是公司的"构成员";股份有限公司的股东是股份持有人。④ 台湾地区的"公司法"也没有对不同公司的"股东"区别对待,但也有不少学者以区别解释的方式解释股东概念。如柯芳芝教授认为,股东是"表彰股东权之股份之归属者",特指股份有限公司之股东,"并非公司之债权人"⑤,但是"有限公司之构成员称为有限公司之股东"⑥。还有一些学者从另外的角度对不同组织形式公司的股东予以区别解释,"有限责任公司的股东是指因在公司成立时向公司投入资金或在公司存续期间依法继受取得股权而对公司享有权利和承担义务的人;股份有限公司的股东是指在公司设立时或在公司成立后合法取得公司股份并对公司享有权利和承担义务人。"⑦

---

① 参见叶林:《公司法研究》,中国人民大学出版社2008年版,第78页。
② 参见周友苏:《新公司法论》,法律出版社2006年版,第216页。
③ 参见李建伟:《公司法学》,中国人民大学出版社2008年版,第278页。
④ 参见王保树、崔勤之:《中国公司法原理》,社会科学文献出版社2006年版,第74页、第153页。
⑤ 柯芳枝:《公司法论》,中国政法大学出版社2004年版,第199页。
⑥ 同上书,第547页。
⑦ 赵旭东主编:《公司法学》(第二版),高等教育出版社2006年版,第296页。

对股东概念的区别解释,意在表明不同组织形式公司中股东概念内涵的不同。的确,在组织形式不同的公司里,公司经营方式不同,投资者在公司中的地位也有所不同,享有的权利内容也有相当大的差别,这就导致股东概念的内涵不尽一致。区分这种差别,有助于法律对不同组织形式下公司的股东区别对待,对投资者和公司的运作更为科学地调整和规范。但是,对不同组织形式公司中的股东区别解释的法理基础究竟何在?如何将这种区别解释与现行的公司立法更好地协调,是这种解释方式需要认真思考的。

纵观上述对股东各种不同解释方式下形成的种种观点,我们可以看出,对股东的解释实际上是围绕着股份的主体、股权的主体以及公司成员这几个基点展开的。而基于这些基本点展开的对股东概念的理解,又往往与公司的组织形态交织在一起。那么,股东作为特定的主体与公司之间究竟是什么关系?这种关系的基础究竟是什么?股东作为主体的财产关系基础究竟何在?股东与公司关系的根据何在?

概念是逻辑关系的网结。任何一个概念都不是独立存在的,它同相关的概念相互联系,共同组成了某种存在于现实生活中的自成体系的现象。所以,概念所表现的对象,既有自身独立的特性和存在价值,又与其他概念所表现的对象一起支持着现实生活中形成体系的客观现象,从而展示着自己的存在和所具有的价值。股东这一概念,实质上是公司法体系中的一个网结,对股东概念的深入分析,必须将其与公司紧密联系起来,要明晰股东与公司组织体之间的关系,理顺股东与其投资财产及公司财产的关系。显然,全面考察公司法对公司组织形态的规范以及对股东概念的使用,正确理解、把握股东与公司之间的(主体)社团与成员的关系,认真梳理股份财产与公司财产的关系,有助于将股东概念的分析讨论引向深入。

### (二) 股东概念使用的法域与公司立法规范的模式

1. 股东概念使用的法域

在我国的法律常识中,股东是一个与公司相对应的概念。无公司,则无股东;无股东,亦无公司。股东与公司是相互依存的一对概念。由于我国公司法所规定的公司形态只有有限责任公司和股份有限公司两种,而且在这两种类型的公司中,公司法使用了同一个概念"股东"。因此,在我国法律制度中的"股东"概念,所对应的企业组织形式只包括有限责任公司和股份有限公司两种,而不包括其他类型的企业。也就说,在我国法律制度中,股东概念只涉及公司法域。然而,作为学术研究,股东概念使用显然不限于公司法域。

首先,在学理上,广义上的股份并不限于股份有限公司中的股份,甚至也不

第一章　股东与股东资格的基本理念

限于公司形态企业中的股份,如我国的股份合作企业、农村信用合作联社①等组织也使用了股份以及股权等概念。那么,在这些组织体中股份的享有者实际上就是广义上的股东。对股东作深入系统的研究,自然不能对这种现象视而不见。就学术研究而言,某一概念最本质的东西往往存储于狭义的概念之中,尽管如此,为了准确把握概念的所指对象,系统分析概念的所指对象,不能被狭义的概念所束缚,而需要对较为广义的概念进行必要的研究,以图最终揭示概念的本质。在这里,本书对股东概念的分析研究,将依此方法和逻辑思路,不限于我国公司法规范的法域。力求拓宽视野,准确揭示"股东"的本质,为股东资格的研究奠定良好基础。

其次,在世界范围内的公司立法体系中,公司的概念并不统一,与此相对应的股东概念内涵也不尽一致。要深入揭示股东的本质,就需要放眼于世界范围内的公司法现象。就世界范围来看,公司法所规范的公司总体上可以分为两种类型。其一,承担独立责任的公司类型。这种类型的公司以美国为代表。美国公司法(corporation law)只规范了两类公司,即开放型公司和封闭型公司,其他类型的企业由合伙法和有限责任公司法(limited liability company law)规范。我国属于这一种类型,公司法只规范承担独立责任的公司,不承担独立责任的企业(或非公司企业)由其他法律如合伙企业法规范。但是,我国公司立法与美国公司法重大的区别在于,我国公司法以有限责任公司为公司法规范的主导规范,而美国的公司法则是以开放型公司法规范为主导性规范。其二,以独立主体资格进行行为的公司类型。这以法国、德国公司法为代表。② 这种类型的公司一般包括无限责任公司、两合公司、股份两合公司、股份有限公司和有限责任公司。③ 这种类型模式下的公司概念外延甚宽,既包含了承担独立责任的公司形态,也包含了不独立承担责任的公司形态。值得提及的是,属于英美法系的英国公司法在一定程度上带有大陆法系国家公司法所规范的公司概念。英国公司法(company law)所规范的公司既包括有限公司,也包括无限公司;既包含公众公司,也

---

① 参见国务院《深化农村信用社改革试点方案》(国发〔2003〕15 号);《河源市源城区农村信用合作联社章程》;《佛山市顺德农村信用合作联社章程》。

② 有学者以立法体例和规范特性等为视角,将公司法系分为法国公司法系、德国公司法系和英美公司法系等公司法法系(参见郑玉波:《公司法》,三民书局股份有限公司 1980 年版,第 9—10 页;梁宇贤:《公司法论》,三民书局股份有限公司 1980 年版,第 10 页);还有学者将"美国化"日本公司法视为折中公司法系,列为第四个公司法系(参见范健、王建文:《公司法》,法律出版社 2006 年版,第 72—76 页)。由于研究问题的角度不同,本书没有采用这种方式,也没有采用两分法(英美法系和大陆法系)的分类方式。

③ 法国和德国对公司立法规范的方式不尽相同。在法国,《法国商事公司法》规范了基本公司类型,包括合名公司(相当于无限公司)、普通两合公司、有限公司、股份有限公司、股份两合公司。而德国对公司的法律规范则由商法典和单行公司法共同进行。《德国商法典》规范无限公司和两合公司,《德国股份法》规范股份有限公司和股份两合公司,《德国有限责任公司法》规范有限责任公司。

包括私公司,此外还包括保证公司等。① 属于大陆法系国家的日本公司法所规范的股份公司,在一定程度上反映了以美国为代表的公司概念的特色,同时,日本公司法所规范的持份公司,仍保留着大陆法系的风味。② 当我们对比这两种不同类型的公司法所规范的公司时就可以明显看出,前一种类型的公司基于公司的基本形态,也最接近我国公司法所规范的公司形态;后一种类型的公司,实际上包括了我国合伙企业法所规范的合伙企业形态。实际上,后一种类型公司法所规范的公司概念,在一定程度接近于我国的企业概念,包括了我国企业法上的公司制企业、合伙企业(无限责任公司)和有限合伙企业(两合公司)。不同国家的公司法所规范的公司概念的差异,给我们对与公司相对的股东概念的认识增加了困难。不过从中我们可以感悟到两点:一是公司实际上是投资者合作的方式,至于合作的具体组织形式由公司法规定;二是承担独立责任的公司是最基本的公司概念所指对象,而非承担独立责任的公司,则是公司法所规范的广义上的公司概念所指对象。毫无疑问,前一个概念所指的对象是本书研究的重点所在,而后一个概念所指的对象,本书也不能忽略。

### 2. 公司形态的立法及其对股东概念的影响

在我国,以投资者③承担责任情况为标准,可将企业形态中划分为两大类,即具有法人资格的企业和不具有法人资格的企业。前者的投资者承担有限责任;后者的投资者承担无限责任。公司是具有法人资格的企业,非法人资格的企业,不是公司形态的企业。相应地,股东只能是对公司投资并承担有限责任的投资者;④而向其他企业投资并承担无限责任的投资者,不属于股东范畴。然而,我国法学界对公司和法人的理解以及法律对公司和法人的规制,与许多国家有所不同,由此导致在我国公司法上的股东概念,在社团成员这一层面就与许多国家的股东概念不尽一致。

公司立法模式不同,所规制的具体公司形态的种类也有差异,由此导致股东

---

① 能向公众发出发行证券要约的公司为公众公司,否则为私公司。
② 日本公司法将两类公司形态系于一部法律的统一规范之中,或许会引人深思公司法的本质所在。
③ 在经济学上,投资者投资的方式有两种:一是以入股的方式投资,二是以借贷的方式投资。在法学上,这两种投资方式的法律属性不同,前一种投资方式形成的是权利义务趋同的、合资合作的法律关系,而后一种投资方式形成的则是权利义务对应的、债的法律关系。不同的投资行为会形成不同的法律关系,法律一般不会用同一概念表示两种不同属性的法律行为。在企业法律制度中,"向企业投资"通常是指以入股方式的投资行为,不包括以借贷方式的投资行为。所以,本书非经特别说明,投资者仅指以入股方式向企业投资的主体。
④ 在我国,并非具有法人资格的企业都是公司形态的企业,如国有企业、集体企业等,均不属于公司形态的企业。企业体系的梳理和研究,需要专题进行,超出了本书研究的范围。股东是与公司紧密相关的概念,为论述方便,除专门说明外,本书的法人企业形态仅指公司制企业。

的内涵外延也不尽一致。就世界范围来看,公司立法模式总体上可以分为两大类型,即以强调完全独立人格为基点的公司立法模式和以不强调完全独立人格为基点的公司立法模式。在强调完全独立人格的公司立法模式中,"有限责任"是股东概念外延的边界;而在不强调完全独立人格的公司立法模式,则不能以有限责任作为界定股东概念外延的标准,股东概念的边界要大得多。前一种立法模式以美国公司法为代表,后一种模式又可以分为德国公司法模式、法国公司法模式、英国公司法模式和日本公司法模式四种不同的情况。将我国公司立法与国外立法进行比较、分析,有助于进一步廓清股东概念的外延边界,从而更准确地把握股东的本质内涵。

(1) 与美国公司法的比较

实行联邦制的美国,公司立法权属于各州议会。虽然由美国律师协会公司法委员会制定的《商事公司法(示范文本)》(The Model Business Corporation Act)不具有法律效力,但是这部示范文本在美国对众多州公司立法的巨大影响力,使之成为了解美国公司法的重要素材。该法律示范文本向我们展示了美国公司立法的基本状况。美国公司法(corporation act)规制的是承担独立责任的公司类型,"凡注册之公司(corporation)即为公司法调整的唯一形态,各州普通公司法原则上为所有大、中、小注册公司所共同制定的法律"[①]。其他类型的企业由合伙法(partnership act)和有限责任公司法(limited liability company law)等法律规范。依据美国的公司法,股东仅指承担有限责任的公司(corporation)股份的持有者。

在公司的类型和体系上,我国公司法在对公司的规制上与美国公司法有诸多相似之处。如其一,两国公司法都强制公司完全独立的法人资格。其二,对公司类型规制得都较为简单,美国公司法规定的公司类型只有"紧密持股公司"和"公众持股公司"两类,学者们认为前者类似于我国的有限责任公司,后者类似于我国的股份有限公司。其三,美国的公众持股公司股东与我国的股份有限公司股东,所持有的股份都有最大限度的转让自由;而美国的紧密持股公司股东和我国的有限责任公司股东,所持有的股份和出资份额转让都要受到特别的限制。与两国公司法所规制的这种公司类型体系相对应的股东,自然是以有限责任为重要特征,并只是具有完全独立法人资格的公司成员。

但在这方面,我公司法与美国公司法也有不同之处,并由此使我国公司法所规定的公司形态与股东概念的内涵,与美国的也有差异。在美国,无论是紧密持

---

[①] 虞政平:《美国公司企业立法之进程》,载虞政平编译:《美国公司法规精选》,商务出版社2004年版,"代编译说明"第2页。

股公司还是公众持股公司,公司的资本均由股份构成,股东均是公司股份的持有者。在我国,只有股份有限公司的资本必须均等分为股份,股份有限公司的股东是公司股份的持有者;而有限责任公司的资本则由股东的出资构成,股东的出资并未被要求必须均等分为股份。这一不同之处显示,美国公司股东的概念更加显示出股东与股份之间的联系,并不强调公众持股公司与紧密持股公司之间的差异;而我国则较为强调股份有限公司股东与有限责任公司股东之间的差异,股份有限公司的股东是股份的持有者,显示出股东与股份关系的密切程度要强于股东与公司团体组织关系的密切程度。在大陆法系国家的公司法学中,狭义的股东概念通常指股份有限公司的股东,在这一层面的股东概念,就难以适用于美国公司法中的股东。

(2) 与德国公司法的比较

在德国,涉及公司的法律很多,但有关公司形态的法律主要是《民法典》、《商法典》、《股份法》和《有限责任公司法》等法律。根据这些法律的规定,德国公司的法律形态可分为人合公司和资合公司两大类。[①] "人合公司的基本类型是民事合伙,但无限公司在组织的构成形式上更为突出,而资合公司的基本类型是股份有限公司。"[②]

人合公司是在单个股东的人格特性基础上的联合体,[③] 这种公司形态包括民事合伙、人合商事公司、隐名公司和公众人合公司。其中民事合伙是由民法规范[④]的"一个为实现合伙人共同追求的目的而建立在合同之上的人的联合体"[⑤],其他几种人合公司属于商事法律范畴的人合公司。人合商事公司是由商法规定的人合公司,包括无限公司和两合公司。隐名公司也称隐名合伙,是由商法规定的一种商事主体,隐名者以转移其出资的财产给营业的所有人为出资方式参与公司经营,并获取经营利润。隐名公司是真正的人合公司,纯粹的内部公司。[⑥] 公众人合公司,是向公众筹集资本的两合公司。这类公司接近于资合公

---

[①] 人合公司与资合公司的分类,"首先是由法学界创造出来的,再为法律所接受"。参见〔德〕格茨·怀克、克里斯蒂娜·温德比西勒:《德国公司法》(第21版),殷盛译,法律出版社2010年版,第35页。

[②] 同上书,第36页。

[③] 同上书,第3页、第36页。

[④] 德国《民法典》在第三编"债的关系法"中第705条至第740条对合伙有专节详细规定。

[⑤] 〔德〕格茨·怀克、克里斯蒂娜·温德比西勒:《德国公司法》(第21版),殷盛译,法律出版社2010年版,第68页。

[⑥] 同上书,第249—249页。在德国公司法学中,内部公司和外部公司是对公司的一种分类解释。"在内部关系下,应理解为股东相互之间的关系,而在外部关系下,则应理解为公司与第三人的关系。"如果股东可以"仅将内部关系置于公司规则之下,而他们对外不共同出现,"就是"纯粹的内部公司"。参见〔德〕格茨·怀克、克里斯蒂娜·温德比西勒:《德国公司法》(第21版),殷盛译,法律出版社2010年版,第34页。

司,但是,抛开所有的特殊性不看,它们首先是两合公司,受两合公司法调整。①

资合公司是以资本参与居于首要地位的公司类型,其"标志特征是一个数额确定的基本资本",即由章程确定并记载的资本。资合公司一般是团体和法人,资合公司股东承担有限责任,不亲自参与共同劳动,公司业务由特定的机关执行。资合公司由《股份法》《有限责任公司法》和其他有关法律规范调整,包括有限责任公司、股份有限公司和股份两合公司。有限责任公司包括一般的有限责任公司、一人公司和企业主公司(有限责任)。股份有限公司的基本资本均等为股份。公司形式包括上市的股份有限公司和不上市的股份有限公司,还包括小型股份有限公司和一人有限责任公司。股份两合公司是股份有限公司与两合公司之间的一个混合形式,但在本质上更接近于股份有限公司。被称为股份有限公司的变种,具有法人资格。股份有限公司原则上相应地适用股份有限公司法的规定,但在涉及承担个人责任股东时适用两合公司的相关规定。②

从总体上来看,如果说美国公司法强调公司是财产运作方式的特性,那么德国公司法则强调公司是人的联合体。在这种不同的公司法理念指导下形成的公司法中,股东概念自然也有不同的内涵外延。由于德国公司法是从人的联合体的角度来规范公司的,由此形成了以人的联合体为基本内涵的广义上的公司概念。这就导致德国公司法上股东的概念外延与美国公司法有巨大的区别。在德国公司法上,股东通常被视为投资入股的公司团体组织的成员。无论是合伙公司还是资合公司,与美国公司法强调股东是股份的所有权主体不同,德国公司法强调股东是公司这一团体组织的成员。公司法所规范的内容大致分为两部分:公司内部关系,即股东之间的关系;公司外部关系,即公司这一人的联合体与第三人之间的关系。由此可见,股东作为成员所反映的公司内部关系在公司法律制度中具有何等重要的意义。至于不同公司类型中的股份的区别,取决于公司种类的特性。

显然,德国公司法上的股东概念与我国公司法上的股东概念有很大区别,德国公司法的股东包括承担投资无限责任的投资者,而我国公司法上的股东是仅指承担投资有限责任的投资者,不包括承担投资无限责任的投资者,外延范围区别甚大。

---

① 参见〔德〕格茨·怀克、克里斯蒂娜·温德比西勒:《德国公司法》(第 21 版),殷盛译,法律出版社 2010 年版,第 264 页。
② 有关资合公司概念种类等内容,参见上书,第 36 页、第 22 章、第 25 章、第 34 章。

### (3) 与法国公司法的比较

法国公司包括民事公司和商事公司。民事公司①由民法规范;②商事公司由商法规范。③ 民事公司包括一般的民事公司和隐名合伙(société)。④ 民事公司的规则类似于无限责任公司,但民事公司不是当然的商事主体。商法规范的商事公司类型主要是合名公司、普通两合公司、有限责任公司、股份有限公司以及股份两合公司。合名公司类似于无限责任公司,但它要求公司的名称中有某些股东的名字。普通两合公司由承担有限责任的股东与承担无限责任的股东组成,普通两合公司与股份两合公司相对应,前者不能发行股票,后者可以发行股票。⑤ 在股份有限公司中还有一种简化的股份有限公司,是由一个股东认购了全部股份的股份有限公司,简化的股份有限公司不能公开募集股票。⑥ 在发行股份的公司中,有承担无限责任股东的,则是股份两合公司。

虽然,法国法律与德国法律一样,注重公司的人合性与资合性问题,但是,从立法的总体上看,对这一问题的关注,德国法比法国法可能更为重视。在法国法中,随着《商法典》第三编以"人的公司"和"物的公司"为公司类型划分的规范被废除,这一问题在立法上似乎淡化了。⑦ 取而代之的是自 1966 年的《商事公司法》及以后的相关法律,这些立法基本上是按公司不同的组织形式分别立法,并未区别人的公司和物的公司。相反,在德国,学者们的"人合公司"与"资合公

---

① "公司"和"合伙"在法文中都是用"société"来表示的。"société"有"社会"、"社团"之意,主要是"社会"。在法国法律中,合伙和公司并没有明确的区分界限。

② 法国《民法典》第三卷第九编第 1832 条至第 1873 条对民事公司(société)进行了规定。我国学者将法国《民法典》中的第三卷第九编的"société"翻译为"合伙"。但在法国,《民法典》中有关"société"的规定与《商事公司法典》的"société"是一脉相承的,所以将"société"译为"公司"更为贴切。参见《法国公司法典》,罗结珍译,中国法制出版社 2007 年版,第 4—8 页。

③ 1966 年法国颁布的《商事公司法》取代了《商法典》中有关公司的法律规定。该法律既是单行法,又是《商法典》的组成部分(参见《法国公司法典》,罗结珍译,中国法制出版社 2007 年版,第 4—8 页)。2000 年和 2006 年法国先后颁布了《商事公司与经济利益合伙组织法》和《公司及金融市场法》,对《商事公司法》进行了修补。

④ 也可以视为隐名公司,由于法国《民法典》的中文译本均译为"隐名合伙",在此采用这一约定俗成的称谓。

⑤ 不过,普通两合公司和其他相关公司在满足了相关法律要求如公司名称要求、募集资本数额的要求等,就可以发行股票,这类公司被称为可以发行股票的公司(参见法国《民法典》第三卷第九编第四章:"可发行股票的公司适用的规定")。但这类公司只是相关公司类型在特定情况下的一个规则变化,尚不能形成普遍认可的一种公司类型。

⑥ 参见《法国公司法典》第 227-1 条至第 227-20 条。参见《法国公司法典》,罗结珍译,中国法制出版社 2007 年版,第 247—251 页。

⑦ 正是由于法国《商法典》中第三编有关公司的"人的公司"和"物的公司"的分类,使我国台湾地区公司法学者将法国公司法与德国公司法分为两个公司法系(参见郑玉波:《公司法》,三民书局股份有限公司 1980 年版,第 9 页)。这种分类,随着法国公司立法的发展变化,在公司法学界已基本消失。

司"的分类,却被立法所接受。① 对资合公司有专门的《股份法》和《有限责任公司法》规范,而人合公司则任保留在《商法典》中。这种立法体系及其变化表明,在法国,公司的属性更倾向于"人的联合体"(société)现象,即社团组织的现象。正是基于法律对公司性质的这种认识,在法国的公司法中,股东的概念具有了两个重要特性:一是社团成员,强调股东与公司组织体的关系;二是股东外延极大,甚至股东与合伙人不分,因为公司与合伙并无明确的界限。

由上述分析可以看到,法国公司法上的股东概念与美国公司法上的股东概念区别是巨大的。首先,在外延上,美国公司法上的股东概念不包括合伙人,而法国公司法上的股东概念与合伙人没有明确的区分;其次,美国公司法上的股东强调其是股份的所有者,而法国公司法上的股东则强调其是公司社团组织的成员。

法国公司法强调股东的社团成员理念,这与我国公司法的股东概念在相当大的程度上是相通的。这种相通之处,表明了两国公司法上对股东法律属性理念具有共同的基点。但是,由于对企业(或公司类型)体系的规范,导致法国公司法上的股东概念与我国公司法的股东概念外延有十分明显的区别:法国股东因有民事公司和商事公司而有民事公司股东和商事公司股东之区别,而我国公司法上的股东实际上就是商事主体,没有民事公司的股东之概念;法国股东既有承担有限责任的,也有承担无限责任的,而我国公司法上的股东是承担有限责任的投资者,不包括承担无限责任的投资者。

(4) 与英国公司法的比较

在英国,由数人联合而成的组织体是社团法人,②社团法人主要包括特许公司③、法定公司④和注册公司,公司法规制的是注册公司。英国公司法对注册公司有两种重要的分类。一是以股东承担责任的方式对公司进行划分,即将公司分为有限公司和无限公司。公司章程规定股东承担有限责任的是有限公司;公司章程规定股东承担无限责任的是无限公司。无论是有限公司还是无限公司,

---

① 参见〔德〕格茨·怀克、克里斯蒂娜·温德比西勒:《德国公司法》(第21版),殷盛译,法律出版社2010年版,第35页。

② 不同于大陆法系,英国法中的社团法人不是相对于财团法人的分类,而是相对于独体法人的一种法人组织体。独体法人是指每次只有唯一成员担任永久性职位的法人组织,如公共受托人就是独体法人。这不同于财产信托,财产信托不会因受托人职位的变化而受影响。

③ 特许公司是指依据王室颁发的特许状而设立的并享有特别法定权利的社团法人。因王室特许状而设立的社团法人主要适用于学术团体、行业组织等。

④ 法定公司是指通过特别立法而设立的社团法人。这种组织形式主要适用于电力、煤气、供水等公用企业。

公司均具有独立法人资格。① 有限公司包括股份有限公司和保证有限公司。股份有限公司股东的责任以其"所持有股份的未支付金额"为限，保证有限公司股东的责任以其"承诺的当公司清算时向其缴纳出资"的数额为限。② "保证有限公司只是在不发行股本，但股东希望将其对公司债务和责任予以限制的情况下予以采用。"③另一种分类是按照公司运作机制不同，将公司分为公众公司和私公司。在设立证明中载明是公众公司、依法登记为公众公司并向公众发行股票证券的公司是公众公司；不能向公众发行股票的公司是私公司。私公司可以是股份有限公司、保证有限公司和无限公司。从公司法规范的公司类型这一层面来看，英国公司法在一定程度上带有大陆法系国家公司法的影子。

英国与美国同属于英美法系，在公司法律制度方面与美国有许多相似之处。其一，将合伙与公司分离立法，合伙由专门的法律规范，如《1890年合伙法》规范的普通合伙，《1907年有限合伙法》规范的有限合伙和《2000年有限责任合伙法》规范的有限责任合伙。其二，注重公司不同运作机制的分类，对向社会公开发行股票证券的公司与不公开发行股票证券的公司区别对待。但两国的公司立法却有很大差异。其一，英国公司法不仅将公司区分为公众公司和私公司，还按股东责任形式不同对公司进行分类。其二，允许股东承担无限责任，在有限责任中还可以承担保证责任，公司的形式比美国的更为多样化。

由于公司形态的这种差异，使得英国公司法中股东的概念内涵有了自己的特点。第一，强调股东与公司的成员关系。在英国之所以允许股东可以承担无限责任，并且将无限公司视为独立法人，就是因为英国法律将公司视为人的联合体，是一种社团法人。这种理念明显带有大陆法系公司法的痕迹，这在美国法中是看不到的。第二，股东的外延较之美国股东概念的外延要广得多。但是，英国公司法与大陆法系公司法仍有重大的区别，英国不同公司形态的运作模式不像大陆法系那么突出，英国公司法仍以公众公司和私公司不同运作机制作为立法规范的基础，这使得股东概念在不同公司类型中没有太大区别，而大陆法系国家的股东概念则往往因公司组织形态的不同而不同。

我国公司法规定的公司形态较之英国公司法的规范要简单得多，只有有限责任公司与股份有限公司两类，在立法规制方面，我国立法强调有限责任公司与股份有限公司的组织形式，不像英国公司法强调对公众公司和私公司（类似于我国的上市公司与非上公司）分类。由于这一区别，两国公司法上的股东概念

---

① 参见〔英〕丹尼斯·吉南：《公司法》（第十三版），朱羿锟等译，法律出版社2005年版，第20—21页。
② 参见《英国2006年公司法》第3条。
③ 〔英〕丹尼斯·吉南：《公司法》（第十三版），朱羿锟等译，法律出版社2005年版，第20页。

也有了很大差异。其一,内涵方面的差异:在英国公司法,股东的概念要大于成员的概念,能够成为股东的,未必一定是公司成员,并对成员专门规定了成员权。在我国,没有对"股东"和"成员"加以区别,用的是一个概念——股东。其二,外延方面,英国的股东概念所涵盖的外延要大于我国股东概念所涵盖的外延,即使从公司成员的角度来看,其外延也大于我国股东概念所涵盖的外延,因为,在一个由人组合成的团体中,承担无限责任的投资者在英国可以成为具有股东资格的公司成员,而在我国是不能的。

(5) 与日本公司法的比较

日本公司法将公司分为两大类:一类是股份公司;另一类是持份公司。持份公司包括无限公司、两合公司和合同公司。[①] 属于大陆法系国家的日本公司法所规范的股份公司,在一定程度上反映了以美国法律所规范的公司概念的特色,同时,日本公司法所规范的持份公司,仍保留着大陆法系的风味。日本公司法将公司分为股份公司和持份公司的这一分类方式,蕴含了重要的公司法理念。第一,按投资者对公司资本拥有财产权益的方式不同,分别规制不同的公司运作模式,即股份公司的"两权分离"运作模式和持份公司"两权不分离"的运作模式。第二,按投资者对公司资本持有的财产权益,分别确立其在公司中的不同法律地位乃至其称谓,股份公司的投资者被称为"股东",以强调其对股份所有权的拥有以及其通过股份与公司形成的关系;持份公司的投资者被称为"成员",以强调其作为公司社团组织的组成成员,表明其与公司之间重要的人合关系。

在日本的公司法律制度体系中,"股东"只是指股份公司的股份持有人,在持份公司中,持有公司份额的人被称为"成员"。我国法学界通常将持份公司中的成员,也译为"股东",严格而言这是不准确的。显然,日本公司法中股东的概念与我国公司法中的股东概念有明显的不同,我国公司法对不同类型公司的投资者不加区别,均视为股东。其实,我国公司法不仅在称谓上不对有限责任公司和股份有限公司这两种类型公司的投资者予以区分,而且对这两种类型公司机关的权力配置近乎一致,有限责任公司的股东与股份有限公司股东享有基本相同的权利。由此可见,我国公司法上股东概念的外延要比日本公司法上的股东概念外延大得多;在股东概念的内涵上两国公司法规范也有重大差异。

(6) 小结

就世界范围来看,由于公司立法模式不同,加之相关理念和文化的差异,导致股东概念的内涵不尽相同。根据不同立法模式所规范的不同"股东",可将"股东"概念大致分为两类:

---

① 参见《日本公司法》第575条。

其一,公司法所规范的股东是仅指股份的所有者。这类公司立法规范的模式又可分为三种。第一种是美国公司立法模式。美国公司法仅规范承担独立责任的公司,主要是对开放型公司的规范,但无论是开放型公司还是封闭型公司,[①]公司股东都是指股份的所有者。第二种是日本公司法立法模式。日本公司法不仅规范承担独立责任的公司,也规范其他组织形式的公司,如无限公司、两合公司。但公司法所规范的股东则仅指股份公司股份的所有者,不包括持份公司的投资者。持份公司包括合同公司、无限公司和两合公司,投资者被称为成员,是持份公司出资的所有者。第三种是英国模式,英国公司法虽然对公司具体类型分为若干不同的种类,但对其投资并享有投资权益的主体均称为"成员",只是在涉及股份归属时,称为"股东"。

其二,公司法所规范的股东是指公司资本份额的所有者,股东概念的使用不限于股份有限公司,德国、法国的公司法,及我国台湾地区的公司法,均属于这一立法。这种立法模式不分公司的具体组织形式,将组成公司的成员与享有公司资本份额权益的主体,均称为"股东"。

上述两类公司立法中对股东概念的使用,实际上反映了股东广义和狭义的概念内涵。将股东视为股份公司股份的所有者,是狭义的股东概念;而将股东视为公司资本份额的所有者以及投资权益的享有者,是广义的股东概念,它不仅包括股份公司股份的所有者,还包括其他公司组织形式中投资权益的归属者。

### (三) 股东与公司团体关系的分析:基于合伙与公司立法的比较

公司作为法人,具有社团的特性,而公司这一法人团体,是由股东组成的。所以,股东与公司的团体关系,简言之就是:股东是组成公司的成员。在股东与公司团体关系层面上对股东概念的解释,旨在透过股东与公司的团体关系,揭示股东作为公司成员的这一概念内涵的法律价值。为此,本书从公司与合伙的关系、法人团体理论与代理理论的差异以及团体的外观规模和内在结构变化等方面对股东作为公司成员这一概念内涵进行分析阐释。

无论是公司还是合伙,都是作为投资者的股东或合伙人获利的方式。在企业发展史上,公司作为企业的一种形态和团体组织形式,是由合伙发展而来的。因此,对股东概念的分析,需要将股东与合伙人加以比较,而这种比较,实质上也是公司与合伙的比较。由股东组成的公司与合伙人结合形成的合伙之间有许多

---

① 封闭型公司,或称紧密持股公司,"通常仅指有少量股东的公司"。参见〔美〕罗伯特·W.汉密尔顿:《美国公司法》(第5版),齐东祥等译,法律出版社2008年版,第256页。美国《商事公司法(示范文本)》未对紧密持股公司有特别专门的规范,这不仅使小型公司的股东有了极大的自主权,同时也表明美国公司法中公开公司的股东概念与封闭型公司的股东概念并无质的区别。

共同点,以下两点尤为重要:第一,两者都是人(法律主体)进行合作的方式,尽管两种合作形式在法律属性上存在差异;第二,两者都是投资者之间的合作方式,公司法或合伙法所规范和调整的正是基于投资者之间的合作方式而产生的相关关系。两种事物或现象的相同点,是对两者进行比较分析的基础,因为,两个没有任何相同点的事物往往就没有比较的价值和必要。公司与合伙的相同性,使得两者的比较具有可行的基础。但是两者也是有区别的,而这种区别是法律属性上的区别,①在某种意义上是由法律的制度设计所造成的。因此,考察分析相关法律制度,对全面了解公司与合伙的关系,进而深入理解股东的本质是十分有意义的。

在我国法律制度中,公司与合伙是被作为两种法律制度而设计的,前者是法人主体团体的组织,具有独立的主体地位;后者是一种独立主体之间的基于协议形成的合作形式,不具有独立的主体地位。我国《民法通则》在第二章"公民(自然人)"中的第五节规定了"个人合伙",在第三章"法人"中的第四节"联营"中规定了具有合伙属性的法人联营。② 这一立法体例虽然在主体篇章中规定了合伙关系,③但仍没有将合伙作为一种独立的主体形式予以确立。在我国的立法体系中,合伙仍是作为人(法律主体)的一种行为方式,其法律属性仍属于债的范畴。这表明,作为投资者的合伙人,并没有因为投资行为而根本改变自己独立主体的法律地位。他以自己的独立主体的身份与其他合伙人基于协议共同与他人进行行为,分享共同行为所形成的利益。

与合伙不同,由股东组成的公司是一个具有主体资格的团体组织。我国《公司法》第3条明确规定,"公司是企业法人,有独立的法人财产,享有法人财产权。公司以其全部财产对公司的债务承担责任。"在我国的法律制度中,公司法律属性的核心是法人主体。需要注意的是,我国法律制度和法学理论中的法人概念与国外大陆法系国家通行的法人概念不尽一致。我国的法人是"具有民事权利能力和民事行为能力,依法独立享有民事权利和承担民事义务的组织"。

---

① 当我们按照一个公司或合伙企业的地址找到这个公司或合伙企业时,我们所看到的、触手可及的这个由人、财、物组成的企业只是经济学或企业组织管理学意义上的公司或合伙企业,并不是法律意义上的公司或合伙企业。法律是关于主体权利义务的规范。在一定意义上,公司法或合伙法是关于投资的法律,是调整规范基于投资形成的相关主体之间的关系,包括投资主体之间的内部关系和全体投资者与他人之间的外部关系,不包括非投资者之间的关系,如用人单位与劳动者之间的劳动关系。非投资者的关系,由其他相应法律调整,如劳动法调整规范用人单位与劳动者之间的劳动关系。

② 《民法通则》第52条规定,"企业之间或者企业、事业单位之间联营,共同经营、不具备法人条件的,由联营各方按照出资比例或者协议的约定,以各自所有的或者经营管理的财产承担民事责任。依照法律的规定或者协议的约定负连带责任的,承担连带责任。"

③ 德国、日本以及我国台湾地区的民法典,在债法篇中对合伙进行规范,将合伙定性为债的法律属性。

《民法通则》第 37 条明确规定了法人应当具备的条件:依法成立;有必要的财产或者经费;有自己的名称、组织机构和场所;能够独立承担民事责任。[①] 基于我国现行法律的规定,法人完全独立的主体地位成为其根本的特征。首先是组织独立,法人有别于组成其组织体成员而独立存在;法人不依赖于其他组织体而独立存在;法人有其独立的意思机关和执行机关。其次,法人有独立的财产。法人拥有其自己的财产,而其所有的财产独立于其成员的财产,也独立于其他组织体的财产。再次,法人能够独立地承担其行为责任。法人以其独立的财产承担由其独立行为产生的法律责任,不由其成员或其他人承受。[②] 基于法人的这种完全独立的主体理念,我国公司法所规制的公司是具有完全独立主体地位的团体组织。公司与股东在一定意义上就是团体与团体成员之间的关系,这不同于合伙,合伙人之间没有结成团体组织。

根据我国法律规定,股东作为公司成员,在社团组织层面具有如下两个重要特性:

第一,对外的主体地位隐退,并成为公司内部的主体——成员。投资者将其财产投资于公司成为公司的股东后,他原有的财产所有者的主体身份隐退,变成了公司的成员,不具有对外的主体地位,这不同于合伙人对外仍在一定程度上显示着自己的主体地位。首先,作为公司组成成员的股东,丧失了对其投资财产的所有权,取得股份所有权。这不同于合伙关系,在合伙关系中,合伙人对合伙财产享有共同所有权,与合伙财产具有直接的财产权关系。在公司与股东的财产关系中,公司对所有投资者投资的财产享有独立的财产所有权,股东对公司财产没有直接的产权关系。其次,作为公司成员的股东,不同于能对外代表全体合伙人进行行为的合伙人,公司有法人机关代表公司进行行为,股东不能对外代表公司进行行为。再次,与对合伙行为承担连带责任的合伙人不同,作为公司组成成员的股东,不对公司行为承担责任。公司以其独立的财产对其行为独立承担责任。由于公司从财产、行为到责任承担显示出完全的独立主体地位,所以从公司外部观察股东,难以看到股东的地位,这不同于合伙,从合伙外部观察,可以看到合伙人的地位。于是有学者认为,"法人没有成员",而合伙具有成员。[③] 不过,

---

① 日本民法通说观点认为,"法人是自然人以外的能够成为权利义务主体者。"团体可以不受其成员的增减、变更等的影响而继续成为某种权利义务主体。在日本,法人包括社团法人和财团法人,团体包括社团、组合、营团、金库、公团、公社、公库、事业团、无权利能力社团。参见〔日〕我妻荣:《我妻荣民法讲义Ⅱ新订民法总则》,于敏译,中国法制出版社 2008 年版,第 107,118—127 页。

② 关于法人独立性的根本特性,参见马俊驹、余延满:《民法原论》(第 3 版),法律出版社 2007 年版,第 112 页。

③ 参见张俊浩主编:《民法学原理》,中国政法大学出版社 2000 年版,第 166 页;李锡鹤:《民法原理论稿》,法律出版社 2009 年版。

应当注意的是,虽然从外部观察,公司的完全独立的主体地位使股东的地位隐退至公司内部,但是这并不意味着股东没有主体资格。在公司内部,股东具有与其身份相适应的主体地位。这一主体地位通过他对公司所享有的权利表现出来:如投票权、收益权、知情权等。股东是这些权利的主体。由此分析可以得出这样的结论:投资者投资于合伙,他作为合伙人对外仍在一定程度上显现着自己的主体地位;而投资者投资于公司,因公司完全独立的主体地位而隐退了其原有的财产所有者的主体地位,成为公司内部的权利主体——股东。投资者主体地位的隐退过程,实质上是其从对原有财产享有所有权的主体转换为对公司股份享有所有权的股东,并成为公司内部成员。

第二,股东作为公司成员具有可更替性。虽然公司是由股东组成的,股东是公司的组成成员,但是组成公司的股东是可以更替的。如 A、B、C、D、E 若干人组成甲公司,但并不意味着甲公司只能由 A、B、C、D、E 组成。只要不为法律或章程规定所限制,A、B、C、D、E 中的任何一位股东可以被其他法律主体更替。这不同于合伙中的合伙人非经其他全体合伙人的同意不得更替。合伙是依据合伙协议形成的组合,具有极强的人合性。公司股东之所以可以更替和变化的理论根据有二:一是因为公司存续的基础不依赖于全体股东完全一致的协议,而依赖于多数表决确定的章程。公司作为具有独立主体地位的团体组织,依据法律和章程具有自己意思的形成规则,有自己组织管理运作机制和组织体的解散事由。二是公司具有独立的主体地位,股东作为公司成员的更替,不影响公司主体独立存续。实际上,股东作为公司成员的可更替性是公司社团组织内部的人合性因素的反映。社团组织内部的人合性是指社团成员之间的信用关系。以社团组织成员之间的信用关系为基本内容的社团组织的人合性程度与该社团组织的主体地位的独立性程度成反比。对合伙来说,由于合伙人的人合性极强而导致合伙"主体"的独立性极弱,以至于带有浓厚的债权关系色彩;相反对公司而言,公司的人合性,随着公司团体主体地位独立性的增强而减弱。股东的可更替性,是公司这一社团组织独立主体地位的重要表现。[①] 正是由于公司存续的法律基础的不同和公司独立性导致的公司人合性减弱,使得股东作为公司成员能够可更替。

正确认识股东作为公司成员这两个方面的特性,有助于进一步揭示股东概念在"社团成员"这一层面上内涵的法律意义。

其一,作为公司成员的股东,是关于公司组织团体内部关系的一个概念。

股东是公司法上的特有概念,特定的公司由特定的股东组成,特定的股东依附于特定的公司而存在。投资人将自己的财产投资于公司后,他原来的财产权

---

[①] 参见〔德〕迪特尔·梅迪库斯:《德国民法总论》,邵建东译,法律出版社 2000 年版,第 818 页。

利主体地位转化为公司股东,成为公司的组成成员,其主体地位隐退于公司内部,而公司作为独立主体对外进行行为。股东对公司以外的第三人没有直接的法律关系。股东只是在公司内部与公司形成一定的关系。可见,股东是公司组织团体内部的一个主体概念。

其二,股东是公司内部具有相对独立利益和自己意志的主体。

虽然股东不能与公司以外的主体直接发生法律关系,对外不具有与公司主体身份相关的主体地位,但是这并不意味着股东没有法律主体的地位。法律主体是一定权益的归属者或承受者,在公司内部,股东依其所持有股份份额而具有特定的权益,股东是这特定权益的载体。为了维系股东的这一权益,同时,也基于股东是公司的组成成员的身份,法律必须赋予股东表决权。股东的表决权实质上就是股东参与公司的决策和对公司管理机关人员的选举权利。① 我国《公司法》第4条规定,"公司股东依法享有资产收益、参与重大决策和选择管理者等权利。"股东对自己股份权益的主张和表决权的行使,体现着股东自己的意志。这表明股东作为公司内部特定的法律主体,有其独立的意志。股东个人的意志,不同于全体股东的意志,也不同于由全体股东组成的公司的意志。公司全体股东的团体主体意志,体现的是公司法人主体对外进行行为的主体资格;而股东的个人意志,体现的则是其在公司内部权利行使的主体地位。

其三,一般民事财产权利主体与股东这一公司内部主体可以相互转换,且不影响公司主体的存续。

股东作为公司成员具有可更替性和变化的特性,表明公司股东作为公司内部的权利主体与一般的民事财产权利主体之间是可以相互转换的。一般的民事财产所有权主体将其财产投资于公司,取得股东资格成为公司成员后,其原有的民事财产权利主体的资格就转换为股东资格;当股东退出公司,依法得到相应的财产后,就又从股东身份转换为一般的民事财产权利主体身份。由此可见,股东作为公司成员所具有的可更替性的变化过程,就是股东与民事财产权利主体之间的身份转换过程。特别值得强调的是,这种转换不影响公司主体的存续。股东概念这一内涵的法律价值不仅在于它体现了公司法人主体的独立性,也为公司的资合化发展和股东利益的相对独立提供了理论支持,为股东资格的让渡在团体组织原理方面提供了理论根据。

不过,在这里需思考和分析的是,要股东作为公司内部主体与一般民事财产权利主体之间进行转换,与公司资本的稳定性要求不相吻合。对此如何理解与

---

① 参见〔英〕保罗·戴维斯:《英国公司法精要》,樊云慧译,法律出版社2007年版,第五章"集中管理Ⅰ——在股权分散的公司授权于股东"。

解释？显然，股东转换为一般的民事财产权利主体，实质上是从公司团体组织中退出来，而在公司组织体中，股东作为公司成员是以其持有公司的股份为基础的，作为公司资本组成部分的股份，如果随着股东的退出而分离出去，必然要使公司的资本减少。由此可以看到，尽管股东与一般民事财产权利主体之间的转换，并不影响公司法人独立主体地位的存在，但是，仍有可能减少公司法人财产的存量。这在原则上是不符合公司资本稳定性要求的。为了解决这一问题，在法律制度上设计了两项基本措施：一是构建股份转让的路径，使股东能够通过这一路径退出公司，而使其持有的股份留存于公司，并转让给新的股东持有；二是构建必要的资本减少规则。那么，股东与一般民事财产权利主体转换与公司资本稳定性不吻合的原因究竟是什么？解决这些措施正当性的理论根据何在？这些问题涉及公司与股东之间的财产关系问题，对这些问题的分析解释，将在下一节展开。

### （四）股东与股份财产关系的分析：基于股东权利客体特性的思考

股东是公司法域中特定的法律主体概念。法律主体是自由意见的表达者，①是权利和义务的载体，②是一定权利或利益的归属者。③ 作为主体，股东不是空洞权利的虚壳，而是一个客观存在的表明权利和利益归属的实体。那么，股东享有权利的基础何在？股东享有利益的基础何在？股东作为权利主体的基础是什么呢？这一问题的实质是：股东作为主体所对应的客体是什么？换言之，股东基于什么（或对什么）享有权利？

#### 1. 对相关观点的评析

有关股东权利的基础的问题涉及股东的法律本质。对这一问题有诸多不同的解释，主要有"公司财产说"、"公司说"、"股权说"、"契约说"、"剩余资本说"和"股份说"等。

（1）"公司财产说"及其评析

"公司财产"说认为，股东是公司财产的最终归属者。这种观点是基于朴素的感性认识得出的结论。其理论基点主要有两个方面：一是信托理论，认为公司财产是股东信托给公司管理者的，公司的财产是股东信托财产，该财产自然应当属于股东所有；二是公司治理中的"两权分离"理论，认为现代公司制度中的财产所有权与管理权是分离的，"几乎没有控制权的资产所有权与几乎没有所有

---

① 参见谢晖：《法学范畴的矛盾思辨》，山东人民出版社2002年版，第461—471页。
② 参见〔奥〕凯尔森：《法与国家的一般理论》，沈宗灵译，中国大百科全书出版社2003年版，第105页。
③ 参见龙卫球：《民法总论》（第2版），中国法制出版社2002年版，第164页。

权的资产控制权,似乎是公司制度发展的必然结果。"①虽然,信托理论和"两权分离"理论在论证分析投资者财产关系的变化和现代公司治理的科学化原理上有积极意义,但是,在现代公司制度环境下适用这两个理论来揭示股东主体的财产权关系,却未必妥当。有学者明确指出,公司契约论实质上抹杀了公司的人格,其结果必然是公司的资产是股东的财产,而不是公司自身的财产,导致公司客体论,而非公司主体论。② 其实,将股东视为公司财产的最终所有者,只是在一般的财产理念或"传统法定模式"③层面对股东与公司关系的解释,并不能揭示股东的实质内涵。

本书不赞成股东是公司财产最终归属者的观点。首先,这一观点混淆了集合意义上的股东与单个意义上的股东两个不同内涵的概念。显然,认为公司财产最终归股东所有,是指归全体股东所有。在这里的"股东"是集合意义上的概念,而不是具体的、单个意义上的股东概念。其次,这一观点忽视了公司独立法人地位的客观存在。独立法人人格的法律意义在于其表明了公司独立的主体地位,公司以其独立主体资格对公司财产享有所有权。换言之,公司财产以及基于这一财产之上的权益均归属于公司,而不能归属于公司内部成员所有。如果分割了公司完整的财产,那么公司就失去了其存在的经济价值和法律意义。在"股东是公司财产的最终所有者"的观念中,如果股东不是集合意义上的含义,而是指具体的单个股东,那么股东就不应当是对公司的整体财产享有所有权,而只能是对相应的"份额"享有所有权。这在理论上,是与基于完整的、不可分割的公司财产基础之上的公司法人制度原理相悖逆的。

"所谓的股东拥有公司只是一种非严格的说法。"④或许,这一观点中的"最终"有另外两层含义:一是指公司财产本质上归属股东;二是指公司在终止时,剩余的公司净资产最终归股东所有。然而,即便是基于这两层含义上的"股东是公司财产的最终归属者"观点,也是可质疑的。将公司财产视为本质上归股东所有,主要是基于法人的"拟制说",认为公司法人是法律拟制出来的,真正实

---

① 〔美〕阿道夫·A. 伯利、加德纳·C. 米恩斯:《现代公司与私有财产》,甘华鸣、罗锐韧、蔡如海译,商务印书馆 2005 年版,第 79 页。在本著作的中文翻译版中,译者将"wealth"译成"财富",笔者认为是不太符合原著本意的,本书在引用时,将"wealth"改译为"资产",原因是:第一,"wealth"本意是"a large amount of money, property, etc. that a person or country owns",有财产和资产之意;第二,对公司控制并用于经营的客体而言,"资产"比"财富"更符合公司制度原理内涵,也与我国汉语表达习惯相吻合。

② 参见王延川:《公司的现代性:主体与客体之辨》,载《宁夏社会科学》2007 年第 5 期。

③ 在美国公司法学者罗伯特·W. 汉密尔顿看来,股东是公司财产的最终所有者,是支撑传统公司权力分配的法定模式的基础性理念。参见罗伯特·W. 汉密尔顿:《美国公司法》(第 5 版),齐东祥等译,法律出版社 2008 年版,第 175 页以下。

④ 江平、孔祥俊:《论股权》,载《中国法学》1994 年第 1 期。

在的主体只能是自然人。在持有"最终归属者"观点的人看来,公司对财产的所有只是形式上的,实质上的财产所有只能归属于股东。显然,这一观点忽略了法人独立人格制度的最重要功能。法人制度的重要功能之一就是将全体投资者作为一个整体看待,使全体投资者的利益区分于个体投资者的利益。"公司归股东所有"中的"股东",是集合意义上的股东之意,是指公司归全体股东所有,而不是指具体的个人股东之意。单个股东是不能享有公司财产所有权的,这里不存在是否具有"公司财产本质上归属"的问题。那么,在公司终止时,清算偿付债权人的债务后公司剩余的净资产是不是归股东所有呢?答案仍然是否定的。因为在公司终止时向股东所"分配"公司剩余财产的行为,在法律属性上应当属于公司股份的回转,实质上是一种股份的交换行为。①

股东不能对公司财产享有所有权,那么,股东能否按其投资比例按份享有公司财产的所有权,并以此成为股东的基础呢?有学者予以肯定的回答,认为"财产法人所有、股东按份共有"。在持这一观点的学者看来,"虽然股东由出资前依法直接行使所有权的权能,转变为根据其意志和利益,将所有权的权能依法转让出去,自己不直接行使所有权的权能,从而改变了行使所有权的方式,但是并没有改变股东对其财产依法享有独立支配权的实质",并认为,"公司财产属于公司法人所有和公司财产属于全体股东按份共有是一个问题的两个方面"②。我们认为,这一观点是值得商榷的,因为,这一观点显然混淆了公司财产关系与合伙财产关系的区别,从而也混淆了股东和公司之间的主体关系与合伙人与合伙体之间的关系的区别,那就无法对股东作出正确的、合乎法律逻辑关系和符合法律客观现实的解释。③

(2) "公司说"及其评析

有言道:"公司拥有财产,股东拥有公司"。"公司说"将股东视为公司的所有者。④ 公司被视为客体在现实生活中并不鲜见,将公司视为投资者的营利方式或工具,实质上是将公司作为客体看待的。

在现实生活中,"公司"这一名词,有时被用来表示客体,有时被用以表示主体。在法律制度或法学理论上,公司应当被视为主体,是一种由股东投资形成的、具有独立人格的法律主体形式。因此,从法学的角度来看,将公司视为股东权利主体之客体就很不妥当,因为这样会搞乱了股东与公司的关系。在公司组织法律关系中,股东是公司的成员,公司是由股东组成的;二者是部分与整体的

---

① 参见本书第九章。
② 杨紫烜:《论公司财产权和股东财产权的性质》,载《中国法学》1996年第2期。
③ 公司与合伙的区别、股东与合伙人的区别,下文将全面详尽地予以分析说明。
④ 参见程合红:《试论股权的客体——物、股份、公司》,载《法学》2000年第1期。

关系。将整体作为部分的权利主体，只能使法律关系变得更加复杂，乃至混乱。①

其实，将股东视为公司所有者的主体，实际上是从公司财产的角度来解释股东的内涵，与"公司财产说"没有本质上的区别。

(3) "股权说"及其评析

"股权说"认为股东是股权的主体。持这一观点者，极为普遍。关于股权与股东之间关系的解释，通常有两种思路：一是将股权视为特定的权利，以此为基点说明股东是股权的归属者；②二是将股权视为财产的一种形式，以此为基点说明股东是该类型财产的所有者。③ 如果仅是一般意义上理解股东的主体根据，上述两种思路的解释姑且能接受。但是，要对股东概念进行深入分析研究，仅停留在这种一般意义上的理解，显然是不够的。

首先，股东作为公司法上的主体，自然应当是股权的享有者，然而，这一解释并不能表明股东享有股权的基础何在。其实，享有股权是股东作为公司法主体存在的表现，而不是其存在的原因，因此，以股权的享有者来分析股东概念，尚不能深刻揭示股东概念的深层内涵。

其次，将股权视为财产形态，虽然也能说明股东作为主体的财产关系根据，但是，却难以说明股东主体所享有的各种权利与"股权"这一财产的内在联系，并会混淆了作为财产的"股权"与作为权利的"股权"的概念内涵。德国学者温特沙伊德认为，当人们认为是物构成了我们的财产，实际上它们只是我们所有权的客体；当人们说拥有和获得物时，实际上意味着获得这些物上的权利。如果认为权利是无体物，而财产又是权利的集合，那么财产本身就也成了一种无体物。而无体物是在与有体物相对立的意义上被理解的，这样就会导致作为无体物的财产与作为其组成部分的有体物的对立，这在逻辑上是荒谬的。在温特沙伊德看来，要么彻底地放弃无体物的概念，要么仍然保留无体物的概念，但使其具有转换的意义。温氏明确指出："权利也是物（无体物），因此它必然能够和有体物一样成为权利的客体，这一概念不可能具有自洽性。从精确的意义上讲，权利不是物，只是可以像物一样来思考。"④

---

① 参见程合红：《试论股权的客体——物、股份、公司》，载《法学》2000年第1期。
② 郑玉波：《公司法》，三民书局股份有限公司1980年版，第105—106页。
③ 参见江平、孔祥俊：《论股权》，载《中国法学》1994年第1期。
④ 转引自方新军：《盖尤斯无体物概念的建构与分解》，载《法学研究》2006年第4期。在温特沙伊德批判了权利也是物的观点后，他还必须回答这样一个问题：权利能够构成权利的客体吗？温特沙伊德经过研究后得出了三项结论：其一，作为权利客体的物和权利具有不同意义；其二，不能说在一个权利自身之上的权利；其三，他人权利上的权利是以权利作为间接客体，就这种权利而言他人的权利是一个中介，它还是以外在的物作为客体，在其上权利有了确定的所在。

再次,股权内容的本身难以表明其存在的基础。股权包括对表决权、知情权、公司盈余分配请求权以及股份的处分权。① 那么,这些权利产生的基础是什么? 换言之,股东凭什么享有这些权利呢?

其实,"股权说"是在对股东与公司财产关系解释陷入困境的情况下,为了力求说明股东投资公司后丧失其对投资财产所有权而应当享有的特定财产权的一种表述方式。之所以将这种财产形态视为"股权",主要是由于两个方面的原因:其一,对"股份"缺乏必要的深入研究;②其二,对有限责任公司的股东出资的是否具有股份的属性难以肯定,我国公司立法将"股权"作为有限责任公司与股份有限公司"股份"对应的概念就是佐证。

"股权说"存在的上述问题表明,股权不能成为股东权利所依赖的基础。

(4)"契约说"及其评析

"契约说"认为股东权利的产生是基于契约,是由契约制度安排的。③ 的确,"契约说"昭示了契约在"股东权"本质理念中的重要意义。尽管如此,"股权"的本质是否在于"契约",尚需要谨慎而全面阐述论证,而且,就股权的内容而言,如果某些具体权利的根据尚可依据契约予以解释,但"契约"却难以解释股东享有的全部的股权内容,如股东所享有的固有股东权利。股东的固有权是指非经股东同意不得以章程或股东会决议剥夺或限制的权利。④ 股东应当享有的固有权利是与股东身份或资格存续相伴的。它既不同于法定的股东权利,也不是相关"契约"所决定的。

(5)"剩余资本说"及其评析

这一学说认为,"股东只不过是剩余资本的契约提供者,他们的'合同'使得他们可以取得企业的剩余利润,同时要求他们承担企业主要的亏损风险,因为所有其他公司的提供者相对于他们都有获得支付的优先权。"⑤ 显然,"剩余资本说"只是从公司清算这一层面对股东权利的解释,是为了表明股东与其他与公司利益相关主体的法律关系,由此反映股东的内涵。这种观点不能真正说明股

---

① 本书认为,表决权、知情权、公司盈余分配请求权以及股份的处分权是股东的最基本权利,其他权利实际上是这几项权利的具体表现或是这些权利派生出来的权利。

② 有学者将股权视为第二层次的权利客体。参见方新军:《权利客体的概念及层次》,载《法学研究》2010年第2期。

③ 参见侯东德:《股东权的契约解释》,中国检察出版社2009年版,第45—55页。

④ 我国学者认为,固有权是法定的(参见刘俊海:《股份有限公司股东权的保护》(修订本),法律出版社2004年版,第55页;赵旭东主编:《公司法学》(第二版),高考教育出版社2006年版,第316页)。本书认为,将股东的固有权视为法定权的观点是值得商榷的。显然,"判断一个权利是否为固有权,要看是否关系到股东的基本利益",而不能仅以法律规定为限。

⑤ 〔美〕罗伯特·W.汉密尔顿:《美国公司法》(第5版),齐东祥等译,法律出版社2008年版,第42页。

东权利的基础,至少:其一,该观点没有说明股东为什么只能就剩余资本主张权利? 其二,该观点难以说明股东其他权利如表决权产生的根据。可见,该观点不能令人信服地表明股东概念的本质内涵。

(6)"股份说"及其评析

股份说认为,股东是股份的主体。由于公司独立法律人格的存在,公司享有股东投资形成的全部财产的所有权,所以当股东向公司投入一定数额的财产后,股东对其投资财产丧失所有权。但是,股东并不是将其投资无偿赠与给公司,而是通过其向公司投资得到了与其投资数额相应的公司股份。因此,股东既不是对公司财产享有所有权,也不是对投资份额的"股权"享有所有权,更不是对公司享有所有权,而只是对其投资形成的特定"股份"财产享有所有权,股东正是该"股份"财产所有权的主体,换言之,基于该"股份"财产的利益归属于该股东。事实就是如此简单。

其实,最简单的事实蕴含了最基本的原理。从客体角度分析股东概念,实质上是要揭示股东作为公司法主体的财产关系基础。而股东是享有公司股份的所有权的主体,这一简单概念所表述的这一简单的事实,准确反映了股东作为公司法主体的财产关系基础。

"股东的一切权利根源于股份,随着股份的转移,股东的所有权利也随之转移,因此,将股份视为权利是理所当然的。而且,鉴于股份公司的社会性本质,将股份说明为社员权是正确的。"[1]当然,对这一概念进一步深入理解,还需要解决如下问题:股份的内涵究竟是什么? 股东的权利内容与股份有何内在联系? 股份在股东与公司主体关系中具有什么作用?

2. 股份:股东主体地位的客体财产特性分析

通常认为,股东是股权的主体,这一理念的正确性毋庸置疑。然而,问题是"股东是股权主体"这一理念形成的根据是什么? 例如,A 作为股东向甲公司投资 50 万元人民币,股东 A 凭借什么可以成为甲公司的股东呢? 所以,阐释股东概念,必须说明:股东作为权利主体所对应的客体是什么? 他作为特定的权利形体的内容及根据是什么?

"主体只有在与客体的关系中,才能展现自己的特性。"[2]股东自身的法律性,在一定程度上也是通过其与客体的关系来展现的。由上述分析可知,股东是基于对股份这一客体所有权的享有而成为特定的法律主体。因此,充分认识股份的属性,无疑是正确认识股东概念的有效路径。

---

[1] 李哲松:《韩国公司法》,吴日焕译,中国政法大学出版社 2000 年版,第 204 页。
[2] 李锡鹤:《民事客体再认识》,载《华东政法学院学报》2006 年第 2 期。

为了充分客观地解释股东概念,让我们从最为简单而普遍的一般性实例分析入手。甲股份有限公司注册资本为1亿元人民币,每股为1元人民币;自然人A以100万人民币平价购买了甲公司100万股票,享有甲公司1%的股份。一段时间后,A将其所持有股票中的20万股票以50万元人民币的价格转让给B;又过一段时间,A又将其所持有股票中的10万股票以20万元人民币转让给C。这是一个极为简单的股东投资与股份转让的公司法实例。通过这个简单的实例,我们可以清楚而直观地看到,股份是构成公司资本的最小单位。这也是传统的公司法理论中对股份最为普通、最基本的解释。[①] 这有两层含义:其一,股份是公司资本[②]的组成部分。这一含义表明,公司的资本,作为主体所享有的财产,不同于其他一般的财产,而是一种由单个股份单元组合而成的、具有聚合属性的财产形态。[③] 上例中的甲公司资本为1亿元,每一股份为1元,这表明该公司资本由1亿股股份构成。其二,股份为作为公司资本构成的基本单元,具有不可再分割性。在甲公司的这1亿个股份中,每一个单元股份便是公司资本的最小单位。如果甲公司在设立时,公司章程设计公司资本为每股100元,那么100元1股即为公司资本的构成单元,非经特别程序修订章程,股份不得分割。

股份,实际上是股东作为主体享有股东权的客体,是股东所享有的各种权利的内在依据。股东的权利内容及其特点、股东与公司的关系,都与股份这一特定的财产有着内在的关系。

基于对股份这一基本概念解释的进一步分析思考,可以揭示股份具有如下属性:

首先,股份是具有特定价值的一种财产。

在前述案例中,股东权利所指向的客体财产,既不是"100万股票"本身;因为这"100万股票"只是与此相应的甲公司1%的股份的表现形式,如果甲公司破产,这"100万股票"则一文不值;也不是这一"100万股票"票面上所显示的、A投资于公司的"100万元人民币",因为这"100万元人民币"的财产所有权在A向公司投资后即属于甲公司,并成为甲公司整体财产不可分割的有机组成部分。A享有的只能是由"100万股票"所显示出来的占有公司股本1%的股份的所有权。

---

① 参见王保树、崔勤之:《中国公司法原理》(第三版),社会科学出版社2006年版,第222页。
② 严格而言,公司资本应当称为公司股本。这是因为,资本的含义要比股本复杂得多,例如"股东为换得股份投资形成的资本是股权资本,由借贷形成的资本是债权资本"(Robert W. Hamilton, Richard A. Booth, Corporations, p.427),资本的外延要比股本的外延大得多。我国公司法将公司股本设计成了"注册资本"。为论述方便,除特别说明外,本书不对公司股本、公司资本和注册资本加以区分,并根据行文需要,交替使用相应称谓。
③ 物权法中的"聚合"概念源自于罗马法。

A之所以享有公司1%的股份或100万股票,是因为A以购买股份的方式向公司投资100万元人民币之后,就丧失了对这100万元人民币财产的所有权,但他并非是将这100万元人民币无偿赠送给了公司,而是与公司交易得到了相应的财产——股份。A得到的股份财产,不是其出资后在公司中的这一代表其出资的股份的财产价值承载于股份之上的所有利益,它包括三部分:一是A投资后形成的股份的基本价值;二是投资后公司通过经营形成的利益,实际上是公司公积金和未分配利润中的相应份额;三是潜在的利益价值。财产实际上就是能为人所利用或能为人带来特定利益的载体。能被主体利用或对主体有利益的,就是价值。简言之,财产就是特定价值的载体。股份是能为股东带来特定利益(换言之是特定价值)的载体。

18世纪英国哲学家、经济学家休谟认为,财产权是"在不违犯正义的法则和道德上的公平的范围以内、允许一个人自由使用并占有一个物品、并禁止其他任何人这样使用和占有这个物品的那样一种人与物的关系。"①"财产与物的概念在权利客体的意义上是重叠的。"②"就其客体意义而言,财产的外延从宽到窄依次有三种含义,一是指具有经济内容的民事权利、义务的总体,其中表现权利的财产为积极财产,表现义务的财产为消极财产;二是指广义上的物(积极财产),不仅指有体物,而且包括专指特定财产权利的无体物,法国民法持此观点;三是指狭义上的物,以有体物为限,德国民法持此观点。"③无论是从客体的角度,还是从权利的角度或是从财产价值的角度看,股份都具有财产的属性。

股份具有可控性和一定的独立性。可控性是指能为主体所控制。能为主体所控制,才能为主体所利用,才能由主体进行处分,使财产的利益转变为一定的金钱或其他财产形态,从而体现出财产特定的价值。可控性,是财产具有法律意义并可以成为法律客体的必备特性。股东不仅能够基于股份获得红利股息,还能将股份转让,变现财产,并实现财产价值的增值。股份的收益和变现的财产,以及增值的财产价值均归原股份的所有者——股东所有。A将其所持有股票中的20万股票以50万元人民币的价格转让给B,将10万股票以20万元人民币的价格转让给C,表明了A对其原持有股份的控制,而这些由其控制的财产通过转让,不仅体现了股份财产的价值,而且还表明了股份作为一种特定的财产形

---

① 〔英〕休谟:《人性论》(下),关文运译,商务印书馆1980年版,第345页。关于休谟对财产概念的论述,可参见休谟:《人性论》第三卷第二章第二节:"论正义与财产权的起源"、第三节:"论确定财产权的规则"。

② 吴汉东:《财产权客体制度论——以无形财产权客体为主要研究对象》,载《法商研究》2000年第4期。

③ 同上。

态,具有客观的自身的价值属性,股份自身的价值是独立的,也就是说,归于股份主体的价值,就是该股份自身的价值,而不是其他股份,也不是公司财产或其他任何财产价值。

其次,股份是一种无形财产。

关于无形财产,最早的称谓应当是"无体物",由罗马法学家盖尤斯提出,他提出这一概念是为了弥补实际诉讼中"物"的客体不周全的问题,但由于历史发展的局限,盖尤斯没有对这一概念充分阐释,这一概念的内涵、意义和作用,均没有被引起重视,导致后世有些法学家对盖尤斯"无体物"概念作用的多种遐想。其实,从盖尤斯"无体物"的提出,到人类社会对各种财产形态的认识,以及对"物"的内涵的扩充性解释,都表明,随着社会经济生活的不断发展,内涵有限的"物"的概念已经难以适应丰富多彩的现代经济生活和财产形态的多元化。

"无形财产",实际上是专指某种财产权利的"无体物",是作为分配资源的社会工具的一种制度产品。就不具备外在形体,仅为人们主观拟制的非物质性而言,精神产品与制度产品有着共同的特征,但由于两者有着不同的性质和功用,因此只能成为不同权利的客体。"从消费品、生产资料、房地产等有形商品市场,到技术、信息、产权等无形商品市场,市场的触角延伸到一切可以作为财产看待的物质与非物质的对象,商品化的结果是财产权利客体的扩充。"[①]

其实,在现代社会中,财产的种类在不断扩大,无形财产只是种类繁多的财产形态中的一类。它和有形财产的区别主要在于,财产价值本身与作为财产价值载体之间的状态:如果财产的载体本身就体现了该财产的全部价值的,或者说财产载体的价值就是财产价值的,该财产为有形式财产,即财产载体与财产本身是合二为一的,财产载体价值与财产价值是相等的。如一般有体物,其价值就是该物体本身,该财产的价值额等于载体物本身的价值。作为财产价值的载体本身的价值不是或不等于财产价值时,这一财产就是无形财产,如商标财产,其载体标识本身并不等于商标的价值。股份的价值,不等于其价值承载体——股票(或其他股份凭证)本身的价值,因此股份是一种无形的财产形态。

再次,股份是具有依赖性的相对独立的财产。

虽然股份具有其自身独立的价值属性,这一属性使之能够成为一种财产形态的种类。但是,股份这种财产不同于其他各种类型的财产。一般而言,财产不仅要有独立的价值,而且其价值与其他财产的价值没有联系。然而,股份财产却与此不同,它具有依赖性而不能完全独立存在,只能相对独立存在。

---

[①] 吴汉东:《财产权客体制度论——以无形财产权客体为主要研究对象》,载《法商研究》2000年第4期。

股份财产的依赖性源于股份"是公司资本的组成部分"这一基本属性。股份作为公司资本的组成,必须依赖于公司的整体财产而存在。股份一旦从公司的整体财产中分离出去,其财产形态就不是股份了,而"变现"于另一类型的财产,如货币(现金)等。在前例中,如果 A 依法要求公司回购其持有的 100 万股份并得以满足后,A 将代表 100 万股份的股票交给甲公司,所得到的与之相应的人民币价款(假如公司净资产大于公司注册资本,则 A 获得的相应财产应当大于 100 万元人民币;反之,则小于该数额),就不再是股份财产,而是另一类型的独立于其他任何财产的财产了。

股份财产对公司股本的依赖性,表现在基于股份之上的权利行使系于公司。虽然股份之上的利益归属于股东,股东可以依法对其持有的股份进行处分,但是,基于股份的实质权利系于公司。享有股份权利的股东,或以公司为权利行使的相对方,或是在公司内部行使权利,或是行使的权利与公司利益相关联。在前述案例中,甲公司发行股份给 A,A 购买了甲公司的股份后,对该股份享有所有权,但该股份仍是甲公司的股份,而不是其他公司的股份,A 只能向甲公司主张相关权利,或在甲公司内部行使相关权利。这是因为,A 所持有的甲公司的股份,是甲公司资本的组成部分,A 只能基于此行使股份之权利。当 A 将其股份转让给 B 和 C 后,虽然该股份之上的权益归属主体发生了变化,但是,该股份仍是甲公司的股份,仍是甲公司资本的组成部分。特定的股份依赖于特定的公司而存在。由此,特定股份之权属所有人(A 股东,或 B 股东,或 C 股东)所享有的基本权利只能在特定的公司(甲公司)中行使。

股份财产的依赖性,不仅仅表现在它的存在依赖于公司股本,以及股份的基本权利行使的限定与公司性,还表现在它的价值量对公司股本的依赖。如上所述,股份具有其独立的价值,其价值由股东投资后形成的股份的基本价值(股票票面反映的价值)、公司通过经营形成的利益、潜在的股份利益价值三部分构成。而在这三部分中,后两部分的价值量实际上是与公司股本的实际价值量有着内在联系的。后两部分的价值量决定了股份的价值量,因而,股份的价值量,在根本上是受制于公司股本的价值量的。这就是股份财产对公司股本在价值量上的依赖性。

然而,必须要明确指出的是,虽然股份依赖于公司资本,但是它仍有相对独立性。这种独立性是股东独立人格的财产基础。股份对公司资本的依赖,使得股东只能对应于相对的公司;股份的相对独立性,使股东具有相对独立的主体地位。有道是,股东只能是特定公司的股东。股份对公司资本既依赖又独立的特定,既表明了股份与公司资本的内在财产关系,也体现了股东与公司之间的关系。特定的股东相对于特定公司之间的主体关系,是公司法域中特有的主体关系，而这种关系正是建立在股份与公司资本之间关系基础上的。

最后，股份是份额确定而价值量不确定的财产。

股份财产对公司资本的依赖性，导致了股份价值量的不确定性。股份价值量的不确定性是指特定股份在不同时间段的具体价值量是变化不定的，甚至是难以预测的。一般而言，世上所有财产的价值量都是可变化的，某一项财产在不同时间、不同地点，甚至对不同的主体，其价值量都有可能是不同的。价值量的可变性是所有财产都具有的共性。基于社会上各种各样的原因所导致的财产价值量的可变，具有普遍性；然而，财产价值量的这种变化，往往是同类财产的变化，如某种商品涨价，是所有这种商品都涨价，不是某一品牌的商品涨价，而其他品牌的这类商品价格不涨反跌。由于财产价值量的变化具有普遍性而且在同类财产中变化的共同性，这种变化构不成具体财产价值量的不确定特性。股份财产价值量的不确定性，不是指这种所有财产共有的价值量的可变性，而是指其股份的价值量是依赖于另一种财产的价值的变化而变化所形成的不确定性。这种不确定性有两层含义：一是表现为股份的价值依赖于另一种财产（公司股本）的价值而定。而公司股本的价值，是由公司的经营状况所定的，经营状况的不确定性，通过公司资本财产价值量的不确定，最终影响到了股份资本的不确定。二是每一具体股份的价值量的变化不同于其他公司股份价值量的变化。由于每一公司经营状况的不同，致使每一公司的股份价值量的变化肯定有别。在前例中，A股东之所以能在一段时间内将其20万股份以原价格的2.5倍转让出手，表明公司经营状况良好，其股份的价值量随之增加；后来A股东又将其10万股份以原价格的2倍转让出手，表明公司经营状况趋恶的变化，股份的价格也随之走低。当然A股东出手的股份只是表明了甲公司的股份价值状况，并不代表所有股份的价值状况。

尽管股份的价值量是不确定的，但这并不影响股份自身独立的价值存在并且可以量度，否则股份就不能成为法律调整的客体财产。而股份能够具有自身独立的价值并且能被量度，是因为股份的份额是确定的。在前述案例中，甲公司发行的股份每股为1元人民币，那么，A实际上是对甲公司100万个股份享有所有权，这一部分所有权的客体"股份"所代表的A股东利益，在整个公司股本利益中占1%。A可以将代表相应股份的股票转让给他人。当A将其所持有股票中的20万的股票以50万元的价格转让给B，将10万股票以20万元转让给C后，B虽然支付了50万元人民币，但他仍只占有甲公司20万的股份，占0.2%的公司股本利益，C虽然支付了20万元人民币，但他仍只占有甲公司10万股份，占0.1%的公司股本利益，而A实际上仍是以其原有1元1股的价格享有公司70万股份，占有0.7%的公司股本利益。

股份的份额确定性,是指股份作为公司资本组成部分的份额总数量是确定的,每一股份所代表的份额在公司资本中的比例含量是确定的。在前例中,组成甲公司资本的股份总量为 1 亿股,每 1 股占公司资本的比例为一亿分之一。这两个量是确定的。一般来说,股份公司的股份是等额的,有限责任公司的股份可以是不等额的。① 但也有国家的公司法规定有限责任公司的股份是等额的。无论股份是否等额,组成公司资本的股份总量和每股股份所占公司资本的比例必须是确定的、稳定的。股份份额的确定,不仅是公司资本确定的基础,使得公司资本对外有相应的财产信用基础(因为股份份额的变化,会导致公司资本的变化②),而且更是股东主体关系稳定的财产关系基础,是对股份价值确认的技术支持。显然,这一确定的股份份额,表明了股东所持有的股份财产在公司资本价值中的应有份额,从而可以确定股份财产的实际价值量。同时,股东依据其所持有的股份份额在公司内部享有相关的权利,所以,股份份额的确定,意味着股东权利内容的确定,意味着股东与股东之间的关系稳定。正是基于上述原理,台湾地区学者郑玉波先生指出,股份为公司"资本构成部分究属何意? 乃于观念上一定不变之数额之意。此一定之数额,不但须用金额应归于一律而后可。"③ 不过,虽然股份需要金钱数量来表示,但计算股份份额的金钱计价数量,却不代表股份财产的价值数量。价值量的不确定性,是股份财产的极为重要的特性。

3. 股东的主体地位:基于股份财产特性分析

当投资者以认购股份的方式将其财产投资于公司时,丧失了对其投资财产的所有权,但这并不意味着投资者所拥有的财产价值的减损,而只是表明投资者所拥有的财产形态的变化,即投资者变拥有原来的财产形态(100 万元人民币)为拥有现在的相应数额的股份财产的形态(100 万股份)。在这里,我们不仅应当看到投资者所拥有的财产形态的变化,更应当注意到与这种财产形态变化相应的主体关系的变化,还应当体会到这种变化的法律意义。

在投资者所持有一般财产形态(如 A 持有 100 万元人民币)时,该投资者是该财产的所有权的主体,其义务主体是不特定的自然人和法人等法律主体,其权利客体是其所拥有的财产(100 万元人民币);当投资者持有股份财产(如 A 持有甲公司 100 万股份)时,其主体身份就变成了公司的股东,享有基于该股份的相关权利,相对的义务主体是公司和不特定的自然人和法人等法律主体,其权利客体是其持有的股份。在这里,财产形态的变化,反映了相应法律关系有变化,

---

① 通常认为,狭义的股份仅指股份有限公司的股份,必须等额;有限责任公司的资本分为不均等份额,所以有限责任公司的资本构成不适用"股份"概念,而使用"出资"。
② 减少股份份额的总数量或减少每一股份份额价值量,是减少公司资本的基本方法。
③ 郑玉波:《公司法》,三民书局股份有限公司 1980 年版,第 105 页。

而这一法律关系的变化是基于一定法律事实(如 A 购买甲公司股份的行为)而产生的。

投资者向公司投资后产生的法律关系的变化,是主体权利义务关系的变化。这种变化是围绕着主体展开的。投资者的权利内容因此而变化,其法律地位也随之变化,主体的称谓也随之变为股东。这一称谓与其权利内容及其法律地位相适应,并与其他投资者如购买债券的投资者相区别。

作为股份财产所有者的股东,与一般财产所有者最重要的区别之一,就是与权利主体对应的义务主体所具有的特殊性,即与股东相对应的义务主体是特定的公司及其他不特定的义务主体。与股东相对应的义务主体所具有的这种特殊性,源于股份财产的特殊性。

首先,公司是股东的特定义务主体,这是基于股份与公司资本内在关系所决定的。

毫无疑问,特定的股东是相对于特定的公司而言的。股东的一些重要权利,如《公司法》第 4 条规定股东所享有的收益权、参与重大决策和选择管理者的权利,都是要在公司环境中才能行使的。在这一层面上,股东基本权利是通过公司行为的实施而实现的,公司是股东的义务主体。公司作为与股份权利主体对应的义务主体,在一定程度上趋同于债权特征,权利义务内容的约定与义务主体的特定,这些债权特征在股东为权利主体的法律关系中确实也会看到。对此,日本著名民法学家我妻荣将股东投资于公司后的财产"债权化"看做债权在近代社会中优越地位的重要表现之一。① 有关股权性质的"债权说",是比较有市场的观点之一。

诚然,以股东为权利主体的法律关系中,确实具有这些类似于债权特征的表象,那么,为什么股东为权利主体的法律关系会有这些特征呢?导致这种现象发生的原因是什么呢?其实,股东作为权利主体的这些特性,主要并不是源于契约的约定,而是财产变化使然,是股份与公司资本财产关系在主体关系中的自然呈现。

股份与公司资本的天然联系,导致了股东与公司之间难以割断的主体关系。完整的公司资本是由全体股东所持有的股份所构成的,因此:公司资本的运作,本质上是全部股份的运作;公司资本的收益,本质上是全部股份的收益;公司资本的亏损,本质上是全部股份的亏损。所以,全体股东对公司资本的运作,应当具有决定性权利。全体股东(或集合意义上的股东)的这一权利,通过两个具体

---

① 参见〔日〕我妻荣:《债权在近代法中的优越地位》,王书江、张雷译,中国大百科全书出版社 1999 年版,第 193—195 页。

途径得以实现：一是法律和章程设计的公司治理结构，将公司资本的职业化经营科学地置于全体股东表决机制之下，实质上是要求公司事务的执行者不违背全体股东的意志；二是将全体股东(或集合意义上的股东)的权利化解为具体的股东权利，如《公司法》第4条规定的股东权利。这些权利，从本质上看，并不是基于契约而产生的，而是由股份财产的特性所决定的。显然，股东的这些权利是不能被剥夺的。[①]

虽然，在股东权利中除了收益权与财产的价值有直接联系外，决定重大事项和选择管理者的表决权与财产的价值没有直接联系，但是，这方面的权利实际上是股份预期收益权的基本保障，而预期收益是股份财产的重要特征。所以，股权所享有的非直接具有财产价值内涵的权利，实质上仍是基于股份财产的性质所决定，与股份财产具有内在的关系。每个具体股东表决权的行使，反映了全体股东对全部股份，即公司资本权利的行使，从而实现了全体股东权利的行使。

股份财产的特殊性，通过股东这一主体所特有的权利行使，形成了支配公司资本运作的特殊方式，体现了特定主体的意志。

其次，非公司的其他非特殊主体，是与股东权利相对应的义务主体。这也是由股份财产的特性所决定的。

股东所拥有的股份财产，与其他一般物的财产一样，不受任何类型的主体侵犯。因此，股东作为股份的权利主体，其对应的义务主体是不特定的义务主体。股东作为股份权利的主体的这一特性，时常被人们所忽视，只看到了股东对公司的一系列权利。其实，这方面的权利内容，对股东具有极为重要的意义，因为这涉及对股东的主体属性和权利属性的性质认识。显然，由此反映出股份的财产特性，股东作为财产所有者主体的特性以及股东权利的财产权特性。股东作为特定财产权利主体的这一特性，实际上是股份独立财产属性在主体地位上的表现，股份作为一种特定价值的财产，其财产权的归属或载体，就是股东。

不特定义务主体，反映了股东权利所具有的对世权属性。不过，有学者认为，债权同样具有像股权那样的对世权的特性。如债券所代表的债权与股票所代表的股份权利都是不能为不特定的义务主体所侵害的；债与股都可以向不特定的主体转让。由此，此类观点的主张者，坚持将股份权利主体的法律属性视为债权主体，而非类似于物的财产权主体。[②] 对此，我们认为，债权的核心是对特定主体行为的约束，债权的实现是基于特定主体行为的履行，在这方面，债权是

---

[①] 优先股的股东往往因为优先得到了公司盈余的分配而没有表决权，那么这种情况是不是因股东与公司的约定而形成的法律关系呢？对此后面会有分析阐释。

[②] 本书作者曾与华东政法大学李锡鹤教授有过一次讨论，李锡鹤教授认为，股权属于债权，债权也可以向不特定第三者转让。

一种被动的权利;而物权正好相反,是通过权利主体自己的行为实现了自己的权利,其义务主体具有不特定性。

需要注意的是,由于大陆法系中的股份有限公司与英美法系中的公众公司属性相近,在这类公司中形成了"几乎没有控制权的财富所有权与几乎没有所有权的财富控制权"的结果,①股东的意义主要不是表现为对公司的控制,而表现为对股份的拥有,因此,在股份有限公司或公众公司中,通常强调对公司股份持有者的"股份主体"和"公司财产最终所有者"的内涵,并冠以"股东"的称谓。而在其他类型的公司中,股东往往就是公司的实际控制者,与公司的财产运作有着直接的关系,因此,在这类公司中,通常强调股东与公司之间的关系,强调股东的权利,反映在称谓上就是"公司成员(社员)"。韩国学者认为,股份公司与其他公司不同,与其说是因出资而成为社员,还不如说是因取得资本构成单位的股份而成为社员。② 不过值得注意的是,《2006年英国公司法》中,相关称谓未用"股东(shareholders)",而是用"成员(members)"。我国公司法中没有股东与成员之区分,立法中也没有对不同类型公司的股东在称谓上有所区别。

**(五) 股东内涵的本质分析**

*1. 股东的法学属性分析*

股东实际上是股份财产的所有者。股东不同于其他法律关系的主体,也有着其自己的特性,而股东所有的特性,源于股份财产的特性。然而,股东作为股份财产所有者,这只是表明了股东本质的一个方面。仅仅从股份的财产性角度,难以全面揭示股东的本质。必须清楚地看到,公司作为一种企业形态,实质上是不同于自然人个人的一种社会组织体,而股东是这种组织体中的组成成员。因此,要全面揭示股东的本质,还必须梳理股东与公司组织体之间的关系。股东这一概念至少具有以下两层含义:

其一,股东是公司法人社团组织的组成成员并依法对公司享有权利并承担义务。公司是社团法人,其成立须依赖于成员组成,其存续须基于成员的存在。没有股东,则无公司;没有公司,则无股东。股东作为公司的成员,既表明了他们彼此的信赖关系,也表明了股东在社会经济生活中的法律地位,而这种基于公司关系所形成的法律地位,具体表现为股东对公司享有的权利和应尽的义务。股东之所以持有公司股份,其目的就是为了行使相应的权利,获取相应的预期利

---

① 参见〔美〕阿道夫·A.伯利、加德纳·C.米恩斯:《现代公司与私有财产》,甘华鸣、罗锐韧、蔡如海译,商务印书馆2005年版,第79页。
② 参见《韩国公司法》,吴日焕译,中国政法大学出版社2000年版,第217页。

益。而公司认可股东的主体资格,则要求其履行相应的义务。股东作为公司法上相对于公司的一个特有概念,与公司相互依存,又相互独立。股东出资形成公司财产,公司因此而拥有独立人格;同样,股东只为特定的公司而存在,没有公司也就没有与之相应的股东。股东与公司这种密不可分的关系是通过股东的权利和义务来展现的。

其二,股东是构成公司资本之股份①的所有权主体。股东通过出资或其他合法方式拥有公司股份的所有权。股东作为股份的所有权主体,意味着股东是基于股份之上的权利义务内涵的载体或归属。这具有两个方面的法律意义:一方面是股东基于对股份的所有而在公司中享有相应的表决权、收益权等方面的权利,这一权利实质上反映了股东与公司之间的法律关系,是股东成为公司成员的财产法理基础。尤其在股份有限公司中,股份体现着单位化的股东资格,股东每持有一个股份,就享有一个股东资格,②而每一个股东资格中都蕴涵着股东作为公司成员所享有的相应权利。③另一方面是股东基于股份所享有的财产权利,这主要表现为对股份财产的合法转让,通过股份的转让,股东可以取得相应价值的其他形态的财产。

我国公司法律制度中的股东概念有广义和狭义之分,广义的股东概念是指持有公司资本一定份额的人。无论公司的资本是否均等分为股份,只要向公司出资,或因其他合法方式取得公司资本一定份额的人,都是公司的股东。而狭义的股东概念是特指在资本均等份额的股份有限公司中持有股份的人。由于公司的资本均等分为股份,股东所持有的股份,无论是对公司还是对股东本人,都具有特定的法律意义。公司的资本运作基于股份而展开;股东的权利义务基于股份而产生;股东与公司的联系基于股份而形成;股东与股东的关系也基于股份而定性,表现为资合性。当然,股份有限公司中股东概念所蕴含"股份"的法律意义,主要是体现在公司不同组织形式的运作机制上。从法律规范的角度分析,股份有限公司股东概念的内涵,侧重于对股份财产的权利的归属者,公司组织体成员的内涵意义相对较为弱显;而有限责任公司股东概念的内涵,则侧重于公司组织体成员的内涵,对出资份额的财产权利内涵意义相对较为弱显。

2. 股东概念的社会本质分析

从社会经济运作层面来看,无论是有限责任公司的股东还是股份有限公司

---

① 为论述方便,除有特别说明外,在本书中的公司股份是指有限责任公司股东对公司的出资和股份有限公司股东认购的股份。
② 参见刘俊海:《股东权法律保护概论》,人民法院出版社1995年版,第3页。
③ 参见沈贵明:《公司法教程》,法律出版社2007年版,第155页。

的股东,他们与公司的关系以及相应的法律地位,并没有质的差异。①

第一,股东实质上体现着生产资料性财产的权利归属。

社会财产可分为生产资料性财产和生活资料性财产。根据马克思关于生产力的论述,生产资料是指人们从事物质资料生产所必需的一切物质条件;生活资料是指人们用于满足日常生活需要的一切物质条件。因此,根据财产的用途不同,我们可以简单地将财产分为生产资料性财产和生活资料性财产。生产资料性财产是人们用于从事生产经营活动的财产,也即投入到市场中运作的财产;生活资料性财产是人们用于满足日常生活需要的财产,也即人们用于消耗的财产。

从两种不同性质财产的内涵可以看出,由权利主体股东投入到公司的财产,应当属于生产资料性的财产。其原因在于,股东将自己拥有的资金注入公司的主要目的是希望通过公司这种运作方式实现财产的增值效应,而并非是要满足个人日常生活需要。当股东作为权利主体出现在公司法领域,也就证明股东对于其出资的这部分生产资料性财产——股份,享有所有权。只是这种对股份的所有权以相应的股权形式表现出来。股份财产并不表现为实际的、具体财产形态,而是以公司整体财产的抽象份额存在于公司之中。股东原有出资或认购股份的那部分实际财产的所有权属于公司,因为当股东将财产向公司出资时已经丧失了对该财产的所有权。但如果我们把股东对股份享有的股权抽象出来,就可以清晰地看到股东的实质,就是体现权利主体对于该具有生产资料属性的、特定形态的财产享有所有权。

第二,股东实质上是一种新型财产权利主体。

传统公司理论认为股东是公司财产的最终所有者,然而,这有两点缺憾。其一,就单个股东而言,不可能成为公司财产的所有者,即便将股东视为最终所有者,对股东个人而言也是难有实际意义的,因为股东不可能对公司财产行使支配权。其二,虽然股东对公司的投资形成了公司法上的公司资本,但是,按照"资本是能带来剩余价值(利润)的价值"的基本原理,公司的利润不是仅仅由股东投资形成的资本创造的,创造公司利润的成本除了股东资格形成的资本外,还应当包括劳动者的劳动力成本和债权财产的资本。公司是股东以及各种利益相关者的集合利益载体。因此,股东不再是公司的所有者。

投资者将其财产投资于公司,失去了对投资财产的所有权,公司取得所有权。作为对价,投资者取得股权;同时投资者也因为出资行为,在公司成立之后身份发生转变,从普通的权利主体的身份转变成股东的身份。由此可见,投资者

---

① 由于本书研究的内容并不侧重于公司组织的运作机制,而更多地会涉及股东与公司的关系,因此,在本书中,除有特别说明外,股东的概念,均包含有限责任公司股东和股份有限公司股东。

出资行为产生了两个方面的转变:一是权利内涵的变化,即财产所有权变成了股份权利;二是身份的变化,即普通的财产权利所有者身份变成了股东身份。

这种转化产生了一种新的财产权利形式,这种权利不同于投资者的财产所有权,而是从财产所有权转化而来的股权,具体体现为其在公司中所享有的一系列权利。这种财产权利是基于公司股份而产生的,是一种"新型财产"。这种财产源于普通的财产,但又不同于一般的财产。既具有一般财产的共同属性,还具有自身的特性。在流转过程中也遵循不同于一般财产的规则。而股东的身份正是体现了对于这一"新型财产"形式的享有。可见,股东的实质反映出其是一种"新型财产"的权利主体。

第三,股东实质是一种财产运作关系主体。

股东的主体身份,实质上表明了股东与公司以及其他投资者之间的财产运作关系。如前所述,投资者投资于公司之后,拥有股东的身份,享有股东的权利并履行股东的义务。但是,股东处于公司之中并非独立个体,其必然要与相关主体发生一系列关系,主要体现在两个方面:一方面是股东与公司之间的关系;另一方面是股东与其他投资者之间的关系。

股东的概念在一定程度上反映了股东与公司的关系。股东只有相对于公司才具有意义,没有股东就没有公司,当然没有公司也谈不上股东。股东与公司之间密不可分,这也表明了两者财产关系的紧密性。正如前文分析,股东将财产所有权转让给公司,公司作为独立的法人主体,可以享有财产所有权,但并不能据此认为公司变成了财产运作的主体,公司如何运作最终仍要体现股东的意志,股东可以通过股东会决议等方式参与公司治理。说到底,这些财产如何运作最终决定权仍然在股东手中。

股东的概念还反映了股东之间的关系。股东是公司股份所有权主体,公司资本由股份构成。这种与股份相关联的股东之间的关系,实质上就是一种特殊的财产权关系,即在公司内部,股份的主体——股东之间存在的股权关系。公司是一个巨大的"容器",聚集了所有投资者的股份,由此形成的股权关系,也包括股东之间的关系。由于股份的平等性,基于股份而形成的股东关系理所当然地也应遵循平等原则。因此,基于股东资格而产生的每个股东的权利和义务是平等的,各股东依其所持有的股份比例或拥有的出资额享有平等的权利,负担同等的义务,不得对任何股东予以歧视。① 正是基于这种关系下的平等,从而形成了公司治理机制最重要的理论基础。

---

① 参见赵旭东:《公司法学》,高等教育出版社2003年版,第276页。

## 二、股东资格概念研究

### （一）资格的含义

在国外的法学中，"资格"的含义至少有两种解释，一是将"资格"解释为人格，即"personality"，也有学者认为"personhood"也有资格之意。① 德语中与之对应的概念是"juristische Persönlichkeit"，是指"在法律上作为一个能够行使权利、履行法律义务和承担法律责任之主体的法律资格。"②

另一种是将"资格"解释为能力（capacity）。在奥地利学者汉斯·凯尔森（Hans Kelsen）看来，当法律规范"将某个人的行为当作法律条件或法律后果时，意思是只有这个人才有'能力'作为或不作这一行为；只有他才有'资格'（competence，最义文的资格）。只有当这个有能力的和有资格的人作或不作时，才发生根据规范来说成为法律条件或法律后果的行为和不行为。……由法律规范所调整的人的行为是由两种因素组成的：属事因素和属人因素，必须要作或不作的事以及必须要作或不作这件事的人。法律规范在决定作为法律条件或法律后果的人的行为时，就决定了这两个因素。由法律规范构成的属人和属事这两种因素之间的关系，在德语和法语中就以最一般意义上的'资格'这一用语来称谓。一个人有'资格'为一定行为，意思就是只有在这一行为是由这个人作出时，才被给予法律条件或法律后果的质（quality）。即使是不法行为也预定了不法行为人的'资格'（最一般意义上的资格）。并不是每一个存在（being）都能为不法行为。"凯尔森认为，"'资格'这一用语平常确实是在狭义上使用的。人们通常只讲行为的资格，而不讲不行为的资格。此外，这一用语只被用来指采取行为而非不法行为，是以创造法律规范的能力。"③

我国《现代汉语词典》所解释的"资格"包括两层含义，其是一"从事某种活动所应具备的条件、身份等"；第二是"由从事某种工作或活动的时间长短所形成的身份"。这里的第一种含义就是法学领域中有关主体资格能力方面的含义。而第二层含义则是特定法律关系主体资格的现实体现。这两层含义，即第一层资格的"能力"含义和第二层现实主体的"身份"含义，在股东资格的概念内涵中均得到了体现。汉语中的"资格"概念较之纯法学上的"资格"概念，内涵更

---

① 参见崔拴林：《论私法主体资格的分化与扩张》，法律出版社2009年版，第7页。
② 同上书，第6—7页。
③ 〔奥〕凯尔森：《法与国家的一般理论》，沈宗灵译，中国大百科全书出版社2003年版，第101—102页。

丰富。它不仅包含了法学上资格概念的内涵,还包容了中国文化中现实身份所涵盖的地位、关系等意义。

本书旨在于对中国公司法中股东资格进行研究,自然将基于我国文化生活之基础,来使用"资格"一词的概念,分析阐释股东资格的相关问题。例如,当我们对某一主体行使股东权利表示质疑时说:"你具有股东资格吗?"这里"资格"的含义就是指该主体是否具有享有权利承担义务的能力或前提条件;当某一主体向公司缴足了出资并在公司股东名册上登记完备后,说他已经取得了股东资格,这里"资格"的意义就是指身份,即该主体享有了股东的身份。

### (二) 股东资格的权利能力含义

在法学上,"资格"通常是指法律所赋予主体的权利能力。法律并不是任意地赋予现实实体以权利内容的,而是基于立法目的的追求赋予特定实体的,这种特定实体经法律的承认才具有了承载权利的资格。① 这一资格,在法学上被称为"权利能力",也就是承载权利成为主体的能力或资格。法律对主体资格的规范,是法律制度体系构建的基础。法律赋予主体具有能力而自然主体得以成为法律关系的主体,享有权利,进行法律行为,体现意志,追逐理想,彰显其人格之存在及其对社会之价值。因此,一方面,与主体相关的"资格","不是一种抽象的观念,反映在法律上是一种实实在在的制度,即权利能力制度"②;另一方面,与主体相关的"资格"也是法学理论体系中逻辑思维的基本网结,学术研究的重要范畴。

在社会团体组织中,相关资格通常又被视为该团体组织的前提条件。只有具有这一团体成员的资格,才可能行使成员的权利。德国学者将营利社团法人与公益社团法人的社员权作统一研究,并力图形成统一理论,认为所有社团都是人的结合关系,社员资格为第一位要素,权利为第二位要素,社员权以社员资格为基础,社员资格的取得以社团一方接受的表示与加入者一方加入的表示达成一致为要件。

在我们判断某一主体是否具有股东资格时,首先是考察该主体是否具有成为股东的可能性。如果判定该主体不具有股东资格,其意在于表明该主体不具有享有股东权利的能力,也就是说该主体不存在成为主体的前提条件;反之,如果判定该主体具有股东资格,则表明该主体具有成为股东的可能性。这种成为

---

① 参见龙卫球:《民法总论》(第二版),中国法制出版社2006年版,第165页。
② 彭诚信:《主体性与私权制度研究——以财产、契约的历史考察为基础》,中国人民大学出版社2005年版,第110页。

股东的前提条件或可能性,这在法律上被称为"权利能力",即成为股东的能力。

对股东的权利能力如何确定,这是立法所无法回避的问题。法律应当赋予什么主体具有成为股东的能力,这实际上是要确定能够享有股东资格的主体范围。立法者从法律的角度,通过对于相关法律的立法活动,确定股东资格的能力要件,并以此作为实际生活中判断股东资格的标准。

### (三)股东资格的身份含义

在现实生活中,某一主体投资于公司,对其投资所形成的股份享有所有权,并以此成为公司的股东。这时,该股东依其股东资格参加股东会,行使股东权利。这里的"股东资格"就是指一般身份,表明该主体具有股东的身份,以及股东这一主体的特定情形下的身份状况。在现实生活中的股东资格争诉,实际上是对股东资格身份确认的争诉。这里的股东资格是指这一层面的含义。

股东资格的"身份"含义表明主体成为股东的现实性。这一层含义包含的内容主要是关于哪些主体是股东、哪些主体可以行使股东权利、哪些主体应当承担股东义务的问题。对这一层面含义的内容研究,对实务界和司法机关具有重要价值,也是实务界和司法机关所特别关注的。股东资格的"能力"含义表明主体成为股东的可能性。这一层含义所包含的内容主要是关于哪些主体应当成为股东、哪些主体可以成为股东的问题,对这一层面含义内容的研究,对理论界和立法者具有重要价值,也是理论界和立法者所认真关注的。股东资格"能力"含义与"身份"含义两者有着内在本质联系。这两层含义都是从不同的层面来界定股东主体,表明股东权利、义务的归属。只有全面理解股东资格的两层内涵,才能科学把握股东资格能力范围的应然界定,才能准确判定股东资格身份的实然归属。

本书对股东资格的研究论述,是基于对其两层含义的整体思考而展开的。在具体的论述中,有关立法的研究论述侧重于"能力"层面的含义;有关实际运用中相关问题的分析,则侧重于"身份"层面的含义。当然,基于研究和论述的需要,在不同的语境中,会有合理的含义所指。

### (四)股东资格的实质分析

在主体的能力方面,股东资格实质上是指民事主体将其财产进行投资运作的能力。从字面含义上看,股东资格是指民事主体能否成为股东的能力。然而,民事主体要成为股东,必须持有公司股份。无论股东以何种方式取得股东资格,其本质都以一定价值的财产与公司进行交易的结果。因此,只要法律允许民事主体能够享有股东资格,就意味着法律赋予其能够以其一定价值含量的财产投资于公司的能力或资格。因此,法律对股东资格的规制,实质上是对民事主体向公司投资取得股份资格的规定;反之,公司法对投资行为主体设限规定,实质也就是对股东资格设定了限制。

在主体的身份方面,股东资格的实质在于:明确股东权利的载体,确定股份财产利益的归属。民事主体取得股东资格,就意味着该主体与公司发生了特定的法律关系,即成为公司组织体的成员——股东,实际上成为享有股东权利的主体;就意味着该主体成了相应股份的所有者,是该股份之上的权益归属的载体。① 享有股东资格的主体,可以凭借这一资格行使表决权、知情权等等一系列在公司内部的权利。同时,因为该主体取得了公司的股份,成为相应股份的所有权主体,所以,基于该股份之上的利益,包括股份所包含的期待利益、公司解散时相应股份财产的利益等等,均归属于该主体。由此可见,股东资格在身份上的法律意义实质上就是明确了股东与公司以及股东与股份之间的法律关系,从而显示了股东的法律地位。

认识股东资格实质的意义在于从一个侧面表明了股东资格的平等性。我们认为股东资格的实质是财产运作主体的资格问题,那么这种资格是否应该具有平等性,任何财产运作主体都应平等地享有这一资格。主体资格通过权利能力的赋予而取得,本身就反映出主体平等的观念;平等观念的实质在于主体资格得到普遍尊重与认同;平等观念还表现在法律承认主体时没有任何限制性条件。② 只要承认了该主体资格,就必然隐含了承认该主体的平等。

在西方财产理论看来,私有财产神圣不可侵犯原则和行使私人财产权利的自由或经济自由的理念是相互联系的。私人财产权利是以私人财产权利为核心的观念和制度体系,只要承认财产的私人所有,就必须承认权利主体对自己财产处分的自由。"私人财产权利体系本身就是一套游戏规则,在这种游戏中不存在社会经济的不平等应当控制在何种限度内的问题,就好像在田径比赛中不存在应当如何控制选手们的比分悬殊的问题。不能以任何正义的原则和观念以及福利国家的政策等手段侵犯个人财产权利。"③ 虽然这一观点有点过激,否定国家必需的调节作用是不客观的,但是,维护主体的平等财产权,是整个社会经济良性发展的重要基础,这是不容置疑的。股东资格的平等性正是一社会经济体内容在要求的体现。

---

① 股份不是金钱,而是由金钱来衡量的一种利益。它是由合同约定的,包括一定金钱价值权利在内的各种权利所构成的。

② 参见彭诚信:《主体性与私权制度研究——以财产、契约的历史考察为基础》,中国人民大学出版社 2005 年版,第 114—115 页。

③ 王启富、刘金国主编:《人权问题的法理学研究》,中国政法大学 2003 年版,第 194 页。

既然承认了财产运作者运作财产的资格,承认了这种资格的平等性,那么可以推论,股东资格的实质是主体进行财产运作的资格,进而这种资格应当是平等的。

## 三、理念梳理

### (一)股东资格与股东

股东是公司股份的所有者,而股东资格则是成为股份所有者的可能性,它们都是公司法中特有的概念。这两个概念之间有着密切的联系,都属于与股份主体相关联的公司法学范畴。"股东"是关于股份主体的确定性思维范畴;而"股东资格"的概念则是关于股份主体的可能性思维范畴。这两种不同的思维范畴,共同支撑着公司法相关的基本理论,构建了公司法相关法律规范的正当性基础。

无论是在理论研究的逻辑思维中,还是在立法规范的逻辑构造上,或是在司法实践审判的逻辑分析上,"股东资格"与"股东"都存在着前后顺序的逻辑连接关系。对主体的"股东资格"判断性的指向,是"股东"确定性结果的前一顺位的逻辑思维。前一逻辑思维的结果,对后一顺位的逻辑思维结果通常具有决定性的影响。当对某一主体的"股东资格"得出否定性的逻辑思维判断时,必然对其"股东"判断也形成否定性的确认结果。

虽然"股东"与"股东资格"两者具有密切的联系,但是我们仍不能将两者混为一谈,两者是既有密切联系又有明显区别的两个概念。

首先,"股东"与"股东资格"两者表述的内涵不同。"股东资格"这一概念表明的是法律主体成为股东的可能性。当我们说某一主体具有股东资格,实际上是表明这一主体能够成为公司的股东,或者说这一主体具有成为股东之可能。而"股东"这一概念表明的则是公司股份的所有权归属者,以及基于这一财产所有权而享有权利的归属者。当明确了某主体为股东时,实际上是表明了这一主体是相应股份的所有者以及基于这一股份的相应权利的享有者。

其次,"股东"与"股东资格"两者体现的作用不同。"股东资格"概念体现的作用是,对某一主体是否是"股东"作出判断性的指向。当我们说某一主体具有股东资格时,实际上是向人们表明这一主体是股东的确定性判断指向,说明这一主体有可能是股东;如果我们说某一主体不具有股东资格,则是向人们表明了这一主体没有成为股东可能性的判断指向。正是基于"股东资格"概念的这一功能,在立法上,公司法对股东资格的相关规范,会给社会一种成为股东可能性的主体范围指向;在司法中,法院对股东资格的判决认定,会对某一主体是否成为股东形成确定性的指向。"股东"概念体现的作用是明确了股份财产以及基于这一财产的权利的归属。当明确了某一主体为股东时,实际上就明确了这一主体是公司股份这一财产的所有者,是与这一股份相应权利的享有者。这时"股东"概念实际上明确的是公司内部的一种财产关系,明确的是基于这财产关系而产生的各种主体关系。

**(二) 股东资格与相关主体**

1. 股东资格与发起人

发起人是与股东联系最紧密的概念之一,也是最有可能享有股东资格,并成为股东的主体之一。

美国的发起人制度有设立人(incorporator)和发起人(promoter,也有称创办人)之区别。美国法上所谓的设立人,是签署公司章程的人;所谓发起人就是组织一个新企业的人。一个发起人可以独自行动也可以与其他共同发起人一起行动。发起人的作用与设立人的作用是非常不同的。后者的主要责任是签署一个设立公司的文件;发起人则负责确保公司在经济上的成功。显然,发起人也可以作为设立人。① 由于设立公司的实际工作是由发起人负责的,因此,发起人是法律上的责任承担者。英国公司法没有美国公司法这种区别,只有发起人的概念,但对发起人没有明确的定义。通常认为,发起人是指负责公司设立的人,是按照特定计划组织公司,使之得以活动,并采取必要步骤实现这一目的的人。② 在大陆法系国家中,关于发起人的概念,有两种定义方式。即形式上的发起人概念,是指凡是在公司章程上签名的人即为发起人;实质发起人概念,是指实际参与公司设立或者负责筹办组建公司的人。③

在我国,现行《公司法》仅在有关股份有限公司设立的章节规范中使用了发起人的概念,在有限责任公司设立的章节规范中却没有这一概念。④ 不过最高

---

① 〔美〕罗伯特·W.汉密尔顿:《美国公司法》(第5版),齐东祥等译,法律出版社2008年版,第62页。

② 参见董安生主编:《新编英国商法》,复旦大学出版社2009年版,第174页。

③ 参见施天涛:《公司法论》(第二版),法律出版社2006年版,第98—99页。

④ 现行公司法对有限责任公司设立的规范,没有使用发起人的概念而代之以"股东"概念,其合理性是十分值得商榷的。因为,特定的股东只相对于特定的公司而,没有公司的成立,就不应当有与公司相联系的股东。所以,在公司成立之前,是不存在相应的股东的。但是,也应当看到,在公司设立过程中,发起人具有执行公司设立事务的职能,并因此而区别于认股人,从而显示出其存在的重要意义,而在有限责任公司的设立中,没有认股人,自然也没了"发起人"存在的特定意义了。或许正是由于这一原因,有学者将有限责任公司设立中的"股东"称为"设立人",并以此区别于股份有限公司设立中的发起人。有学者认为,"有限责任公司的设立人尽管从法律地位上相似于股份有限公司的发起人,但与发起人还有些差异。"见周友苏:《新公司法论》,法律出版社2006年版,第120页。但是,本书认为,有限责任公司也存在类似股份有限公司中发起人这一地位的人,也应当拥有相应的权利并承担相应的义务。

人民法院的司法规范,将股份有限公司发起人的概念以及行为、责任规则扩大到了有限责任公司。按照最高人民法院的规定,无论在有限责任公司还是在股份有限公司,"为设立公司而签署公司章程、向公司认购出资或者股份并履行公司设立职责的人,应当认定为公司的发起人"。[①] 发起人在设立过程中受发起人协议约束,在公司成立后,才可能具有股东身份。但是我们认为,有限责任公司也存在类似股份有限公司中发起人这一地位的人,也应当拥有相应的权利并承担相应的义务。

发起人与股东主要有如下区别:第一,存续时间不同。在公司设立阶段,严格来说只有发起人存在,而没有实际意义上的股东。发起人对公司设立进行一系列的筹备工作,并对这些行为的后果承担连带责任,而这一阶段还谈不到股东的存在,因此,发起人有着特殊的地位和作用。发起人是公司设立期间的民事主体,股东是公司成立以后的民事主体。第二,主体行为能力限制不同。对于发起人的民事行为能力各国都有较为严格的限制,一般都要求发起人必须具备完全的民事行为能力,否则就难以完成设立阶段的一系列法律行为。但是,对于股东的要求就没有如此严格,只要主体具有民事权利能力,就不能否认其成为股东的可能。第三,权利义务内容不同。正如前面所述,发起人承担着设立公司的责任,当公司成功设立时,发起人就可以具有股东的身份。此时发起人在公司成立后,享有与其他股东同样的权利和承担相应的义务。但是,较之普通的股东,发起人不但要承担设立时担保公司资本充实的连带责任,而且当公司不能成功设立时,发起人非但不能获得股东的身份,还要承担因公司不成立所产生的一系列责任。可见,发起人承担着比股东更为严格的责任。

但是,上述区别并非是绝对和严格的,发起人与股东的联系也是十分紧密的。在一般情况下,公司都能成功设立,此时,就存在着身份的转化问题,发起人可以基于其出资,在公司成立后取得股东资格,并享有股东的权利且承担义务。因此,在公司成立后,发起人与股东的联系尤为明显。

研究发起人的股东资格,主要在于其不同于普通股东的股东资格问题。我国公司法对于发起人有着更为严格的规定,如《公司法》第95条规定了股份有限公司发起人应当承担的责任,还有第142条中对于发起人出资转让的限制:"发起人持有的本公司股份,自公司成立之日起一年内不得转让。公司公开发行股份前已经发行的股份,自公司股票在证券交易所上市交易之日起一年内不得转让。"发起人与公司有着特殊的利益关系,对于发起人的股东资格的特殊要求,是为了防止其以公司的名义谋取私人利益,并防止其出卖持有的股票而逃避

---

[①] 参见《最高人民法院关于适用〈中华人民共和国公司法〉若干问题的规定(三)》第1条。

责任。可见,对于发起人的股东资格制定特殊规制是十分必要的,既可以保护其他股东、债权人和公司的利益,又可以保障交易的安全。

2. 认股人与股东资格

认股人是指认购公司股份的人。认股人包括两类:一类是指在以募集方式设立公司过程中,认购发起人发行的股份;另一类是指在公司成立后认购发行股份的人。在我国公司法中,认股人主要是指前一类。认股人同发起人一样,是在公司设立阶段出现的投资者,与股东有着实质性的区别。认股人在发起人发出向公众募集股份的公告后,出资认购公司股份。认股人会与公司签订股份认购协议,取得参加创立大会的权利,选举公司的董事和监事,决定有关公司设立的相关事项,其中最重要的是可以通过表决决定公司是否设立的权利。这一权利的行使也就决定了认股人是否有成为股东这一身份的可能性。当创立大会决定公司成立,那么认股人取得股东资格,成为公司真正的股东;当创立大会认为发生不可抗力或是经营条件发生重大变化时,决定公司不成立,那么认股人就不能成为公司的股东,这时认股人的权利,就是向公司也可以说是发起人要求返还已缴纳的股款并加算银行同期存款利息。

认股人与股东这两个概念有着明显的区别:第一,两者的基本内涵不同。认股人是指认购发起人或股份有限公司发行的股份的人;而股东则是指持有公司股份并享有股东权利的人。第二,两者的法律地位不同。认股人只是认购了公司的股份,但并未取得股东地位;而股东则是具有股东地位,可以享有股东的权利。第三,两者相对的公司种类不同。认股人只是相对于股份有限公司;而股东则既可以相对于股份有限公司,也可以相对于有限责任公司。

由上述可见,认股人是否取得股东资格关键在于公司是否成功设立。公司成功设立,认股人取得股东资格;公司设立失败,认股人不能取得股东资格。但是认股人又不同于发起人,认股人承担的责任相对少一些,并且认股人在公司设立失败时还可以向发起人主张相应的权利。研究认股人与股东资格的问题,主要在于规范认股人按期足额缴纳股款,并且研究在认股人没有缴纳股款时的救济。从我国《公司法》第81条第2款关于"股份有限公司采取募集设立的,注册资本为在公司登记机关登记的实收股本总额"的规定和第90条关于"发行股份的股款缴足后,必须经依法设立的验资机构验资并出具证明"的规定来看,如果认股人没有在规定的时间内缴纳股款,公司不会因此而拖延成立,而可能会以实际的股款作为公司的注册资本。这就意味着,公司设立程序至"验资机构验资"时,没有缴纳出资的认股人即丧失了成为股东的权利。[①]

---

[①] 参见周友苏:《新公司法论》,法律出版社2006年版,第131页。

### 3. 投资者与股东资格

在广义上,投资者是指将自己的财产运用于社会经济活动中,以取得财产价值增加的主体。在狭义上,投资者是指特定的主体将其财产用于特定的能够使财产得以增加场合的主体。在公司法环境中,投资者是指将财产作为股本投入公司,使之形成公司资本组成部分的主体。

在公司法中,投资者经过一定的程序,往往就成为公司的股东。他与股东有密切联系,有时股东与投资者是一致的,但是有时股东与投资者却是分离的。正常情况下,投资者因出资或认购股份而成为公司的股东,拥有股东权利,承担股东义务。

投资者与股东的区别主要是外延范围不同,投资者是大概念,股东是小概念,包含于投资者的概念之中,是投资者的一个种类。当然,这两个概念意义的侧重点不同。前者侧重于主体的投资行为表达,后者侧重于主体的股东地位展示。

尽管投资者在多数情况下都可以成为公司的股东,但是也存在投资者与股东资格相分离的情况。在某些情况下,股东并不是真正的投资者。如当股东基于继承、赠与而取得股东资格时,股东并没有实际出资注入公司,而却拥有了股东的这一身份,这时股东与实际出资者是分离的;还有就是当投资者一方不以自己的名义,而以他人的名义作为出资者记载于公司章程之中,这种情况下实际出资者为隐名股东,而登记于公司章程中的人为显名股东;再有一种情况就是冒名股东,是指冒用他人名义进行出资登记的人,这里的"名义"可以是真实存在的一个人的名义,也可以是完全虚构、根本不存在的一个人的名义。可见,区别清投资者与股东资格的概念,当投资者与股东身份相分离时,有助于正确理解和运用相关的法律规范。

### 4. 股权质押权人与股东资格

"股权质押,指债务人以外的第三人用自己享有的股权作为担保债务履行的财产,如果债务人不履行债权,债权人有权依法取得被质押的股东权,或者以拍卖、变卖股东权的价款优先受偿。"① 股权质押实质上是股东将其所享有的股份之上的财产权利作为担保标的质押给债权人的一种担保方式。在股权质押关系中,出质股权的是股东,占有质押标的的是债权人,并以此成为股权的质押权人。

虽然股权质押权人作为这种担保关系中的权利人,可以在一定程度上依法控制作为质押标的股权,以保障其质押权人的利益不受损失,但是,股权的质押

---

① 刘俊海:《现代公司法》,法律出版社 2008 年版,第 299—300 页。

权人不具有股东资格。第一,作为质押标的的股权并未转让,股权的权利归属仍是出质人股东,而不是质押权人。第二,股权质押权的标的实质是股权中的财产权部分,因此,质权人行使的也只能限于财产权如自益权中的股利分配请求权。涉及股东身份权性质的内容就不能为质权人行使,仍然由股东行使这部分权利,股东仍不失其股东资格,如共益权和自益权中的部分权能就不能为质权人行使。在质押期间,质押权人不能参与公司的股东会的活动,不能行使股东的表决权等。实际上,正如物的担保是附条件的物的转让一样,股权的质押也是附条件的股权转让,只有当债务人未清偿债务时,股权的归属才发生转移。而在此前,是不发生股权转让法律效力的。

当担保的债权已届清偿期而未受清偿时,质押权人可以行使质押权,由此产生相应的法律效力,或者质押权人依法取得股权进而获得股东资格,成为公司的股东,或者质押权人将股权折价拍卖、变卖,由依法受让者取得股东资格。

### 5. 表决权信托的受托人与股东资格

产生于美国公司法的表决权信托(voting trust)制度是将股份权益中的收益权和表决权相分离,分别由信托人和受托人依据信托合同行使的一种股权运作制度。"在表决权信托中,受托人持有的表决权与受益人所享有的股份所有权相分离。受托人通过股份所有权的转让,获得了独立行使从股份所有权中分离出来的表决权,这使受托人在受托期间行使表决权不受原股份所有权人的干预,受托人因之而获取对公司的控制权。"①

在股东表决权信托制度中,受托人与股东资格的关系问题,是十分值得探讨的。受托人是否具有股东资格,取决于对信托标的的认识和法律对股东表决信托的规范。关于表决权信托的标的,有"表决权说"和"股权说"之分。"表决权说"认为:"股东表决权作为财产权利(股东权)中的一个重要内容,可以作为信托财产设立信托。"②而"股权说"则认为表决权信托的标的是股权,"基于股权的财产权属性及表决权不得与股权割裂行使,表决权信托的载体应为股权。"③

在美国,受托人的登记日是表决权信托的生效日,④这表明受托人享有股东资格。但是,受托人经登记后,公司签发给他的是有"表决权信托"记载内容的股份凭证,这又表明受托人享有的权利有别于一般股东的权利。而信托人,虽然

---

① 覃有土、陈雪萍:《表决权信托:控制权优化配置机制》,载《商法研究》2005 年第 4 期。
② 刘俊海:《股份有限公司股东权的保护》,法律出版社 2004 年版,第 266 页。
③ 覃有土、陈雪萍:《表决权信托:控制权优化配置机制》,载《商法研究》2005 年第 4 期;赖河源、王志诚:《现代信托法论》,中国政法大学出版社 2002 年版,第 78 页;〔日〕中野正俊、张军建:《信托法》,中国方正出版社 2004 年版,第 14 页。
④ 参见《美国商业示范公司法》第 7.30 条。

没将股份转让给受托人,但他仍然依据信托协议享有股份的收益权。我国公司法没有对股东表决权信托作出规定,但是,按照我国《信托法》第 14 条的规定,①非限制流通的财产是可以信托的,所以,股东表决权信托并不违反法律的强制性规范,②股东可以将股份表决权信托给受托人。基于我国《信托法》的规定和信托的基本原理,笔者主张在表决权信托中的受托人应当享有股东资格,因为,对表决权信托应当将其视为一个完整的制度设计。在这个制度中,受托人并不是简单地行使表决权,而是为了委托人的利益,正当地行使股东权中极为重要的一项基础性权利,即表决权。为了正确行使这一表决权,受托人还应当行使其他相关权利,如知情权、股东会参加权以及咨询权等等。受托人应当"登录"股东名册而在本质上享有股东资格,这是构建完整的表决信托制度之需要。当然,受托人享有的"股东资格"仍是不完全的,他与非表决权信托的股东有着巨大的差别。在受托人成为"登录股东"而享有"股东资格"可以行使股东的表决权后,如何有效保护委托人的权利,仍是需要认真对待的。保留委托人实质性股东身份,使其对信托事务有知情权,对因受托人过错导致的损害有请求赔偿的权利,对过错受托人有解任权和提前终止信托权,③这些都将是表决权信托制度完善所必须认真考虑的。

### (三) 股东资格与股东权利

#### 1. 股东权利内涵

尽管股东权利一词现在已耳熟能详,但究竟何谓股东权利,学术界有多种不同的表述。有的从身份和地位上来说明,如施天涛教授认为,"股东基于其股东身份和地位而享有从公司获得经济利益并参与公司经营管理的权利。"④高程德先生认为,"股东权是指股东因持有公司已发行的股份,基于股东资格,在公司取得法律上的地位,于公司存续中,对于公司所享有的多项权利。股份持有人即为股东,得享有股东权利,股东权利简称股权。"⑤台湾地区学者也有此类观点,股东权指"有限公司之股东基于股东之资格对公司之法律上地位。与股份有限

---

① 我国《信托法》第 14 条规定,"受托人因承诺信托而取得的财产是信托财产。受托人因信托财产的管理运用、处分或者其他情形而取得的财产,也归入信托财产。法律、行政法规禁止流通的财产,不得作为信托财产。法律、行政法规限制流通的财产,依法经有关主管部门批准后,可以作为信托财产。"
② 当然,在我国的实际生活中,往往没有法律规范的依据是不能进行的。这种理念应当随着社会文明的发展和法治理念的增强而改变。
③ 参见雷晓冰:《我国股东表决权信托制度面临的问题及对策》,载《法学》2007 年第 1 期。
④ 施天涛:《公司法论》,法律出版社 2006 年版,第 237 页。
⑤ 高程德:《中国公司法实务》,企业管理出版社 1994 年版,第 237 页。

公司股东之股东权之概念相同。"①"何谓股东权,乃股东基于其地位与公司间所有之法律关系是也。股东权既非纯粹的财产权,亦非纯粹的人格权,乃是一种特殊的权利。"②有的从权利特性上来分析,如雷兴虎教授认为,股权具有综合性,"从内容来看,股权既有财产权的一面,又有非财产权的一面。"③有的从权利范围来概括,如范健教授和王建文教授认为,"股权,亦称股东权,分狭义和广义两种。狭义的股权,是指股东因向公司出资而享有的权利;而广义的股权,则是对股东权利和义务的总称。"④"股东权利包括广义的和狭义的概念。广义的股东权,泛指股东得以向公司主张的各种权利,故股东依据合同、侵权行为、不当得利和无因管理对公司享有的债权亦包括在内;而我们所讨论的是狭义的股东权利,指股东基于股东资格享有的,从公司获取经济利益并参与公司经营管理的权利。"⑤

本书认为,简而言之,股东就是股份的所有权主体。股东的所有权利内容,都与其所享有的股份财产的特性相关。就如物的所有权主体所享有的权利内容取决于物权的特性一样,股东的权利内容取决于股份的财产特性。基于股份财产与公司法人财产的内在关系,股东与公司形成了公司法上的关系,并依其所享有的股份数额对公司享有表决权和利润的索取权;基于股份财产相关独立的对世价值的存在,股东可以享有转让股份的权利,及要求他人不得侵害其股份的权利。综上不难发现,股东权利有两层基本内涵:其一,股东权利是基于股份与公司资本关系的一种权利概念,表明了股东与公司的内部关系,是公司内部成员基于投资关系对公司享有的一种权利;其二,股东权利是基于股份相对独立的对世的财产所有权关系,表明了股东与公司外部的关系,是股东基于其自有财产的一种权利概念。

2. 股东权利与股东资格的区别

第一,两者表述的内涵不同。股东权利,在于表明股东可以进行行为的内容,如从公司获取经济利益并参与重大决策和选择管理者等等。股东资格是法律主体成为股东的可能性或者是表明基于股份利益的归属者。两者的内涵不同,一个是股东的具体权利,一个是成为股东所应具有的资格。股东权利表述的主要是股东作为公司的"东家",基于其享有的股份而形成的权利;而股东资格要表述的主要是投资者成为股东的能力。

---

① 柯芳枝:《公司法论》,中国政法大学出版社 2004 年版,第 548 页。
② 郑玉波:《公司法》,三民书局股份有限公司 1980 年版,第 106 页。
③ 雷兴虎主编:《公司法学》,北京大学出版社 2006 年版,第 165 页。
④ 范健、王建文:《公司法》,法律出版社 2006 年版,第 292 页。
⑤ 刘俊海:《股东权保护的法理基础》,法律出版社 2004 年版,第 45 页。

第二,两者的视角不同。在公司法理论上,股东权利与股东资格这两个概念表述的侧重点各有不同。资格的取得意味着权利的取得,而权利的行使则表明了资格的享有。股东权利的概念旨在阐述股东享有权利的内容,其核心功能在于对股东权利的行使和保护。而股东资格则侧重于对股东地位或权利能力的考量,从而确定其有无进行权利保护的可能性。

第三,两者揭示的对象和作用不同。股东权利揭示的主要是股东作为股份的所有者所应享有的权利,其作用在于明确股东享有的权利内容,从而有效保护股东的利益。股东资格揭示的主要是投资者成为股东的内在要求,其作用主要在于规范投资行为,保护股东及相关主体的利益。

3. 股东权利与股东资格的联系

股东资格反映的是股东的主体地位,表明了主体的身份。虽然股东权利与股东资格有着诸多方面的区别,但是两者还是有着一定的联系。首先股东资格反映的是股东的主体地位,取得股东资格的投资者就可以取得股东这一主体的地位,当投资者拥有了这一地位的时候,也就具有了一种身份,这种身份让其能够享有一定的权利,就是我们所讲的股东权利。可见,从股东资格到股东权利是一个层层递进的过程,从普通的投资者,到符合股东资格的条件,到成为股东这一主体,最后到享有股东权利。正如前面提到的股东资格的实质,股东作为一个财产运作的主体,通过股东资格的取得,体现出来的是主体的身份性,即股东的身份。因此也可以说,股东资格是取得股东权利的前提。

股东权利是股东资格的具体体现。股东权利是投资者取得股东资格后才可以谈到的概念,那么股东权利与股东资格到底有怎样的关系呢?我们认为,股东权利是股东资格的具体体现,股东享有其股东的权利,才能进一步证明股东已经取得了股东资格,其不同于其他财产主体,既然投资者已经能够享受到股东权利,那必然是要符合一定的条件,这种条件就是取得股东资格。可以说,股东权利是更加深入层次的股东资格。我们明显发现股东权利中蕴含了股东资格的概念,股东资格常常以股东权利的形式加以彰显。同时股东权利源自于股东资格的实现,股东享有股东权利是其拥有股东资格的表现。

由此可见,股东权利与股东资格有着若干的不同。无论是从分析视角、表述内涵和揭示对象作用等方面,股东权利与股东资格体现的都是不一样的内容。但是,从整个公司制度发展的进程来看,两者并不是完全割裂的,股东资格反映了股东的主体地位,而股东权利则是股东资格的具体体现。

# 第二章 股东资格的主体边界

哪些主体可以成为享有股东资格的主体？人们普遍认为，要取得股东资格必须要有法律根据。换言之，只有法律规定某一主体能够取得股东资格的，该主体才有可能取得股东资格。由此推论，法律的规定是界定股东资格主体的边界的依据。的确，在现实生活中，能够取得股东资格主体的边界是由法律规定的。但是，法律应当如何确定这一主体的边界？法律应当依据什么来确定能够取得股东资格的主体范围？法学理论工作者有责任回答这一问题。

本书在这一章将论证能够享有股东资格的主体边界，说明法律应当界定哪些主体能够享有股东资格。本章分两个层面对股东资格的主体边界进行分析研讨：先从法理层面分析法律对股东资格主体边界的界定根据，从而论证法律应当如何确定能够享有股东资格的主体范围；然后在此基础上，分析论述各类主体能否享有股东资格的具体问题，厘清股东资格的边界；并分析相关法律法规的正当性，以期促进我国相关公司法律制度的发展完善。

在这一章本书将着重论证，享有民事权利能力的主体均可以享有股东资格，因为平等地享有财产权益，是民事主体能力制度的基本要求；法律对股东资格的规制，应当以有利于民事主体有效运用股份财产为价值取向。

## 一、股东资格主体边界的法理根据

股东资格的主体，是指有可能成为股东的主体。法律的主体资格是法律制度的核心问题，它关系到相关法律所规定的利益归属的问题。[1] 法律对社会关系的调整，是在主体规制的基础上进行的。法律主体是由法律规范的、能够享有

---

[1] 参见龙卫球：《民法总论》（第二版），中国法制出版社2002年版，第165—166页。

股东资格的主体,也是由法律所确定和规范的。股东资格的主体边界,实际上就是法律所认可的,能够享有股东资格、成为股东的主体范围。那么,法律应当如何确定股东资格的主体边界呢?本书从法的价值理论、主体理论、私法理论等方面展开分析,论证能够享有股东资格主体范围的应有边界,为法律对股东资格主体边界的规制提供法理根据。

### (一)法的价值理论与股东资格

在法律层面,哪些主体能够成为享有股东资格的主体,是由法律所确定的。而法律对主体资格的规范,总是以法律的价值实现为基本出发点。从法理学的角度分析,法律对社会关系的规范,是以法律主体的确认为基点,以权利内容为核心展开的。① 而对主体的规范和权利的配置,都是在法律价值取向的理念指导下进行的。"法律基本上是关于各种价值的讨论,所有其他都是技术问题。"② 法律对社会关系的调整,对主体关系的规范,实质上都是法律价值理念的体现。法律对股东资格的主体范围确定,应当与法律价值的取向相吻合。

关于法的价值,学者们从不同的视角,对其作出了不同的解释。有的学者从两个方面解释法的价值,认为法的价值包括两个方面的基本含义:其一,法律对人的作用、效用、功能或意义;其二,人对法律的要求和评价。③ 有的学者认为法的价值应该包括三个方面的内容:第一,法律的内在要素、功能及其相互关系;第二,社会主体对法律的需求;第三,法律的实践也是法律价值的内涵要素。④ 有的学者认为,"法的价值是一种具体的价值,是社会价值系统中的子系统";法的价值既"体现了作为主体的人与作为客体的法之间需要和满足的对应关系",又"体现了法所具有的、对主体有意义的、可满足主体需要的功能和属性";秩序、正义、自由和效益应当是法的"基本价值"。⑤ 还有学者认为,"法的价值是以法与人的关系作为基础的,法对于人所具有的意义,是法对于人的需要的满足,是人关于法的绝对超越指向。"⑥

其实,法的价值在本质上是关于法律与人的关系的认识。第一,是关于法律对人的需求满足的功能表现;第二,是人对法律应有功能或目标的向往。基于这两个基本内涵的法的价值理念来分析股东资格,我们不仅能感触到股东资格应

---

① 参见龙卫球:《法律主体概念的基础性分析——兼论法律的主体预定理论》(上),载《学术界》2000年第3期。
② 吕世伦:《西方法律思潮源流论》,中国人民公安大学出版社1993年版,第232页。
③ 参见严存生:《法律的价值》,陕西人民出版社1991年版,第28页。
④ 参见乔克裕、黎晓平:《法的价值论》,中国政法大学出版社1991年版,第40—41页。
⑤ 参见张文显:《法哲学范畴研究》(修订版),中国政法大学出版社2003年版,第191—195页。
⑥ 卓泽渊:《法的价值总论》,中国社会科学院2000年博士学位论文,第20页。

有归属的内在机理,还能清晰看到法律对股东资格主体边界规范的价值取向。

首先,基于法的价值原理,法律对能够享有股东资格主体范围的界定,应当以满足"人的需求"为基本出发点。

"法的价值是标志着法律与人关系的一个范畴,这种关系就是法律对人的意义、作用或效用,和人对这种效用的评价。"[①]从法的价值理念来看,法律对股东资格的规范,最根本的是满足"人"对财富追求的需要。"人对财富的追求"包括两个层面的含义:一是作为单个、独立主体的"人"对财富追求的需要;二是作为抽象、集合主体的"人"对财富追求的需要。前一层面的含义实际上是指具体主体(如自然人、法人)对财富追求的需要;后一层面的含义实际上是指人类社会对财富追求的需要。

法律对股东资格主体边界的规范,应当满足单个、独立主体对财富追求的需要,这是法律价值的直接体现。在法律制度上,法律对股东资格的规制,实质是将主体"人"的身份法律化,从而使之成为公司法规范的对象,确认其享有股东地位的合法性。哪些主体能够被赋予股东资格,法律不能随心所欲地任意确定。现代法律的价值理念要求法律以主体追求财富的需求为界定股东资格主体边界的基本标准。任何对单个主体的"人"的股东资格的限制或禁止的规定,实际上都可能遏制了主体对财富的追求。因此,法律应当对每一个单个、独立主体的"人"享有股东资格提供最为宽松的空间和尽可能畅通的途径。对享有股东资格主体的限制或排斥的任何立法规范,都必须十分谨慎。

法律对股东资格主体边界的规范,还应当满足抽象、集合主体的"人"对财富追求的需要,这是法律价值在更高层面的、对社会发展起促进作用的体现。一般情况下,法律对单个主体的"人"的股东资格的认可,满足其对财富追求的需要,同时也就满足了作为抽象、集合主体的"人"对财富追求的需要,即满足了一定范围内的社会层面对财富追求的需要,这是促进人类社会发展的表现。在这种情况下,单个主体利益与社会利益并不冲突,法律赋予单个主体股东资格,不仅满足了单个主体"人"的需求,同时也满足了抽象或集合主体的"人"的需求,体现了对社会发展积极促进的功能。

但是,如果法律赋予某个单个主体股东资格,会有损抽象、集合主体的"人"的利益,有损社会利益时,这就表明这一单个、独立主体的利益需求与社会利益发生了冲突。在这种情况下,就不应当赋予这一单个、独立主体以股东资格。例如,法律禁止证券从业人员在任期间通过购买股票取得股东资格,这实际上是对此类工作人员取得股东资格的限制。这种限制是为了防止此类主体从事股票交

---

① 严存生:《法律的价值》,陕西人民出版社1991年版,第28页。

易会形成与其他投资主体之间的信息不对称从而导致不公平交易,是为了防止此类人从事内幕交易。当单个、独立主体的股东资格取得会有损于不特定的他人或社会利益时,法律应当限制其股东资格的取得。抽象的、集合意义的"人"的利益(即社会利益),涵盖了单个、独立"人"的利益,但不同于单个、独立"人"的利益。因此,当单个、独立"人"的利益与抽象的、集合意义的"人"的利益相冲突时,法律就应当限制单个主体利益的追求,限制其股东资格的取得。这种限制在本质上并不是法律不追求满足主体的利益要求的价值功能,而是在更高层面上既维护了包括单个主体利益在内的所有主体的利益(即抽象的、集合意义上的"人"的利益),也防止了对其他不特定的主体利益的损害。

由此可见,基于法的价值理念,法律对股东资格主体边界的规范,应当以充分满足财产主体运用自己的财产进行投资活动,追求更多财富追求的需要为基本标准。法律对尽可能多的主体开通取得股东资格的通道,就意味着有更多主体通过这一通道进行投资从而实现追求财富的愿望,就意味着有更多的财产通过这一通道流向社会再生产的领域。法律对整个社会需求的满足是通过对每一个主体利益需求的满足来实现的。当然,单个主体的利益追求,不能以损害他人利益或社会利益为前提。损害他人利益或社会利益而追求自己的利益,是为法律价值所否定的。因此,基于法律的价值理念,法律对股东资格主体边界界定的标准有两个基本内涵:一是满足每个单个主体追求财富的需求;二是对每个单个主体追求财富需求的满足以不损害他人或社会利益为前提。

其次,基于法的价值原理,法律对能够享有股东资格主体范围的界定,在一定程度上反映了人类社会对法律应有功能或目标的向往。

法的价值是"法对于人的需要的满足,是人关于法的绝对超越指向"[①]。纵观人类法的发展历史,法律经历了一个从野蛮走向文明,从身份走向契约,由义务本位法走向权利本位法的发展演进过程。法的发展首先是法律的价值理念的发展,而这种发展变化与人类的发展息息相关,紧密联系。法的价值理念的发展变化,对股东资格主体边界的界定具有决定性的意义。

恩格斯在论述法的产生时说:"在社会发展某个很早的阶段,产生了这样一种需要:把每天重复着的产品生产、分配和交换用一个共同规则约束起来,借以使个人服从生产和交换的共同条件。这个规则首先表现为习惯,不久便成了法律。"[②]正如法是社会发展的产物一样,股东资格的法律规范也是社会发展的产物。法律对股东资格的规范,在一定意义上是人类社会发展的产物。在物与物

---

① 卓泽渊:《法的价值论》,法律出版社1999年版,第16页。
② 《马克思恩格斯选集》第3卷,人民出版社1995年版,第211页。

的交换社会关系中,在以血缘为基础的社会组织体系中,不可能出现以投资方式追求财富增长的经济意思。随着人类社会不断进步,商品经济高度发展,市场体制逐步建立,商品交换的内容和方式发生质的变化,传统的经济发展方式不再适应社会发展的需要,一种新型的、高级的交换方式——投资方式产生了。在对投资方式的不断运用、改造和完善过程中,形成了一系列相关的法律制度来保证投资方式的合法性,维护投资者应有的利益。对股东资格的法律规范,也正是源于人对投资的需要,源于人自主运作财产的需要。人既是法律规范的承载者,也是法律规范的最终落实者。良好的社会需要良好的规范制度来构建,而任何好的规范制度成果都必须立足于人的发展和需要,对股东资格的法律规范也不例外。法律对股东资格的规范,既是对投资主体利益需求的满足,也是法自身价值的体现。

法的价值观念随着社会发展变化而变化。股东资格的法律规则,也因社会的发展变化和法律价值理念的发展变化而变化。在公司发展史上,特许主体与核准主义的公司设立原则,反映了对主体投资公司取得股东资格的限制。1844年英国颁布了《合股公司法》(The Joint Stock Companies Act of 1844),确立了公司登记设立、充分公示原则。1862年的《英国公司法》(The Companies Act)规定了公司设立的单纯准则主义,只要符合法律的规定就可以设立公司并具有法人资格。公司的设立由特许主义、核准主义向单纯准则主义转变,为每个公民投资举办具有独立人格的公司拓宽了渠道,同时,也扩大了股东资格主体的边界,使更多的人能够较为公平地取得股东资格。在我国,曾经只允许公民拥有生活资料,不允许个人拥有生产资料;曾经只允许法人作为股份有限公司的发起人,不允许自然人个人发起设立股份有限公司;曾经不允许自然人个人设立有限责任公司,只允许两人以上投资者设立公司;曾经有比发达国家还高的最低资本数额门槛将无数追求财富想成为股东的人拦在了股东资格主体边界的门外,而现在,这一门槛虽然还有却已经降低了很多。无论是在我国还是在国外,过去还是现在,法律总是会对股东资格的取得有所限制,这实际上是法律对股东资格主体边界的规范。虽然制定这些限制性法律规范的理由各有不同,但是,同样地,无论是在我国还是在国外,过去还是现在,法律对股东资格取得的限制呈现减弱的走势,这实际上表明法律对股东资格主体边界的规范日益宽容。法律对股东资格限制的发展变化,体现了相关法律规范价值观念的变化。

一般而言,任何法律规范的背后都有法律价值的支撑和指导。当法律规范不再成为法律价值的承载者时,它终究会面临被淘汰的命运。每一次法律规范改弦更张,实质上都是在变化了的新法的价值观念引导下进行的。法律的不断发展变化,既是立法的技术性能的日臻完善,更是法的价值取向的根本体现,

"是人关于法的绝对超越指向。"①在此意义上,法的价值总是包含着人们对于理想中的、完美的法的永恒追求。每个单个主体的"人"总是希望法律能满足自己投资和追求财富的需求;而抽象的、集合意义上的"人"总是希望法律能满足社会整体发展的需求。法律对这两种不同内涵需求的满足,最终集中体现于法律规范的公平和正义的价值内涵上。而这一价值内涵正是"法的绝对超越指向"。这一法的价值理念,在空间上、时间上高于法的现实状况,成为人们永恒追求的理想。有关股东限制法律规范的变化,总是一次次放宽股东资格边界的范围,扩大单个主体成为股东的可能性。日本学者认为,各种具体的法律价值的总体,又被抽象为所谓的"正义"的价值理念。② 可以说,在一定意义上,股东资格法律规范的发展变化,是人们追求法的公平、正义等法律的价值理念的结果。

最大限度地满足社会主体追求财富的需要,是人类社会对有关股东资格规范的"绝对超越指向"。居于平等地位的每个单个主体,都有追求更财富的权利,也应当具有取得股东资格的可能性,而这种可能性的实现,不应当受到主体身份、主体已有财产数额、主体所处地位、主体投资方式等的限制。人的自由本性使人摆脱了身份被固定、依附于他人的状态,并使人自主地发挥了主观能动性。在公平价值理念指引下,对股东资格的法律规范就应当着眼于扩大人们成为股东的可能性,即自己通过自主的投资行为而享有法律上的股东身份的可能性。"法律按其真正的含义而言与其说是限制还不如说是指导一个自由的智慧的人去追求他的正当利益,法律的目的不是废除或限制自由,而是保护和扩大自由。"③正如马克思认为的:"法律不是压制自由的手段,正如重力定律不是阻止运动的手段一样。……法律是肯定的、明确的、普遍的规范"④。人们可以在不妨碍他人利益的情况下,拥有最大限度追求财富的权利。保护损人利己的法律,是不公平、不正义的法律;限制不损害他人利益而追求自己财富和利益的法律,同样是不公平、不正义的法律。现实生活中对股东资格取得的各种限制,虽然在相当大的程度上是缘于制度设计的要求,但是,随着社会的发展而变更的制度设计,使股东资格的取得日益方便,这表明最大限度满足社会主体追求财富的需要,是法律对股东资格规范的根本价值取向,是法律对股东资格主体边界界定的最终目标。"法律和制度,不管它们如何有效率和有条理,只要它们不正义,就必须加以改造或废除,正义是绝不妥协的。"⑤罗尔斯认为正义使最大的均等成

---

① 卓泽渊:《法的价值论》,法律出版社1999年版,第16页。
② 参见〔日〕川岛武宜:《现代化与法》,申政武等译,中国政法大学出版社1994年版,第246页。
③ 〔英〕洛克:《政府论》(下),瞿菊农、叶启芳译,商务印书馆1983年版,第35页。
④ 《马克思恩格斯全集》第1卷,人民出版社1956年版,第71页。
⑤ 〔美〕罗尔斯:《正义论》,何怀宏等译,中国社会科学出版社1988年版,第1页。

为可能,即每个人都享有这样的权利,以及他人同样自由地享有的最广泛的基本自由。在公平、正义的价值理念下,法律一再放宽对股东资格的限制,为更多的主体取得股东资格提供了便捷、可行的通途。

### (二) 主体理论与股东资格

法律为什么要满足"人"的需求? 为什么要以公平、正义为其最根本的价值指向? 这是因为,法的价值理念在本质上是与人的主体理论相关联的。主体理念是法的价值的核心理念。法律对股东资格边界的界定,不仅要以法的价值理论为指导,更要用法的主体理论来支持。

主体理论最重要的是要解决"人"与法的关系以及"人"如何成为法律主体。对前一问题的分析阐述,是揭示"人"之所以成为法律主体的法理根源,是展示界定股东资格主体边界的法理根据;对后一问题的分析阐述,是明晰"人"能够成为法律主体的制度路径,是指明界定股东资格的主体边界的应有标准。

1. 人与法的关系:股东资格主体边界界定的法理根源

在古希腊,"法律被认为是由上帝颁布的,而人类则是通过神意的启示才得知法律的。"[①]在这种社会文明发展的水平和法律理念下,人不可能成为法律的主导。柏拉图认为,正义意味着一个人应该做他的能力使他所处的生活地位中的工作。[②] 在这一理念指导下,他将人分为四等。[③] "在16世纪的基督教改革运动中,教会的法律权威被摧毁了,而且法律理论的权威性神学基础也被摧毁了。"[④]有趣的是,法理学从神学中获得解放是经由法理神学家的努力而得以实现的。法学真正成为一门独立的科学,并形成对法律的理论支持,经历了一个漫长的过程。到16世纪和17世纪,法律哲学才与神学区分开来,法律与权威才被区分开来;到19世纪,法律哲学与政治哲学才被区分开来,法理学才被作为一门科学加以构建。[⑤] 这一重大的历史发展变化是众多的法学家努力的结果,而德国古典哲学的创始人伊曼努尔·康德所作出的贡献则具有里程碑的意义。康德以其三部经典之作《纯粹理性批判》(1781)、《实践理性批判》(1788)、《判断力批判》(1790)不仅构建了自己的哲学体系,同时也系统揭示了人作为主体的独

---

① 〔美〕埃德加·博登海默:《法理学——法哲学及其方法》,邓正来、姬敬武译,华夏出版社1987年版,第2页。
② 同上书,第6页。
③ 柏拉图将人分为四等:金质的人成为统治者;银质的人组成军队,保卫国家、辅弼统治者;铜质和铁质的人组成生产阶层。
④ 〔美〕罗斯科·庞德:《法理学》(第一卷),邓正来译,中国政法大学出版社2004年版,第45页。
⑤ 参见〔美〕罗斯科·庞德:《法理学》(第一卷),邓正来译,中国政法大学出版社2004年版,第45—48页。

立性和自由本质。康德提出了著名的"(绝对)范畴律令(Kategorischer Imperativ)":"要这样做,永远使得你的意志的准则能够同时成为普遍制定法律的原则。"康德认为,人在道德上是自主的,人的行为虽然受客观因果的限制,但是人之所以成为人,就在于人有道德上的自由能力,能超越因果,有能力为自己的行为负责。人的主体性在哲学家的严密推论中被展示出来。人的主体性理论实质上就是从人的自身角度出发认识自己,认识人与人的关系,认识人与自然的关系。[1] 人的意志是人之所以成为人的根本所在。人的意志是纯粹的自由。黑格尔法哲学更是进一步揭示了法与人的主体关系的本质:"法不是任何其他的定在,而是自由意志的定在。所谓法是自由意志的定在,首先是说,法是自由意志的体现,是客观化了的自由意志;其次是说,它是对自由意志的确定和规定。"[2] 由此可见,法律虽然是对人或主体的行为的规范,但在本质上,它不是要限制人或主体的意志,而是要更好地满足人的意志的需求。所以,现代社会的"法律至上",从根本上说应当是"人至上"或"主体至上"。有学者认为,"法律至上"是"人至上"或"主体至上"的规范表达。这是因为人性是现代法律的根本根据;对人性要求的表达是衡量法律善恶的标志,弘扬人性是法律的目标。[3] 马克思进一步揭示了人的主体的本质意义,认为人的主体性理论是奠定在社会实践基础上的。实践是人的存在方式,实践使人成为自然关系和社会关系的主体,人的"全部社会生活在本质上是实践的"[4]。按照马克思主义原理,人的主体性在于人有目的、有意识地从事实践活动,并积极地认知世界。人作为社会经济生活的主体,尽管会受到认知能力的限制,仍可以依据自己的意思在社会中有目的地生产和创造。人的主体性具体表现为人类社会活动中展现出来的自主性、创造性和实践性。显然,法律只能是人从事社会实践活动的辅助器。法律作为人的社会实践的辅助器,只有有助于促进人的社会实践活动,才具有实质意义。

人的主体性原理为我们展示了认知确认股东资格主体之根据的思维路径,给我们确立了界定股东资格主体边界的思维标向:尊重每个人的主体意愿;为每个主体疏通取得股东资格的正常路径。

首先,人的主体性原理表明,股东资格之主体蕴含着人的意志内涵,尊重人的意志是确认股东资格主体根据的基本要素。人之所以成为"人"而有别于其

---

[1] "人具有一种自己创造自己的特性,因为他有能力根据自己所采取的目的来使自己完善化,因此可以作为天赋有理性能力的动物而自己把自己造成为一个理性的动物。"〔德〕康德:《实用人类学》,邓晓芒译,重庆出版社1987年版,第232页。
[2] 武步云:《黑格尔法哲学:法与主体性原则的理论》,法律出版社1995年版,第116页。
[3] 参见谢晖:《法学范畴的矛盾思辨》,山东人民出版社2002年版,第171—175页。
[4] 《马克思恩格斯选集》第1卷,人民出版社1995年版,第56页。

他动物最重要的是在于人是有意志的,而人的"意志没有自由只是一句空话;而自由只有作为意志,作为主体,才是现实的"①。人所具有的意志是通过特定的主体展示出来的。法律的主体制度以尊重人的意志为出发点,以规范的方式维系、保障着人的意志,由此体现出人的主体地位和主体存在。股东资格正是经济社会中财产所有者根据自己的意志运作财产而形成的法律效果。股东将财产投资于公司后,其基于财产之上的主体意志并不因此而灭失,从而尽显其主体存在。无论从其投资取得股东资格,还是到其退出丧失股东资格,取回相应的财产,其主体意志始终伴随着人这一主体的存在而存在,并使这一主体因为存有意志而具有了法律意义。

其次,人的主体性原理表明,股东资格主体蕴含人的能动性,激发人的能动性是确认股东资格主体根据的根本目标。人的意志在本质上是自由的,是富有创造性的,这种自由和创造性,实际上就是人的能动性。人的能动性,不仅使人自身不断发展变化,同时也丰富了社会生活,增加了社会财富,改变了世界。人的能动性,展示了人在社会中的作用和意义,体现了人自我主体的存在。没有人的能动性,人类生活就难以绚丽多彩;抑制人的能动性,就会阻碍社会的发展,就会削弱社会财富的积累,人的主体性意义就会暗淡无光。法律通过不断发展的主体制度规则,激励人的能动性,保护人的能动性发挥成果。法律对股东资格主体的确认,实际上是法律对人运用财产追求利益最大化的能动性首肯的表现形式。人通过向公司投资的方式,将自己所拥有的财产转变为股份财产的形态,而这时人的主体形式也从一般的财产所有权主体转化为股份财产的所有权主体(股东),并成为有资格享有这一财产利益归属的载体。人对财产的这种运作方式展示了人的主体能动性;法律对能够取得股东资格的主体确认,实际上说是为了给这一主体在这一方面发挥能动性疏通路径。

再次,人的主体性原理表明,股东资格主体蕴含着人的实践性,正视人的实践性是确认股东资格主体根据的客观因素。人的主体性本身具有社会性的意义,因为没有社会性,人的主体性就失去了其应有的价值和作用。虽然人的存在首先是作为个体生命的人存在,但个体人的存在是不能脱离他人和社会的。个体的人存在于社会环境之中,而实践是人存在于社会之中的最基本方式。通过实践活动,人与人形成社会关系。实践活动使人成为自然关系和社会关系的主体。股东资格表明了财产主体与他人的实践活动的结合,意味着股东与公司之间的主体关系。股东资格具体表现为股东权利的行使和收益的取得,而所有这些,实际上都是单个的人与公司等相关主体相结合共同运用财产的实践活动。

---

① 〔德〕黑格尔:《法哲学原理》,范扬、张企泰译,商务印书馆1982年版,第12页。

人的实践性与股东资格具有内在关系。对股东资格主体的确认,不仅需要着眼于人自身投资行为的内在意志的体现以及能动性发挥的要求,同时也需要考量人的投资行为实践运作的客观状况,考量人成为投资主体之后的社会存在的各种社会关系的和谐状况。

2. 权利能力规则:股东资格主体边界界定的法理标准

在现代社会所确认的人与法关系的基础上形成的主体理论,实际上是在主体层面论证了每一个人都是意志的载体,其行为活动都是其主体意志的体现。因此每个人作为意志的主体,是天然平等的,都应当受到法律的保护和认可。基于这一个最基本的人类平等理念,每个人或主体都应当平等地享有股东资格机会,都能够以投资为方式实现追求财产增值的愿望。但是,这一层面的主体理论,只是法理学上的逻辑推断和原理证明,是法律内在正义的根据,所反映的是法的崇高的理念和愿望。这一崇高的法的理念和愿望,必须通过权利能力制度通道,才能变成现实的可操作的法律规则。如果说基于人与法的关系形成的主体理论揭示了股东资格主体边界界定的法理根源,那么基于权利能力形成的主体理论和规则,则展示了股东资格主体边界界定的法理标准。

权利能力理论和规则与主体的人格相关联。"'人'是指民事权利主体,'格'是指成为这种主体的资格。所以,人格者,民事权利主体资格称谓也。"① 罗马法尚无权利能力概念,却有人格制度。在罗马法中,除了"homo"这一对自然人的称谓外,还有两个关于人的称谓:"caput"和"persona"。在这三个称谓中,只有"caput"专指权利义务主体,具有"人格"或主体资格的意义。② 罗马法通过不同的称谓用语和制度规则将不同的人区分为不同的法律地位。产生于罗马法时期的人格的制度,发展到法国民法制度形成时,具有了"过滤出符合法律目的的自然人"的功能。③ 但是,"人格"一词,具有一个难以克服的局限性——它含蕴太多的社会意义。法律上有人格,社会、伦理上也有人格,而这两种人格在历史变迁中又都多于变幻,此消彼涨,互有所动。法律上"人格"与一般伦理意义上的"人格"纠缠不清,二者虽不至难于区分,但也每每需多费口舌,划清界限。如此一来,问题浮现:本意在于解释法律条文的"人格"此时也需要解释、界定,是否可以找到一个严格的法律词句代替?于是,"人格"一词,在始料不可及之

---

① 江平主编:《法人制度论》,中国政法大学出版社1994年版,第1页。
② 在罗马法中,"caput"原指人的头颅或书籍的一章。罗马早期,只有家长可在户籍册上占有一章,家属则名列其下,后来"caput"被转指权利义务主体,以区别"homo",并引申为法律上的权利资格,即主体资格。"persona"表示各种身份,如家长、官吏、监护人等。参见周枬:《罗马法原理》(上册),商务印书馆1994年版,第97页。
③ 参见李萱:《法律主体资格的开放性》,载《政法论坛》2008年第5期。

情形下,慢慢蜕变成完全法律词句之"权利能力"。①

权利能力是可以成为法律主体的可能性,是"成为权利和义务载体的能力"②。著名历史学派法学家萨维尼在其《当代罗马法体系》中对权利能力理论加以阐释,将权利能力视为法律意义上的人的本质属性,③《德国民法典》采纳了萨维尼的理念,首创了权利能力制度。④ 现在"权利能力"理论发展成为大陆法系国家支撑民事主体制度的重要基础理论。历史表明,权利能力实质上是一种法律制度设计。⑤ 法律通过对权利能力的规定,赋予实际生活中的相应"实体"以权利能力,使其能够成为权利义务关系的主体,从而实现法律所具有的"社会准入"的制度功能。⑥ 在一定意义上,把握股东资格主体边界的法理基础问题,实际上就是要考查法律赋予"人"(现实生活中具有生命的人或相关实体)权利能力的内在原因,揭示赋予"人"权利能力的法律渊源。

法律毋庸置疑地应当赋予每个"人"享有平等的权利能力。首先,无论"人"的性别、年龄、种族等有何差别,他们均具有相同的人格。在私权领域里,自然人的意志自由特性彰显了他们的平等地位,自然人自由组合的社会实体,在本质上是其自由意志的表现方式,同样具有平等的地位。⑦ 经过从"身份到契约"的社会发展变迁,以平等为基调的现代人格制度,蕴含和彰显了"人类尊严和社会进步等等宏大而深刻的人权思想"⑧。以平等为核心内涵的权利能力制度,使"人之成其为人"的基本人格理念得到了法律保障。⑨ "每个人都具有权利能力,因

---

① 参见李萱:《法律主体资格的开放性》,载《政法论坛》2008 年第 5 期。"以今日法国法学论著观之,权利能力虽未正位,但已用于解释人格之含义矣"。参见曾世雄:《民法总则之现在与未来》,中国政法大学出版社 2001 年版,第 85 页。
② [德]迪特尔·梅迪库斯:《德国民法总论》,邵建东译,法律出版社 2000 年版,第 781 页;参见龙卫球:《民法总论》(第二版),中国法制出版社 2002 年版,第 165 页。
③ 参见王利明:《民法总则研究》,中国人民大学出版社 2003 年版,第 312 页。
④ 学者 Franzvon Zeiler 在起草《奥地利民法典》时首次在立法上使用了近代意义上的权利能力概念。
⑤ 权利能力规则在法技术上,可以直接从权利能力所型构的主体制度的法学构造入手,而不必再拘泥于自然人主体制度所确立的具体实现模式,努力寻找新型主体与自然人主体的相似或相异。权利能力概念使法律对主体制度的设计有了一个更为抽象、客观的分析工具,它摆脱了人格概念的属人暗示,从而使法律主体资格的确认至少在概念和逻辑上摆脱了囿于人类的思维定势。参见李萱:《法律主体资格的开放性》,载《政法论坛》2008 年第 5 期。
⑥ 参见李锡鹤:《民法原理论稿》,法律出版社 2009 年版,第 420 页。
⑦ 参见周枏:《罗马法原论》(上册),商务印书馆 1994 年版,第 97 页。
⑧ 尹田:《民事主体理论与立法研究》,法律出版社 2003 年版,第 136 页。
⑨ 参见佟柔主编:《中国民法》,法律出版社 1990 年版,第 61—62 页;梁慧星:《民法总论》,法律出版社 1996 年版,第 56 页;施启扬:《民法总则》,台湾大地印刷厂 1993 年版,第 65 页。

为他在本质上是一个伦理意义上的人。"①法律平等地赋予每个自然人以权利能力,使每个人都可以成为权利的载体,使"人生而平等"这一崇高理念通过"权利能力"这一法律路径得以落到实处。在现实社会中,财产权是每个自然人所应当享有的基本权利内容,所以,每个自然人或私权主体都应当平等地享有财产方面的权利能力,可以成为财产权利的载体,由此体现其在财产权利方面的法律人格和法律地位。在公司法领域,股东是股份财产的所有权主体。未成年人应当像其他有完全行为能力的人那样,既能享有一般财产的权利能力,也能享有股份财产的权利能力。

其次,公司制度对社会财产的运作功能,要每个"人"平等地享有取得股东资格的权利能力。法律对股东资格进行规范的实质意义在于,赋予主体对自己的财产通过公司组织形式进行运作的可能性。主体运用自己的财产进行投资是其自主、自为、自觉的行为,是其权利能力的体现。同时,公司作为一种财产运作的组织形式,既对股东个人具有"利好"的增值意义,又对社会资本市场的"繁荣"具有基础性作用。有限责任对投资风险的控制、专家集中管理带来的投资效益以及股份流通对财产形态转化的变现功能,②会给投资者带来股份财产增值的机会,让投资者感受到作为股份财产权利载体的实际意义。同时,财产所有者将其财产投入公司,实际上是将消费资金转化为了扩大社会再生产的资本,促进了社会市场市场的发展。显然,如果对部分"人"不赋予其权利能力,阻碍其取得股东的资格,实际上就会阻止这部分主体的财产流入资本市场。

主体平等理念、权力能力的制度功能以及社会经济的发展,都要求法律赋予每个"人"都享有权利能力。但是我国《公司法》却没有涉及股东的权利能力,那么在此是否可适用"法无禁止即为许可"的规则呢?③ 笔者认为,在制度层面的实际操作中,对某一主体股东资格的确认,必须依据法律规定对其是否享有权利能力进行考量,而不能适用"法无禁止即为许可"的规则。这是因为,对包括权利能力在内的相关主体规则的法律规范,是法律关系体系运作的制度基础。权利是法律"为预定的归属者而设定的",享有权利能力是成为"这种归属者"的前提条件。"在实际关系中,符合规范权利主体要求的实体,才能成为实际权利或法律关系的承受者。"④法律通过对主体权利能力等相关内容的主体制度设计,

---

① 〔德〕卡尔·拉伦茨:《德国民法通论》(上册),王晓晔、邵建东、程建英、徐国建译,法律出版社2003年版,第121页。
② 参见〔英〕保罗·戴维斯:《英国公司法精要》,樊去慧译,法律出版社2007年版,第10—26页。
③ 我国曾经就未成年人是否应当享有股东资格发生过争论。有学者认为,我国《公司法》没有禁止未成年人成为股东,所以未成年人就可以取得股东资格。参见《上海首例"娃娃股东"纠纷案落槌》,http://www.news365.com.cn/jj/200710/t20071017_1615652.htm,2010年1月9日访问。
④ 龙卫球:《民法总论》(第二版),中国法制出版社2002年版,第164、165页。

分配了社会权利和利益的归属,展示着立法的目的和精神。因此,任何生活中的实体,要成为权利主体,必须首先要享有法律赋予的权利能力。没有法律规范的依据,则不能获得相应的主体资格。"法无禁止即为许可"规则,只能适用于适格主体行为效力的判断,而不能适用于对主体资格的判断,否则就会混淆了法律主体资格的基本理念,就会损伤法律对主体制度规范的严肃性、权威性,甚至会产生十分荒谬的结果,使失格主体的本应无效的行为推断成为有效行为。

### (三) 私法理念与股东资格

私法理念源于古罗马的公法和私法划分。古罗马法学家乌尔比安提出了私法和公法的概念,他认为"公法调整政治关系以及国家应当实现的目的,'有关罗马国家的稳定';私法调整公民个人之间的关系,为个人利益确定条件和限度,'涉及个人福利'。"[①] 繁荣的罗马商品经济,极大地促进了私法理念的发展,使私法规范在古罗马法律制度中居于重要地位。[②] 到中世纪文艺复兴时期,随着罗马法对大陆法的影响不断扩大、深化,私法理念更是在世界范围内极大地促进了法律的制定和法律规范体系的构建。"十九世纪末,当法学家们开始认真研究既存的法律规范和制度时,公、私法划分就成了他们重建法律制度的基础。公、私法的划分不断演进和发展的历史,使这种划分产生了极大的权威,并与大陆法系各国的文化交融在一起。"[③]虽然,私法与公法的划分对法律制度的发展演变具有极为重大的影响,但是,私法与公法的区分却不是法律部门意义上的,[④]这一区别"不单是决定裁判管辖的技术问题,同时又是基于法的性质之差异的论理上的区别"[⑤]。

私法的理念内涵,可以从私法与公法的区别中感受到。如何界定私法与公法两者的区别,有诸多不同的观点,仅在20世纪初,就有学者归纳出17种之多。[⑥] 较为突出的观点列举如下:其一,利益说。此说认为私法是调整个人利益

---

① 转引自〔意〕彼德罗·彭梵得:《罗马法教科书》,黄风译,中国政法大学出版社2005年,第7页。
② 公元5世纪开始,最早的罗马法典——《十二表法》就强有力地将行政法、宪法法规以及宗教仪式拒之于法典之外。参见〔美〕艾伦·沃森:《民法法系的演变及形成》,李静冰、姚新华译,中国法制出版社2005年版,第200页。
③ 〔美〕约翰·亨利·梅利曼:《大陆法系》(第二版),顾培东、禄正平译,法律出版社2004年版,第105页。
④ 有学者认为私法与公法的区别不能定位在法律部门上,而应当定位于法律规范。参见台红:《关于公法与私法划分的理论思考》,载《学术界》2010年第10期。
⑤ 〔日〕美浓部达吉:《公司法与私法》,黄冯明译,中国政法大学出版社2002年版,第22页。
⑥ "瑞士人荷灵加(Hollinger)在其学位论文《公法与私法的区别标准》(Das Kriterium des Gegensatzes zwischen dem öffentlichen Recht und dem Privatrecht, Inaugural Dissertation 1904)中举出十七种不同的学说"。参见〔日〕美浓部达吉:《公司法与私法》,黄冯明译,中国政法大学出版社2002年版,第23页。

的法律规范,公法是调整公共利益的法律规范。利益说是最古老的学说,古罗马法学家乌尔比安就以法律所保护的利益属性不同提出了私法与公法的概念。其二,主体说,也称隶属关系说或支配说。这一学说是"最普通的学说",[①]它以法律关系主体的性质为标准,将调整法律主体的双方或多方都是私人或私团体之间的、平等主体之间关系的法律规范视为私法规范,将调整法律主体的双方或最少一方是国家或国家之下的公团体之间的、不平等主体之间关系的法律规范视为公法规范。如德国法学家认为,"公法是为公益而存在的组织体——即国家、地方团体、教会等的法。但这些组织体在法律上与私人站于同等地位时,其间的法律关系便属于私法。例如收买土地和发行公债那样从事私经济的交易时,通常都是私法关系。"[②]其三,意思说,也称法律关系说。意思说是德国学者拉班德提出的。该学说认为,公法和私法的划分标准应当从法律关系的性质上进行考量。公法关系是权力者与服从者之间的关系,体现的是一种不平等的意思关系;而私法关系是对等主体之间的关系,体现的是一种平等的意思关系。[③] 其四,归类说。该学说认为私法是对家庭、个人行等主体行为的规范,公法是对国家或统治团体主体行为的法律规范。如有学者认为,公法是有关国家的特别法,而私法是有关每一个人的"万民法"。国家也是"万民"中的一个成员,因此私法也约束国家。[④] 其五,生活关系说,该说认为规范个人生活关系的法律规范是私法,规范国家或团体生活关系的法律规范为公法。[⑤] 学者徐廉认为,"人类进化达到一定之阶段,遂形成一定社会组织之国家,而在此一定组织之社会生活中,可分为'国家的生活关系'与'私人的生活关系'之二种,例如国家之组织,公权之运用,公秩之维持等关系;皆属于前者。而社会经济之组织,家庭之组织,私权之行使等关系则属于后者。申言之,即前者之生活关系为公法关系,其规律此公法关系之法规为公法;后者之生活关系为私法关系,其规律此私法关系之法规为私法。"[⑥]虽然有关私法与公法区别的各种观点未必能准确反映私法与公法的划分界线,但是,各种学说从不同的侧面反映了私法的基本特质。从中,我们能在一定程度上感悟到私法的一些最基本、最重要的理念,即平等和自由理念。

---

① 参见〔日〕美浓部达吉:《公司法与私法》,黄冯明译,中国政法大学出版社2002年版,第24页。
② 柯塞克(Cosack):《德国民法教科书》。转引自〔日〕美浓部达吉:《公司法与私法》,黄冯明译,中国政法大学出版社2002年版,第25页。
③ 参见王继军:《公法与私法的现代诠释》,法律出版社2008年版,第17页。王继军先生对意思说提出了质疑,认为现实中法律关系并非只有这两类,而且私法关系中也并不都是平等关系。
④ See Harmut Maurer, Allgemeines Ver Wal Tungsrecht, S.35—37. 转引自高家伟:《论市场经济体制下政府职能的界限——公、私法划分理论在我国的应用》,载《法学家》1997年第6期。
⑤ 参见李晓明:《私法制度的价值》,法律出版社2007年版,第67页。
⑥ 同上书,第67—68页。

私法的平等理论，展现了私法的本质属性。私法规范的主体是平等的。私法对这种平等的主体关系的尊重，表明了私法对各个主体独立意志的尊重。而公法规范的对象通常具有隶属主体关系的属性，或是上下级的行政管理关系，或是职权管辖的制约属性。公法规范对象的这一属性，是公法以强制性规范为主导规范的根本缘由。或许公法也会宣示对平等理念的追求与信仰，但"无论从何角度定义，公法关系都表现为作为公共权力代表者、执行者的公主体同作为相对人的私主体之间的统治与被统治、管理与被管理关系及公共权力内部的统辖与隶属、命令与服从关系，这本身就是直接的明示不平等，公法不过是对这种关系加以法制确认、表达和维系之法而已。"① 与此不同，私法规范的平等关系是以人格平等为前提，"即不同主体表示意志的资格平等，包括两种情况：(1) 绝对关系，法律主体间互为不特定人关系，人格平等表现为：同样的行为发生同样的法律后果。(2) 相对关系，法律主体间互为特定人关系，人格平等表现为：任何一方不得将自己的意志强加于另一方。"② 私法认同人的生来平等，尊重人本应当有的平等地位，弘扬人类社会的平等精神，"平等构成着私法世界的根本定义"③。

自由是私法的核心理念。在一定意义上，私法的自由理念，深刻体现着法的核心价值和法的本质。正如黑格尔所言，"任何定在只要是自由意志的定在，就叫作法。所以，一般来说，法就是作为理念的自由。"④ 虽然公法也可以完成对人的自由的法权宣示，但因其具体制度操作平台的阙如及公法本身的非自治强行性制度属性，虽经宣示，人的自由也无法在公法的制度世界里真正执行和充分展示。而私法对人的自由的表达是直接的、第一维的——经私法的表达，权利人可以依其意志自主地行使其自由。⑤ 私法的平等和自由理念，是私法的精神所在，是私法的灵魂，是私法最内在本质的属性定在。

私法自治是私法的主导理念。私法自治也称"意思自治"⑥，"意指在民事生活领域，要获得权利、承担义务，进行一切民事行为，完全取决于当事人自己的意

---

① 李晓明：《私法制度的价值》，法律出版社2007年版，第103页。
② 李锡鹤：《民法原理论稿》，法律出版社2009年版，第55页。
③ 李晓明：《私法制度的价值》，法律出版社2007年版，第104页。
④ 〔德〕黑格尔：《法哲学原理》，范扬等译，商务印书馆1961年版，第36页。
⑤ 参见李晓明：《私法制度的价值》，法律出版社2007年版，第95—96页。
⑥ "意思自治"为法国法之称谓，德国法称之为"私法自治"，日本法称之为"私的自治"或"法律行为的自由"。我国学者在私法研究中通常表述为"私法自治"。国外的学者们关于私法自治的基本含义并没有实质性的差异，只是具体的表述各不相同。参见刘美希：《私法理念研究》，山东大学2006年博士学位论文，第24页。

思,不受国家和他人的干预"①。基于私法自治理念:从冲突法的角度来看,私权主体有权自主选择处理纠纷所适用的准据法;从法哲学、法社会学角度来看,私权主体有权依自己的意志进行判断、行为并自主承担相应的责任;从公、私法划分的角度来看,私权主体有权自主实施私法行为,他人不得非法干预,私权主体仅对基于自由表达的真实意思而实施的私法行为负责;在不违反强制法的前提下,私法主体自愿达成的协议优先于私法的适用,即私人协议可变通私法。② 其实,平等和自由是私法的内心精神理论,而私法自治或意思自治则是私法的主导理念,这一理论,通过"适用与否由人们自行选择的规则"③的任意性规则表现为具体的法律规范和制度规则,并成为私法的主导规范。私法自治理念有以下四种基本样态:其一,契约自由;第二,结成私团体的自由;其三,财产自由;其四,自己责任。④ 这些私法样态,在商法或公司法领域,转化为投资自由、契约自由和结社自由。

1. 投资自由

所谓投资自由是指财产所有者主体有权根据自己的独立意志决定将其财产作为资本置于经营活动领域,以期获得财产增值效益的活动。投资自由在本质上是私法自治的财产自由样态的表现形式。财产自由起码包含两项基本内容:一是特定财产及其承载的利益应当归属于财产所有权主体;二是财产所有权主体能够根据自己的意志自主利用和处分其拥有的财产。财产的利用和处分的方式,利用或处分财产所生成的利益归属,均由财产权利主体自主决定。财产作为人生活难以或缺的物质内容,与人的生存和发展有着最为直接的关系。私法的财产自由理念,从根本上说,是对人的存在和发展基本条件的认可与保护。如果说,依据财产自由第一项基本内容所形成的是财产权利以及相应利益的归属的静态性制度安排,维系着人的生存的权利;那么,依据财产自由第二项基本内容所形成的则是财产利用与处分的对财产潜在利益追求的动态性制度安排,维系着人的发展权利。毫无疑问,投资是人运用财产的方式之一;投资自由,是财产运用的权利内涵的必然要求。

投资自由在本质上,是主体运作财产权的自主意志的体现。主体的权利的意识,首先意味着主体的自由意志,而这种主体自由意志最重要的内容之一是财

---

① 梁慧星:《从近代民法到现代民法》,载梁慧星主编:《民商法论丛》第 7 卷,法律出版社 1997 年版,第 238 页。
② 参见江平、张礼洪:《市场经济与意思自治》,载《法学研究》1993 年第 6 期。
③ 沈宗灵:《法理学》,高等教育出版社 1995 年版,第 38 页。
④ 参见陈历幸:《民法的理念与运作》,上海人民出版社 2005 年版,第 113—116 页;刘美希:《私法理念研究》,山东大学 2006 年博士学位论文,第 29—31 页。

产运作的自由。在现代社会中,经济利益是主体利益最重要的基本内容,而所有的经济利益往往都与财产联系:或以财产作为经济利益的载体,或将财产作为经济利益的存在形式。法律对主体的财产权利的保护的重要内容之一,就是对主体财产运作方式的认可和财产运作结果的确认,否则,主体的财产利益就会受到损害。在公司制度中,股东作为股份财产的主体,实际上就是财产主体投资运作形成的股份利益的载体,体现了投资主权的投资自由的理念。当然,这一理念,通过历史的沿革,沉淀于公司制度之中。主体平等与主体意志自由,在公司制度中通过投资自由得到了运用和体现。

投资自由在公司法中具有重要价值。这一理念为财产所有者的投资意志的实现提供了有效的方式,同时也为投资自由形成规范的运作模式;既保障了每个投资者的利益,同时也保障了资本市场的繁荣,为社会经济的发展注入了"资本性"财产的资源。

投资自由不仅是财产所有者权利实现的必然结果,也是社会发展的重要基础。投资行为在广义上是一种商事行为,因为它符合商事行为"营利性"的基本特征。从总体上看,商事活动可包括两个方面的内容:一是以商品交易为基本内容的商事活动;二是以非商品交易为内容的商事活动。投资属于后一种类型的商事活动。在现代市场经济中,投资活动价值愈来愈凸显。毫无疑问,没有投资者的投资活动所造就的繁荣的资本市场,现代市场经济的高速发展是不可能的。由此可见,从任何一个角度来说,财产所有人的投资自由都是正当的、必要的。只要承认财产所有人享有投资自由的权利,就应当承认投资者投资后自然形成的法律后果——可取得股东资格或其他相应的主体资格。换言之,每个财产所有者都应当能够成为享有股东资格的主体。

2. 契约自由理念

契约自由是指契约由谁订立、契约如何订立以及变更和解除等,均应当由私法主体按照自己的意志决定,不受其他任何自然人或国家、社会团体组织的非法干预。契约自由理念的内涵包括:其一,由谁订立契约。私法主体可以自主选择相关人与其缔结契约,即主体订立契约的要约自由;而相对人也有权决定是否同意被选择缔结契约,即主体订立契约的承诺自由。订立契约的主体之间具有相互独立的、平等的法律地位。其二,如何订立契约。私法主体可以在与相对人协商一致的情况下自主决定契约的具体内容;自主决定采用何种方式承载协商一致的、具体的契约内容。私法主体可以依法自主决定采用口头、书面、电子等契约形式;也可以依法自主约定见证、公证等契约生效方式。其三,契约的变更、解除。订立契约的当事人可以在协商一致的情况下依法自主决定契约是否变更或解除。契约自由是最为重要的私法理念之一。

契约自由理念体现着主体之间自由意志的结合。契约自由为财产所有者投资自由的有效展示,并提供了合法性路径。显然,主体的自由意志只有在与对方的交往中得以展现;没有契约自由,包括投资自由在内的很多情况下的意志自由都将难以有效地表现出来,从而致使意志自由价值受损。因此,"我们要寻找一种结合的形式,使它能以全部共同的力量来维护和保障每个结合者的人身和财富,并且由于这一结合而使每一个和全体相联合的个人又只不过是在服从自己本人,并且仍然像以往一样地自由。"①

对财产所有者来说,仅有投资自由是不够的,还必须为投资者享有投资自由权利疏通路径。契约自由理念及其相应的制度规则,使投资者找到符合自己意愿的投资对象和合作经营的伙伴,得以有效展示自己的投资意志,有效实现投资财产的合理运作,有效追求投资的预期利益。

用契约自由理念来协调股东之间、股东与公司之间的关系,既突显了当事人的意思自治的私法精神,又为公司股东之间的权利、义务和责任的强制执行提供了法理基础。虽然我国现行《公司法》存在不少强制性规定,但较1993年《公司法》已经有了较大的改变,任意性规范明显增多,在一定程度上体现了契约自由的私法理念倾向。在市场经济环境中,投资者基于逐利的本能和对财产自由权利的行使等多方面因素的考量,选择自己的财产运作或投资方式,选择自己中意的合作伙伴或公司,将是一个客观的趋势。法律应当承认股东投资的私权属性,平等地保护私权主体运作财产进行投资的选择权。"所有的法律规范、法律制度和法律活动,归根结底,都是以有效利用自然资源、最大限度地增加社会财富为目的,也就是以法律手段促进资源的最佳配置、促进效率的结果的产生,从而实现帕累托式或卡尔多—希克斯式的最适宜状态。"②法律将适应社会发展的需要,尊重投资的自由选择,更充分地体现契约自由的私法理念。股东资格的内在本质蕴含着私权的平等和自由的精神,并在深层次左右着有关股东资格的立法走势。只有最大限度地实现契约的自由,减少人们的投资限制,激发投资热情,让社会财富以各种形式充分涌现,才能实现经济效益的最大化,增加社会财富。

---

① 〔法〕卢梭:《社会契约论》,何兆武译,商务印书馆1994年版,第22页。
② 汪绪涛:《意思与规则的较量——从西方公司契约理论的争辩看公司法的规范方式》,载《黑龙江省政法管理干部学院学报》2006年第3期。

### 3. 结社自由理念

结社是指一定数量的法律主体为了特定共同目的组建社团组织。① 结社自由就是法律主体有获得政府认可和尊重组建这种组织的权利。结社自由的基本内涵主要是:(1) 结社权的确认;(2) 结成的团体被认可和尊重;(3) 自主选择意志相同的人员结合成社团并自主设定成为该社团成员的条件;(4) 自主选择加入社团或按自己的意愿加入社团;(5) 自主制订社团章程,决定社团管理规则,管理社团事务。② 显然,结社自由的内涵表明,结社自由实质上是私法自治理念的表现形式。

结社自由以契约自由为基础,但又不同于由契约自由形成的契约制度规则。可以说,在一定意义上,结社自由或许是契约自由的另一种样态,甚至可以认为结社自由是契约自由的延伸,因为正是基于平等主体间的自愿协商的这种契约自由理念,法律主体之间为了共同的利益和愿望能够形成一个稳定的群体结构形态。但是,结社自由又与契约自由形成了不同的法律制度体系。社团所形成的群体结构形态要比契约结构形态复杂得多。虽然社团成员个人的意志自治是社团结成的基础,但是,社团的存续和发展,又要求社团成员"克制"自己的意志自由。社团内部通常存在一定的组织机构,这些组织机构,或是社团的意思的形成机构,或是社团行为的代表机构。这表明,群体性的社团内部结构,往往呈现多层次性,即社团成员并不是社团的直接构成者,相关的组织机构才直接构成了社团组织体,成员实质上只是某种组织机构的组成部分,而不是社团组织体的组成部分,尽管离开组织体的成员,社团组织不能成立、不能存续。所以在这一层

---

① 西欧大多数国家的宪法都将结社自由归类于政治、公民权利,营利性组织和从事商业行为的团体被排除在外。但是结社自由源于私法理念,并有必要对民法意义上的社团作广义的解释。(See R. Senelle, Commentaar op de Belgische Grondwet, Brussel, 1974, p.51.转引自 Evert Alkema:《结社自由与市民社会》,毕小青译,载《环球法律评论》2002年夏季号。)"结社权利也许应该被看作是契约自由的一个类别。契约自由因其对于社会的重要性而获得了基本权利的地位。这种不将结社自由局限于私法领域的方法是与欧洲理事会成员国的法律实践相一致的。"(参见 Evert Alkema:《结社自由与市民社会》,毕小青译,载《环球法律评论》2002年夏季号。)我国关于社团组织的概念通常是指国家机关和企、事业单位组织以外的社会团体组织(参见《社会团体登记管理条例》第3条),我国《民法通则》将社会团体法人作为非营利性的法人与国家机关和事业单位法人并列为一种法人形态。本书认为,从原理上分析,结社自由应当是包括成立营利性组织在内的一切组织的自由,只不过成立营利性组织与成立非营利性组织的目的有巨大的差异,这种差异使得这两类组织形成了不同类别的运行模式,自然需要由不同的法律予以科学合理的规范。其实,无论社会团体的类型有多少,差异有多大,结社权利的法理脉络是归于同源的。基于这一认识,本书不在此特意区别各类不同的社团组织。

② 刘培峰博士认为,"结社是指人们为了某种共同的目的组成一定形式的社会组织。""结社自由就是指公民个人不经政府和其他公共组织的许可,为了满足自己的需要建立一定形式的社会组织的权利。"它包括下列内涵:(1) 结社权的确认;(2) 公民个人有权不经过事先的许可和登记成立社团;(3) 按照自己的选择组建社团;(4) 自主决定社团事务的权利;(5) 建立联合的权利;(6) 社团取得法人资格。参见刘培峰:《结社自由及其限制》,社会科学出版社2007年版,第40—67页。

面,社团的成立,意味着社团成员意思自治的受限,意味着社团成员意志自治的让渡。社团必须有社团自身的规则,而不能完全依契约规则,否则社团何以称社团。实质上,社团的规则是由社团的本质属性所决定的,并体现了社团的特性。所有这些,展示了社团的价值;而这种价值,既是公司法理体系的基础之一,也是股东制度建设的理论基础。

在现代社会中,公司是最基本、最重要的私权社团组织体。在此意义上,设立公司自由和取得股东资格自由,是"结社自由"最重要的表现。设立公司自由的基本内涵包括:(1)设立自由,即投资主体可以自主决定是否设立公司;(2)公司组织形式选择自由,即投资者可以在法定的公司种类中自主选择符合自己意愿的公司组织形式;(3)公司营业内容自由,即公司可以在法律规定的范围内自由地选择一种或数种行业作为目的事业;(4)公司的变更和解散的自由,即投资者可以依法自主确定公司的变更或解散。[①] 取得股东资格自由实质上是主体的投资自由,它的内涵应当包括:(1)法律主体可以自主决定是否将其财产投资于公司,并由此取得股东资格;(2)法律主体可以自主选择投资方向,自主选择成立具体的公司,并取得该公司的股东资格;(3)法律主体可以自主决定放弃股东资格。在这里需要指明的是,现实生活中种种客观实际状况,总是将结社自由的理念内涵压缩,使公司自由的内涵限定于法律的规则范围内,使股东资格取得自由的内涵也因不同的公司形态而有所不同。

按照结社自由原理,法律主体享有取得股东资格的自由。但这种"自由"在主体取得股东资格之后将会发生变异,但这种变化不能成为限制股东资格取得自由的理由,更不能成为确定享有股东资格主体范围的根据。当某个法律主体如自然人甲某,成为某公司股东时,他以股东的身份享有股东的权利,而股东的权利内容似乎赋予了甲某在该公司基于此权利可以进行的行为,但实际上也限定了甲某可以进行的行为的范围,换言之,限制了甲某在该公司的行为内容和行为方式。毫无疑问,为了维系公司这一社团组织的存续和发展,对甲某这一社团成员行为的限制是必要的。但是,如果将对社团成员的这种限制,作为成员资格取得的限制,即结社或成为社团成员的限制,则是错误的。显然,前后两种情形不同,不能构成对主体行为限制相同的法理根据。实际上,社团性质不同,社团内部结构就不同,社团成员权利的具体内容也就不同,对社团成员行为限制的理论依据、限制程序也会有差异。然而,无论如何,社团组织对内部成员的限制理

---

[①] 有学者认为,公司自由的基本内容有:(1)设立自由;(2)形式自由;(3)择业自由;(4)营业自由;(5)竞业自由;(6)退出和解散公司的自由。参见张士元:《公司法概论》,群众出版社1989年版,第12页;刘美希:《私法理念研究》,山东大学2006年博士学位论文,第29—30页。

由不能成为否定或阻止结社自由的正当理由;同理,公司内部对股东行为的限制的理由不能成为否定或阻止投资自由或享有股东资格的正当理由。当然,某一特定社团组织本身对成员资格的要求,或许会影响到某类特定主体成为该特定社团成员的可能性,但是,不能决定或阻止这类特定主体成为其他社团成员的可能性。同理,具体公司对其股东资格的特殊要求,或许会影响到某类特定主体成为该公司股东的可能性,但是,不能决定或阻止这类特定主体成为其他公司股东的可能性。所以,在现代文明社会的私法自治理念下,尊重私权主体的平等、自由,就必须要承认私权主体的结社自由,也就必须要承认:平等的私权主体都是享有股东资格的主体。结社自由要求享有股东资格的主体范围最大化。

## 二、自然人的股东资格

### (一) 自然人股东资格的法理基础

自然人是能够享有股东资格的最基本主体。从人类社会发展的本质来看,社会主体的多样性,在一定意义上只不过是人根据自己需要所进行的不同活动的不同组合方式。在法律上,人的不同的组合方式,形成了不同的利益归属体,使得法律主体种类日益多样,法律主体体系日趋丰富。然而,无论法律主体形式如何丰富多样,自然人永远是法律主体体系中最基本、最重要的主体类型。在能够享有股东资格的主体范围中,自然人同样也是最基本、最重要的主体。

自然人可以享有股东资格,源于自然人具有平等的民事权利能力和平等的财产权利。

1. 自然人平等的民事权利能力

权利能力是"成为权利和义务载体的能力"[1],是自然人能够成为股东资格主体的前提。权利能力实质上是一种法律制度设计,法律通过对权利能力的规定,赋予实际生活中的相应"实体"以权利能力,使其能够成为权利义务关系的主体,从而实现法律所具有的"社会准入"的制度功能。[2] 没有权利能力的自然人是不可能享有股东资格的。

自然人作为社会活动的主体,享有平等人格的社会地位,是社会进步的重要标志之一。但是,平等的人格,必须通过法律对人格的平等认可,才能具体体现在法律规范的体系之中。现代法律制度通过权利能力的制度设计,将理念上的

---

[1] 〔德〕迪特尔·梅迪库斯:《德国民法总论》,邵建东译,法律出版社2000年版,第781页。
[2] 参见李锡鹤:《民法原理论稿》,法律出版社2009年版,第420页。

主体平等人格具体表现为法律上的主体之间平等的权利能力,使自然人平等的社会地位,体现在相应的法律制度体系之中。因此,自然人是否能够成为享有股东资格的主体,必须要有相应的法律规定。这里有两层含义:其一,自然人作为可以享有股东资格的主体,应当有相应的法律规范为根据,即对自然人具有相应的权利能力的法律规定;其二,相应的法律规定是否赋予了自然人平等的权利能力,只有在法律赋予自然人平等权利能力的情况下,每个自然人才能机会均等地成为享有股东资格的主体。

可是,我国《公司法》没有对股东资格的权利能力予以专门规定,这是不是意味着自然人难以具有享有股东资格的法律根据或是公司立法的重大失误呢? 其实,有关股东资格的权利能力规范,不是公司立法的任务,我国公司立法对此没有涉及,国外的公司立法也未涉及。这不是公司立法的失误,更不意味着自然人或其他主体没有取得股东资格应有的权利能力方面的法律依据。自然人能够成为享有股东资格主体的法律根据源自民事立法的相关规范。我国《民法通则》第9条规定:"公民从出生时起到死亡时止,具有民事权利能力,依法享有民事权利,承担民事义务。"第10条规定:"公民的民事权利能力一律平等。"民事立法不仅对自然人的权利能力作出了规定,而且赋予了自然人平等的权利能力。民事立法有关权利能力的规定,可以成为自然人具有权利能力并借此享有股东资格的法律依据。这是因为,民法所规定的民事权利能力,属于私法领域的范畴。民事主体是一个特定的法律范畴,它是"私法上的权利和义务所归属之主体"①。我国民法有关民事权利能力的规定,实质上是关于私权主体在私法领域的主体资格规范。民法有关权利能力的规范可以适用于公司法域中的股东资格的情形,如同民法中有关财产、法律行为、民事责任等内容的基本规则与原理,可以适用于相关公司事务的情形而无需公司法加以规范一样正常。有人认为,公司法没有对股东资格进行规定,留有空白,增加了执法部门的难度,②这种观点实际上是对公司法与民法关系的误解。

诚然,民法所规定的民事权利能力属于一般的权利能力,法律对商事主体也可以规定适用于商事法律关系调整的特殊的权利能力,即商主体的权利能力。但是,这也仍不妨碍民法有关权利能力的规定对自然人股东资格的适用效力。

---

① 〔日〕星野英一:《私法上的人》,王闯译,载梁慧星主编:《民商法论丛》第8卷,法律出版社1997年版,第155页。
② 参见王义松:《私人有限责任公司视野中的股东理论与实证分析》,中国检察出版社2006年版,第2页。

我国商法学界普遍认为,营业能力是商主体资格的核心,①而营业能力是经过商事登记②取得的,这就将登记制度引入商主体的权利能力制度之中,体现了商主体"从商人到企业的观念变革"③。通过登记取得营业能力,具有商事权利能力的商主体是严格意义上的商事主体,是商主体体系中的核心主体形态。这类商主体在我国包括商法人(国有商法人、集体商法人、合营或合资商法人、私营商法人、外商投资商法人)与商自然人(个体工商户、私营独资企业和农村承包经营户)。④ 然而,仅有经登记取得商主体资格的商人,是不能适应丰富多彩的现代市场经济生活需要的。因此,除了要有"应登记商人"外,还应当有其他类型的商人,如"免登记商人",⑤从事间接商行为或中介商行为的商中间人,及受商主体委任或支配,辅助商主体开展商事经营行为的商辅助人等。⑥ 其实,这些主体都是商法意义上的商主体,是属于广义商主体的范畴,而经登记取得法律赋予的经营能力的商人,属于狭义商主体范畴,是严格意义上的商主体,是商主体体系中的核心。从广义上看,商主体的范围呈现出多层次的结构。这种多层次的商主体权利能力,分别由相应的法律赋予。不同的法律规制不同的商主体,适应了有机联系的不同层次的市场经济生活的需要。所以,虽然商主体的营业能力要有专门的法律规定,但这并不妨碍自然人依据民法规定而享有相应主体所需的权利能力。"从我国立法现状看,公司法就是民法的特别法"⑦。民法有关权利能力的规定是自然人享有权利能力的法律根据。

综上所述:第一,民事立法有关自然人权利能力的规范,是自然人能够成为享有股东资格主体的基本法律根据;第二,民事立法对自然人享有平等民事权利的规定,是每个自然人能够成为享有股东资格主体的法律根据。

2. 自然人平等的财产权利

仅从法理学的角度来看,财产权利是法律主体权利内容的一个方面。在现代社会中,主体的权利内容几乎无不与财产相关联,精神损害赔偿都可以通过一定价值量的财产支付来实现,便是对此的一个佐证。现代法理学将主体财产关

---

① 参见王保树:《商法的实践和实践中的商法》,载王保树主编:《商事法论集》第3集,法律出版社199年版,第15页。
② 参见梁宇贤:《商事法论》(修订版),中国政法大学出版社2003年版,第32页;覃有土主编:《商法学》,中国政法大学出版社2006年版,第32—33页。
③ 范健主编:《商法》(第二版),高等教育出版社、北京大学出版社2002年版,第34—35页。
④ 同上书,第39页。
⑤ 参见范健:《德国商法:传统框架与新规则》,法律出版社2003年版,第101页。
⑥ 参见顾功耘主编:《商法教程》(第二版),上海人民出版社、北京大学出版社2006年版,第35—37页;范健主编:《商法》(第二版),高等教育出版社、北京大学出版社2002年版,第31页。
⑦ 孔祥俊:《公司法要论》,人民法院出版社1997年版,第3页。

系透视为一种主体之间的意志关系,由此将其涵盖进了以人格为基础的权利能力理论体系之中。因此,对主体资格的一般分析,并不一定专门论及主体的财产权利。但是,对股东资格的主体分析,则有必要强调主体的财产权。这是因为股东这一主体对财产具有特别的依赖,我们难以想象没有财产权利的人怎么能够成为公司的股东。

"财产权是指以财产利益为直接内容的权利。"①股东的资格,本质上是民事主体拥有财产、运作财产以及获取预期财产利益机会的资格。股东,作为公司法上的主体,首先意味着他对其持有的股份享有财产权利。虽然股东享有其他各方面的权利,但是对股份的财产权是股东的核心权利,其他相关权利都是为财产权利服务的,甚至在一定意义上可是说是由财产权利派生出来的。股东的表决权、知情权以及诉讼权等等,无不围绕着对股份的财产权而展开。其次,从主体资格的角度分析,股东对股份财产的权利,也是一种运作财产以期获得预期财产利益的权利。股东对其股份的财产权利与一般财产权利的重要区别之一就是股份财产具有可增值的期待利益。股东对股份财产享有权利,不仅意味着对现有股份享有现实的财产权利,还意味着股东享有获得股份财产增值的权利。从这一层意义上来分析,股东对股份的财产权,表明了股东对其财产的运作:从其将财产投资于公司,丧失了对其投资财产的所有权,换得与之相适应的股份权,到其对基于股份财产而享有的各种权利的行使,以及期待利益的实现,实际上都是股东在运作其财产权。当然,无论从何种角度分析,股东的财产权最终表明的是:股东是一切股份之财产利益——现实财产利益和期待财产利益——的归属体,这也是股东谓之"股份"之"东家"的核心含义之所在。

上述分析表明,纵然主体拥有一定的财产,使其能够投资于公司,取得股东资格,但是,这并不意味着没有财产的主体就不能成为享有股东资格的主体。因为作为股东,或享有股东资格,就意味着得到了资产增值的机会;因为作为股东,并不仅仅意味着能够向公司投资取得股东资格,还意味着能够承受股份利益财产的归属。民事主体所享有的财产权利,不仅只是享有现实的财产权利,而且还应当能够享有可能实现的财产权利(期待财产权),使这一财产利益有一个合理的归属。所以,能够成为享有股东资格的主体,并非是需要其拥有财产(当然持有财产有助于其取得股东资格),而是只要相应的财产权即可。

在现代社会,每个自然人主体均享有平等的财产权利。财产对于每个自然人的意义不仅在于它是人生存的物质基础,而且还在于它往往体现了人的主体地位和意志内涵。人们对财产的依赖和对财产的追求,在一定层面上会释放出

---

① 王利明:《民法总则研究》,中国人民大学出版社2003年版,第208页。

其人的主体品性,表现着人的自我价值实现和自我超越。可见,对自然人来说,对财富的追求,不仅是人维持生命的手段,也是人价值实现的方式,人生丰富的表象。法律赋予每个自然人平等的财产权,实质上就要保障每个人平等地享有追求更多财富的权利,这是与平等的主体人格一脉相承的。在某种程度上,平等的主体人格,往往现实地表现为对财产权的平等享有。"黑格尔认为,人只有参与与外在实体形成的财产关系,才能成为真正的自我。这种关系是人的目的所在。"[1]既然人的财产权应当是平等地享有,那么,每个自然人也应当能够成为享有股东资格的主体,平等地享有取得股份财产权利的机会,从而得以获得基于股份财产而形成的期待利益。

综上所述,人格平等的主体理念,权利能力的制度功能,法律主体享有财产权利的平等性、享有利用公司组织形式获得更多盈利机会的平等性,以及社会经济发展要求更多财产流入资本市场,都要求法律赋予自然人享有平等的成为股东的权利能力。

### (二) 自然人的行为能力与股东资格问题

我国主流法学理论认为,法律主体即法律关系的主体,是指参与法律关系,享有权利和承担义务的人。[2] 基于对法律主体的这种认识,人们自然地将行为能力视为取得法律关系主体的前提条件。我国《民法通则》将行为能力与权利能力一起置于民事主体制度体系之中,[3]这更容易使人确信:只有权利能力和行为能力完全具备,才能成为有效的法律主体。的确,这一认识在很多情况下是行得通的,尤其是在主体是否合格(即具备权利能力和行为能力)被视为考量行为有效性的要件之一[4]的情况下,更是如此。按照这样的法理观念进行逻辑推理,行为能力当然是取得股东资格的要件之一。也就是说,没有行为能力的自然人不能成为享有股东资格的主体。但是,这种结论并不科学,并且与现实生活的客观要求不相吻合。因为现实生活中,无行为能力的未成年人持有股票成为股东

---

[1] Margaret Jane Radin, Property and Personhood, Stanford Law Review, Vol. 34, 1982, pp. 972—973. 转引自姜燕、王琳琳:《自然人人格财产性解读》,载《当代法学》2008 年第 2 期。

[2] 参见魏振瀛主编:《民法》,北京大学出版社、高等教育出版社 2002 年版,第 32—33 页;王利明、杨立新、王轶、程啸:《民法学》,法律出版社 2005 年版,第 40 页;马俊驹、余延满:《民法原论》(第 3 版),法律出版社 2007 年版,第 52 页。

[3] 在民法立法体例上,在主体制度中有不规定行为能力的,如法国、德国;也有规定行为能力的,如瑞士、日本、俄罗斯和我国。俄罗斯和我国民法还将监护制度规定在主体之中,这在民法体系中是较为少见的。

[4] 《民法通则》第 55 条规定,"民事法律行为应当具备下列条件:(一) 行为人具有相应的民事行为能力;(二) 意思表示真实;(三) 不违反法律或者社会公共利益。"

的现象是客观存在的。2007年9月19日,北京银行在沪上市,网友从其股东名册中发现了84名"娃娃股东",其中有一位年仅1岁,①此事引发了媒体的普遍关注和社会的热议。2007年10月,上海市闵行区人民法院对一起股权纠纷案作出判决,判令温州某投资有限公司出让部分股权分别给5岁和6岁两个孩子。② 无行为能力的自然人到底能否成为享有股东资格的主体,学术界对此意见也不一致。有的认为,行为能力欠缺的自然人之所以能成为股东,是因为他满足了成为股东的出资之"实质条件"和登记的"形式条件";③有的认为法律没有禁止未成年人可以成为股东,所以"娃娃股东"并不违法,行为能力欠缺的自然人可以拥有公司股份,但"娃娃股东"不具有民事行为能力,所以"他们不能在公司的重大决策上投票,以免因为他们的无知而损害其他股东的利益";④还有的提出异议,主张对于发起人股东,以及有限责任公司股东、一人公司股东,均应当严格规定其为完全行为能力人;⑤此外,还有人主张公开"娃娃股东"的监护人,以防止监护人利用"娃娃股东"隐瞒其持有股份的真实身份。⑥ 更值得关注的是,在学术界对"娃娃股东"现象热议的同时,2009年2月某地方政府管理职能机构为应对金融危机的影响,适应"刺激经济"的形势需要,出台法规赋予无

---

① 最初媒体报道有上千名"娃娃股东",后北京银行迅速发布澄清公告,称拥有的84名"娃娃股东"主要由三部分人构成:第一批由原信用社股东直接转入,共67名;第二批则是参加该行2004年增资扩股的15人(其中一人为原信用社股东,包含在第一批的67人当中);另外还有接受家庭成员赠予或继承产生的3人。参见《北京银行娃娃股东再调查:有股东只有姓没有名》,http://tieba.baidu.com/f? kz = 278554321,2009年3月9日访问。

② 2003年1月,苏女士和丈夫李先生以及温州某投资公司共同出资成立上海某投资公司,注册资金为3000万元,其中苏女士占有45%股份,李先生占30%,温州某投资公司持有25%股份。后苏女士与丈夫李先生离婚,并达成协议:双方婚生的两个5岁和6岁的女儿由苏女士抚养;李先生将其登记在温州某投资公司名下的上海某投资公司25%股权无偿转于苏女士11%,两个女儿各7%。温州某投资公司出具了同意书,同意李先生与苏女士要求将该公司所占上海某投资公司25%股权无偿转让给苏女士和她的两个女儿。此后,苏女士和她的两个女儿与温州某投资公司签订"股权转让书",两个女儿由苏女士作为监护人代签。但此后苏女士虽多次催讨,温州某投资公司始终未履行股权转让义务。若干月后,苏女士和她的两个女儿向上海市闵行区法院提起诉讼,要求温州某投资公司履行"股权转让书"确定的义务,将该公司所有的25%股权无偿转让给三原告。法院审理后对此案作出裁决,支持了原告的诉求,判决未所成年人苏女士的两个女儿各受让温州某投资公司出之7%股权;温州某投资公司应协助其向工商登记机关办理上述股东变更登记手续。参见《上海首例"娃娃股东"纠纷案落槌》,http://www.news365.com.cn/jj/200710/t20071017_1615652.htm,2009年3月9日访问。

③ 参见胡静静:《娃娃股东现象的法律分析》,载《法制与社会》2008年第6期(下)。

④ 参见《上海首例"娃娃股东"纠纷案落槌》,http://www.news365.com.cn/jj/200710/t20071017_1615652.htm,2009年3月9日访问;《娃娃股东该如何监管》,http://www.civillaw.com.cn/Article/default.asp? id =35932,2009年3月9日访问。

⑤ 参见楼晓:《未成年人股东资格之商法检讨》,载《法学》2008年第10期。

⑥ 参见《"娃娃股东"非个案 应用监管之手消灭股市怪象》,http://www.chinanews.com.cn/cj/pl-gd/news/2007/10-25/1058843.shtml,2009年3月9日访问。

民事行为能力的人以发起人资格投资办公司的权利。① 无行为能力的自然人,究竟能否成为享有股东资格的主体?

1. 行为能力规则的基本功能

行为能力规则体现了法律对主体意思的尊重,促进了私权意思自治的制度化。在公司法上,自然人的行为能力规则同样体现了法律对股东主体意思的尊重和对私权意思自治制度化的促进。没有行为能力规则在公司法股东资格理念中的延伸,是难以构建出现代公司法理念和创造出科学的公司法制度的。

然而,无论行为能力规则对股东的主体制度如何重要,都不能将其作为自然人股东资格的要件加以规定。否则,就会破坏权利能力规则给自然人享有股份财产所带来的平等机会。行为能力欠缺的自然人究竟能否成为享有股东资格的主体,说到底,这一问题的实质是行为能力规则对主体资格究竟具有什么作用。

行为能力规则形成的历史客观现象表明,这一规则实质上只是判定法律行为效力而并非是确认主体资格的规则,更不应当是无行为能力自然人取得股东资格的前提条件。在罗马法中,既无法律行为的概念,②也没有行为能力的理念。③ 那时对商品交易行为,强调行为的方式而不看重行为人的意思表示,④ 只是到了罗马共和国末叶,"法律行为的效力始依当事人的意思为重,产生了诺成契约"⑤。这种诺成后来演化为意思表示。"19 世纪理性法学关于意思表示的理论占据了统治地位而被贯彻在法律之中。"⑥ 但直至这时,法律行为的概念在

---

① 2009 年 2 月 18 日湖南省人民政府办公厅(湘政办发〔2009〕6 号)转发的该省工商局《关于促进经济平稳较快发展若干措施》,既允许无民事行为能力人依法继承、接受赠与成为公司股东,还允许"未成年人作为股东或发起人投资设立公司制企业"。http://epaper.voc.com.cn/hnrb/html/2009-02/18/content_64061.htm,2009 年 3 月 10 日访问。

② "在罗马法上,本无抽象的法律行为概念,只有各种的名称,如买卖行为、使用借贷行为、赠与行为、遗嘱行为,等等。……19 世纪初德国法学家、历史法学派的创始人胡果(Grustav Hugo,1764—1844)在研究罗马法时,概括了各种法律方面的行为的共同点,首创了'法律行为'这个词。"参见周枏:《罗马法原论》(下册),商务印书馆 1996 年版,第 582—583 页。尽管"罗马法中不存在实质含义的法律行为制度",但是,罗马法对一系列具体的法律行为作了较为详尽的规定,所以现代法学家通常仍将罗马法中这些带有浓厚形式特征和身份色彩的行为规范视为行为法律制度的历史渊源。参见董安生:《民事法律行为》,中国人民大学出版社 2002 年版,第 17—19 页。

③ 在罗马法中虽然有类似于现代民法中对无完全行为能力人的监护制度的规则,但这些规定不是基于行为能力规则而设计的,而是为罗马法中的人格制度服务的。参见查士丁尼:《法学总论:法学阶梯》,张企泰译,商务印书馆 1995 年版,第 29 页。

④ 在罗马时期,行为的方式是行为成立的三要素之一,另外两个要素是当事人和标的。参见周枏:《罗马法原论》(下册),商务印书馆 1996 年版,第 586 页。其实,此方式是要式行为所必需的,而这种方式(或要式)实质上是契约的表现形式。参见〔英〕巴里·尼古拉斯:《罗马法概论》,黄风译,法律出版社 2002 年版,第 170—171 页。

⑤ 周枏:《罗马法原论》(下册),商务印书馆 1996 年版,第 600 页。

⑥ 〔德〕汉斯·哈腾保尔:《法律行为的概念——产生以及发展》,孙宪忠译,载杨立新主编:《民商法前沿》(第 1、2 辑),吉林人民出版社 2002 年版,第 144 页。

## 第二章　股东资格的主体边界

法学中仍没有得到广泛的运用。① 19世纪中叶,萨维尼在《当代罗马法体系》中"系统地阐述了通过'法律行为'来获得'个人意思的独立支配领域'之概念",将行为能力视为"人自由行为的前提",是"取得权利的可能性"。② 1900年生效的《德国民法典》确立了法律行为和行为能力的理念和规则,设专章规定了"法律行为",并将"法律行为"与"人"(法律主体)和"物"(法律客体)并行置入法典的总则;在"法律行为"这一章中,《德国民法典》首次以"行为能力"为命名设专节进行规定。《德国民法典》关于法律行为和行为能力的理念和规范,对大陆法系国家的私法发展产生了巨大影响。回顾历史,考察行为能力规则形成之渊源可见:第一,行为能力概念与规则的产生,与法律行为理念的形成和规则的构建密切相关。这不仅仅因为行为能力实质上是一种意思表示的能力,而且还因为法律行为的理念和规则的形成是由意思表示规则演变而来的。意思表示是法律行为的核心内容。③ 法学家在梳理法律行为与意思表示关系的过程中,抽象了"法律行为"的理念,形成了法律行为规则,同时也提炼了行为能力观念,进而形成了法律行为和行为能力规则。第二,行为能力规则的基本功能在于界定法律行为的有效性。《德国民法典》"行为能力"这一节规范的基本内容均是对各种行为能力情形下所为行为效力的规定。如"无行为能力人的意思表示无效。"(第105条)"未成年人未经法定代理人必要的允许而订立合同的,合同的有效性取决于代理人的追认。"(第108条)正是基于这种法律制度设计,德国民法学家迪特尔·梅迪库斯将"行为能力"和"限制行为能力"与其他各种涉及法律行

---

① 1794年《普鲁士普通邦法》对意思表示设专编规定,这对法律行为和行为能力理念的发展起到了非常重要的积极作用。〔德〕汉斯·哈腾保尔:《法律行为的概念——产生以及发展》,孙宪忠译,载杨立新主编:《民商法前沿》(第1、2辑),吉林人民出版社2002年版,第140页。

② 参见朱庆育:《意思表示解释理论》,中国政法大学出版社2004年版,第72页;张俊浩主编:《民法学原理》(修订第三版),中国政法大学出版社2000年,第60页。比萨大学法律系的阿尔多·贝特鲁奇(Aldo Petrucci)教授认为,行为能力的概念可能产生于中世纪法学,很可能是教会法学家创立的。不过徐国栋教授认为,行为能力制度很可能是格劳秀斯(Hugo Grotius)的发明,由海德堡大学教授普芬道夫(Sammuel Pufendorf)发扬光大的。格劳秀斯在其名著《战争与和平法》中,探讨了允诺的约束力的依据问题,认为"理性的运用是构成允诺之债的第一个要件,白痴、精神病患者和幼儿因而不能作出允诺",由此使建立横跨精神病人和未成年人的行为能力制度成为可能。他还发展了意思表示理论,主张内心意思与外在表示的一致,表示的法律效果的原因是在伦理上自主负责的人的意志。参见徐国栋:《从身份到理性——现代民法中的行为能力制度沿革考》,载《法律科学》2006年第4期。

③ 法律行为被视为一种抽象的行为概念,意思表示则是一种具体的行为概念。《德国民法典》"立法理由书"认为,"就常规言,意思表示与法律行为为同义之表达方式。使用意思表示者,乃侧重于意思表达之本身过程,或者乃由于某项意思表示仅是某项法律行为事实构成之组成部分而已。"参见〔德〕迪特尔·梅迪库斯:《德国民法总论》,邵建东译,法律出版社2000年版,第190页。

为效力的事项一并安排在第四部分"法律行为的有效要件与效力障碍"之中。①第三，行为能力规则尊重意思自治，强调理性思维，因此内心之意愿、善意恶意、是否注意，即为衡量行为价值之参考指标；以有无意愿决定行为之是否有效，以善意恶意分别行为之效力，以是否注意决定行为之责任。②"行为能力制度的精髓就在于从人的意志属性而不是从人的社会地位来判断一个行为的效力。"③可见，行为能力规则形成是为了向法律行为的效力判断提供依据，并借此构建完整的法律行为制度体系，而并非是对主体制度的构建。认为行为能力欠缺的自然人不得取得股东资格，实际上是对行为能力的基本功能理解失误。"法学构造上，权利的享有（权利能力）与权利的行使（行为能力）判然分开。前者是价值问题，后者是法技术问题，二者的离析使具体主体制度的价值诉求愈加彰显。这使新型法律主体的确立摆脱其有无行为能力的客观限制，首先表现为价值问题。"④

或许，强调行为能力是主体资格要件并由此影响到无行为能力自然人股东资格的理念，是由以下两方面原因所致：其一，行为能力与主体意志所具有的内在联系，使其被纳入主体制度体系的组成部分；其二，行为能力作为法律行为成效的条件，被视为主体的适格要件。

的确，行为能力与主体意志的密切关系及其对法律主体制度构建的重要性是毋庸置疑的。"法律制度要承认表意人表示出来的意思，就必须设定表意人具有理智地形成意思的能力"⑤。法律所设计的行为能力制度，疏通了权利主体意志与法律行为效力的通道：通过主体行为有效的进行，体现了主体的意志；通过主体行为有效的结果，实现了主体意思自治的目的。正因为行为能力在本质上是权利主体意志能力的表现，体现了主体内在精神世界与外在现实世界沟通的能力，所以有学者将行为能力的产生与制度功能视为主体制度发展之法理根源，认为行为能力是法律主体制度"从身份到理性"的发展结果。这一观点认为罗马法的人法是以身份为基础构建的，而行为能力制度是现代民法理性主义精

---

① 在第四部分"法律行为的有效要件与效力障碍"中，包括了第33章"概述（包括私法自治的界限和边缘性问题）"、第34章"无效性的类型"、第35章"部分无效"、第36章"转换"、第37章"确认"、第38章"意思形成的能力（行为能力）"、第39章"限制行为能力问题"、第40章"意思保留与表示意识"、第41章"违反法定的形式规定"、第42章"违反形式要求"、第43章"违反法律禁令"、第44章"规避法律的问题"、第45章"违反禁止处分的规定"、第46章"违反善良风俗"。参见〔德〕迪特尔·梅迪库斯：《德国民法总论》，邵建东译，法律出版社2000年版，第368页以下。
② 参见曾世雄：《民法总则之现在与未来》，中国政法大学出版社2001年版，第29页。
③ 魏波：《罗马法中民事行为能力制度的功能考察》，载《长春工业大学学报》（社会科学版）2008年第5期。
④ 李萱：《法律主体资格的开放性》，载《政法论坛》2008年第5期。
⑤ 〔德〕迪特尔·梅迪库斯：《德国民法总论》，邵建东译，法律出版社2000年版，第409页。

神的集中体现;行为能力与权利能力构成了统一的民事主体的能力制度。① 确实,行为能力理念在支撑起法律行为制度在法学发展史上辉煌的同时,也为法律主体制度脱胎换骨的更新铺平了道路。② 以日本民法为代表的立法模式将行为能力的基本规则置入主体规范的体系之中,更是从立法的角度肯定了行为能力对主体制度的发展所具有的重要意义。③ 在现代民法理论中,行为能力与权利能力一起被视为民事主体制度不可或缺的组成部分。

但是,尽管如此,也不能将行为能力当作主体资格取得的前提条件。因为,权利能力规则是成为主体资格的可能性规范,而行为能力规则则是主体实现自己权利的可能性规范。德国民法一般认为:"尽管权利能力和行为能力密切相关,但它们是两个不同的概念。行为能力是通过自己的行动和行为取得权利、负担义务和承担责任的能力"④。在民事能力所包含的"权利能力"、"意思能力"、"行为能力"和"责任能力"四种能力种类中,"惟'权利能力'属描述主体地位的概念,而'行为能力'和'意思能力'则系权利能力者实施法律行为和意思表示的资格,'责任能力'更系权利者负担民事责任的资格,它们均属权利获得后的进一步的资格,而不属于关于主体地位的描述。"⑤有学者通过严密的逻辑分析明确指出,行为能力不是主体取得权利的资格,而是主体的意志表现成为法律意义上的行为和资格,其实就是主体行使权利的资格。⑥ 按照我国法律规定,无行为能力的自然人可以基于其法定代理人代为行为而"既享有权利,也承担义务",

---

① 参见徐国栋:《从身份到理性——现代民法中的行为能力制度沿革考》,载《法律科学》2006年第4期。

② 确实,如果没有行为能力规则的支持,主体平等的理念只能仍然是人们美好的愿望。回忆一下罗马法律以身份为基础所构建的不平等的主体制度是如何演变为《德国民法典》以权利能力为基础构筑起平等的主体制度的,人们就能发现,正是由于行为能力这一规则,才平衡和缓解了由民法抽象出来的权利能力的平等性与现实生活中意志能力差别的不平等性所造成的冲突。参见马旭红:《自然人权利能力和行为能力关系研究——从人格与身份权关系出发》,中国政法大学2005年硕士学位论文。

③ 《日本民法典》继承和发扬法律行为的制度理念,将行为能力规则移入主体的规则体系之中。不过应当指出的是,在日本民法体系中,虽然行为能力规则被置于主体制度的立法体系之中,但并不是将行为能力作为主体资格的要件加以规定的。"行为能力者,得为法律上有效行为之资格也",强调的是行为的有效性要件。在日本的民法理论中,有关民事法律主体的范畴通常是指权利主体,而能够成为"权利主体者,必有权利能力"。而行为能力在本质上是主体"行为有得失或变更权利之效力"。基于这一原理,就不难理解,为什么《日本民法典》虽然对未成年人的行为作了限制性规定,但对未成年人违反该限制性规定的法律后果只是"可以撤销"。参见〔日〕富井政章:《民法原论》,陈海瀛、陈海超译,中国政法大学出版社2003年版,第87—88页。

④ 〔德〕罗伯特·霍恩等:《德国民商法导论》,楚建译,中国大百科全书出版社1996年版,第77页。

⑤ 张俊浩主编:《民法学原理》(修订第三版),中国政法大学出版社2000年版,第60—61页。

⑥ 参见李锡鹤:《民法原理论稿》,法律出版社2009年版,第427页。

并且"还须得对其法定代理人在为其履行义务中的过失承担责任"①。可见,无行为能力的人仍可以成为法律主体。如果将行为能力视为主体资格的前提条件,那么,没有行为能力的人就会被排斥在权利主体的范围之外,这显然是不正确的。其实,无论是从民事行为能力的形成及基本功能来看,还是从我国《民法通则》或国外的相关立法来看,都难以得出行为能力是成为民事主体的资格或前提条件的结论。可见,"法律主体是享有权利和承担义务的人"的理念是应当加以"补充和更新"的。②无论自然人是否有行为能力,都可以成为法律关系的主体。正如胎儿能够拥有财产而成为财产权的主体一样,行为能力欠缺的自然人也可以拥有股份成为股东。有学者精辟地指出:"以'权利能力'型构的主体制度,在法学构造上,存在两个界限分明的层次:首先,通过权利能力赋予主体资格。什么样的实体享有主体资格,在更多意义上,由当时的社会文化空间熔铸的法价值诉求决定。权利能力的基本前设表现为价值问题;其次,行为能力与主体资格两相分离。确定了何种实体享有主体资格之后,根据不同主体的行为能力,设计不同的主体实现机制,比如自然人主体的意思自治、团体主体的法人代表制等等。行为能力的基本前设表现为技术问题。与主体制度深刻映射社会价值诉求不同,具体主体的行为能力、甚至有无行为能力都是处于立法价值后位的法技术问题。至此,可以总结,由权利能力型构的法律主体逻辑结构是'权利能力—主体—行为能力'。"③

2. 相关疑问分析

(1) 对国外相关立法规定的分析

有学者认为,"在法国,法律根据公司股东的身份和所承担的责任性质来认定公司股东的缔约能力。在无限责任公司中,公司股东应具有商人身份、从事商事活动,并对公司债务承担共同的连带责任,因此,他们必须具有缔约能力,未成年人,即便已经解除了监护关系,亦不得成为商人,不具有缔约能力,不得缔结公司契约。同样,于2005年修订的《日本公司法》第584条亦规定:'被允许成为份额公司的无限责任社员的未成年人,就基于其社员资格的行为,视为行为能力人。'也即当未成年人是份额公司中承担无限责任的股东时,可被视为行为能力人,其行为具有有效性,并对公司债务承担无限连带责任。"④但是,国外相关公司立法恰恰给出了相反的证明效果。例如《法国商法典》第221-1条规定:"合

---

① 〔德〕卡尔·拉伦茨:《德国民法通论》,王晓晔、邵建东、程建英等译,法律出版社2003年版,第142页。
② 参见张文显:《法哲学范畴研究》(修订版),中国政法大学出版社2003年版,第100—101页。
③ 李萱:《法律主体资格的开放性》,载《政法论坛》2008年第5期。
④ 楼晓:《未成年人股东资格之商法检讨》,载《法学》2008年第10期。

名公司(sociétés en nom collectif)所有股东均具有商人资格,并且对公司负债承担连带无限责任。"[①]有学者将此规定中股东应具有的"商人资格"推论为是对股东完全行为能力的要求,并将法国法律对此类公司股东资格的特别要求视为对各类公司股东资格的普遍要求。[②] 甚至还有学者认为我国《公司法》没有对股东的行为能力作出规定,是公司立法的不完善之处。[③] 但是,这显然是不对的。法国商法之所以对合名公司股东主体的行为能力有特别要求,原因有二:其一,"合名公司的股东均为公司的经营管理人"[④],当然应当对其有行为能力的要求以适应经营管理所需;其二,合名公司实际上是无限责任公司,股东对公司承担连带无限责任。显然,法国法律对股东行为能力要求的特别规定是针对无限公司的,对有限责任公司和股份有限公司是不适用的。因为在有限责任公司中,股东不直接经营管理公司,也不对公司债权人直接承担商事交易行为的责任,没有必要对股东行为能力予以特别规定。所以,在法国公司法乃至其他国家的公司法中,我们看不到关于有限责任公司股东资格和股份有限公司股东资格的专门规定。在我国,《公司法》只规定了有限公司形态,没有无限公司形态,所以,没有对公司股东资格的专门规定,也不存在《公司法》在此方面"不完善"的问题。其实,即使在无限公司中,股东也可以通过章程或公司合同[⑤]约定不进行经营管理行为,因此,未成年人可以通过这一法律通道享有股东资格,对股份财产拥有所有权。不过在这种情况下,如果该未成年人股东要对公司债务承担无限连带责任怎么办呢?对此2005年《日本公司法》作了突破性的规定:"无限责任社员的未成年人,就基于其社员资格的行为,视为行为能力人。"[⑥]"在德国,经法院同意或者通过继承事件,未成年人也可以成为一个无限公司的股东。根据民法典第1629a条,对于父母或其他有代表权的人为孩子设立的或者基于死亡原因而获得的债务,未成年人只承担有限的责任。"[⑦]由此排除未成年人成为无限公司股东的最后障碍。虽然由于历史的原因,法律对企业规范的方式不同,日本、法国、德国等大陆法系国家和地区的法律将无限责任企业规制为无限公司,而我国

---

① 《法国公司法典》(上),罗结珍译,中国法制出版社2007年版,第57页。
② 参见楼晓:《未成年人股东资格之商法检讨》,载《法学》2008年第10期。
③ 参见《北京银行娃娃股东事件调查:身份合法性受到质疑》,http://business.sohu.com/20071112/n253201360.shtml,2009年3月9日访问。
④ 《法国公司法典》(上),罗结珍译,中国法制出版社2007年版,第58页。
⑤ 在法国,有限责任公司没有章程,代之为合同;在日本,有限责任公司被取消后,设置了属于持份公司类别的合同公司,合同公司也没有章程,也代之为合同。
⑥ 《日本公司法》第584条。参见王保树主编,于敏、杨东译:《最新日本公司法》,法律出版社2006年版,第312页。
⑦ 〔德〕格茨·怀克、克里斯蒂娜·温德比西勒:《德国公司法》(第21版),殷盛译,法律出版社2010年版,第203页。

的法律将无限责任企业规制为合伙企业,但是,在以责任形式分类的企业中所蕴含的法学理念是相通的。由上所述可见,行为能力欠缺的自然人是可以依法取得股东资格的。

仔细观察可见,国外有关行为能力规则的立法和理论与我国立法及主流观点至少有两点区别:第一,在行为能力规则的功能方面,如前所述,这一规则被视为对行为能力效力的判断规则,而不是对主体资格的认定规则;第二,在行为能力规则的内容方面,并不像我国民法那样将行为能力缺陷主体的行为规定为无效,而从保护行为能力欠缺者的立场出发,或规定行为能力欠缺者的行为可撤销(如《日本民法典》第4条第2项),或规定由法定代理人追认(如《德国民法典》第108条),或规定相对人对行为能力欠缺者承担义务(如1987年《英国未成年人合同条例》第3条第2款①)。其实我国在合同立法时,已经注意到了这一问题,对成立合同的效力作了不同于《民法通则》的规定。《合同法》第47条规定:"限制民事行为能力人订立的合同,经法定代理人追认后,该合同有效,但纯获利益的合同或者与其年龄、智力、精神健康状况相适应而订立的合同,不必经法定代理人追认。"事实上,法律通过行为能力规则并不是限制行为能力欠缺者的行为资格,而是限制行为能力欠缺者行为的法律效果,否则会产生不合理的结果。例如,设A将无记名股票低价出售给行为能力缺陷者B,此交易显然对B有利,只要B或其法定代理人不提出撤销该行为的效力,该行为就应当产生法律效力。② 但是如果将行为能力缺陷的自然人视为不具有进行这一行为的资格,该行为将归于无效,这将阻止A出于真实自愿而有利于B的交易行为的正常进行,也与这一规则设计的保护行为能力缺陷者的利益的目的相悖。其实退一步来看,即便行为能力规则限制了行为能力欠缺自然人进行某种行为的资格,也不意味着自然人因行为能力的缺陷而不能享有资格,因为决定自然人是否能

---

① 1987年《英国未成年人合同条例》第3条第2款规定,成年人应当向未成年人实施合同约定的物品或金钱交付或者其他行为,如果其以后者是未成年人为理由不予实施,未成年人可以请求强制实施。英国法学者正是着眼于这一不同将未成年人合同分为三类:(1)对未成年人当然具有强制执行力的合同。这类合同的强制执行力的存在并不取决于未成年人的意志。它主要是指未成年人购买生活必需品的合同,此外还包括以未成年人为受益的一方当事人的教育合同、学徒合同和服务合同。(2)只有当其未被撤销才对未成年人具有强制执行力的合同。包括未成年人租用土地合同、未成年人购买股票合同,以及以未成年人为当事人的合伙合同和婚姻合同。(3)只有当其经追认才对未成年人具有强制执行力的合同。(参见张淳:《英国法对未成年人合同的调整》,载《法学杂志》2001年第4期。)这些规定,实际上赋予了未成年人如同成年人一样的行为能力,使交易合同具有法律效力;同时又对未成年人予以特殊保护,法律赋予了未成年人在义务人不履行义务时请求强制执行的权利,但却未将这一权利赋予成年人。

② 在我妻荣教授看来,"只要无能力人方面实施其行为,则其行为就有效,若无能力人方面撤销其行为,则其行为无效。"至于这有可能损伤对方当事人的利益,则可以通过赋予相对人适当的催告权加以解决。参见〔日〕我妻荣:《我妻荣民法讲义Ⅰ·新订民法总则》,于敏译,中国法制出版社2008年版,第82—87页。

成为股东的是权利能力而非行为能力,行为能力欠缺的自然人可以通过其法定代理人或其他合法方式取得股东资格。

还有学者在谈及国外关于股东资格的限制时,列为第一项的限制情况举例:"在英国,未成年人认购公司股票可以导致合同的被撤销,甚至某些公司的细则往往限制或者禁止未成年人成为股东,或者限制未成年人表决权。"①这一观点存在常识性的失误。正如未成年人订立的其他合同也有可能被撤销,而我们不能因此就推论未成年人不能享有所有合同的主体资格一样(因为当合同不被撤销或合同因其他原因得以成立并生效的,未成年人当然是该合同的主体,只是其相关行为由其法定代理人代理行使罢了),未成年人认购公司股票的合同可能被撤销,我们也不能由此推论未成年人就不能成为享有股东资格的主体(因为当认购公司股票的合同没有被撤销或因其他原因如受赠取得股票时,未成人当然是该股票的所有人)。此外,无论是公司章程对未成年人取得该公司股东资格是限制还是禁止,都是公司章程依据结社自由和私法自治原理设定的对自己公司享有效力的规则,并不能由此推论出未成年人不具有成为股东能力的结论,也不能由此推论出限制未成年人取得股东资格的正当性,因为未成年人可以在其他公司取得相应的股东资格。当然,有些公司"对未成年人表决权的限制"本身已经承认了股东资格,恰恰证明这不是对未成年人股东资格的限制。

(2)股东资格的身份因素问题

人们普遍认为,股权是一项复合型权利,不仅具有财产性因素,还具有身份性因素。法定代理人可以代理行为能力欠缺的自然人行使有关财产性权利,因为根据民事代理原理,代理人以被代理人的名义从事民事活动,由此产生的后果由被代理人承担。但是"股东资格是一种身份。股东资格是民事主体通过认购、受让股份等活动获得的特定主体身份",并且"随着社会的发展,现代民法中的'身份'也早已不再局限于民法亲属关系中,其还包含民事主体在特定的社会关系中所处的地位。尽管不同的学者对身份的理解有所不同,但是,在特定社会关系中,基于某种法律事实的成就而形成的特定的身份,并基于该特定的身份而产生某种权利却是不争的事实。"②言下之意,没有这种身份的主体显然是不能行使这种权利的。当然,以此推理,不具有相关身份的代理人的代理就缺乏了相应的法理根据。

我们认为,这种推理是不能成立的,因为这种认识"将身份与契约对立,将

---

① 褚红军主编:《公司诉讼原理与实务》,人民法院出版社2007年版,第128页。
② 楼晓:《未成年人股东资格之商法检讨》,载《法学》2008年第10期。

身份与物权捆绑"①。"市民社会的总体利益可以分解为诸多身份体的利益,身份体形成利益共同体。"②股东的身份实际上也是一种身份利益,这一利益是以公司这一组织体的存在为前提,而各个股东的身份利益体聚合成了公司这一全体股东利益的共同体。显然,不同的组织体的成员形成了不同的身份特性,而这种具有不同特性的身份,是与这一身份的利益现实以及相关组织体的属性相适应的。正如不能将一国公民的身份混同于一国机关公职人员的身份一样,也不能将公司组织中的股东身份混同于家庭组成成员的身份。再仔细考察,有限责任公司股东的身份就有别于股份有限公司的股东身份。有限责任公司股份之所以不能像股份有限公司股份那样自由转让,就是因为有限责任公司的股东身份与公司密切的程度与股份有限公司股东身份与公司的密切程度存在巨大的差异。其实无论是有限责任公司还是股份公司的股东身份,与家庭成员的身份仍有质的差异,前者以股份的财产为基础,后者以主体自身的"人"为基础。如果说后者的身份基础决定了身份主体的不可替代性,那么前者的身份基础则说明身份主体并非不可替代,因为后者的主体身份是与"自然组织"相关联,而前者的主体身份与"自愿组织"相关联,③且又是建立在可流通的"股份"财产关系基础上的。

显然,股东资格的身份是建立在股份财产权关系和股东与公司之间的契约关系基础之上的,而财产权属关系可变动性和契约关系的可变更、解除性表明股东资格并非具有人身性质的属性,不同于婚姻家庭关系中的非本人不可的身份属性。正是这一原因,使得股份可以转让,股东资格或股东身份随之变更,与此相应,股东的权利可以委托他人行使。这对于一个享有完全民事行为能力的自然人股东来说,都是如此,为什么对行为能力欠缺的自然人却不行了呢?法律赋予法定代理人对行为能力欠缺的自然人进行全权代理的民事法律规则应当可以适用于公司法领域,以疏通行为能力欠缺的自然人享有股份利益的渠道,维护其应有的财产利益。

### (三) 自然人股东资格的限制

按照自然人民事主体权利能力平等的一般原理,作为民事主体的自然人都享有成为股东的权利能力,这意味着每个自然人都无一例外地可以成为享有股东资格的主体。但是,这并不意味着每个自然人可以当然享有任何一个公司的

---

① 马俊驹、童列春:《身份制度的私法构造》,载《法学研究》2010 年第 2 期。
② 同上。
③ 参见谢怀栻:《外国民商法精要》,法律出版社 2002 年版,第 253 页。

股东资格。在有些情况下,自然人享有股东资格会受到限制。根据相关法律和规范性文件的规定,在我国,对自然人股东资格的限制大体上有三种,可分为两大类:一类是因管理政策所需对不特定自然人股东资格的限制;另一类是对具有特殊地位自然人股东资格的限制。后一类限制包括两种:一种是对从事证券业相关职业人员股东资格的限制;另一种是对管理职能相关人员股东资格的限制。

1. 因管理政策所需对不特定自然人股东资格的限制

我国对特定行业的特别管理往往涉及对该行业投资主体的特别要求,由此形成对该行业公司股东的特别要求。例如按照中国证券监督管理委员会2007年4月9日发布的《期货公司管理办法》,期货公司的股东应当是中国法人,这实际上表明,在我国,自然人不能享有期货公司的股东资格。我们认为,这种带有政策特性的行政管理规范,实际上反映了在特定时期行政管理部门为了行使政府对国民经济管理职权或行业管理职能的需要,是与社会经济发展的状况相适应的。这种规范对股东资格的限制,与股东资格相关的法理规则并不十分吻合,具有一定的时间性。随着社会经济的发展,这种规范将因其特定"价值"的消失而被废止,对股东资格的限制也将随之取消。例如,1992年国家体改委等部门联合发布的《股份有限公司规范意见》曾明确规定"自然人不得充当发起人",限制自然人享有发起人股东的资格。但是,这一限制规定很快就被1994年7月1日生效的我国第一部《公司法》所取消。

2. 从事证券等相关职业人员股东资格的限制

我国《证券法》第43条规定:"证券交易所、证券公司和证券登记结算机构的从业人员、证券监督管理机构的工作人员以及法律、行政法规禁止参与股票交易的其他人员,在任期或者法定期限内,不得直接或者以化名、借他人名义持有、买卖股票,也不得收受他人赠送的股票。"法律规范的这类人员,在从事相关业务的执业前已持有的股票,必须依法转让。按此规定,从事证券业的工作人员禁止持有股票,即不可能成为持有股票的股东。

法律之所以对这些人员的股东资格加以限制,是因为这些人员的工作性质与股票的交易相关联。法律所限制的这些人员可分为两类:一类是与证券交易业务相关的人员,包括证券交易所、证券公司和证券登记结算机构或其他法律禁止参与股票交易的从业人员;另一类是与证券交易的监督管理工作相关的工作人员。被限制的主体不同,其法理根据是有区别的。法律对前一类主体股东资格限制的法理在于:相关证券从业人员能够掌握比其他主体更多的信息,如不加以限制,则会造成股东之间信息不对称之情形,破坏资本市场的公平交易秩序;法律对后一类主体股东资格限制的法理不仅如此,还基于管理人员的工作性质,作为对股票交易监督管理的工作人员,从事被监督管理的业务,显然有悖于其管理工作的属性要求。

需要探讨的问题是,这类人员能否享有不进行股票交易的股东资格?我们认为,证券交易所、证券公司和证券登记结构机构等人员应当可以享有与其职业无关的股东资格。例如,这类人员投资有限责任公司,可以享有有限责任公司的股东资格,因为享有有限责任公司股东资格与其职业工作没有任何联系,也没有相关法律予以限制。至于对股票交易行使监督管理职能的工作人员,由于他们具有国家机关工作人员的身份和地位,涉及其他相关法律的规范要求,故不得向有限责任公司投资,也不能取得有限责任公司的股东资格。

3. 党政机关相关人员股东资格的限制

对党政机关相关人员股东资格限制的根据有两类:一是法律对公务员的规定,我国《公务员法》第53条第14项规定:公务员必须遵守纪律,不得"从事或者参与营利性活动,在企业或者其他营利性组织中兼任职务"。另一类是党政规范性文件,主要是:

1984年12月3日中共中央、国务院发布了《关于严禁党政机关和党政干部经商、办企业的决定》(中发〔1984〕27号),1986年2月4日中共中央、国务院又发布了《关于进一步制止党政机关和党政干部经商、办企业的规定》(中发〔1986〕6号),①包括:第一,党政机关,包括各级党委机关和国家权力机关、行政机关、审判机关、检察机关以及隶属这些机关编制序列的事业单位的干部、职工,包括退居二线的干部,除中央书记处、国务院特殊批准的以外,一律不准在各类企业中担任职务。已经担任企业职务的,必须立即辞职;否则,必须辞去党政机关职务。第二,在职干部、职工一律不许停薪留职去经商、办企业。已停薪留职的,或者辞去企业职务回原单位复职,或者辞去机关公职。第三,这些机关的离休、退休干部,除中央书记处、国务院批准外,不得到国营企业任职。如果到非国营企业任职,必须在离休、退休满两年以后,并且不能到原任职机关管辖行业的企业中任职。离休、退休干部到企业任职以后,即不再享受国家规定的离休、退休待遇。第四,领导干部的子女、配偶,在党政机关及所属编制序列的事业单位工作的,一律不得离职经商、办企业;不在党政机关及所属编制序列的事业单位工作的,不准利用领导干部的影响和关系经商、办企业,非法牟利。对违反规定的,要严肃处理。非法所得,一律没收。这些规定适用于工会、共青团、妇联、文联、科协和各种协会、学会等群众组织,以及这些组织的干部和职工。

---

① 中发〔1986〕6号文件明确规定:"以前有关各项规定,凡与本规定不一致的,以本规定为准。"而该文件基本涵盖了中发〔1984〕27号文件的相关内容。而且,中发〔1984〕27号文件与中发〔1986〕6号文件有不一致的地方,因此,有关禁止党政干部经商办企业的规定,主要是源自于中发〔1986〕6号文件的内容。这一规定沿用至今。

1988年10月3日中共中央办公厅、国务院办公厅发布的《关于县以上党和国家机关退（离）休干部经商办企业问题的若干规定》包括：第一，党和国家机关的退休干部，不得兴办商业性企业，不得到这类企业任职，不得进行金融活动。第二，党和国家机关的退休干部，不得到全民所有制企业和外商投资企业（公司）担任任何领导职务（含名誉职务）和其他管理职务，企业也不得聘请他们任职。已经任职的，必须辞去职务。第三，党和国家机关的退休干部，可以应聘到非全民所有制的非商业性企业任职，但到本人原所在机关主管的行业和企业任职，必须在办理退休手续满两年以后。到这些企业任职的，要经所在机关退休干部管理部门批准，并与聘用单位签订合同。这些规定适用于县以上工会、妇联、共青团、文联以及各种协会、学会等群众组织的退休干部。

2010年1月18日中共中央又颁布施行了《中国共产党党员领导干部廉洁从政若干准则》，对党的机关、人大机关、行政机关、政协机关、审判机关、检察机关中县（处）级以上党员领导干部，以及人民团体、事业单位中相当于县（处）级以上党员领导干部规定了8类52种具体的禁止行为，[1]其中明确规定：禁止私自从事营利性活动。不准有下列行为：（1）个人或者借他人名义经商、办企业；（2）违反规定拥有非上市公司（企业）的股份或者证券；（3）违反规定买卖股票或者进行其他证券投资；（4）个人在国（境）外注册公司或者投资入股；（5）违反规定在经济实体、社会团体等单位中兼职或者兼职取酬，以及从事有偿中介活动；（6）离职或者退休后三年内，接受原任职务管辖的地区和业务范围内的民营企业、外商投资企业和中介机构的聘任，或者个人从事与原任职务管辖业务相关的营利性活动。

上述规范性文件规定的主要精神内容就是，为了防止领导干部以权谋私，防止腐败，具有一定行政管理职能的领导干部不得从事营利性活动。人们通常认为，股东投资具有营利性，所以，法律法规禁止国家机关工作人员经商、办企业或参与其他经营活动，"不具有公司股东的资格，不能成为公司的股东"[2]。其实，这一观点是十分值得商榷的。

如何理解上述规范性文件的内容，这涉及一个基本问题：经商办企业或从事营利性行为的资格与取得股东资格是不是一回事？如果是，则上述规范性文件涉及的主体均不能成为享有股东资格的主体；如果不是，则结果正好相反。从理论上分析，根据我国公司法的规定和公司法的原理，购买股份成为股东与经商、

---

[1] 《中国共产党党员领导干部廉洁从政若干准则》第15条第2款规定："国有和国有控股企业（含国有和国有控股金融企业）及其分支机构领导人员中的党员；县（市、区、旗）直属机关、审判机关、检察机关的科级党员负责人，乡镇（街道）党员负责人，基层站所的党员负责人参照执行本准则。"

[2] 沈富强：《股东、股权法律实务——股东资格与责任》，立信会计出版社2006年版，第37—38页。

办企业可从事经营活动是两回事。不能将它们混为一谈。虽然,股东将资产投资于公司,认购公司股份,在一定意义上与"经营活动"有所联系,但是,认购股份成为公司的股东与从事经济活动还是有本质区别的,不能简单地在两者之间划等号,不能将参与经营活动的资格混同于股东资格。

第一,投资活动与经营活动的行为内容不同。首先,投资入股取得股东资格,投资者行为的内容是对自己享有所有权的财产进行运作;而经营活动的行为内容,则不限于自己的财产。为了追求规模效益,经营活动者往往通过各种方式和渠道,聚集他人的财产来扩大经营规模。其次,投资入股取得股东资格,其行为内容实质上是对自己财产的处分,通过对自己财产处分的投资行为,换取公司的股份,这在股份有限公司的股份认购中表现得更为明显;而经营活动行为则是对其所控制的财产进行管理、运作等的一系列的长期行为。再次,投资人取得股东资格后对股权的运用,只能通过在股东会上行使表决权来实现,对财产的支配行为是间接性的,其行为不直接作用于市场;[①]而经营活动行为则是对相关财产进行直接的掌控、管理,并直接作用于市场。由于经营活动行为涉及对他人财产的运作,更鉴于经营活动行为直接作用于市场,法律禁止党政机关从事经营活动,既表明经营活动行为与党政机关行为的性质不同,也是为防止党政机关的行为干预市场经济活动的秩序。

第二,投资活动与经营活动的行为目的与社会功能不同。投资者向公司投资而取得股东资格,在主观目的上是为了追求自己的预期利益;在客观的社会功能上,既为公司注入经营资本,也为社会的资本市场的繁荣起到了添砖加瓦的作用。而经营者对公司财产的经营运作,在主观目的上是为了使公司的财产增值;在客观的社会功能上,则是促进了市场商品交易,为社会提供了物质财富。由此可见,最大限度地给予民事主体的投资以空间,有利于促进资本市场的发展;科学地界定经营活动的主体范围,有利于规范市场的交易秩序。

第三,进行投资活动的股东资格与从事经营活动的资格的基本法律属性是不同的。股东资格是法律主体运用自己的财产投资于公司,成为公司股东的可能性。股东资格在本质上反映的是财产所有权主体自主运用自己财产的权利,是法律主体享有财产所有权的表现。而经营活动资格,是指主体可以进行以营利为目的的财产管理运用行为的可能性。前者的资格以一般的主体权利能力为基础,具有追求普遍意义的公平理念;而后者的资格以特定主体所必不可少的行

---

[①] 我国《公司法》将有限责任公司和股份有限公司组织机构的职能配置"一视同仁",未作区别。这表明,严格按照我国《公司法》的规定,有限责任公司的股东与股份有限公司的股东均不能对公司经营管理,而只能通过股东会行使表决权来反映自己的意志。

为能力为基础,具有追求法律后果的效益和安全的理念。毋庸置疑,经营者的行为能力是不可忽视的,因为经营者的行为能力不仅是实现公司财产增值以满足股东投资预期的基础,更是其理性行为以实现交易安全立法目的的前提。

此外还需要指出的是,具有股东资格的股份持有者,不仅可以通过投资取得股份,而且还可以通过其他非投资的方式取得股份。在实际的经济生活中,民事主体可以通过受赠、继承等方式成为公司股份的持有者,享有公司股东资格。

在这里,需要将"营利"和"财产增值"两个不同的概念加以区别。其实,人们将经营活动、经商办企业的资格与股东资格混同,在一定程度上是混淆了"营利"和"增值"两个不同概念。的确,这两个概念的内涵有相同之处,即都表明增加了新的财产价值,也正是由于这一原因,容易使人将股东持有股份导致了新的财产价值形成混同于"营利活动"导致了新的财产价值形成。然而这两个概念的根本区别在于:"增值"这一概念并没有表明新的财产价值增加的方式,而只是表明新的财产价值形成这一结果。"营利"这一概念不仅表明了新的财产价值形成的结果,而且更侧重于导致这一结果形成的方式——"营",其意为"谋取";正是因为非同一般的"谋取"方式,导致的增值结果是非同一般的增值(如存款增值的利息),称之为"利",意为"利润"。《现代汉语词典》对"营利"解释为"谋求利润",真是精辟之至。显然,"营利"的内涵丰富于"增值"的内涵;而"营利"之外延则小于"增值"的外延。"营利"是"增值"的一种现象,但"增值"不限于"营利"这一种现象。从事企业经营管理谋取利益是经营活动,会导致财产增值;但是,投资公司成为公司股东,持有公司股份,虽然没有从事管理企业的活动,却也能随着股份的增值而使股东财产增值。两种不同的方式都会导致财产增加,因此,不能在"营利"和"增值"这两个不同的概念之间划等号,也不能将"从事营利性活动的资格"与"股东资格"这两个不同的概念相互混淆。

从原理上分清从事营利性活动、经商办企业与取得股东资格之间的区别,有助于正确把握相关行为的属性,以利于正当决策,妥善行事。不过,与此同时,还必须清醒地注意到,如果说公务员法禁止国家公务员"从事或者参与营利性活动,在企业或者其他营利性组织中兼任职务"的立法精神在于这些禁止性行为与公务员的地位、身份不相吻合,那么党政规范性文件禁止党政干部"经商办企业"则重心在于防腐。从我国实际情况来看,无论是公务员法的规定还是党和政府的规范性文件,对相关党员领导干部的要求内涵,都宽于经营管理层面上的要求内涵。换言之,对党政领导干部是否能够享有股东资格,既不能按照一般原理分析或从经营管理层面的要求来把握,认为只要不参加经营管理,就可以拥有股份、享有股东资格,这会导致标准把握过宽,不符合党和政府规范性文件的精神要求;也不能将经营活动、经商办企业的资格与股东资格混为一谈,基于党和政府规范性文件禁止领导干部经商办企业,就否定他们能够享有股东资格的主体地位,这会导致标准把握过严。究竟如何把握,我们认为,可以根据公司类型不同而区别对待。一般情况下,党政规范性文件禁止的领导干部不能成为有限责任公司的股东,因为虽然按照公司法的规定,有限责任公司股东不能从事公司的经营事务,但由于有限责任公司股东人数有限,公司事务实际上由股东控制,在这种情况下,领导干部虽为股东,在法律形式上不从事公司经营事务,但实际上很难这样。所以党政规范性文件禁止从事经营活动的领导干部不宜投资有限责任公司,即不宜享有有限责任公司的股东资格。而对股份有限公司,情况与有限责任公司大不相同,股份有限公司的股东不参与经营管理,以持有的公司股票行使表决权。在一般情况下,除控股股东外,一般股东难以控制公司,更难以执行公司事务。所以,应当允许领导干部对这类公司投资持股。[①] 其实,《中国共产党党员领导干部廉洁从政若干准则》也没有完全禁止党员干部持有股份有限公司的股票,只是规定不准"违反规定买卖股票或者进行其他证券投资"。当然,如果持有公司股票,并实际上参与或支持公司经营活动,则另当别论。

## 三、合伙的股东资格

在我国,合伙企业可以经工商登记注册取得经营主体资格。那么,如果 A、B、C、D、E 等人依法设立甲合伙企业,该合伙企业能否向公司投资取得股东资格?如果 A、B、C、D、E 等人订立购买股份的合伙协议,但不设立合伙企业,他们能否成为享有股东资格的主体?

合伙的股东资格问题,首先是合伙的法律主体地位问题,而主体的法律地位问题,实质上是立法的态度问题。因此,对合伙股东资格的认识,应当以合伙地位的立法状况为逻辑起点。

### (一)合伙地位的立法分析

合伙的法律地位问题,首先是法律对合伙的立法态度,这包括两个方面的问题:一是合伙是否为权利主体;二是如果是权利主体,是何种类型的权利主体。

---

① 2005 年 6 月中国共产党浙江省委纪律检查委员会经向中央纪委作了请示后,向各地纪检部门及党风廉政建设办公室发出了《关于规范党政机关干部投资行为有关政策的函》,认定投资入股也是一种经商、办企业行为。上述函解释了党政机关领导干部投资入股就是一种经商办企业的行为,并规定了禁止经商办企业的范围:个人独资经商办企业;与他人合资、合股、合作、合伙经商办企业;私自以承包、租赁、受聘等方式经商办企业。重申只许许党政机关干部有两种投资行为:一是允许党政机关工作人员在二级市场公开买卖股票;二是鼓励企事业单位和机关团体的干部职工单独或合伙参与林业开发。http://news.sina.com.cn/c/2005-06-10/03446897352.shtml,2011 年 2 月 15 日访问。

在法律领域,权利主体实际上是现实生活中的权利载体为法律所规范的主体,也称法律主体。因此,权利主体①实际上是法律对现实生活中权利载体如何规范的问题。

1. 一些国家和地区的立法分析

在传统的民事理论体系中,合伙一般不被视为独立的主体类型。这一理念在许多国家和地区的民事立法之中也有所体现,例如瑞士、日本、德国、葡萄牙、韩国等国的民法典以及我国台湾地区的民法,在权利主体部分均未对合伙予以规范,合伙通常是被包含在债法规范体系中的,有关合伙的内容主要是作为合伙合同加以规范的。② 在这类立法中,合伙不仅未被视为独立的主体类型,甚至未被视为主体,而被作为"人"的活动方式,即"债"的一种形式为法律所规范。在这种法律制度中,合伙没有权利主体的法律地位。相应地,在传统的民事理论体系中,合伙一般不被视为独立的主体类型。③

然而,在现代国外的法律制度中,合伙作为一种法律主体已经成为一种发展趋势。在相关法律体系中,将合伙作为主体的法律规则有两种形式:其一,规定合伙为法人,将合伙视为主体的国家大都采用这一方式,如"1978年修订的《法国民法典》突破了合伙组织不得成为法人的观念,使除隐名合伙外的民事合伙和商业合伙自登记之日起即享有法人资格。《意大利民法典》亦规定商业合伙为法人"④等。其实,合伙制度与无限公司之间并没有质的区别。⑤ 大陆法系国家的无限公司制度,实际上就是以"无限公司"的组织形式,⑥赋予合伙法人主体资格。其二,将合伙规定为"与法人有所区别的另一类法律实体"。如美国有关合伙的法律规定,将"合伙排斥于法人之外,但又不影响它的法律地位。这种方

---

① 在本书中,"权利主体"与"法律主体"这两个概念是从不同方面对同一个客观现象的表述。
② 参见《日本民法典》第三编"债权"第二章"契约"第十二节"合伙";《德国民法典》第二编"债法"第八章"各种债务关系"第十六节"合伙";《葡萄牙民法典》第二卷"债法"第二编"各种合同"第三章"合伙";《韩国民法典》第三编"债权"第二章"契约"第十三节"合伙"。
③ 在民事主体的体系中,只有自然人和法人两类。参见梅仲协:《民法要义》,中国政法大学出版社1998年版,本论篇"民法总则"第二章"人";施启扬:《民法总则》(修订第8版),中国法制出版社2010年版,第二编"权利主体";王泽鉴:《民法总则》(增订版),中国政法大学出版社2001年版,第四章"权利主体";〔日〕我妻荣:《我妻荣民法讲义Ⅱ 新订民法总则》,于敏译,中国法制出版社2008年版,本论第一章"权利主体";〔德〕迪特尔·梅迪库斯:《德国民法总论》,邵建东译,法律出版社2000年版,第四编"权利主体"。
④ 张俊浩主编:《民法学原理》,中国政法大学出版社1997年版,第789页。
⑤ 迄今,我们并不是能够清楚地说明经常使用的"合伙"、"合伙组织"、"合伙企业"、"无限公司"等术语的准确含义及其之间的区别。
⑥ 在我国的公司制度中,公司是法人,它与其他非公司或非法人的企业组织形态相区别的一个基本标志是能否承担独立责任,前者能承担独立责任,而后者不能。但是,在大陆法系的公司制度中,能否承担独立责任并不是衡量公司或法人的基本标准。公司的基本标准是能否独立行为。合伙作为可以独立行为的组织体,可以成为公司的一种形态,尽管其承担的是无限责任。

法有两个优点:一是注重实际,通过详细的法规不仅赋予合伙完整的法律人格,而且有效地把它纳入法律控制的范围之内;二是避免在立法中出现多标准法人,保持了法律体系的一致性和稳定性"①。

　　国外立法之所以承认合伙的主体地位,主要是由于合伙在商事活动中的作用,这也使得相关国家立法承认合伙主体地位的立法方式主要是将合伙的主体资格规制于商事领域中。如《法国民法典》虽然承认了合伙的法人地位,但对合伙并没有在第一卷有关主体制度"人"中加以规定,而是在第三卷关于"取得财产的各种方法"中第九编"合伙"设专编分两章(第一章"一般规定"和第二章"民用合伙")规范,并在首条(第1832条)规定,"合伙,为二人或数人约定以其财产或技艺共集一处,以便分离由此产生的利益及自经营所得利益的契约。"可见,虽然法典第1841条规定,除隐名合伙以外的合伙,"自登记之日起享有法人资格",但在登记之前,合伙人之间的关系应遵守合伙契约及适用于契约及债务的法律的一般原则。实际上,《法国民法典》对于合伙主体地位的取得,以登记为分界标志,这反映了合伙主体地位主要体现于商事事务之中的理念。在民事立法中,合伙不仅未被视为独立的主体类型,甚至未被视为主体,而视为人的活动方式,即"债"的一种形式。但是,合伙在商事立法中,无论是否被视为法人,也无论是否被视为独立的主体类型,都往往被视为权利主体。《意大利民法典》虽然将合伙视为法人,但这并不能说明意大利的民法对合伙的态度与大陆法系国家民事立法对合伙的态度有什么质的区别。《意大利民法典》将合伙视为法人,是因为其包含了商法内容,有关合伙的规范是在相当于商法规范的第五编"劳动"第五章"公司"之中的,而在相当于非商事规范的第一编"人与家庭"的规范中,只有关于"人"(第一章)和"法人"(第二章)的规范,没有合伙的规范。显然,意大利法律对合伙本质的认识以及在法律体系的结构安排上,与其他大陆法系国家并没有根本性的差别,因为其他大陆法系国家在商法中也有将合伙视为主体的类似于意大利民法的规范,只不过意大利采取了民商合一的立法模式。即便在美国,单独规定合伙,将合伙视为不同于法人的一种主体,但是,也体现了将合伙作为商事主体的观念,因为,在美国的合伙概念中,"合伙"的范围设计比大陆法系要更狭义,只有"营利性商业"的共同体才可以构成合伙。这与大陆法系商事合伙较为接近,差别在于没有大陆法系商事合伙的程度、规模要求。② 可见,合伙主体的法律认可,与合伙组织在商事活动中的作用是分不开的。"商事

---

　　① 方流芳:《合伙的法律地位及其比较法分析》,载《中国法学》1986年第1期。
　　② 参见江平、龙卫球:《合伙的多种形式和合伙立法》,载《中国法学》1996年第3期。See Uniform Partnership Act, §6, "Partnership Defined: A partnership is an association of two or more persons to carry on as co-owners a business for profit."

合伙的组织化不是偶然的而是必然的,它是合伙者在当时条件下为最方便地完成持久的商业活动所为的明智选择。"①

2. 我国立法分析

我国《民法通则》第二章第五节是关于"个人合伙"的规范。《民法通则》的第二章"公民(自然人)"和第三章"法人"的内容是关于民事权利主体的规范,这表明我国《民法通则》将合伙纳入了权利主体的范畴。《民法通则》在权利主体部分对合伙的规定,使得民法学者通常也将合伙制度的内容在权利主体部分加以阐述,给人以合伙规范属于民事主体范畴的联想。

一般来说,法律规范的内容与整个立法体系结构的关系,往往反映了相关法律规范的对象在法律体系中的地位。那么,我国《民法通则》将合伙规范置于权利主体的体系结构中,是否就意味着合伙在我国民事法律体系中被视为法律主体地位了呢?这需要对《民法通则》的立法体系和相关规范进行分析考察才能得出正确的结论。在立法体系上,《民法通则》将合伙置于第二章"公民(自然人)"之中,并以"个人合伙"概念主导立法规范,放弃了合伙的主体观念;在规范的内容上,《民法通则》第30条规定,"个人合伙是指两个以上公民按照协议,各自提供资金、实物、技术等,合伙经营、共同劳动",这一规范内容实质上仍是将合伙视为合同关系。

《民法通则》对合伙的立法技术表明,立法者对合伙的性质认识处于摇摆不定的状态中:一方面,认为债权规范难以适应合伙的法律属性,注意到了合伙的"组织化趋势",②这使得《民法通则》将合伙的法律属性从债的范畴移至权利主体的范畴;另一方面,《民法通则》又不想明确认可合伙的法律主体地位,由此形成了合伙在法律规范体系中的位置和第30条规范的内容。③《民法通则》对合伙性质"游离"状态的立法技术处理,给学界留下了讨论的空间。我国民法学界有的将合伙视为"介于个人与法人之间的法律形式"④;有的将合伙视为一种组织形态,认为合伙是"由二人(包括自然人和法人)以上根据共同协议而组成的

---

① 江平、龙卫球:《合伙的多种形式和合伙立法》,载《中国法学》1996年第3期。
② 参见江平、龙卫球:《合伙的多种形式和合伙立法》,载《中国法学》1996年第3期。
③ 《民法通则》的这一立法态度,实际上反映了一部分学者对合伙地位的观点:"合伙是不具有权利主体地位的人合组织,是一种介于个人和法人之间的法律形式,但它并不是一类主体,而是主体之间的一种特殊法律关系,即是合伙人以合伙契约建立一种追求共同目的的共同法律关系,其核心内容就是合伙出资和经营产生共同共有关系。"参见龙卫球:《民法总论》(第2版),中国法制出版社2002年版,第415页。
④ 龙卫球:《民法总论》(第2版),中国法制出版社2002年版,第415页。

营利性非法人组织"①;还有的主张合伙"是一种独立的民事主体"②。然而,无论怎样,"《民法通则》把合伙提升到主体部分,但其规范在技术上却存在问题"③。

不过,《民法通则》的这一缺憾在我国《合伙企业法》(1997年2月23日)和《合同法》(1999年3月15日)中得到了弥补。《合伙企业法》将合伙作为一种企业组织形式加以规范。按照《合伙企业法》的规定,合伙企业经工商登记注册成立,可以拥有自己的名称、经营场所、企业的财产等。而《合同法》则没有像外国有些国家立法那样对合伙合同设专章节将其作为合同的一种类型加以规范。此外,在民事诉讼制度中,合伙具有独立的诉讼主体资格,合伙企业由企业负责人代表参与诉讼。④ 这表明,在我国的法律体系中,合伙在法律属性上,不属于"债"的范畴,而属于法律主体的范畴。合伙具有法律主体资格。

由上述分析可见,我国法律在相当长一段时期内对合伙的法律地位的规范是含混不清的。这就使合伙的股东资格问题形成了法律规范的盲点。由于《民法通则》未承认合伙的民事主体资格,所以按照《民法通则》的规定,合伙是不能成为享有股东资格主体的。但是《合伙企业法》则将合伙组织作为民事主体加以规范。按照此规定,合伙可以以独立的主体身份进行投资,应当能够成为享有股东资格的主体。然而,合伙如何取得股东资格,在我们这么一个连私权行使在很多场合都要"依法"进行的国度里,缺少相应的"依法"根据。

值得特别关注的是2009年11月20日中国证券监督管理委员会发布的《关于修改〈证券登记结算管理办法〉的决定》。这一决定对我国的证券登记结算规则作了两个重大修改,其中之一就是认可了合伙企业的投资者资格,即承认了合伙企业可以购买公司股票成为股东的资格。⑤ 这一修改规定疏通了合伙企业取得股东资格的通道。《证券时报》有文章指出,"尽管合伙企业开户的具体数据

---

① 魏振瀛主编:《民法》,北京大学出版社、高等教育出版社2000年版,第97页。还有学者认为合伙是"一种不可缺少的经济组织",参见龙卫球:《民法总论》第2版,中国法制出版社2002年版,第415页。

② 马俊驹、余延满:《民法原论》(第3版),法律出版社2007年版,第146—151页。

③ 江平、龙卫球:《合伙的多种形式和合伙立法》,载《中国法学》1996年第3期。作者在这篇文章中还指出,"'个人合伙'的提法,较'合伙组织'的主张实际上是一个倒退,这种提法把合伙立法从组织性问题转到谁有资格进行合伙的问题。这种动辄问资格的思维模式导致合伙形式在我国民法通则上分化为'个人合伙'和'法人合伙型联营'。"

④ 参见《最高人民法院关于适用〈中华人民共和国民事诉讼法〉若干问题的意见》(法发[1992]22号)第40条。

⑤ 《关于修改〈证券登记结算管理办法〉的决定》第2项规定:"第十九条增加一款,作为第二款:'前款所称投资者包括中国公民、中国法人、中国合伙企业及法律、行政法规、中国证监会规章规定的其他投资者。'"

没有在中登公司每月例行的统计月报中披露,但由于拟上市公司招股说明书的一纸公告,合伙企业开设证券账户的情况还是逐渐浮出水面。在昨日发布创业板上市申请的海南康芝药业股份有限公司招股说明书申报稿中,合伙企业首次作为参股公司 IPO 发起人现身其中。这意味着上述合伙企业证券账户开设成功,首例合伙企业参股公司 IPO 有望诞生。"[1]由此看来,我国合伙企业能够成为享有股东资格的主体,可以作为投资者购买股票,在相当的程度上是源于创业板发展的需要。这表明,我国无论是在资本市场的法律制度建设中还是在公司制度的发展中,对合伙的规范和认识均没有完全到位。合伙究竟能否成为享有股东资格的主体,并未得到充分、明确的认识。

### (二) 合伙股东资格的学理分析

合伙能否成为享有股东资格的主体,取决于对合伙法律属性的认定。关于合伙的法律属性,学界历来有争议,立法实践中也有不同的立法政策,或将其视为合同关系,或视其为组织体。基于前述我国合伙的立法分析,我们认为,导致这种情况的原因主要是合伙者之间的合伙关系特性。合伙是依据合伙合同形成的,在本质上具有明显的合同关系的法律特征,但是,合伙同样可以依据这种合同的约定形成稳定的相关联系,这就在合同关系的特征上又注入了一些团体的基本特征。将合伙视为合同关系观点的,是缘于其忽视了存在具有社团特性的合伙情形;而将合伙视为组织体观点的,则是其忽视了不具有社团特性的合伙存在。基于合伙内部合伙人之间关系的差异,我们认为可以将合伙分为两类:一类是具有社团基本属性的合伙;另一类是不具有社团基本属性的合伙。在我国,区别这两种类型合伙的基本标准就是工商登记。如经工商登记的,领取了营业执照,即形成了具有团体特性的合伙;否则即为不具有团体特性的合伙。由于不具有社团特性的合伙实际上不具有法律主体的特质,所以不属于本章研究的内容。[2] 因此,本章从理论分析论述的只是有社团特性的合伙的股东资格主体问题。为论述方便,下文所称的"合伙"概念除有特别说明的外,主要指有社团特性的合伙,即合伙企业。

---

[1] 《创业板将首现合伙企业参股公司 IPO》,http://money.163.com/10/0331/05/6332FTUR00253B0H.html,2010 年 8 月 22 日访问。

[2] 基于股东资格主体范围界定的原理,有社团特性的合伙和没有社团特性的合伙都可以取得公司股份所有权,行使股东权利;但这两种合伙的具体内部结构不同,取得股东资格的渠道和行使股东权利的方式都有所不同。具有社团特性的合伙可以成为享有股东资格的主体;而不具有社团特性的合伙则不能成为享有股东资格的主体。不具有社团特性的合伙可以通过自然人公司共同取得公司股份的路径享有股东权利。

### 1. 合伙主体地位与其股东资格分析

合伙的主体地位是毋庸置疑的。第一,合伙是一种特定形态的社会组织体。首先,合伙是一种社会组织形式,这使其有别于作为个体的自然人主体。现代管理理论的奠基人,美国著名管理学家切斯特·I. 巴纳德认为,"组织的构成要素主要有:(1) 沟通交流;(2) 作出贡献的意愿;(3) 共同的目标"①。以管理学的标准来看,合伙无疑可以成为一种社会组织形式。其次,合伙主体的本质是对合伙财产或利益享有权益的共有体。法律主体的实际意义在于确定财产或利益的载体或归属者,所以法律主体实际上就是权利之主体。法律对社会关系的调整,说到底是将各种利益各归其主,从而达到法律调整所需要的社会秩序。合伙与其他主体一样,也是特定财产或利益的享有者或载体,只是合伙的财产或利益是归个人或法人在特定的情况下共同享有,这使合伙承载的财产或利益就有了相对独立性。可见,合伙在本质是特定财产权益的共有体。再次,合伙是基于合同形成的,合同主体的意思自治给了合伙的组织内容以极大的不确定性,使合伙的组织结构具有了不统一性,同时这也反映出合伙具有相当大的灵活性。就此角度来看,合伙所具有的组织体特性,只是表明了合伙在社会活动层面上的意义,从法律层面来看,未必所有的合伙组织内部主体之间的关系状况以及合伙与外部其他主体的关系如何,决定了合伙不同的法律地位。这一点,会十分明显地反映在合伙与股东资格的联系方面。

第二,合伙不同于自然人个人。尽管合伙是基于合伙合同形成的,在这一层面,反映的是合伙人之间的合同关系,但是,合伙人之间确立合同关系只是合伙人结成组织体的方式,合伙人的最终目的是通过合伙组织来现实合伙人的共同意愿。因此,合伙人结成合伙体后,还要进行实现其合伙组织目的的行为,并成为这一行为所产生的利益的直接承受者。传统大陆法系国家相关法律将合伙视为合伙合同关系,不承认合伙的主体地位,实际上是因为这些法律只注意到了合伙形成时合伙人之间这一层面的法律关系,而忽略了合伙组织体形成后进行组织行为时与其他主体之间发生的法律关系。在后一层面的法律关系中,虽然可能是合伙者个人在进行具体行为,但这一行为实质上是代表合伙主体而为的行为。显然,合伙主体所为的行为,在权利的享有者、行为所表达的主体意思内容、行为进行的方式等方面都与自然人有着不同之处。合伙主体要按照合伙合同约定的规则形成合伙体的意思,其实质是各合伙成员的意思以及全体合伙人意思

---

① 〔美〕切斯特·I. 巴纳德:《经理人员的职能》,王永贵译,机械工业出版社 2007 年版,第 56 页。该书在 1938 年首版后的 30 年内就重印了 18 次,是现代管理思想的奠基之作,它开创了一个组织管理研究的新时代。

的结合,呈现出多层次的意思内涵;而自然人的意思是生理活动的自然活动自然生成的,意思内涵具有单一性。合伙主体的行为是由合伙人代表进行的,行为的效力可能会因具体行为人的不同而不同;而自然人的行为由自然人进行,不会发生合伙行为这种不稳定的效力结果。当然,在权利或利益享有的方式方面,合伙主体与自然人主体也有所不同,合伙只是在法律形式上的权利主体,其实质是合伙人按照合伙合同约定方式或法定规则享有权利或利益;而自然人则无论在法律形式上还是在实质上都是权利或利益的享有者。

第三,在我国,合伙组织不同于法人组织。① 首先,合伙与法人对外承担责任的方式不同,合伙人对合伙债务承担无限责任,而公司成员(股东)对公司的债务承担的是有限责任,即仅以其对公司认缴的出资承担责任。合伙与法人的不同责任方式,展示了这两种主体类型重大的外表特性,表明了两种主体类型对外的信用方式。其次,从更深层次来看,合伙与公司的另一个最重要的区别在于两者的财产关系不同。合伙的财产关系实质上是财产共有关系,是基于合伙协议而形成的财产共有关系。合伙人按照合同的约定对共有的合伙财产行使权利,合伙财产由合伙人共同享有(或按份共有,或共同共有);而法人的财产归法人组织体所有,与法人成员的个人财产相分离。这种不同的财产关系,导致了财产运作机制和财产权的行使方式不同,使得合伙和法人的内部管理机制以及相关主体之间的权利义务内容形成差异,使得合伙人所持有的合伙财产份额和法人成员对法人(公司)财产的份额(股份)转让有了不同的要求。可见,合伙与法人是不能混淆的。②"创立法人制度的本意在于明确'团体的权利义务为其所独有,与属于团体的各个人无干',如果把承担无限责任的合伙也视为法人,法人的这一基本属性就被抽去了,法人的内涵以及为什么要设立法人就显得更加含混不清了。"③

---

① 此处旨在分析合伙与法人的区别,而实际意义在于分析合伙与公司的区别。由于在我国,无论是法人还是公司,在法律上的基本要求都是内部成员对组织体的债务承担有限责任,而这种承担责任的方式被视为公司或法人与合伙区别的基本标志,因此,在这里,为论述方便,将法人和公司作为与合伙相区别的同一描述对象。

② 方流芳教授在分析美国合伙与法人的区别时指出,首先,合伙财产是共同财产,法人财产是独立财产,这就决定了它们对外承担责任的限度不同——合伙的偿付能力最终取决于合伙成员的个人财产,法人以其全部独立财产对外承担责任;其次,合伙不是一个纳税的实体,合伙成员各自根据年收入交纳所得税,法人是一个纳税的实体,法人所得税与其成员的个人所得税完全分离;再次,合伙在美国不能作为当事人参加诉讼。但是,罗伯特·N.柯林与威利曼·J.罗伯特合著的《商法原理》一书中有这样的论述:"大多数州已经通过了制定法,改变了普通法的规定,这些州的合伙可以以合伙的名义起诉和被诉。"作者认为:合伙与公司在美国都是"法人",但又不是同一类别,同一层次的"法人"。参见方流芳:《合伙的多种形式和合伙立法》,载《中国法学》1996年第1期。

③ 方流芳:《合伙的多种形式和合伙立法》,载《中国法学》1996年第1期。

综上可见,合伙应当成为独立的权利主体类型,这不仅是毋庸置疑的客观现实,而且具有重要的法律意义,起码在公司法上是这样。显然,只有正确认识主体的基本法律地位,才能正确认识合伙的股东资格主体问题,才能正确界定合伙股东资格行使的权利边界。因为,如不承认合伙的法律地位,那么就可能将合伙的股东主体资格混归于自然人的股东主体资格;如果将合伙视为法人类的主体,那么就可能将合伙的股东主体资格混归于法人的股东主体资格。只有当认识到合伙的主体资格既不同于自然人,又不同于法人,才能充分注意到合伙的主体的特殊性,从而正确认定合伙的股东主体资格,并对其特殊性予以充分尊重,以特定的规范予以合理规制。

### 2. 合伙股东资格的法理学依据①

从法理学的角度来看,作为享有公司股东资格的法律主体,应当依法具有相应的权利能力。考量某个自然人或者组织是否可以成为公司的股东,要看其是否具备相应的权利能力。某一主体具备了相应的权利能力,则表明该主体具有了成为相关法律关系主体的资格。权利能力是自然主体参加一定法律关系成为法律主体所必须具备的前提条件。基于平等的法制理念,"每个人都具有权利能力,因为他在本质上是一个伦理意义上的人。说有权利,只能说他在法律上可得到或应当得到某种东西。"②从法理上看,任何主体都应当能够成为享有股东资格的主体,当然也应当包括依法设立的合伙组织这种主体形式。合伙组织作为投资主体的存在,也可以理解为是一种不同于自然人和法人的主体运作其自己财产的一种现象。只要不违反法律规范,不损害他人和社会的利益,法律没有理由拒绝承认合伙能够享有股东资格。若法律不承认合伙组织成为股东的权利能力,那么会导致合伙组织失去一种有效的财产运作方式,这不仅不利于社会资源的有效利用,而且也是有悖于法律公平原则的。可见,从法理上看,合伙的股东主体资格和权利能力应当得到肯定。

### 3. 合伙股东资格的民法学依据

虽然合伙是否具有民事主体的地位,学界历来存在较大的争议,但是,越来越多的学者认为,合伙是民事主体的一部分,具有民事主体资格。其实,合伙组织作为公司股东在现今的经济生活中是客观存在的。从民法原理分析,合伙具有民事主体资格也是毋庸置疑的。

第一,合伙有表示自己独立主体资格的专用名称。合伙是人合性极强的组

---

① 有关合伙股东资格的法理学依据、民法学依据、公司法学依据以及合伙股东资格的本质主要参考沈贵明、刘瞳:《论合伙股东》,载《河南省政法管理干部学院学报》2009年第5期。

② 〔德〕卡尔·拉伦茨:《德国民法通论》(上册),王晓晔、邵建东、程建英、徐建国、谢怀栻译,法律出版社2003年版,第121页。

织,是由两个或者两个以上的自然人根据合伙协议而设立的团体组织。合伙成立之后,可以广泛地参与到民事和商事活动中去,因此,近现代各国民法包括我国民法都规定了合伙组织可以拥有自己的名称,可以使用自己的名称参与民事活动和诉讼活动。合伙作为一个独立的民事主体,独立的名称是其不可或缺的一个必要条件。在生产经营活动中,合伙既然独立于自然人和法人而存在,就需要具有自己独立的名称,以达到区别于其他主体的目的。同样,在生产经营活动中,独立的名称也使得该合伙向市场上的其他交易主体展示了自己的主体资格,也是合伙组织在市场活动中树立自己行为主体的形象。我国《合伙企业法》明确规定合伙具有自己的名称,这就为合伙享有股东资格提供了必需的可能性要件。

第二,合伙有作为主体存在的物质基础——相对独立的财产。虽然合伙人在设立合伙企业时,不必像设立公司那样,需要办理财产转让手续,投资人不再对投资财产享有所有权,合伙人还对其在合伙企业中的财产享有所有权,但是,在合伙组织存续期间,合伙的财产具有相对独立性。首先,合伙组织的财产与合伙人的财产是可以加以区分的。换言之,合伙组织的财产与合伙人个人(或法人)的财产实际上是分属不同的权利主体。合伙组织的财产包括合伙人的出资和以合伙的名义所取得的收益和负债以及合伙经营的一切积累等,只能由合伙组织行使相关财产权利,也就是说,合伙人可以为了合伙组织使用合伙财产,其收益只能归合伙,否则即为违法。合伙人向合伙组织出资,虽然出资财产可以不向合伙组织转让,但该财产的权利内涵在法律上已经发生重大变化。在合伙成立之前,合伙人可以对属于其个人的私人财产享有行使所有权各种权能的权利,但是在合伙成立之后,合伙人就不得擅自处分其作为出资的财产。合伙财产的运用以及相应的权益受到了法律和合伙协议的双重保护。合伙人在对其财产进行使用和处分的时候,需要考虑其他合伙人的利益和合伙组织的整体利益,这也就使得合伙人对其作为出资的财产与其所享有的其他个人财产在法律属性上显然有所区别。其次,合伙财产的独立性还体现在其具有的时间性,即从合伙成立开始到合伙解散清算完毕为止。无论是合伙人的出资,还是以合伙的名义取得的收益或者负债,都属于合伙的财产。再次,合伙的财产由全体合伙人共同以合伙组织的名义进行管理和使用。合伙是人合性的组织,合伙财产的管理和使用也必须体现人合性的特征。如果合伙财产由个别合伙人单独管理和使用,显然违反了合伙的人合性,并且有可能会损害到其他合伙人的经济利益。因此,全体合伙人共同对合伙财产进行管理是其独立性的一种延伸。最后,合伙财产的转让和分割有诸多限制。由于合伙的人合性特征,擅自转让和分割合伙财产不仅会损害其他合伙人的利益,而且有可能导致合伙丧失存在的基础。民法对合伙财产转让和分割的限制,也可以看作为是法律对合伙财产独立性的保障。可见,合伙财产具有相对独立性。而合伙财产的相对独立性,为合伙组织的独立主体类型的形成奠定了必要的物质财产基础。相对独立的合伙财产,使合伙投资公司成为可能,也为合伙取得股东资格提供了所需的财产基础。

第三,合伙具有作为独立主体存在的必要性——组织的整体利益。合伙是由合伙人为了共同的经济利益,通过合伙协议而形成的共同出资、合伙经营、共享收益、共担风险的一种经济组织形式。合伙成立之后,各个合伙人的个人利益在经过协商之后将形成合伙组织相对独立的整体利益。该整体利益将独立于各个合伙人的个人利益而存在,合伙人取得个人利益应当在不损害合伙组织的整体利益和其他合伙人的个人利益的前提之下进行。"合伙的利益与合伙人的个人利益在时空上的划分日渐显著,尤其在合伙把经营积累的财产作为共有财产投入再生产时更为显著。"①在合伙将其所获得的利益分配给各个合伙人之前,都属于合伙的整体利益。在将合伙的利益分配给各个合伙人之后,合伙人的个人利益才得到了满足。可见,合伙组织的整体利益是有别于各个合伙人的个人利益的。而这种有别于合伙个人利益的合伙组织整体利益的存在,不仅表明了合伙人组成合伙组织所追逐各单个主体利益的路径,也表明了合伙组织体独立存在的价值。而合伙整体利益的存在,正是股东投资期待利益存续的基础,也是合伙成为享有股东资格主体所要承载的利益内涵。

第四,合伙具有表明其主体独立行为的特定方式——合伙事务的执行规则。合伙具有共同经营的特点,全体合伙人可以共同执行合伙事务,也可以委托一名或者数名合伙人来执行合伙事务,当然如果全体合伙人共同决定由合伙以外的第三人来执行合伙事务,在不损害合伙关系以及全体合伙人的利益的情况下,也应当是可以的。无论是合伙人以何种方式执行合伙事务,都必须以合伙的名义,为了合伙组织的利益进行。基于合伙组织体的属性要求,合伙事务执行人的权利也要受到相应的限制,其执行事务的权利应当以不损害合伙组织的利益和其他合伙人的利益为前提条件,并且合伙的重大事务应当由全体合伙人共同决定。合伙事务的执行人并非单独作出决议的人,这表明了合伙事务的执行具有组织性,表明了合伙主体的独立存在。正是由于合伙主体的独立存在,合伙事务的执行应当以合伙组织的整体利益为出发点,从而有别于各个合伙人的个人事务的行为。合伙人作为出资的财产在合伙成立之后即成为合伙的财产,合伙人不得擅自处分,也不得因其对合伙财产的所有权而独立地对外执行合伙事务。合伙事务只能由合伙组织的行为规则确定的人来执行。个别合伙人的个人行为如果

---

① 马俊驹、余延满:《民法原论》(第三版),法律出版社 2007 年版,第 147 页。

给合伙或者其他合伙人的利益造成了损害,应当承担相应的赔偿责任。可见,合伙事务的执行应当独立于合伙人的个人行为。合伙事务的执行规则,为合伙享有股东资格、行使股东权利提供了可行的根据。

第五,合伙实际上成为一种独立性的经济组织形式在国家管理机关进行登记,得到了国家的承认。按照我国《合伙企业法》的规定,合伙为了以一个独立的经济组织的身份参与市场经济活动,设立合伙企业应当在登记机关办理登记手续,登记的内容包括合伙的名称、合伙的目的、合伙的经营范围、对合伙的出资和盈亏的分担、事务执行等内容。合伙企业的成立之日是其在企业登记管理机关进行登记后颁发营业执照之时。合伙的登记不仅仅是合伙组织进行对外公示的一种重要的方式,而且也表明了国家通过登记机关以法定的形式对合伙主体存在的认可。既然合伙可以在法定的登记机关进行登记,也就表明了合伙可以以一个独立的经济组织的身份参与市场经济活动,登记也可以作为合伙取得民事主体资格的有力证据,并成为其享有股东资格主体的法律凭证。

4. 合伙股东的公司法学依据

按照公司法学的一般原理,有权利能力的民事主体,就应当具有可以成为公司股东的主体资格。因为,股东是股份财产的所有者,其实质反映的是民事主体的财产权利。只要具有享有财产权资格的主体,就应当同享有其他财产一样,享有对股份财产的权利,除非作为对财产权利关系调整的特别法对此有明确的强制性的特别规定。遵循公司法学的原理,合伙组织完全可以成为公司的股东。

首先,合伙组织可以作为公司的发起人,通过发起设立公司的方式取得公司的股东资格,从而成为公司的股东。一般而言,作为公司的发起人的民事主体应当具备民事行为能力,因为设立公司的行为需要有相应的意思表示能力予以为之。这对无民事行为能力人和限制民事行为能力人的自然人具有明显的约束力。但是,对具有相应民事权利能力的法人和其他组织而言,自然相应地也享有行为能力,所以可以成为设立公司的发起人。合伙组织是具有相应民事权利能力的主体,也应具有相应的民事行为能力,所以,当然可以成为设立公司的发起人。

其次,合伙可以进行独立的投资活动。合伙组织本来就是两个以上的民事主体为了共同的经济利益目的,通过合伙协议的方式成立的共同出资、共享收益并且共担风险的经济利益组织。合伙组织的投资活动由合伙事务的执行人代表整个合伙组织,在全体合伙人的共同授权之下进行,应当符合全体合伙人的共同利益。

再次,合伙可以在公司的股东名册或者章程上进行记载或签章。就股东名册的记载而言,合伙组织可以根据合伙人的数量或合伙企业的名称的不同情况来决定采用何种方式进行登记。在合伙有名称的情况下,合伙组织应当使用该合伙的名称进行记载;而在合伙人人数不多且无名称的情况下,可以将所有的合伙人的姓名(合伙人为法人时应当是法人的名称)记载于股东名册。同理,合伙可根据人数的情况或是否有合伙企业名称的情况,在公司章程上签章。但是,需要提出的是,无论合伙人数多少,是否有名称,其都是以一个主体资格享有股份,并以此成为股东。合伙可以在公司的股东名册和公司章程上予以记载,表明公司能够对合伙股东予以接纳和认可。

最后,合伙可以依法受让公司股东转让的股份,成为公司的股东。

### (三) 小结:合伙股东资格的本质

合伙组织取得公司的股东资格,就意味着该合伙组织享有该公司的股份所有权,与公司形成了一定的财产关系。而这种财产关系既具有某些物权属性,又具有一定债券的特点,这主要表现在合伙组织对公司股份享有所有权,对公司享有盈余分配的请求权。合伙组织取得股东资格即成为公司的股东,与公司形成内部成员的身份关系。当合伙取得股东资格之后,实际上就将集公司利润最大化的投资主体、承担最终风险的投资者、股份的持有人、对公司享有"金钱债权的人"以及公司的成员等多种身份于一身。合伙组织取得股东资格,既享有股东权利,又应当承担相应的股东义务。可见,合伙组织取得股东资格的实质就是合伙组织与公司形成了特定的财产关系和身份关系。

## 四、法人的股东资格

### (一) 法人股东资格主体的成因和实质

#### 1. 法人股东资格主体的成因

法人能够成为股东资格的主体,首先是因为法人是独立的主体,可独立地进行民事行为。法律对法人地位的承认,"意味着民法确立了二元权利主体结构"①。法人是相对于具有生命的自然人主体的另一类民事主体概念。"法人是具有民事权利能力和民事行为能力,依法独立享有民事权利和承担民事义务的组织。"②既然法人能够像自然人一样成为独立的民事法律主体,那么当然也能够成为股东资格的主体。法人可依其设立的宗旨和法律所确认的权利范围,享

---

① 龙卫球:《民法总论》,中国法制出版社2002年版,第313页。
② 《中华人民共和国民法通则》第36条。

有成为股东资格的权利能力;法人具有与其权利能力相适应的行为能力,可以通过其独立的行为进行投资取得股份,也能通过其独立的行为行使股东权利;法人具有以其独立财产承担责任的能力,能够承担与股东资格相应的民事责任。

其次,法人有独立的财产。独立财产是法人成立的基本要件之一。① 按照我国法律规定,法人的设立必须要有可以属于法人所有的独立的财产。财产对法人而言,既是法人成立的先决条件,又是法人成立后所享有权利的一种客体。可见,法人与自然人一样,可以成为财产权利的主体。既然法人可以享有财产权利,当然也就有权利处分自己的财产,运作自己的财产。只要与法人设立的目的不相违背,法人运作自己的财产,进行投资,获得公司的股份,就是顺理成章、自然而然的事了。

在现代社会法人成为公司主体,已经是无可置疑的客观现象。法人享有股东资格,对社会经济和公司经营具有重要的积极意义。法人持股,有利于保持股权结构的相对稳定,从而有利于企业资本结构的稳定性和公司经营的安全;有助于公司长期发展避免短期投机化的行为;有助于促进资本市场的繁荣和发展。但是任何事物都有其两面性。法人成为股东,有利也有弊,它有可能使法人之间相互持股所形成的股东法人化,使股东大会、董事会的权力"形骸化";有可能形成公司权力集中导致公司治理缺乏有效的制约机制;在经济泡沫破裂时,有可能导致"一损俱损"的多米诺骨牌式的经济衰退。法人享有股东资格的利弊要求公司法科学规制,要求投资者自律从善,趋利避害,保障法人这一社会组织形式发挥其应有的作用。

2. 法人股东资格主体的实质

"自然人制度的观念基础是个人主义,法人制度的观念基础却是共同体主义。"②法人是由众多自然人结合而成的一种团体,法人的股东资格,实质上是组成法人组织体的众多自然人享有股东资格的一种方式,体现了众多自然人的共同意志。

如果是公司成为法人股的股东,那么这实际上就是自然人设立公司后的再投资,是自然人追求经济效益的方式,是自然人追求更大规模效益而灵活运用财产的一种方式。法律赋予自然人具有成为股东的资格,实质上是赋予自然人投资取得公司股东资格以追求更多经济利益的权利;同样,法律赋予法人能够成为股东资格的主体,也意味着为法人提供了同样的追求经济利益的方式。

---

① 《中华人民共和国民法通则》第37条规定:"法人应当具备下列条件:(一)依法成立;(二)有必要的财产或者经费;(三)有自己的名称、组织机构和场所;(四)能够独立承担民事责任。"

② 龙卫球:《民法总论》(第二版),中国法制出版社2002年版,第316页。

法人股东资格主体,体现了社会化大生产发展的要求。法人能够成为股东资格的主体,实质上是法律对法人投资公司资格的认可,为法人财产进入社会大生产领域提供了合法的通道,为法人资本财产的流动提供了基本的法律依据,为资本市场的形成和繁荣奠定了极为重要的基础。法人能够成为股东资格主体,是现代化社会大生产的必然要求。

(二) 具体类别法人的股东资格问题

我国《民法通则》将法人分为企业法人,机关、事业单位法人和社会团体法人等几类,这几类的法律属性不同,可以成为享有股东资格主体的情况也不尽相同。

1. 企业法人

企业法人作为营利性的主体享有股东资格,这是无可置疑的。但有两个方面的问题值得注意。

其一,特定行业或特定类型公司的股东,其股东资格必须符合特定的条件和要求。例如,持有 5% 以上股份的期货经纪公司股东资格的主体应当具备如下条件:①(1) 实收资本和净资产均不低于人民币 3000 万元,持续经营 2 个以上完整的会计年度,在最近 2 个会计年度内至少 1 个会计年度盈利;或者实收资本和净资产均不低于人民币 2 亿元;(2) 净资产不低于实收资本的 50%,或有负债低于净资产的 50%,不存在对财务状况产生重大不确定影响的其他风险;(3) 包括对期货公司的出资在内的累计对外长期股权投资不超过自身净资产;(4) 没有较大数额的到期未清偿债务;(5) 近 3 年内未因违法违规经营受到行政处罚或者刑事处罚;(6) 未因涉嫌违法违规经营正在被有权机关立案调查或者采取强制措施;(7) 在近 3 年内作为金融机构的股东或者实际控制人,或者作为上市公司的控股股东或者实际控制人,没有滥用股东权利、逃避股东义务等不诚信行为;(8) 其自然人股东、法定代表人或者高级管理人员没有被采取证券、期货市场禁入措施,或者禁入期限届满已逾 2 年;没有被撤销证券、期货高级管理人员任职资格或者从业人员资格,或者自被撤销之日起已逾 2 年;不存在《公司法》第 147 条第 1 款所列情形;(9) 不存在中国证监会根据审慎监管原则认定的其他不适合参股期货公司的情形。

其二,具有企业法人资格的子公司,是否可以享有母公司的股东资格?对此我国公司法没有规定。那么,公司法没有明确禁止子公司向母公司投资,是不是就意味着子公司可以向母公司投资?换言之,子公司可以享有母公司的股东资

---

① 参见中国证券监督管理委员会 2007 年 3 月发布的《期货公司管理办法》第 7 条。

格呢？本书不主张作这种推论。第一，如果子公司可以向母公司投资，持有母公司的股份，有可能导致母子公司之间资本的虚假。假设在工商登记注册资本1000万元人民币的甲公司，以600万元投资设立全资子公司乙，如果子公司再以400万元人民币投资于母公司甲，这时就会导致甲公司的资本数额应当是1400万元人民币，但公司实际上的资本数额仍只有1000万元人民币，而且其中有600万元人民币是向乙公司的投资。第二，如果子公司持有母公司的股份，享有母公司的股东资格，会导致公司内部股东关系的混乱。假设张某、李某和赵某是母公司甲的股东，甲公司投资设立全资子公司乙，这时张某、李某和赵既是甲公司的股东，也是乙公司的间接股东，如果乙公司再投资甲公司，成为甲公司的股东，那么甲公司的股东除了张某、李某和赵某外又多了乙公司，而乙公司在法律层面由股东甲公司拥有，实际上应当归张某、李某和赵某所有。子公司乙向母公司甲投资取得其母公司股东资格后导致甲公司股东关系如此混乱，将给母公司甲和子公司乙的公司治理带来困难。

正是由于这些原因，有些国家的公司法对子公司取得母公司的股东资格予以限制。如《日本公司法》第135条明确规定，子公司不得取得以股份公司为组织形式的母公司的股份。但是还规定了例外情况：(1) 在受让其他公司(含外国公司)的全部事业的情形下，受让该其他公司特有的母公司股份的情形；(2) 从合并后消灭公司继承母公司股份的情形；(3) 由吸收分割从其他公司继承母公司股份的情形；(4) 由新设分割从其他公司继承母公司股份的情形；(5) 其他由省令规定的情形。然而，虽然日本法律允许子公司取得母公司的股份，但是要求子公司持有母公司股份时，必须在适当时期内处分其持有的母公司的股份。[①] 显然，日本公司法对子公司取得母公司股东资格的例外规定，实际上是为其他相关规则的实施排除法律障碍，在法学原理上，日本公司法是不允许子公司享有母公司的股东资格的，所以才要求子公司适时处分其持有的母公司的股份，放弃对母公司的股东资格。

我们认为，按照公司法的基本原理，子公司企业法人不享有母公司的股东资格。日本公司法有关子公司持有母公司股份的规范，值得我国公司立法借鉴。

2. 机关法人

机关法人是指"具有独立财政预算经费、从事国家管理职能或者社会公共管理职能的机构"[②]。根据具有一定法律规范作用的相关文件规定，我国国家管

---

① 参见王保树主编，于敏、杨东译：《最新日本公司法》，法律出版社2006年版，第110页。
② 江平主编：《民法学》，中国政法大学出版社2009年版，第93页。还有学者认为，机关法人是"依法享有国家赋予的行政权力，并因行使其职权的需要而享有相应的民事权利能力和民事行为能力的国家机关"。参见马俊驹、余延满：《民法原论》(第3版)，法律出版社2007年版，第117页。

理机关体系中的机关法人大体包括各级中国共产党的机关、国家权力机关、政府行政机关、政协机关、审判机关、检察机关等。①

新中国成立后我国实行计划经济体制,国家机关直接组织管理企业生产,政企不分,国家机关投资企业十分普遍。进入改革开放时期以后,国家逐步理顺国有资产的投资与国民经营的管理之间的关系,清理国家机关投资设立经济组织这一不符合市场经济体制建设要求并极易滋生腐败的现象。1992年6月中共中央办公厅、国务院办公厅《关于党政机关兴办经济实体和党政机关干部从事经营活动问题的通知》,规定国家机关"不准经商、办企业。所兴办的各类经济实体,必须与党政机关在财务、名称、人事等方面彻底脱钩。严格划清党政机关管理职权与经济实体经营权的界限,凡是经济实体,必须根据国家法律和政策的规定,自主经营、自负盈亏。严禁用经济实体经营所得增加机关干部的工资、奖金、补贴等收入或用作其他福利开支。"1993年10月中共中央办公厅、国务院办公厅《关于转发〈国家经贸委关于党政机关与所办经济实体脱钩的规定〉的通知》明确规定不得组建任何类型的经济实体;不得以部门名义向经济实体投资、入股;有关国家机关为适应机构改革、转变职能和分流人员等需要,经批准可以组建经济实体或企业集团的,必须同时在职能、财务、人员、名称四个方面与机关彻底脱钩。1998年,中共中央办公厅、国务院办公厅分别于7月、10月和11月先后发布了《关于军队武警部队政法机关不再从事经商活动的通知》、《政法机关不再从事经商活动的实施方案》和《关于中央党政机关与所办经济实体和管理的直属企业脱钩有关问题的通知》三个文件,明确规定国家机关不再直接管理各类企业,国家机关直属的各类企业,一律与主管部门解除行政隶属关系。即使能作为投资主体办公司的机关也要做到人、财、物和名称四个方面全部与国家机关脱钩:公司名称不能含有机关名称;公司人员不能既是公务员,又在企业兼职;财务方面应独立,即独立核算,独立制作财务报表等。2007年8月中共中央、国务院发布了《关于进一步制止党政机关和党政干部经商、办企业的规定》,重申"党政机关,包括各级党委机关和国家权力机关、行政机关、审判机关、检察机关以及隶属这些机关编制序列的事业单位,一律不准经商、办企业。"

机关法人之所以不能享有公司股东资格,是因为:

第一,机关法人设立的基本目的是行使特定的管理职能,不具有从事投资活动的民事权利能力。机关法人虽然具有一定的经费,具有独立行为的法人资格,

---

① 参见1992年6月中共中央办公厅、国务院办公厅《关于党政机关兴办经济实体和党政机关干部从事经营活动问题的通知》;1993年10月中共中央办公厅、国务院办公厅《关于转发〈国家经贸委关于党政机关与所办经济实体脱钩的规定〉的通知》等。

能独立进行一定范围内的民事活动,但是机关法人在本质上是行使特定行政职能的国家机构,其基本职能是在职权范围内从事行政管理工作,唯在因职权需要,而涉及诸如购置办公用品、租用房屋等日常办公所需时,其法人身份才得以显现。这表明,机关法人是因其存续及进行职务行为需要时才参与到民事活动中,并因此而具有了民事法人主体的意义。法律没有赋予机关法人从事投资活动的权利,所以,机关法人实质上不具有成为股东的权利能力,不能成为享有股东资格的主体。

第二,机关法人没有可用于投资成为股东的合法财产。虽然机关法人具有独立的财产,可以用于从事某些民事活动,但是,机关法人的财产是由国家或地方财政拨付的用于法人存续及正常的执行职务所必要的开支,必须用于国家财政的预算内支出,不得用于任何营利性业务活动。因此,机关法人实际上没有可用于投资的合法财产。

第三,机关法人进行投资活动,不仅与其基本行政管理职能的要求不相符合,而且也不利于资本市场的健康发展。具有行政管理职能的机关法人参与投资活动,会扰乱市场经济秩序,会给机关法人乃至国家管理肌体注入腐败的基因。

3. 事业单位法人

我国《民法通则》赋予了事业单位的法人地位,事业单位法人是我国特有的一种法人类型。学术界普遍认为,它是指从事非营利性的社会各项公益事业的法人,包括从事教科文卫等公益事业的单位。[①] 在学界的视野中,"非营利性"的组织属性和"公益事业"的活动基本内容,是事业单位法人的两个明显特性。

国务院于2004年6月27日公布了修订的《事业单位登记管理暂行条例》,第2条明确规定,事业单位,是指国家为了社会公益目的,由国家机关举办或者其他组织利用国有资产举办的,从事教育、科技、文化、卫生等活动的社会服务组织。根据这一规定,事业单位法人是为社会公益目的而利用国有资产设立的具有独立法人地位的社会服务组织。事业单位法人具有如下特性:第一,公益目的性,即事业单位法人设立的目的在于社会公益。这一特性使事业单位法人有别于以营利为目的的企业法人。第二,国有资产性,即事业单位法人设立的财产源于国有资产。这一特性使事业单位法人有别于"公民自愿组成"的社会团体法人。第三,社会服务性,即事业单位法人的业务活动内容具有"服务"特性。这

---

[①] 参见王利明:《民法总则研究》,中国人民大学出版社2003年版,第392页;江平主编:《民法学》,中国政法大学出版社2009年版,第93页;马俊驹、余延满:《民法原论》(第3版),法律出版社2007年版,第117页;龙卫球:《民法总论》(第二版),中国法制出版社2002年版,第342页。

一社会服务性的业务活动范围包括"教育、科研、文化、卫生、体育、新闻出版、广播电视、社会福利、救助减灾、统计调查、技术推广与实验、公用设施管理、物资仓储、监测、勘探与勘察、测绘、检验检测与鉴定、法律服务、资源管理事务、质量技术监督事务、经济监督事务、知识产权事务、公证与认证、信息与咨询、人才交流、就业服务、机关后勤服务等"①。第四,法人主体性,即事业单位具有法人主体资格,可以独立行为,独立承担责任。

事业单位法人能不能具有投资能力并成为股东资格主体?在理论上分析,基于事业单位法人的基本组织属性,一般情况下不应当成为股东资格的主体。其理由主要是:其一,事业单位法人存续的基本目的在于公益性,这与投资营利的基本属性不相适应;其二,事业单位法人是基于国有资产而设立的,国有资产的基本用途应当与公益属性事业相协调。事业单位法人从事经济活动的资金来源总体上也是财政的预算拨款,也就是事业经费拨款。而这笔资金是属于国家预算的事业经费支出计划,因此,不宜将此用于公益事业的国有资产投入到营利性的经营活动中。

但是,在实际生活中,大量的事业单位法人参与投资。登记管理相关法规将事业单位法人的业务属性定性为"社会服务"性,弱化了"公益性"的要求,并将这一"社会服务"的范围延伸到科研、卫生、新闻出版、广播电视、技术推广与实验、知识产权事务以及信息与咨询等领域,公益性的非营利活动范围与营利性的企业法人业务范围在这里很难有明确的界线。其实,虽然这里我国的相关法规有缺乏科学性之嫌,但是,在现实生活中,有些业务活动究竟是属于营利性还是非营利性,确实难以简单判定。其中极为重要的原因是设立者的身份不同,会导致业务活动的属性变化。例如,国家设立的某一科研单位法人应当是非营利性的,但是,由其他人员利用国有资产设立的科研单位就可能是为了营利,以便其发展,做大做强。

正是由于事业单位法人业务内容的广泛性以及我国对事业单位法人的传统观念,法律不能一概而论,不加区别地禁止其从事经营活动。《事业单位登记管理暂行条例》第2条第2款规定:"事业单位依法举办的营利性经营组织,必须实行独立核算,依照国家有关公司、企业等经营组织的法律、法规登记管理。"这一规定实际上认可了事业单位法人可以从事经营活动,那么当然也可以投资享有公司的股东资格。但是,我们认为,具体到某一事业单位法人是否有成为股东

---

① 《事业单位登记管理暂行条例实施细则》第4条。

的投资能力,还是应当取决于该事业单位法人的开办宗旨和业务范围。①

4. 社会团体法人

按照《社会团体登记管理条例》的"立法性解释"定义,"社会团体,是指中国公民自愿组成,为实现会员共同意愿,按照其章程开展活动的非营利性社会组织。"学术界普遍认为,社会团体法人是指自然人或者法人自愿组成,从事社会公益、文学艺术、学术研究、宗教等活动的各类法人。② 社会团体法人具有如下特性:第一,社会团体可以由自然人组成,也可以由法人组成。第二,社会团体法人是团体成员自愿组成,并以章程为法律基础存续的社会组织体。社会团体组织通过章程凝聚了自愿意志。章程为社团法人设立之必要法律文件,为社会团体法人行为之法律根据。第三,社会团体法人是非营利性的社会组织体。社会团体法人,可以从事社会公益活动,也可以是从事文学艺术活动、学术研究活动或宗教活动等。

世界各国和地区立法对非营利性法人从事商业活动的态度总体上是予以限制的。主要有三种:其一,绝对禁止主义,即禁止非营利法人参与任何具有商业目的的活动或商业活动,以菲律宾为代表。其二,原则禁止主义,即原则上禁止非营利性法人参与商业活动,但为实现非营利性组织的生存或目的的除外。如我国台湾地区规定,禁止非营利性法人参与任何具有商业目的的活动或商业活动,但为非营利性组织生存目的除外。其三,附条件许可主义。例如澳大利亚、泰国、越南规定,允许非营利性组织从事商业活动,条件是商业活动所得应用于更广泛的非营利目标。日本规定,允许非营利性组织从事商业活动,条件是不与营利性企业竞争,同时,应当保证商业支出少于50%,公益性支出至少为总支出的50%以上。③ 如果立法不允许社会团体从事商业活动,那么,该社会团体也就有可能不得从事投资活动,这样它也就难以享有股东资格;反之,如果立法允许社会团体从事商业活动,那么该社会团体则当然可以从事投资活动,并可享有股东资格。

我国立法长期以来对社会团体从事投资活动在总体上持否定态度,但现在有松动的迹象。《社会团体登记管理条例》第 4 条规定:社会团体不得从事营利性经营活动;同年颁布的《民办非企业单位登记管理暂行条例》第 4 条也规定:

---

① 《事业单位登记管理暂行条例》第 8 条第 2 款规定:"事业单位法人登记事项包括:名称、住所、宗旨和业务范围、法定代表人、经费来源(开办资金)等情况。"

② 参见王利明:《民法总则研究》,中国人民大学出版社 2003 年版,第 393 页;马俊驹、余延满:《民法原论》(第 3 版),法律出版社 2007 年版,第 117 页;魏振瀛主编:《民法》,北京大学出版社、高等教育出版社 2000 年版,第 76—77 页。

③ 参见蒋大兴:《公司法的展开与评判——方法·判例·制度》,法律出版社 2001 年版,第 15—16 页。

民办非企业不得从事营利性经营活动。由此可见我国对于社会团体组织从事商业活动是禁止的。然而,值得注意的是,1988年国务院颁布的《基金会管理办法》将基金会定性为社会团体法人,①同时规定基金会"不得经营或管理企业";②但是在2004年3月8日国务院公布的《基金会管理条例》将基金会分为面向公众募捐的公募基金会和不得面向公众募捐的非公募基金会两类,并规定"基金会依照章程从事公益活动,应当遵循公开、透明的原则。"《基金会管理条例》没有明确规定禁止基金会从事经营性活动。

本书认为,由于社会团体法人的基本属性是非营利性法人,因此,从原则上它不应当从事经营活动,这是由整个社会秩序体系所决定的。由法律所设计的不同属性的主体模式,承载了不同的权利义务,形成了不同的法律秩序规则。法律通过这些规则,保障了整个社会经济活动和资本市场的有序和稳定,同时也给每个法律主体按自己的意志选择自己所追求的目标提供了可行的路径。需要通过投资获得预期利益的,可以投资公司或其他类型的营利性企业法人;需要通过财产运作实现自己的意愿的,可以组建社会团体法人。所以一般来说,社会团体法人不应当具有投资成为股东的资格,不然,非营利性的社会团体法人组织与营利性的企业法人就没有什么区别了,社会团体法人特有的社会价值就会被忽略。在原则上,我们必须坚持社会秩序的基本规则,这也是世界各国所公认的一种具有科学性的组织体系规则。原则性的东西往往是事物的核心,是不能随意放弃或忽视的。

当然,如果绝对禁止社会团体法人投资取得股东资格,也未必可取。特别是在我国,由国有资产为基础设立的事业单位都被法律赋予了"举办营利性经营组织"的能力,在这种情况下禁止由自然人和法人自愿组成,以非国有资产为基础设立的社会团体法人从事投资性活动取得股东资格,似乎太不公平。其实,我们主张,无论是"由国家机关举办或者其他组织利用国有资产举办的"事业单位法人,还是公民或法人自愿组成的社会团体法人,原则上都不能从事营利性活动。如果它们要从事营利性活动,只能是在特殊情况下的例外,并符合以下三个基本条件:第一,营利性的活动不是该组织的主要业务活动;第二,营利性的活动应当与该组织设立的基本目的不相背离;第三,营利性活动应当与该组织设立的目的有关联。

---

① 《基金会管理办法》第2条。
② 《基金会管理办法》第6条。

## （三）本公司法人的股东资格

本公司法人的股东资格的问题，实际是指公司能否取得自有股份的问题。如果本公司具有股东资格，则公司可以以股东的身份取得本公司的股份；如果本公司不具有股东资格，则不能取得本公司的股份。由此可见，本公司股东资格问题是和公司取得自有股份密不可分的。因此，对本公司股东资格问题的讨论，实质上是要解决公司取得自有股份的合理性在哪里的问题。

在法定资本制度的法律环境中，通常是不允许公司成为本公司股东的。这主要是因为公司成为本公司的股东会有以下几方面的弊端：其一，公司成为本公司股东，持有本公司股份与公司资本维持原则相冲突。按照公司资本维持原则，在公司存续期间，公司须至少维持相当于资本额之财产，以具体财产充实抽象资本。[①] 公司不得随意削减公司资本；禁止股东抽回股本；公司不得以本公司股票设定质权；公司不得收购本公司的股票；等等。公司回购股份，即股东向本公司转让股份，势必导致本公司注册资本的减少，这与公司资本维持原则相悖。其二，允许本公司享有股东资格，实际上是允许股东通过向公司变卖股份而收回投资降低风险，从而使公司资本事实上减少，致使"资本空洞化"。[②] 若公司取得的股份是本公司股东出资时尚未缴足的股份部分，纵然属于无偿取得，其实质上仍无异于免除股东未缴股款的义务。其三，公司取得本公司的股份，成为本公司的股东，这将为公司运用本公司内幕消息进行股票炒作提供方便和机会，不利于证券市场的稳定，也有违证券交易的公平原则。其四，公司接受本公司的股份，成为本公司的股东，混淆了公司与股东的法律地位，使公司与股东的关系混为一谈，容易导致董事或经理或其他能够控制公司的人员，利用公司所持的本公司的股份来损害公司及其他小股东的利益。正是基于上述原因，公司立法通常对公司享有本公司的股东资格予以限制。

尽管公司取回本公司股份具有诸多弊端，但是它的积极作用仍是显而易见的。随着资本制度作用被重新认识，公司法理论的不断深化，公司取得本公司股份的积极作用也为人们越来越多地认识。其一，公司适时、适当取回本公司股份能有效地调整和改善公司的股权结构，优化公司资本结构，适当提高资产负债率，以充分有效地发挥财务杠杆效应；其二，公司通过回购本公司的股份把现金分红转化为资本利得，将自有股份作为变相的现金分红，并促使市场股票流通量

---

① 参见柯芳枝：《公司法论》，中国政法大学出版社2004年版，第128页。
② 参见施天涛：《公司法论》（第二版），法律出版社2006年版，第265页。

减少,调节股价;①其三,回购本公司的股份,作为防止公司被恶意收购的方式稳定公司的控制权,妥当用之会有利于维护股东的合法权益;其四,通过取得公司股份之后,建立员工持股计划和股票期权制度,以调动公司管理人员和员工的积极性;其五,公司通过回购公司股份,减少注册资本,消除与持有本公司股份的公司合并时的虚置股份。

　　客观而言,公司取得本公司股份,有利有弊。正是基于这一原因,现代公司立法既不宜禁止公司取得本公司股份,也不能放任公司长期持有本公司股份。在这种情况下,如何认识、把握本公司的股东资格主体问题呢?

　　本书认为,虽然一般而言,持有公司股份的主体,即享有公司的股东资格,但是,公司持有本公司的股份,则不宜享有本公司的股东资格,换言之,本公司不宜被视为享有股东资格的主体。理由主要是:第一,公司取得本股份的积极作用的价值与股东资格的价值不相吻合。股东资格的基本价值在于表明股东在公司中的法律地位,示意持有公司股份的主体享有股东的权利。而公司取得本公司的股份的作用主要在于处理公司的特定事务,如减少公司资本,调整公司资本结构,应对他人的恶意收购等。第二,公司取得本公司股份的消极作用表明本公司在本质上不宜享有本公司的股东资格。如果承认公司可以享有本公司的股东资格,就会导致公司与股东的法律地位混淆,使公司与股东的关系混为一谈。如果公司再以其股东资格行使股东权利,会使控制公司的大股东放大其在公司控制股份的数量,从而更容易控制董事或经理或其他能够控制公司的人员,利用公司所持的本公司的股份来损害公司及其他小股东的利益。事实上,正是由于这些重要原因,国外立法在许可公司取得本公司股份的同时,限制公司行使所持有股份的"股东权利",如不得行使表决权,本公司股份的收益实质上应当按相应比例归公司股东所有,而不应当归本公司所有。

　　从本质上看,在公司持有本公司股份的情况下,本公司并不能成为其所"持有股份"利益的真正承受体。公司持有本公司股份具有过渡性和临时性,因为其持有本公司股份的目的不在于股东资格所要表彰的股东权利,而在于为了实现特定的目的。因此,在公司持有本公司股份的情况下,应当将股份的持有与股东资格的享有区别开来。也就是说,公司可以在法律规定的特定情况下持有本公司的股份,但是不宜享有本公司的股东资格。

---

① 参见邱海洋:《公司利润分配法律制度研究》,中国政法大学出版社2004年版,第11页。

## 五、国家的股东资格

### （一）国家的股东资格的正当性

国家享有股东资格的正当性源于国家的民事主体理论以及与此相适应的财产权理论。国家作为私权主体，在参与国民经济活动中，通过国有资产权的行使，或投资设立国有公司，或认购股份，取得公司的股份所有权，享有股东资格，并可以依法转让其所持有的股份。国家还可以通过其持有的股份权利，按照两权分离的原则对国有控股公司进行经营管理。

国家是否能够享有股东资格，首先要考量国家具有的民事权利能力。按照一般民法原理，国家可以享有民事权利能力，成为特殊的民事主体，因此，国家具备了享有股东资格的基本要件，国家成为股东没有法理上的障碍。

其次，要考量国家民事主体的财产状况。国家要成为股东资格的主体，必须要有可用以从事经营活动的可投资性财产，而不能用非经营性财产投资于公司。由于我国的历史原因，国家已经积累了相当数量的经营性资产。一方面，这类资产源于经营领域；另一方面，经过经济体制改革，这类资产由代表国家的专门机构管理，实现了"政企分开"的管理体制。基于上述主体理论和国家财产状况的基本分析可见，国家可以成为股东资格的主体。

其实，在相当大的程度上，国家的股东资格取决于一国的经济体制和相应的经济政策。而一国经济体制的确立和经济政策的制订，除了历史的原因、本国的国情等因素外，国际政治和经济发展趋势的影响日显重要。为了加强国家的控制力，为了增强国家在国际上的竞争力，国家通过对经济组织的投资并由此控制经济组织，成为国家的一项重要职能。这种现象在发展中国家愈加明显。如在印度尼西亚，"国有资本在有限责任公司中占有支配和主导地位，这样的所有制形式就便利国家成为有限责任公司的最大股东，根据法律规定由财政部长代表国家作为有限责任公司中国家股的股东，由其代表国家行使股东权利。"[1]印度尼西亚国有资本的投资形式主要是有限责任公司。"有限责任公司是指根据1967年第7号法令设立的国有公司，其组织形式为1955年第1号法令规定的有限责任公司，其全部资产或者51%以上的资产由国家所有。"[2]

承认国家享有股东资格，对充分利用国有资产参与社会主义市场经济活动

---

[1] 米良、周麒主编：《东盟国家公司法律制度研究》，中国社会科学出版社2008年版，第249页。
[2] 同上书，第248页。

具有十分重要的积极意义。

第一,赋予国家为股东资格主体的能力,就能够使国家以所有者的身份对公司进行投资,并以股东身份享有股份财产。这样一方面使国家在商事领域成为一个真正的民事主体而与国家行政权分离;另一方面又有助于公司企业摆脱行政干预,实现国有资产的"所有权与经营管理权"分离的有效运作,使国家资产的运作纳入市场经济运行的轨道。

第二,赋予国家为股东资格主体的能力,就能够使国家以股东的身份,运用公司管理机制和证券运作机制,集中社会资产,引导社会经济发展。

第三,赋予国家为股东资格主体的能力,就能够使国有资产的管理机制效率在市场经济的运行中不断得到提升,促成规模经营,获得规模经营效益,从而使国有资产迅速增值,发展社会主义的建设事业。

第四,赋予国家股东资格主体的能力,实质上是赋予了国有资产的股份形式,就能够使国有资产通过股份机制在不同部门间转移,促进生产要素的合理化转移和社会资源的充分利用。而股票的可转让性又使股东在企业经营状况不好时及时抛售股票把资金投向别的生产部门,提高社会的经济发展效益。[①]

**(二) 国家的股东资格的可行性**

股东资格反映的是股东的法律地位,具体表现为股东权利的实现。因此,国家股东资格的可行性问题实际上是关于国家享有股东权利能否实现的问题,具体而言,就是关于国家财产权如何通过股东权得以实现。

在我国,虽然《民法通则》第73条明确规定,"国家财产属于全民所有",但是能代表国家行使国有资产进行投资的主体是中央人民政府国务院。[②] 不过,具体享有股份所有权并能成为国家股东资格的主体,则不限于国务院。关系国民经济命脉和国家安全的大型国家出资公司,重要基础设施和重要自然资源等领域的国家出资的公司,由国务院代表国家履行出资人职责,并享有股东资格。其他的国家出资企业,由地方人民政府代表国家履行出资人职责,享有相应的股东资格。国务院和地方人民政府依照法律、行政法规的规定,分别代表国家对国家出资企业履行出资人职责,享有出资人权益,行使股东权利。[③]

虽然国有资产投资形成的股份财产归国家所有,由国务院和地府人民政府代表国家行使所有权,但是国务院和地方人民政府通常并不是具体享有国家股东资格的主体,具体享有国家股东资格的主体是国务院国有资产监督管理机构

---

① 参见罗玉珍:《国家作为民事主体》,载《民事主体论》,中国政法大学出版社1992年版,第88页。
② 参见《中华人民共和国企业国有资产法》第3条。
③ 参见《中华人民共和国企业国有资产法》第4条。

和地方人民政府按照国务院的规定设立的国有资产监督管理机构。按照法律规定,国务院和地方人民政府根据需要,可以授权其他部门、机构代表本级人民政府对国家出资企业履行出资人职责。①

由国务院和地方人民政府设立的国有资产监督管理机构和授权的其他部门或机构是履行国家财产出资人职责的机构。履行国家财产出资人职责的机构,实际上就是行使国家股东权利的机构,具有享有国家股东资格的意义。履行国家财产出资人职责的机构作为国家股东权利的行使者,与一般法人股东的执行机关既有相似之处,又有不同之处。它们的不同之处主要是:第一,履行国家财产出资人职责的机构依法取得法人资格,具有独立的法人地位;而执行法人意思的机关不具有法人资格。这表明,履行国家财产出资人职责的机构与国务院或地方人民政府的关系,不同于法人内部机关与法人的关系。第二,履行国家财产出资人职责的机构的职权是由法律明确规定的;而法人股东的执行机关的权利源于法人的授权。

履行国家财产出资人职责的机构,实际上就是代表国家行使股东权利的主体,代表本级人民政府对国家出资公司依法享有资产收益、参与重大决策和选择管理者等出资人权利;依照法律、行政法规的规定,制订或者参与制订国家出资企业的章程。② 履行国家财产出资人职责的机构有权行使股东对公司管理人员的选择权,对拟任命或者建议任命的公司董事、监事、高级管理人员的人选按照规定的条件和程序进行考察。③ 履行国家财产出资人职责的机构通过委派的股东代表对国家出资的公司合并、分立、上市、增加或者减少注册资本、发行债券、进行重大投资、为他人提供大额担保、转让重大财产、进行大额捐赠、分配利润,以及解散、申请破产等重大事项,依法行使股东的表决权利。④

应当指出的是,履行国家财产出资人职责的机构,虽然不属于国家股东的执行机关,但也有别于法人股东的法律地位。因为,履行国家财产出资人职责的机构,充其量也只是法律形式上的国家股东"主体",而实质上的主体资格应当是国务院和地方人民政府,履行国家财产出资人职责的机构只是这一股东资格的行使主体,所以,该主体在行使股权的时候必须依照法律的规定,对国务院和地方人民政府负责。"履行出资人职责的机构对法律、行政法规和本级人民政府规定须经本级人民政府批准的履行出资人职责的重大事项,应当报请本级人民政府批准。"⑤

---

① 参见《中华人民共和国企业国有资产法》第11条。
② 参见《中华人民共和国企业国有资产法》第12条。
③ 参见《中华人民共和国企业国有资产法》第24条。
④ 参见《中华人民共和国企业国有资产法》第30条、第33条。
⑤ 《中华人民共和国企业国有资产法》第12条第3款。

# 下编
# 股东资格的规范问题：
# 取得、变化与灭失

# 第三章 股东资格取得的一般理论问题

确定股东资格的主体边界,只是表明法律应当赋予股东资格主体的可能性范围,并不意味着这些主体当然取得股东资格。

现实生活中的实体要取得股东资格,应当具备特定公司的合法存在、取得股东资格之主体适格、股东资格取得方式合法三项基本要件。本章试图通过股东资格取得的要件展示股东资格取得的法理关系。

股东资格取得的基本证明文件就是股东名册与股份凭证。因为这两个文件的基本功能就在于证明股东与公司的关系,证明股份与股东的关系。其他包括章程在内的所有文件,基本功能都不在此。

本章对股东资格取得方式的梳理和相关问题的专门分析,旨在澄清基本理念。

## 一、股东资格取得的要件

主体资格的问题,涉及法律对利益关系调整机制的构造。公司制度对股东资格主体的法律规范,既与财产所有者的利益密切相关,也与其他公司的经营管理要求甚至公司债权人的利益相关联。显然,财产所有者要将自己的财产投资于公司,通过公司运作规则来实现财产的增值,首先要符合相关条件,使自己能够取得股东资格。

那么,取得股东资格应当具备哪些条件呢?学界有不少观点,如有的认为,公司股东应当具备下列特征:(1)在公司章程上被记载为股东,并在章程上签名盖章;(2)向公司投入了在章程上承诺投入的资本;(3)在工商行政管理部门备案的公司文件中列为股东;(4)拥有公司签发的出资证明书;(5)被载入公司股东名册;(6)享有法律规定的股东权利。① 显然,对股东资格的这一认识,是基于对股东资格认定的考量。股东资格取得的条件实际上是指能影响或决定取得股东资格的最基本因素。只有具备这些基本条件,才有可能取得股东资格。笔者认为,股东资格取得的条件主要有三项:与股东相关联之公司的合法存在;取得股东资格的主体适格;股东资格取得方式合法。

### (一) 与股东相关联之公司的合法存在

特定的股东相对于特定的公司。没有公司的存续,就不可能有该公司的股东存在。股东资格的取得以公司的合法存续为前提条件。根据公司法原理和我国公司法的相关规定,在公司设立成功之前,民事主体依其出资或者认购股份只能取得发起人或认购人的法律地位,并不必然成为该公司的股东,因为公司的设立并不一定都可以取得成功。在现实经济生活中,公司设立失败的情况是不可避免的,无论公司是因为什么样的原因而导致设立失败,发起人都将无法取得股东资格。只有当公司设立成功时,发起人的地位才会随着公司法人的成立而转化为股东,从而取得股东资格。

公司的存续与股东资格的存在是紧密联系在一起的。在公司设立成功以后,公司以外的第三人可以通过合法的途径取得股东资格。但是,必须以公司处于存续之中为基本前提条件。在公司设立的过程中,第三人将无法通过受让或者其他继受的方式取得股东资格;在公司解散或者破产之后,第三人无法再通过合法途径取得该公司股东的资格,而且原公司的股东在公司清算完毕并且在工商登记机关注销之后也会丧失原有的股东资格。

综上可见,公司成立和存续是民事主体取得股东资格的前提条件,民事主体只有在公司成立和存续时才有可能通过合法的途径取得股东资格,在其他任何阶段都将无从取得股东资格。

### (二) 取得股东资格的主体适格

#### 1. 具备股东资格主体的一般性要件

股东资格主体的一般性要件是指基于抽象意义上的股东资格主体要件,即在一般情况下,相关主体只要具备此要件就可以享有股东资格。股东资格主体的一般性要件,是立法层面所面临且必须解决的问题。公司立法首先应当研究哪些主体可以持有公司股份成为股东?可以成为股东的主体范围如何界定?这

---

① 参见朱江主编:《新公司法疑难案例判解》,法律出版社2009年版,第6、44页;丁巧仁主编:《公司法判解研究》,人民法院出版社2003年版,第9、42、47页。

一问题在公司法理论中就是一般意义上的股东资格主体问题。

"无论在哲学,还是在各门社会科学中,'主体'总是意味着某种自主性、自学性、自为性、自律性,某种主导的、主动的地位。"①法律主体的这些特性和地位集中表现为权利能力。在现实法律环境下,民事主体是"民法上规范权利的归属者"②。在公司制度中,股东是公司法所规定的股东权利的归属者,是基于股份财产而形成的各种权利的载体。股东资格实际上也是享有股份财产权的资格。显然,股东对股份财产享有的资格或可能性,是一种民事权利能力。"民事权利能力是国家通过法律确认的民事主体享受民事权利和承担民事义务的资格,它是民事主体享受权利和承担义务的基础"③。民事权利能力不是民事权利本身,也不是民事主体所享有权利的范围,④而是法律赋予相关主体享有民事权利的资格,是联系法律主体与相应权利的桥梁。财产权利只能归属于享有这一财产权资格的主体。股份的权利只能归属于能够享有股东资格的主体,而这一主体应当首先具有民事权利能力。

股东所享有的权利具有民事权利的属性,决定了民事权利能力是股东资格主体的前提条件,没有民事权利能力,则不能成为具有股东资格的主体。应当指出的是,正是股东享有权利的属性,使得民事权利能力不仅是股东资格主体的前提条件,而且也是主体维系股东资格的基础。一旦主体丧失民事权利能力,就不能再享有股东资格。

需要表明的是,除了民事权利能力这一主体要件外,法律是否应当对股东资格主体规定其他要件?我们认为,对一般意义上的股东资格主体而言,只要具有民事权利能力这一要件就足够了。其理由主要是:第一,这一要件实际上是与民事主体的资格要件相适应,只要具备民事主体资格要件,就可以成为股东。允许一般的民事主体均可投资公司,成为享有股东资格的主体,这样便于股东资格的主体制度与民事财产权利的主体制度相对接,有利于社会财产的运作。第二,从立法层面看,对股东资格主体要件放宽松,实际上是对民事主体所享有的财产权的尊重。民事权利能力具有平等性,⑤所以,基于民事权利能力所确定的股东资格的主体要件,体现了法律对股东资格主体规则的公平理念。

---

① 张文显:《法哲学范畴研究》(修订版),中国政法大学出版社2003年版,第101页。
② 龙卫球:《民法总论》(第二版),中国法制出版社2002年版,第164页。
③ 王利明、杨立新、王轶、程啸:《民法学》,法律出版社2005年版,第52页。
④ 参见尹田:《民事主体理论与立法研究》,法律出版社2003年版,第14页。
⑤ 平等性是民事权利能力的特征之一。参见马俊驹、余延满:《民法原论》(第3版),法律出版社2007年版,第54页。

民事行为能力没有必要成为股东资格主体的要件,①这是因为,股东作为股份权利主体,在法律制度上表明了股份财产的权利归属。在主体平等的现代文明社会里,对股份财产的权利主体确认,不能因行为能力的差异而有所不同。

民事权利能力作为股东资格主体的要件,表明了所有民事主体都具备了成为股东资格主体的基本要件。这为公司立法对股东制度的设计提供了便捷条件,不必再对能够取得股东资格的主体范围加以专门规定,只要具有民事权利能力的民事主体,都可以依法成为公司的股东,从而节省了立法资源。

我国《公司法》没有对股东资格的主体作出明确的规定,那么是不是可以适用"法无禁止即为许可"的私法意思自治规则呢?对此我们持否定的态度。这是因为,法律主体是法律所规范的权利义务的归属,而主体资格制度是这种归属的基础性制度。法律上的权利"是为预定的归属者而设定的,这种归属者我们称为规范的权利主体或法律关系主体。在实际关系中,符合规范权利主体要求的实体,才能成为实际权利或法律关系的承受者。"②法律通过对主体权利能力等相关内容的主体制度设计,分配了社会权利和利益的归属,展示着立法的目的和精神。因此,任何生活中的实体,要成为权利主体,必须在法律上被赋予承受法律关系的资格。③没有法律规范的依据,则不能获得相应的主体资格。"法无禁止即为许可"属于行为效力判断规则,只能适用于适格主体的行为效力的判断,以此体现法律对私权适格主体"意思自治"的尊重。这一规则不能适用于对主体资格的判断,否则就会混淆了法律主体资格的基本理念,就会损害法律对主体制度规范的严肃性和权威性。毫无疑问,当法律规定没有赋予行为主体权利能力而致使其主体资格不合格时,其行为当然归于无效,这时,决不能以"法无禁止即为许可"的规则推定该主体为合格,否则就会产生十分荒谬的结果。因此,某一主体是否具备股东资格主体要件,不能适用"法无禁止即为许可"的规则加以判别。

虽然我国《公司法》没有对股东资格主体专门设条文加以规定,但是,我国《民法通则》对主体的民事权利能力有明确的规定,这些规定便是公司股东资格主体要件的基本法律根据。《民法通则》第9条规定,"公民从出生时起到死亡时止,具有民事权利能力,依法享有民事权利,承担民事义务。"第10条规定,

---

① 有学者认为,民事主体资格的要件不仅应当包括权利能力,还应当包括行为能力。参见李开国:《民法总则研究》,法律出版社2003年版,第112页。显然,这是将民事主体资格概念混同于民事主体概念了。我国学界普遍认为,具有民事权利能力即具有民事主体资格,但要成为民事主体还应当具备相应的民事行为能力。参见王利明:《民法总则研究》,中国人民大学出版社2003年版,第316页;龙卫球:《民法总论》(第二版),中国法制出版社2002年版,第166页。

② 龙卫球:《民法总论》,法律出版社2002年版,第164页。

③ 同上书,第165页。

"公民的民事权利能力一律平等。"第36条规定,"法人是具有民事权利能力和民事行为能力,依法独立享有民事权利和承担民事义务的组织。法人的民事权利能力和民事行为能力,从法人成立时产生,到法人终止时消灭。"这些规定,可以成为经济生活中相关主体具有权利能力并借此享有股东资格的法律依据。《民法通则》有关民事权利能力的规定之所以可以成为公司法领域中股东资格的法律根据,是因为民法所规定的民事权利能力,实际上属于私法领域的范畴。民事主体是一个特定的法律范畴,它是"私法上的权利和义务所归属之主体"[①]。我国民法调整的是平等主体之间的财产关系和人身关系。[②] 因此,我国民法有关民事权利能力的规定,实质上是关于私权主体在私法领域内的主体资格规范。正如民法中有关财产、民事行为、民事责任等内容的基本规则与原理,适用相关公司事务而无需公司法再加以规范的情形一样,对股东资格的主体,也无需公司法的规定而可以适用《民法通则》的相应规定。

值得探讨的是,商法学界普遍认为,商法对商事主体有专门的规定,营业能力是商人资格的核心,[③]而营业能力是经过商事登记而取得。这就将登记制度引入商主体的权利能力制度之中,为健全商主体制度奠定了重要的基础,实现了商主体"从商人到企业的观念变革"[④]。通过登记取得营业能力,具有商事权利能力的商主体是严格意义上的商事主体,是商主体体系中的核心主体形态。这类商主体在我国包括商法人(国有商法人、集体商法人、合营或合资商法人、私营商法人、外商投资商法人)与商自然人(个体工商户、私营独资企业和农村承包经营户)。[⑤] 那么,商法对商主体作出了规定,是不是民法对民事权利的规定就不应当适用于商主体呢?作为具有商法属性的公司法中的股东资格是否应当适用商法关于主体的规定而不再适用民法的规定了呢?

我们认为不能将民法与商法的规定截然割裂开来。这是因为,仅仅只有经登记取得商主体资格的商人,是不能适应丰富多彩的现代市场经济生活需要的。因此,除了要有登记商人外,还应当有其他类型的商人,如免登记商人,[⑥]从事间接商行为或中介商行为的商中间人,以及受商主体委任或支配,辅助商主体开展

---

[①] 〔日〕星野英一:《私法上的人》,王闯译,载梁慧星主编:《民商法论丛》第8卷,法律出版社1997年版,第155页。
[②] 参见《中华人民共和国民法通则》第2条。
[③] 参见王保树:《商法的实践和实践中的商法》,载王保树主编:《商事法论集》第3集,法律出版社199年版,第15页。
[④] 范健主编:《商法》(第二版),高等教育出版社、北京大学出版社2002年版,第34—35页。
[⑤] 同上书,第39页。
[⑥] 参见范健:《德国商法:传统框架与新规则》,法律出版社2003年版,第101页。

商事经营行为的商辅助人等。① 其实,这些主体都是商法意义上的商人,是广义上的商人,而经登记取得法律赋予的经营能力的商事主体,是狭义的商主体范围,是严格意义上的商人,是商主体体系中的核心。从广义上看,商主体的范围呈现出多层次的结构。这种多层次的商主体权利能力,分别由相应的法律赋予。不同的法律规范规制不同的商主体,适应了各类市场经济生活的需要。所以,虽然商事主体的营业能力要有专门的法律规定,但这并不妨碍依据民法规定享有民事权利能力的主体具有股东资格。"民法关于主体的规定,均作为商人法的重要构成部分,对商人事务具有一般适用和补充适用的意义。"②"民法主体制度是对商品经济活动主体资格的一般规定,任何个人和经济组织,凡是从事带有营利性的商品经济活动,其法律地位的最终确定都是由民法上的主体制度来完成的"③。将"公司、股东、董事、经理、证券经纪人、银行、承运商等"主体不加区分地笼统地作为具有"营利性、经营性、职业性、风险性的特征"的商主体对待,④是不科学的。其实,民法所规定的民事权利能力属于一般的权利能力,法律对商事主体也可以规定适应于商事法律关系调整的特殊的权利能力,⑤即商主体的权利能力。民法和商法都是关于私权领域主体资格调整的法律规范,只是前者为一般法的规范,后者为特别法的规范;特别法优先适用于一般法的规定,当特别法没有规定时,适用一般法的规定。

**2. 取得股东资格的主体符合公司法和公司章程的要求**

具体的"股东资格",显然是对特定公司的股东而言。要取得特定公司的股东资格,相关主体就必须符合法律或公司章程对这一特定公司的相关要求。只有适格主体才能取得特定公司的股东资格,而不合格主体是不能取得该公司股

---

① 参见顾功耘主编《商法教程》,上海人民出版社、北京大学出版社 2006 年版,第 44—46 页;范健主编:《商法》(第二版),高等教育出版社、北京大学出版社 2002 年版,第 42—48 页。
② 王保树:《商法的实践和实践中的商法》,载王保树主编:《商事法论集》第 3 集,法律出版社 1999 年版,第 3 页。王保树先生在此文中将"商人法""因分别采用民商分立体制和民商合一体制而区别为分散型和集中型两种","我国的'商人法'属于后一种类型,它以民法通则关于主体的规定和各种法的规定构成。"
③ 覃有土主编:《商法学》,高等教育出版社 2005 年版,第 26 页。
④ 参见楼晓:《未成年人股东资格之商法检讨》,载《法学》2008 年第 10 期。
⑤ "权利能力分为一般权利能力和特殊权利能力。一般权利能力指主体自出生(成立)到死亡(解散)时止都能享有权利的能力或资格","特殊权利能力指主体在特定条件下具有的权利能力或资格"。(张文显:《法哲学范畴研究》修订版,中国政法大学出版社 2003 年版,第 101 页。)由于传统权利能力制度过于追求平等抽象,不能体现应有的主体差别,德国法学家法布里求斯(Fabricius)最早提出了相对权利能力的理论,其核心是应当承认更多元的主体设计,使用更具体的权利能力概念。(参见龙卫球:《民法总论》(第二版),中国法制出版社 2002 年版,第 168 页。)这种观点在现代商法学者的"由抽象人格到具体人格"的观念中也得到了体现。(参见范健:《德国商法:传统框架与新规则》,法律出版社 2003 年版,第 73—74 页。)本书认为,对商事主体权利能力的特别规定,与特别权利能力或相对权利能力的基本原理并不违背。

东资格的。

实质性的主体适格条件是法律和公司章程对公司股东资格取得的基本要求。首先,取得特定公司的股东资格,必须符合相关法律对取得股东资格主体的要求。例如,我国《公司法》第58条第2款规定,"本法所称一人有限责任公司,是指只有一个自然人股东或者一个法人股东的有限责任公司"。《公司法》第59条第2款规定,"一个自然人只能投资设立一个一人有限责任公司。该一人有限责任公司不能投资设立新的一人有限责任公司。"按这两款的规定,我国的一人有限公司可分为两种类型:其一是由自然人设立的一人有限公司,可称为自然人一人公司;其二是由法人设立的一人有限公司,可称为法人一人公司。显然,自然人一人公司的原始股东资格的适格主体只能是自然人;法人一人公司的原始股东资格的适格主体只能是法人。但是,法人可以通过受让的方式取得一人公司的股份,成为该公司的股东。如当自然人A设立一人公司甲后,他可以将其在甲公司的股份(资本)转让给另一法人乙公司。这样乙公司即成为甲公司(一人公司)的股东,取得甲公司(一人公司)的股东资格。同样道理,自然人也可以成为法人一人公司的股东。可见,法人不是自然人一人公司的原始股东资格的适格主体,但却是自然人一人公司继受股东资格的适格主体;自然人不是法人一人公司的原始股东资格的适格主体,但也可以是法人一人公司继受股东资格的适格主体。① 其次,取得特定公司股东资格的主体不仅要符合法律规定的要求,还要符合公司章程规定的要求。公司章程是公司自治性法律文件,公司章程的相关规范涉及股东资格主体要求的,即构成取得该公司股东资格的实质性适格主体条件。例如,假设某有限责任公司章程规定,公司股份不得转让给非公司股东,那么公司股东以外的其他人均不具备取得该公司股东资格的适格主体条件。

### (三) 股东资格取得方式合法

民事主体要取得股东资格,不仅主体本身要合格,而且其取得股东资格的方式也必须符合我国法律、行政法规的相关规定以及公司章程的要求。民事主体取得股东资格的具体方式是多种多样的,如可以通过设立公司取得,可以通过认

---

① 由对自然人和法人就一人有限公司股东资格的适格主体的分析可见,《公司法》第59条第2款的规范是极易被规避的。例如,自然人A设立自然人一人公司甲后,按《公司法》第59条的规定,该甲公司不能再设立法人一人公司乙。但这时自然人A可以将其在甲公司的股份(资本)转让给另一法人丙公司。这样丙公司即成为甲公司(一人公司)的股东,这时丙公司可根据《公司法》第58条规定设立法人一人公司乙,然后,丙公司(乙公司的股东)将其在乙公司中的全部股份(资本)转让给自然人甲公司,这样甲公司就取得了法人一人公司乙公司的股东资格了。甲公司通过这种方式成为乙公司的股东与其通过设立方式成为乙公司的股东又有什么实质性的区别呢?

购公司股份取得,也可以通过受让股东转让的股份取得。无论以何种方式取得股东资格,都必须符合相应的法律规定。民事主体取得股东资格的方式实际上是具体的法律行为,法律行为是合法行为,不得违反法律、法规的强制性规定。违反法律的强制性规定的行为可能导致法律行为被确认为无效。① 例如,以受让有限责任公司股份的方式来取得公司股东资格,必须尊重公司原有股东的优先权,否则受让行为无效,即不能有效取得股东资格。此外,民事主体在取得股东资格时,其出资方式也应当符合相关法律规定。例如,如果以认购股份的方式取得股东资格,则只能用货币出资,而不能以实物出资。取得股东资格的方式不仅要符合法律的强制性规定,也不得违反社会的公共利益。社会公共利益是社会公众所共同享有的利益,任何侵害公共利益的行为,将会被社会所否定,也就失去了其合法存在的基础。

## 二、股东资格取得的证明文件

投资者取得股东资格,即具有了公司股东的身份。这种身份,应当有特定的法律文件予以证明。能够证明股东资格的法律文件,既是表明股东身份的凭证,也是股东资格的外观表现方式。一方面,股东资格的证明文件的外观特性,使他人感知到持有证明文件者所具有的股东身份;另一方面,股东资格的证明文件为具有股东身份的人行使股东权利提供了必要、有效的根据。

能够证明股东资格的基本文件是股东名册和股份凭证。由公司保管的股东名册和由公司签发、股东持有的股份凭证,表明股东成为公司成员的意志和公司对股东身份的认可,反映了公司与股东之间的合意关系。因此,股东名册和股份凭证是证明股东资格的基本文件。当股东向公司投资合法取得股东资格,而公司不将股东记载于股东名册,不向股东签发股份凭证时,股东向人民法院提起诉求的,人民法院应当予以支持。② 由于我国现行《公司法》规定有限责任公司设立时,股东应当在公司章程上签名,这样,公司章程在特定情况下也具有证明股东资格的作用。

---

① 参见王利明、杨立新、王轶、程啸:《民法学》,法律出版社 2005 年版,第 121 页。
② 《最高人民法院关于适用〈中华人民共和国公司法〉若干问题的规定(三)》第 24 条规定,"当事人依法履行出资义务或者依法继受取得股权后,公司未根据公司法第三十二条、第三十三条的规定签发出资证明书、记载于股东名册并办理公司登记机关登记,当事人请求公司履行上述义务的,人民法院应予支持。"

## （一）股东名册

### 1. 股东名册的性质分析

按照我国《公司法》的规定，公司应当置备股东名册，记载股东的基本信息。[①] 各国公司立法均对公司置备股东名册有所规定，有的规定内容较多，如《英国2006年公司法》设专章对股东名册相关事宜全面规范；[②] 有的只专条作一般性规定，如《德国股份法》只有第67条对股东名册的基本内容作了规定；还有的未对股东名册专门规定，只是从相关条款中可以得知公司应当置备股东名册。[③] 尽管规定的具体方式有所不同，但都表明股东名册是公司必备的法人组织的内部文件。从根本上说，股东名册这一属性，是公司法人的社团组织体特性决定的。

首先，公司独立的社会组织体特性，要求由确定的成员构成其独立主体地位存续的基础，而股东名册正是适应这一要求的最佳形式。在法人主体体系中，公司属于社团法人。作为具有营利性的社团法人，不仅要有以投资人投资财产形成的、承担独立民事责任的物质基础，而且还要有以投资者集合为基础形成的、保障公司进行独立行为的内部组织机构运作规则。基于民事主体原理，公司与合伙的重要区别在于公司具有独立的法人地位，而合伙不具有独立法人地位；公司章程和合伙合同分别代表了两种不同属性组织体存续的法律基础。在这里，合伙合同还有表明组成合伙体之成员的特有功能；而公司章程则不具有这一功能。不过公司章程与合伙合同这一功能的差别，并不表明公司章程的缺憾，相反体现出公司较之于合伙所具有的优越性特质，即公司存续的稳定性和扩张性。因为在合伙体中，合伙人因合伙合同而维系，并由此形成了合伙体的存续；合伙人撤出，严格而言就意味着合伙合同的解除，合伙体也就要随之解散。虽然现代合伙法规定合伙人退出与加入的规则，但这种规则在本质上仍是以合同法"意思表示一致"原则为基础的，合伙人仍应当居于合伙合同主体的地位。而公司章程则只是表明了公司主体存在的正当性法理根据。虽然公司章程在本质上被视为具有契约性质的法律文件，但它毕竟不同于合同，股东并不被视为"章程的契约主体"。如果说合伙合同具有表彰合伙体和显示组成合伙体之成员的两种

---

[①] 值得注意的是，我国《公司法》对有限责任公司与股份有限公司采取了不同的立法态度：有限责任公司应当置备股东名册（第33条）；而股份有限公司"发行记名股票的，应当置备股东名册"（第131条）。

[②] 《英国2006年公司法》第8部分"公司成员"中第2章"成员登记册"（Register of members）分三部分（第113条至第128条）用15条对"成员登记册"的内容、管理人员及责任、股权证发放的记载、查阅事宜、索引信息、记录的删除、单个成员公司与库藏股公司的成员登记、法院的权力等事宜，作了全面规定。

[③] 参见《意大利民法典》第2362条。

功能的话,那么公司法的法律特性使得公司章程只能承担起表彰公司独立法人的功能,而无力承受表明组成公司之成员的功能。否则公司的稳定性和扩张性就会被泯灭。要弥合在公司组织体系构建中由章程功能遗留的这一缺憾,就需要公司置备股东名册,表明公司这一社团组织之构成成员。

其次,公司特定的法人治理运作机制,是在公司资本"所有者"确定的基础上构建的,而股东名册正是这一明确公司资本"所有者"重要信息的载体。无论在何种形态的企业中,经营资本的"所有者"必须明确,这是保障企业有序运作、持续发展的重要基础。否则企业经营管理权就会成为无本之木,企业的经营利润归属就会错乱,企业的发展必然终成空想。在合伙企业中合伙人可以直接从事经营活动,组织体成员彼此紧密联系,这种透彻的人合性关系,已经使合伙企业的经营管理机制建立在了经营"资本所有者"确定的基础之上了。因此在合伙企业中,无所谓合伙人名册。但是在现代公司治理结构中,被视为公司财产"最终所有者"的投资人(股东)并不是公司的实际控制者。"几乎没有控制权的财富所有权与几乎没有所有权的财富控制权",是公司制度中难以避免的客观现象。① 在这种情况下,公司财产所有者必须要由一个专门的方式确定下来,而股东名册正是记载公司资本财产所有者基本信息的形式。

股东名册登记是公司将其组成成员的股东姓名或名称及相关信息设专簿予以记录的法律行为。构成这一行为的基本要素是:行为主体是公司。无论具体实施这一行为者是谁,②其法律上的主体都是公司,具体行为者只是代表公司进行登记的执行人;行为内容是记载股东的姓名或名称的相关信息。公司对股东名册的登记,表明公司对股东资格的认可。股东同意将其姓名或名称登记于股东名册,表明其具有自愿成为公司成员的意志。可见,股东名册是具有公司与股东之间契约属性的公司内部法律文件。

相关民事主体按照约定履行出资义务或者依法继受取得股权后,公司应当将投资人姓名或名称记载于股东名册。公司拒绝或者怠于记载于股东名册,相关民事主体可以通过诉讼渠道获得人民法院的公力救助。公司未置备股东名册,或者股东名册未予记载或者记载错误,或者未办理公司登记机关登记或者变更登记,给股东造成损失,股东也可以通过诉讼渠道求得人民法院的公力救助。③

---

① 参见〔美〕阿道夫·A.伯利、加德纳·C.米恩斯:《现代公司与私有财产》,甘华鸣、罗锐韧、蔡如海译,商务印书馆2005年版,第79页。
② 有的公司法要求公司设专人,如英国公司法;有的公司法要求董事会负责,如日本。
③ 参见《最高人民法院关于适用〈中华人民共和国公司法〉若干问题的规定(三)》(征求意见稿)第29条。

2. 股东名册的基本内容

对股东名册的基本内容,各国公司法均予以原则规定。我国《公司法》第33条规定,"有限责任公司应当置备股东名册,记载下列事项:(一)股东的姓名或者名称及住所;(二)股东的出资额;(三)出资证明书编号。"第131条规定,股份有限公司"发行记名股票的,应当置备股东名册,记载下列事项:(一)股东的姓名或者名称及住所;(二)各股东所持股份数;(三)各股东所持股票的编号;(四)各股东取得股份的日期。发行无记名股票的,公司应当记载其股票数量、编号及发行日期。"①

从学理上分析,股东名册应当包括以下基本内容:

第一,股东基本信息。自然人股东基本信息应当是与国家法定身份凭证相一致的身份信息,包括姓名、法定身份凭证名称及编号、法定住址;非自然人股东主体基本信息应当是与该主体的合法资格凭证相一致的身份信息,包括名称、法定代表人或负责人、法定住所的地址等。对特别股东(如发起人股东、具有特别公司职务的股东等),应当注意特别股东身份的必要信息。

第二,股东持有公司股份的基本信息。这主要是载明公司股东持有股份的具体价值数量。股东持有股份的价值数量应当与公司资本的构成方式相适应,如有限责任公司资本如果不分成均等份额,其股东名册记载的股东持股情况就应当表明其持股在公司资本中所占有的比例。

第三,与股东持有股份权利凭证相适应的信息。股东名册只是反映了股东与公司之间的法律关系,并不表明公司股份的权利归属,但是,股东与公司的法律关系在本质上基于股份的纽带,因此,股东持有的股份凭证表明的信息应当与股东在股东名册上记载的信息是一致的。而股东名册记载股份权利凭证的信息,就是为了表明股东持有的股份与作为公司成员的内在关系。

第四,股东被记载的日期。股东何时被记载于股东名册,应当在股东名册中得到具体明确的反映。股东名册对日期的记载,不仅仅是表明这一登记行为发生的具体时间,而且还具有重要的法律意义。按照登记规则的一般原理,股东名册的登记作为一种法律行为,一经合法进行,即依法产生法律效力。股东名册登记的法律效力就是承认被登记者的股东资格。这表明,股东名册登记之日,即为股东资格取得之时。由此看来,我国《公司法》第33条有关股东名册登记事项中,遗漏了登记时间这一重要内容,是不应有的缺憾。

3. 股东名册登记的效力

股东名册登记的效力是指在股东名册登记记载的法律后果。当投资者在公

---

① 我国《公司法》对股份有限公司股东名册的规定,在立法技术上是有瑕疵的。第131条规定,股份有限公司"发行记名股票的,应当置备股东名册",难道置备股东名册是因为发行了记名股票?

司股东名册上合法记载后,即取得了股东资格,表明其具有了股东身份。因此,股东名册登记具有证明被登记者具有股东资格的效力。换言之,在股东名册上登记记载的人,可以凭借股东名册的登记记载,确认自己在公司中的股东资格地位。我国《公司法》第33条第2款明确规定,"记载于股东名册的股东,可以依股东名册主张行使股东权利。"据此,笔者不赞同股东名册登记为推定效力的观点。因为,推定效力具有两层含义:一是对不能确定现象依据一定的根据加以推理判断的证明;二是一种间接证明的作用。这两层含义就不能准确反映股东名册与股东资格确定的、直接的证明关系。

基于对股东名册本质与内容的分析可见,股东名册的登记记载,首先证明的是股东是公司的内部成员,反映的是股东与公司之间的私权关系。这种登记的性质和效力均不同于在国家机关登记注册的工商登记,也不同于一般的物权登记或是专利权和商标权等财产权的登记。将股东在公司股东名册上的登记等同于上述各类国家机关的登记,混淆了股东名册登记与其他种类型登记的法律属性。

其次,股东名册登记表明了股东与公司之间在财产关系上的联系。这种联系,虽然不同于财产的共有关系,但却具有共同享有公司财产这一共有的基本性质。只是公司以法人的独立人格享有了公司的法人财产权,使得股东对公司的财产不能直接支配,但是股东与公司的财产关系并不因此而割断,而是以另一种财产关系存续着。

### (二) 股份凭证

如果说,股东名册的记载,表明了股东与公司的内部成员关系,那么股份凭证,则表明了股东与股份的权属关系。股份财产是股东向公司投资后由公司认可的公司财产的一定份额。一方面,股份财产是股东与公司关系存续的纽带;另一方面,股东财产具有一定的独立性,尤其在股份公司中,更是如此。股东作为股份财产的权利归属者,需要股份权属凭证以示他人。

我国公司法中的股份凭证是有限责任公司向股东签发的出资证明书和股份有限公司向股东签发的股票。《公司法》第32条规定,"有限责任公司成立后,应当向股东签发出资证明书。出资证明书应当载明下列事项:(一)公司名称;(二)公司成立日期;(三)公司注册资本;(四)股东的姓名或者名称、缴纳的出资额和出资日期;(五)出资证明书的编号和核发日期。出资证明书由公司盖章。"《公司法》第126条规定,"股票是公司签发的证明股东所持股份的凭证。"《公司法》第129条第2款、第3款规定,"股票应当载明下列主要事项:(一)公司名称;(二)公司成立日期;(三)股票种类、票面金额及代表的股份数;

(四)股票的编号。股票由法定代表人签名,公司盖章。"显然,无论是出资证明书还是股票,都表明了与公司组织形式相适应的股份凭证应当具有的基本信息,能够包含股东资格内涵向外释放以便他人知晓的必要元素。发起人的股票,应当标明"发起人股票"字样。

值得思考的问题是,《公司法》为什么要规定不同公司组织形式的股份凭证要用不同的称谓?在传统的大陆公司法学理论中,股份在狭义上仅是指股份有限公司中公司资本的均等份额,股份可以自由转让。法律为股份基本性质的定位,为其证券化奠定了法律基础。因此,对股份公司的股份而言,它更多的财产价值因素,使股票更明确地显示了股份财产归属的外观作用,从而减弱了股东名册所显示的公司成员的外观意义。相反,在有限责任公司中,股东之间的彼此信赖关系使得组成公司资本份额的财产价值,依附于公司的整体财产价值,从而使有限责任公司资本份额的外观表现更多地侧重于反映公司成员的意义。我国《公司法》使用"出资证明书"的表述方式,明显地说明了这一状况。股东以其"出资证明书"证明其作为公司成员享有股东资格的基础。

然而,尽管有限责任公司股东的资本份额不能像股份有限公司的股份那样自由转让,但是它们的外观表现形式无论是"出资证明书"还是"股票",实质上都有既表明股东是公司成员又表明股东是相应公司资本份额所有者的功能。因此,股东资格外观的形式在本质上是相同的。

### (三) 公司章程

公司章程是规范公司组织与行为、调整公司与股东之间、公司与管理者之间、股东与股东之间、股东与管理者之间关系的公司内部活动准则,是公司必不可少的纲领性文件。[①] 章程是公司作为一个法人组织的重要标志,也是公司法规定的公司成立和存续的必要前提和条件。[②] 严格而言,公司章程的基本功能并不在于展示股东资格的外观表现,而是公司内部的自治规约,具有展示公司法律人格外观的功能。[③] 但是,当公司章程中涉及股东的有关内容时,就向外释放股东资格取得的信息,这在一定程度上起到了股东资格外观表现形式的作用。

在英美法系国家的公司法中,通常并没有章程应当记载股东信息的规定,但

---

[①] 参见顾功耘:《商法教程》,上海人民出版社 2006 年版,第 99 页。需要指出的是,在募集设立中,公司章程显然不是由发起人制订的。发起人只是拟定公司章程。公司章程应当依法经公司创立大会通过,并且是公司登记时应当提交的法定文件之一。

[②] 参见周友苏:《新公司法论》,法律出版社 2006 年版,第 195 页。

[③] 企业法人营业执照和公司章程,都是公司法律人格的外观表现形式,前者是由政府颁发的认可公司取得法人资格的书面凭证,后者是公司自制的表明公司法人资格的书面形式。

有的国家公司法规定,公司章程应当记载公司设立发起人的相关内容。如《美国修正示范商业公司法》(Revised Model Business Corporation Act)第2.02条(1)规定,"每一发起人的名称及地址"是公司章程必须包括的内容。在大陆法系国家公司法中,通常不仅规定股份有限公司章程应当记载发起人的相关信息,如《日本公司法》第27条第5项规定公司章程要记载发起人的姓名或名称及住所,而且还规定有限责任公司的章程要记载全体股东的相关信息,如原《日本有限责任公司法》第6条将"股东的名字及住所"列为公司章程的绝对必要记载事项,2005年《日本公司法》虽然取消了有限责任公司的组织形式,但在有关持份公司的章程规范中,规定了相同的内容。

我国《公司法》第25条规定,"有限责任公司章程应当载明下列事项:……(四)股东的姓名或者名称;(五)股东的出资方式、出资额和出资时间……"。第82条规定,"股份有限公司章程应当载明下列事项:……(五)发起人的姓名或者名称、认购的股份数、出资方式和出资时间……"。《公司法》规定的公司章程中应当载明的股东资格相关信息的内容,虽然这在立法的主观目的上与公司设立要求的保障机制有关,但在立法的客观结果上与股东资格的外观表现相联系。根据我国《公司法》的规定,在有限责任公司章程中,对股东的相关事项的记载属于绝对必要记载事项,所以,有限责任公司的投资人要取得股东资格,应当在公司章程予以记载;在股份有限公司的章程中,发起人相关事项的记载是公司章程的绝对必要记载事项,所以,发起人要取得股东资格,应当公司章程予以记载。可见,章程记载是有限责任公司股东资格和股份有限公司发起人股东资格的外观表现形式之一。

综上所述,公司章程的基本功能并不在于表明股东的资格,而是公司运作的宪章性规则。由于公司章程内容在一定的情况下可以反映出股东资格的归属,因此,公司章程对股东资格的外观作用实际上是有限制的,或者说是有特定条件的。公司章程仅在股东名册和出资凭证欠缺或失真的情况下,对发起人[①]的股东资格具有外观价值。

## 三、股东资格取得的方式

### (一)股东资格取得方式的意义及分类

股东资格取得的方式就是民事主体获得公司股份,取得股东资格,成为公司

---

① 由于我国《公司法》对有限责任公司的设立没有使用"发起人"的概念而是用了"股东"的称谓,所以这里的"发起人"应当包括设立有限责任公司的股东。

股东的途径,其实际内涵就是获取股东的身份。在此意义上,股东资格取得的方式就是指明取得股东资格或身份的路径。取得股东资格,不仅表明相关主体成为公司股东,享有股东的权利;而且还蕴含着该主体向公司投资的意义,表明该主体取得了公司股份所有权的结果;表明该主体与公司的关系,与其他股东之间的关系。公司法对股东资格取得的规范,是整个公司法体系中的一个基础性的、重要的规范。

分析股东资格取具有重要意义:

第一,揭示股东资格取得的脉络,以利于提高公司设立的质量,以利于提升相关公司案件审理的水平。不同的民事主体取得股东资格的方式不同,往往会影响到其他相关主体的利益,还会涉及公司自身的运作机制。例如,原始股东资格的取得,与公司资本或资产的变化相联系,所以,以这些方式取得股东资格的,通常会涉及公司资本增加或资产的变化,因而往往会牵扯到公司主体的利益;而继受取得股东资格,则不会引起公司资本或资产的变化,主要涉及与此相关主体的利益关系,而一般不直接涉及公司主体的利益。因此,取得股东资格的方式不同,就需要有相应的法律予以合理规范。一方面,有利于保障民事主体顺利取得股东资格;另一方面,有利于保护其他相关主体的利益,维系公司的正常运作秩序。

第二,展示民事主体的投资渠道,引导财产所有者理性投资。取得股东资格的每一种方式,都有其特有价值功能,同时也会涉及相应的法律规则。显然,系统展示股东资格取得方式,对投资者全面掌握相关信息,从而进行理性的投资活动是十分必要的。

第三,揭示不同股东资格取得方式所适用的不同法律规范和形成的不同法律关系。股东资格取得的方式不同,其法律依据以及形成的法律关系也不同。将股东资格取得的不同方式分门别类进行论述,能够清晰表明各种方式取得股东资格的法律意义以及所应当适用的相应的法律规则。

股东资格可以通过多种方式取得。如可通过发起设立公司缴纳出资、认购股份、受让公司股东转让的股份、接受公司股东赠与的股份、继承死亡股东的股份等等方式取得公司的股东资格。股东资格取得的方式之所以具有多样性,其最根本的原因是取得股东资格的本质是一种财产投资的私权行为。无论是从投资人的角度来看,他向公司投资欲取得股东资格,还是从公司的角度来看,公司接受其投资、赋予其股东资格,都是基于财产运作的私权行为。民事主体在何时、以何种方式运作自己的财产向公司投资,由其自主决定;同样,公司在何时、以何种方式接受这种投资是公司自己的权利。只要投资者的投资与公司接受投资达到统一,形成衔接就能使投资者取得股东资格。由此导致股东资格取得方式的多样性,就不足为奇了。

鉴于股东资格取得在公司法中的重要意义以及股东资格取得方式的多样性,就需要对股东资格取得的方式进行梳理、分类,以利于对相关民事主体选择合适的方式运用自己的财产向公司投资。

基于股东所投资公司的组织形式不同,可将股东资格的取得分为有限责任公司股东资格的取得和股份有限公司股东资格的取得;基于股东资格取得时间的不同,可将股东资格取得分为设立公司取得股东资格和公司扩股取得股东资格;基于股东在取得资格中的地位不同,可分为发行人股东资格的取得和认股人股东资格的取得;等等。但是,最常见、最具公司法意义的是,以是否与公司直接发生关系为根据,将股东资格的取得分为直接取得和间接取得。在公司法理论中,这两种方式通常分别被称为原始取得和继受取得。如果股东资格的取得直接源于公司的,即为原始取得(直接取得)。例如在公司设立过程中,发起人因出资或认股人因认购股份,在公司成立时即取得股东资格;再如在公司成立后,因认购公司新发行的股份而取得的股东资格。如果股东资格的取得不是源于公司,而是通过合法方式从原始股东手中取得股东资格的,即为继受取得(间接取得)。受让股东转让的股份、继承死亡股东的股份等,均属继受取得。

### (二) 股东资格的原始取得

股东资格的原始取得,是直接与公司发生关系获得公司股份而取得股东资格。因此,股东资格的原始取得实际上是直接取得,也被称为初始取得、固有取得。

原始取得的方式包括两种情况。一是在公司成立时取得股东资格。只要符合《公司法》规定在公司章程上签名或盖章、认缴出资的发起人,或者公司募集设立时认购股份的认购人,在公司成立时即取得股东资格。二是在公司成立后因认购公司增资发行的新股而取得股东资格。这两种情况下取得股东资格的,都是原始股东。[①]

股东资格的原始取得不同于民法上物权的原始取得。物权的原始取得,"又称'固有取得'或'权利的绝对发生',它是指直接依据法律的规定而取得物权,而不是基于原物权对其物权的转让取得。"[②]取得新物、无主物的所有权,或者不以原所有人的权利和意志为根据而取得原物的所有权,都属于原始取得。[③]

---

① 参见[德]格茨·怀克、克里斯蒂娜·温德比西勒:《德国公司法》(第21版),殷盛译,法律出版社2010年版,第559页。
② 王利明、杨立新、王轶、程啸:《民法学》,法律出版社2005年版,第277页。
③ 参见彭万林主编:《民法学》,中国政法大学出版社2002年版,第238页。

虽然股东资格的原始取得与民法上物权的原始取得有某些相似之处,如都不是基于转让而取得,但是,两者还是存在着一定的差别。物权的原始取得可以是事实行为,也可能是由于侵权行为,而在股东资格的原始取得上只可能是因为事实行为而取得,侵权行为是不能取得股东资格的。物权的原始取得的来源相对于股东资格原始取得的来源要广泛。物权的原始取得可以是因为生产、先占、拾得遗失物、添附等,也可以是因为国家强制而取得物权;而股东资格的原始取得则仅限于与公司直接发生关系取得股份而取得股东资格。所以,正是由此原因,我们将股东资格的原始取得又称为股东资格的直接取得。

**1. 因设立公司取得股东资格**

因设立公司取得股东资格是股东资格的原始取得的一种基本方式。这种方式只是设立公司的发起人取得公司股东资格的方式。

一般认为,公司设立是指发起人为组建公司并取得法律人格,按照法定条件和程序所进行的一系列行为的总称。这一概念包含了两个基本点:"组建公司组织"和"取得法律人格"。[①] 在设立公司的过程中,有限责任公司与股份有限公司对设立公司的人有着不同的称谓,将设立有限责任公司的人称为"设立人",而将设立股份有限公司的人称为"发起人"。我国公司法将设立有限责任公司的人称为"股东"。[②] 之所以将有限责任公司与股份有限公司的设立人赋予不同的称谓,主要是因为这两种公司的组织形式不同,设立的条件和具体的程序内容有所差异。但是,这两种公司在设立中并不是没有相同之处。《公司法》第78条规定,"股份有限公司的设立,可以采取发起设立或者募集设立的方式。发起设立,是指由发起人认购公司应发行的全部股份而设立公司。募集设立,是指由发起人认购公司应发行股份的一部分,其余股份向社会公开募集或者向特定对象募集而设立公司。"显然,股份有限公司的发起设立与有限责任公司的设立方式并无实质性的差异,有限责任公司就是由公司的设立人认购公司股份而设立公司。虽然在公司设立中的"发起人"称谓是相对于认股人的,但是,与在股份有限公司的发起设立中没有认股人并不影响"发起人"称谓的使用一样,在有限责任公司的发起设立中,没有"认股人"同样也可以使用"发起人"的称谓。基于这一原理,同时也为了论述的方便,本书中,除特别说明外,无论是对有限责任公司的设立人还是股份有限公司的发起人,都称为"发起人"。在此应当特别指出

---

[①] 参见王保树、崔勤之:《中国公司法原理》,社会科学文献出版社2000年版,第63页;赵旭东主编:《公司法学》,高等教育出版社2003年版,第91页;顾功耘主编:《公司法》,北京大学出版社2004年版,第47页;范健、蒋大兴:《公司法论》,南京大学出版社1997年版,第129页;徐燕:《公司法原理》,法律出版社1997年版,第135页;施天涛:《公司法论》,法律出版社2005年版,第99页。

[②] 《公司法》第24条规定,"有限责任公司由五十个以下股东出资设立。"

的是,我国《公司法》在有限责任公司的设立中使用"股东"一词来取代"发起人"显然是错误的,会导致相关基本概念的混乱。发起人和股东是不能混为一谈的,首先,只有公司设立成功之后,公司的发起人才可以成为公司的股东,有限责任公司一旦设立失败,则公司的发起人当然不能成为公司的股东;其次,股东没有民事行为能力的要求,而公司的发起人应当有相应的行为能力;再次,发起人与股东的权利义务内容不同,反映着两者不同的法律地位。例如,发起人享有的现物出资权利、设立公司的劳务报酬请求权,都是与发起人法律地位相适应的权利,股东是不可能享有的。

设立公司的发起人通过合法的方式设立公司而取得股东资格。这表明,首先,发起人必须履行设立公司的行为,除了拟定章程外,还必须按照《公司法》的规定向公司出资。不履行这些设立公司的基本行为,就不能成为设立公司的发起人。其次,发起人以这种方式取得股东资格,必须以公司的成立为前提。只有当公司成立,发起人才能取得股东资格,否则发起人只能享有"合伙人和连带债务人"的法律地位。[①] 按照《公司法》第 95 条的规定,当公司不能成立时,发起人"对设立行为所产生的债务和费用负连带责任","对认股人已缴纳的股款,负返还股款并加算银行同期存款利息的连带责任"。可见,在公司成立前,发起人是不具有股东资格的。《公司法》第 32 条规定,"有限责任公司成立后,应当向股东签发出资证明书。"第 133 条规定,"股份有限公司成立后,即向股东正式交付股票。公司成立前不得向股东交付股票。"所以,只有当公司成立,发起人才能取得股东资格。

通过设立公司而取得股东资格的民事主体需要符合一定的主体能力要求和财产要求。

首先,发起设立取得股东资格的发起人要符合发起人主体的能力要求。

发起人的能力要求,也就是要求发起人应当具备一定的资格条件。各国公司法关于发起人资格的规定可以概括为如下内容:第一,发起人可以是自然人也可以是法人。第二,自然人为发起人时,必须具有完全民事行为能力,无民事行为能力人及限制民事行为能力人不得作为公司发起人;法人作为发起人时,其所参与设立的公司业务范围与该法人原所从事的业务范围大体一致,有些国家(地区)公司法还将充任发起人的法人限定为公司法人,公司以外的社团法人、财团法人均不得为发起人。第三,发起人一般无国别、住所限制,无论是外国人、本国人,在当地有住所,还是无住所者均可作为公司发起人,但是少数国家(地

---

① 参见刘俊海:《现代公司法》,法律出版社 2008 年版,第 69 页。

区)对此有明确限制。①

就我国《公司法》而言,从有限责任公司和股份有限公司两个方面对能力要求作出了相关的规定。我国《公司法》对有限责任公司发起人资格的规定显得较为宽松,不像对股份有限公司发起人那样有诸如要求过半"在中国境内有住所"等限制。② 根据国家工商行政管理局《公司登记管理若干问题的规定》,企业化经营的事业单位、职工持股会、农村集体经济组织或村民委员会以及城市居民委员会可以作为有限责任公司的发起人而通过设立取得股东资格;而会计师事务所、审计事务所、律师事务所和资产评估机构等中介机构等不得通过设立有限责任公司的方式取得股东资格。《公司法》对于股份有限公司的发起人的资格则进行了诸多的限制,包括:发起人中至少一半以上在中国境内有住所;发起人为自然人的必须具有行为能力,无行为能力或限制行为能力的人,均不能担当发起人;发起人必须是在所设立的公司章程上署名的人;发起人必须认购一定的股份,发起人认购的股份总和不得少于公司股份总数的35%。可见,《公司法》对设立公司而取得股东资格的民事主体的能力都规定了一定的要求,但是对股份有限公司发起人的能力要求较为严格。

其次,发起设立取得股东资格的,发起人出资要符合法律对出资财产规定的要求。

财产要求主要是因为设立公司需要对公司出资或者认购公司的股份,而这些行为的基础是设立公司的民事主体必须拥有一定的财产,根据我国《公司法》第27条规定:"股东可以用货币出资,也可以用实物、知识产权、土地使用权等可以用货币估价并可以依法转让的非货币财产作价出资;但是,法律、行政法规规定不得作为出资的财产除外。"可见,发起人的出资财产范围要比其他非发起人投资财产范围广,除货币财产外,其他非货币财产只要可以以货币进行估价且可以依法转让的都可以进行出资或者认购股份。但是,法律和行政法规关于不得作为出资的财产的规定,发起人不得违背。另外,发起人以非货币财产出资的,应当按照法律规定的要求进行评估,以足额的财产价值出资。

以设立公司的方式取得股东资格的发起人应当足额向公司缴纳股款。但是,如果未能足额缴纳的,只要公司章程上载明了发起人缴纳股款的财产数额和形态的,也应当确认该发起人取得了股东资格,只是该发起人与公司形成了债务关系,对公司负有相应的缴纳股款的责任。

---

① 参见范健、蒋大兴:《公司法论》(上卷),南京大学出版社1997年版,第147页。
② 参见周友苏:《新公司法论》,法律出版社2006年版,第121页。

## 2. 因认购股份或向公司出资取得股东资格

民事主体可以通过认购公司股份向公司缴纳股款的方式取得该公司的股东资格。享有公司股份的所有权,即取得股东资格,并可行使相应的股东权利。

无论民事主体是否具有完全民事行为能力,都可以通过认购公司股份的方式而成为该公司的股东,从而取得股东资格。相对于因设立公司而取得股东资格的发起人有较为严格的能力和财产数额方面的限制而言,《公司法》对因认购股份而取得股东资格的主体则要宽松得多,没有对能力进行严格的要求,所有民事主体在不违反法律或者行政法规相关规定的前提下,都可以使用自己实际所有的货币财产认购公司的股份,从而取得股东资格。

通过认购股份而取得股东资格主要可以分为公司募集设立中的股份认购和公司成立后的股份认购两种。

一是在股份有限公司的募集设立中,认股人可以认购股份,在公司成立后即取得公司股东的资格。我国《公司法》第 78 条规定:"募集设立是指由发起人认购公司应发行股份的一部分,其余股份向社会公开募集或者向特定对象募集而设立公司。"募集设立是股份有限公司特有的设立方式。募集设立与发起设立的主要区别在于募集设立可以向发起人以外的社会公众募股。募集设立作为有效的集资方式,其程序较发起设立复杂,因此又称为渐次设立或复杂设立。[1] 可见,社会公众或者特定的对象可以通过认购以募集方式取得股份有限公司的股份而取得股东资格。

二是在公司成立后,民事主体可以在股份有限公司发行新股时或者有限责任公司扩增资本时认购公司股份,缴纳股款,取得股东资格。

公司成立后,为了扩大经营规模、拓展市场,往往需要通过追加资本来提高公司的资本信用及经济实力[2]。公司资本的增加是指公司股本的增加,是公司注册资本的增加。[3] 根据我国法律的相关规定,上市公司一般可以通过公开发行新股的方式进行增资,而有限责任公司和非上市的股份公司可以通过原股东追加投资或者接纳新投资人的方式来完成增资。就有限责任公司而言,其出资方式不同,资本增加的方式也不同。主要分为三种情况:采用单一出资制的公司,可以按原出资比例增加相应出资,使公司在资本增加之后各股东之间所持有的出资比例不发生变化;当然也可以不按照原出资比例出资,使得股东之间所持有的出资比例在公司增资后发生一定的变化。在采用复数出资制的公司中,可以

---

[1] 参见周友苏:《新公司法论》,法律出版社 2006 年版,第 127 页。
[2] 参见顾功耘主编:《商法教程》,上海人民出版社 2006 年版,第 121 页。
[3] 参见沈贵明:《公司法教程》,法律出版社 2007 年版,第 150 页。

通过增加每一份出资数额或通过增加新的出资份额来增加公司的资本;而在采用基本出资制的公司当中,既可以按比例增加股东的出资数额,也可以不按比例增加股东的出资数额,但公司资本增加后股东出资数额仍应当是基本出资数额的整数倍。可见,在公司成立后,认购公司股份,不仅会导致新的投资者通过这种方式取得股东的资格,而且有可能造成公司内部各股东之间所持出资比例的变化。

3. 因公司组织体变更而取得股东资格

公司组织体变更是指公司的合并与分立。由于公司组织体的变更,或公司合并,或公司分立,有可能导致某些公司的灭失,还有可能导致新的公司生成。随着公司组织体的变更,相关公司股东也会发生变化,某些股东资格会因此而灭失,但也会产生新的股东。有学者将因公司变更而取得的股东资格归类于继受取得。① 这显属不妥,因为随着公司组织体的变更而导致股东资格变化的,必须按公司变更协议的规则进行,并经过变更后的公司确认,这就表明,变更后的股东资格取得是因股东与公司发生关系,而不应当是股东之间发生关系。

(1) 因公司合并取得股东资格

因公司合并取得股东资格就是指当公司合并时,因合并而丧失法人资格的公司的股东依法取得存续公司或新设公司的股东资格。我国《公司法》第173条第1款规定,"公司合并可以采取吸收合并或者新设合并"。在采取吸收合并的情况下,被吸收公司的股东资格因原公司灭失而失去原公司的股东资格,同时又因合并而取得了吸收合并后存续公司的股东资格;在新设合并的情况下,被合并公司的股东都因原公司合并的灭失而丧失了原有公司的股东资格,同时又因合并而取得了新设立的公司的股东资格。

因公司合并而取得股东资格具有以下特征:

第一,因公司合并而取得股东资格的行为,是股东与公司之间的一种契约行为。虽然公司合并是合并公司主体之间的契约关系,但是,因公司合并而取得股东资格,则需要股东与公司之间形成一致的契约关系。首先,公司合并,要由合并公司的股东会形成决议,由股东形成同意合并的意思表示。尽管在我国现阶段的经济活动中,不排除政府依据反垄断法的授权,为了维护公平竞争秩序而对公司合并予以行政审查,也不排除政府依据法律或者行政法规的授权,为保护自然资源与生态环境而对小规模的采矿企业作出强制合并的行政决定,②但是在大部分情况下,公司合并的意思表示是由合并各方的股东会分别作出的,充分体现了私法的自治精神。其次,当公司合并后,股东取得合并后公司的股东资格,

---

① 参见刘俊海:《股份有限公司股东权的保护》,法律出版社2005年版,第133页。
② 参见刘俊海:《现代公司法》,法律出版社2008年版,第517页。

不仅要有股东相应的意思表示,还应当由该公司在股东名册中记载并签发相关股份凭证予以确认。因此,我们可以认为,以公司合并方式取得股东资格的行为是一种股东与公司之间的契约行为。

第二,因公司合并取得股东资格应当是各个公司之间的共同行为。各公司签订合并协议的意思表示应当真实、协商一致。如果合并公司之间的意思表示发生了本质上的偏差,则不可能发生股东资格的取得问题。

第三,公司合并导致合并前公司的股东资格的消灭与合并后股东资格的取得应同步进行。公司的合并会导致一些原来公司的法人资格的消灭,致使原公司的股东资格归于消灭,但同时,该投资人因其投资财产转向合并后存续的公司,而取得存续公司的股东资格。因公司变更而发生的股东资格的变化,既不是公司之间的转化关系,更不是股东之间的转让关系。毫无疑问,在公司合并时,参与合并的公司虽然可以就公司股份的价值评估规则达成协议,但是股东本人是否按公司合并的协议规范来处分自己的股份,则取决于股东本人。当然,股东之间更不存在相互转让的问题。退一步讲,如果在公司合并时有股东之间相互转让股份的,如被吸收合并公司的股东与吸收公司的股东之间达成协议,前者将其股份转让给后者,那么这种股份的转让而形成的股东资格的取得,在实质上不是因公司合并而取得,而是因股份转让而取得。

因公司合并而取得的股东资格与其他原始取得方式的主要区别在于,合并取得的当事人的原股东资格与公司合并后取得的股东资格有着递进的关系,而其他方式的原始取得不存在这种递进的关系,合并取得是依照公司合并规则而获得股东资格的情况。

(2) 因公司分立取得股东资格

民事主体可以通过公司合并取得股东资格,也可以因公司分立而取得股东资格。

"公司分立,俗称'公司拆分'或者'公司分家',指一家公司不经过清算程序,分设为两家以上公司的法律行为。公司分立是现代公司开展资产重组、调整公司组织结构、降低投资风险、提高公司盈利能力的重要经营战略之一。"[①]公司分立可以分为新设分立和存续分立。新设分立,也可以称为解散分立或者消灭分立,是指一个公司分解成两个或者两个以上的公司,而原公司因分立而消灭的情形。存续分立,是指一个公司分立成两个或者两个以上的公司,原公司继续存在。存续分立实际上是公司将其部分营业分离出去作为出资成立一个或者几个

---

[①] 刘俊海:《现代公司法》,法律出版社 2008 年版,第 523 页。

新的公司,而分立的公司以其剩余的营业继续存在。①

由于公司分立具有两种类型,对因公司分立而取得股东资格,也需分两种情况进行分析。其一,在新设分立当中,原公司因分立而丧失了法人人格,从而导致了其工商登记被注销,自然使该公司的股东丧失被消灭公司的股东资格,同时原公司的股东可能因取得分立后新设公司的股份而享有新设公司的股东资格。该股东可以只取得分立后新设立的一家公司的股东资格,也可能取得新设的多家公司的股东资格,至于该股东是取得分立后新设立的一家还是两家或两家以上新设公司的股东资格,取决于公司分立后新设公司的数量以及该股东取得哪些新设公司的股份的意思表示。其二,在存续分立的过程中,原公司的股东也并不是当然地继续拥有原公司的股东资格。在公司分立发生之后,原公司的股东可能继续享有原公司的股东资格,也可能不拥有原公司的股东资格,转而取得了分立后新设的公司的股东资格。当然还有一种情况就是其既是原公司的股东,也是分立后新设公司的股东,从而因公司分立同时取得多个公司的股东资格。

尽管在我国的现行公司法律环境之下,存在着新设分立和存续分立两种主要形式,但这都不妨碍民事主体原始取得公司的股东资格。公司的分立会对股东构成产生非常重大的影响。虽然股东享有表决的权利(无表决权的除外),但是并不是所有的公司分立都是受到全部股东赞成的,可能会存在一部分的股东反对公司分立,然而作为少数派的他们无法阻止公司分立的进行,所以,在公司分立的过程中,应当对少数股东的股东资格进行相应的保护。对公司分立有异议的股东可以请求公司以公平的价格回购其手中的股份,从而放弃因公司分立取得股东资格的权利,并且退出公司。

4. 因债转股取得股东资格

因债转股取得股东资格是股东资格原始取得中的一种比较特殊的形式。所谓因债转股而取得股东资格就是指民事主体持有公司的债券或者对公司拥有债权,在债券到期或者依据债券人与债务人之间的约定,而使得该民事主体因债而取得该公司的股东资格的情形。以债转股的方式取得股东资格,表面上是将原有的债权转化成为股权,而在实质上是民事主体以债权的财产形态向公司投资,进而取得股东资格。所以,这种取得股东资格的方式,并非股权从一个股东的手中转移到另一个股东手中,应当归入股东资格原始取得的类型。

因债转股而取得股东资格的方式还可分为以下两种具体情况。

第一,因可转换公司债券而取得股东资格。能够取得公司股东资格的可转换公司债券是指可转换公司股票的债券。可转换公司债券的持有人可通过行使

---

① 参见施天涛:《公司法论》,法律出版社2006年版,第533页。

债券赋予的选择权,将自己的债权人地位置换为公司的股东地位。可见,持有可转换公司债券的人并不当然地取得公司的股东资格,因为其拥有的债权包含了一种选择权,即在债权到期的时候,持有人可以选择将自己手中的债券置换为公司的股票,从而取得股东资格;也可以拒绝置换公司股票,而要求发行债券的公司在债券到期时,按照事先的约定还本付息。因此,可转换公司债券的持有人在是否取得股东资格面前具有选择权。

第二,因非债券之债而取得股东资格。公司在生产经营活动中,不仅仅因为发行公司债券而成为债务人,也有可能在日常的经营活动中因为经营行为而成为债务人。在债权到期的情况下,公司可能发生无法清偿或者只能部分清偿债务的情况,在这种情况下,公司可以和债权人就如何处理拖欠的债务达成协议,而在这些协议当中就包括了将公司所拖欠的债务以股份的方式支付给债权人,从而使得债权人的债权根据双方之间的协议而置换为公司的股份。

此种类型与因可转换公司债而取得股东资格有较大的差别,最显著的就是前者的债权转换为股权的协议是在债务到期之后,由当事人双方经过平等的协商而达成的;而后者的债权置换为股权的契约是在可转换公司债券发行之前就已经确定下来,不需要当事人双方对其进行协商。并且前者的债权转换协议只对当事人双方有效,对其他第三人没有法律效力;而对于后者的债权转换契约而言,其一方主体是发行可转换公司债券的公司,而另一方主体是不确定的社会公众,该契约对所有购买了该公司的可转换公司债券的人都具有同等的法律效力,持有可转换公司债券的人平等地享有是否将债券转换成股票的选择权。

### (三)股东资格的继受取得

股东资格的继受取得是相对于股东资格原始取得的一个概念,也可以称为传来取得,是指所有人通过某种法律行为或者法律事件从公司股东手里得到公司股份而取得股东资格。

股东资格的继受取得不同于原始取得。在原始取得股东资格的方式中,取得资格的股东是与公司发生关系,其股东资格是源于公司,故也可称为直接取得。而股东资格的继受取得则是取得资格的股东与公司的股东发生关系,其股东资格是源于股东,换言之,继受取得的股东资格是通过公司股东再与公司产生法律关系,故也可称为间接取得。由于原始取得是基于对公司股份的直接获得而取得股东资格,在此前不存在相应的股东资格,故为"绝对发生"的股东资格。而继受取得的股东资格是公司原股东传来的,虽然对继受人来说,是一种"新生"的股东资格,但从客观上看,这一股东资格实际上是已经存在的,只是从原股东那里转移到了继受人这里,故为"相对发生"的股东资格。

股东资格的继受取得须有一定的法律事实发生,或是发生法律行为,如原股东将股份转让给他人,或是发生法律事件,如原自然人股东的死亡或法人股东的灭失。没有法律事实的发生,不能形成股东资格的继受取得。

股东资格的继受取得实质上是公司股份的流转。通常情况下,为了保障股份有序、安全流转,法律应当对流转的上位主体层面、下位主体层面以及流转的程序等各个环节予以合理规范。一般来说,股份流转的上位主体应当享有股份所有权和依法处分的权利;股份转让的下位主体应当具有取得股份的主体资格;在股份转让过程中,应当符合具体程序的规则要求。需要指出的是,"在股份的转让中,法律上为了保护善意受让的利益并以此促进股份的流通而特设善意取得制度"[1],允许善意人从无权利人获取股票,进而享有公司股份,取得股东资格。显然,股东资格的善意取得实质上是因股份转让取得股东资格的一种特殊形态,应当属于股东资格继受取得的范畴。[2]

1. 因受让股份而取得股东资格

(1) 概说

因受让他人转让的股份而取得股东资格,是股东资格继受取得的一种主要方式。公司股东转让其在公司中的股份是其运作投资的重要方式。当股东向他人转让其在公司中的股份后,即丧失了其对转让股份的所有权,也就失去了与转让股份相适应的股东资格。与此同时,受让该股份的主体即得到该股份的所有权,即取得与受让股份相适应的股东资格。

因受让股份而取得股东资格的情形,既可以发生在股东与非股东之间,也可以发生在股东之间,还可以发生在本公司与股东之间。发生在股东与非股东之间的股份转让,是向公司外部的股份转让;股份的受让人不是公司的股东,通过受让股份取得股东资格,成为公司的新股东。发生在股东之间的股份转让,是在公司内部的股份转让;股份的受让人是公司的股东,通过受让股份取得相应股份的股东资格,增加了其在公司中的股东权的份额。发生在本公司和股东之间的股份转让,是股份的特殊转让,实质上是公司股份的回购;受让人是本公司,本公司受让股份必须符合法律的规定。

通过受让股份的方式而取得股东资格的,应当充分注意以下两点:第一,转让股份的持有人应当对所持有的股份享有合法的独立处分权,即转让股份的股东须合法持有该股份,否则除可依法为善意取得外,会导致股东资格的取得不产

---

[1] 施天涛:《公司法论》(第二版),法律出版社 2006 年版,第 225 页。
[2] 在股东资格的取得方式的分类体系中,有学者将股东资格的善意取得视为与原始取得和继受取得平行的一种类型。参见刘俊海:《股份有限公司股东权的保护》,法律出版社 2005 年版,第 129—135 页;施天涛:《公司法论》(第二版),法律出版社 2006 年版,第 224—227 页。

生应有的法律效力;第二,受让股份的过程应当符合法律、行政法规的强制性规定,否则不能有效取得股东资格。按照我国相关法律规定,证券交易所、证券公司和证券登记结算机构的从业人员、证券监督管理机构的工作人员以及法律、行政法规禁止参与股票交易的其他人员,在任期或者法定期限内,不得直接或者以化名、借他人名义持有、买卖股票,也不得收受他人赠送的股票。任何人在成为前款所列人员时,原已持有的股票,必须依法转让。为股票发行出具审计报告、资产评估报告或者法律意见书等文件的证券服务机构和人员,在该股票承销期内和期满后六个月内,不得买卖该种股票。除前款规定外,为上市公司出具审计报告、资产评估报告或者法律意见书等文件的证券服务机构和人员,自接受上市公司委托之日起至上述文件公开后五日内,不得买卖该种股票。

由于股份有限公司与有限责任公司的股份转让存在较大的差异,受让这两类不同公司的股份、取得两公司的股东资格也就有不同的法律要求,所以也就有必要分别论述之。

(2)对股份有限公司股份的受让

股份有限公司的股份转让是通过股票转让实现的。股票转让,在形式上是证券转让,在实质上是公司的股份转让,并会产生股东资格变化和股东权利义务转让的法律后果。股份转让程序合法进行完结的结果是,转让人丧失与转让股份相适应的股东资格,受让人获得与受让股份相适应的股东资格。

按照公司法的规定,受让记名股票的,受让人通过背书方式或者法律、行政法规规定的其他方式受让,然后由公司将其姓名或者名称及住所记载于股东名册后取得股东资格;受让无记名股票的,由受让人接受转让股东交付的股票后即发生受让的法律效力,取得股东资格;受让上市公司股东的股票的,受让人应依照有关法律、行政法规及证券交易所交易规则上市交易,受让后取得股东资格。

"自由转让"是股份有限公司股份转让的基本原则,这是由公司的组织形式的性质、公司的运作机制和资本市场的繁荣发展所决定的。对股份有限公司股份的转让,法律给予了极大空间,对上市的股份有限公司更是如此。与此相适应,受让股份有限公司的股份,也较方便快捷,少有法律障碍。但是,股份的"自由转让"并不意味着受让股份有限公司的股份没有任何限制。对股份转让的限制,会对受让股份和股东资格的取得产生重大影响。

1)对股份转让主体的限制

法律对转让主体的限制主要有两类:

其一,对发起人股份的限制。发起人股东持有的公司股份,自公司成立之日起一年内不得转让。这一限制的目的在于防止发起人以设立公司牟取不当利益,增强发起人对成立公司行为的责任心。发起人若违反规定转让股份的,其转让行为无效,受让人不能有效取得股东资格。

其二,对公司董事、监事、高级管理人员所持股份转让的限制。公司董事、监事、高级管理人员①应当向公司申报所持有的本公司的股份及其变动情况,在任职期间每年转让的股份不得超过其所持有本公司股份总数的25%;所持本公司股票自公司股票上市交易之日起一年内不得转让。公司董事、监事、高级管理人员离职后半年内,不得转让其所持有的本公司股份。公司董事、监事、高级管理人员违反法律规定转让股份的行为无效,受让人的受让行为同样无效,不能取得股东资格。公司章程可以对公司董事、监事和高级管理人员转让其所持有的本公司股份作出其他限制性规定。受让人受让董事、监事和高级管理人员违反公司章程的规定转让的股份,受让无效,不能取得相应的股东资格,但是善意受让的应予以例外。

2) 对股份受让主体的限制

法律对股份受让主体的限制主要是基于严格股份交易管理制度的需要。因此,受限制的受让主体范围只是与股份交易的管理相关联,包括相关从业人员和从业机构。

证券交易所、证券公司和证券登记结算机构的从业人员、证券监督管理机构的工作人员以及法律、行政法规禁止参与股票交易的其他人员,在任期或者法定限期内,不得直接或者以化名、借他人名义持有、买卖股票,也不得收受他人赠送的股票。任何人在成为前款所列人员时,原已持有的股票,必须依法转让。

为股票发行出具审计报告、资产评估报告或者法律意见书等文件的证券服务机构和人员,在该股票承销期内和期满后六个月内,不得买卖该种股票。除前款规定外,为上市公司出具审计报告、资产评估报告或者法律意见书等文件的证券服务机构和人员,自接受上市公司委托之日起至上述文件公开后五日内,不得买卖该种股票。

3) 公司对股东回售股份的受让

一般情况下,法律不允许公司收购本公司的股份。换言之,公司不得受让本公司股东回售的股份。但法律还规定了可以受让股东回售股份的特殊情况。按照《公司法》第143条规定,公司可以收购本公司股东回售股份的情形是:减少公司注册资本;与持有本公司股份的其他公司合并;将股份奖励给本公司职工;股东因对股东大会作出的公司合并、分立决议持异议,要求公司收购其股份的。从理论上讲,公司受让股东回售的股份后,即享有了对该股份的所有权,也就取

---

① 按照我国《公司法》第217条,公司高级管理人员是指公司的经理、副经理、财务负责人,上市公司董事会秘书和公司章程规定的其他人员。

得了该公司的"股东资格"。但是,由于公司享有本公司股东资格具有诸多弊端,因此,《公司法》规定,公司在受让股东回售的股份后,应当即时依法处理。

其一,公司因减少公司注册资本收购本公司股份的,应当经股东大会决议后进行回购,并自收购之日起十日内注销。

其二,公司因为与持有本公司股份的其他公司合并而回购本公司股份的,应当经股东大会决议后回购,并在六个月内转让或者注销回购的股份。

其三,公司因为要将股份奖励给本公司职工而回购股份的,收购的本公司股份,不得超过本公司已发行股份总额的5%;并应当经股东大会决议后进行股份回购。公司因此而收购股份的资金应当从公司的税后利润中支出;所收购的股份应当在一年内转让给职工。

其四,股东因对股东大会作出的公司合并、分立决议持异议,要求公司收购其股份的,公司可以回购股东的股份,并应当在六个月内转让或者注销回购的股份。

4)股东资格的善意取得

股东资格的善意取得,是股份有限公司股东资格受让取得的一种特殊方式。当受让人按照法律规定的方式受让转让人转让的股票,获得相应的股份,取得公司股东资格,而转让人对其转让的股票并无处分权,这时,只要受让人是基于善意受让股票,即可取得股东资格。这种取得股东资格的方式即善意取得。之所以称这种方式是一种股东资格取得的特殊方式,是因为这种方式是一种有瑕疵的股份受让方式,在一般情况下是不应当产生合法效力的。显然,转让主体不合法,不应当导致有效转让法律后果的产生。但是如果受让人是善意受让,并不知晓或无从知晓转让人是否合法享有其转让的股份,在这种情况下,将其受让股份的行为归于无效,无疑对受让人是不公平的,同时也不利于股份的及时、安全流通。

股东资格的善意取得仅存在于股份公司中,不能发生在有限责任公司中。这是因为,股份公司具有明显的资合性质,其法律制度的规定要求股份具有较强的流动性,而有限责任公司属于人合性质,股份的转让本就受到了比较严格的限制,善意取得就更加无法得到实现了。只要受让人信赖转让人对股份的占有,则可以受让股份,而当发现转让人并非股份的权利人时,受让人则可以依据善意取得获得公司的股东资格。该制度建立的目的是为了保护善意的受让人以及维护交易相对人与公司之间的利益平衡。

可见,股东资格的善意取得,既是为了保护善意受让的合法利益,体现法律的公平性,也是为了保障股份有限公司股份的安全和快捷流通。

股东资格的善意取得必须具备以下四个要件:

第一,受让人受让的是股份有限公司的、可转让的、有效股票形式的股份。这是善意取得的客体要件。股东资格善意取得制度的设立,首先是基于股份有限公司的资合性和股票的无因性,因此股东资格的善意取得只适用于股份有限公司的股份转让。只有当受让人受让的是股份有限公司股票时,才有可能适用善意取得规则。其次,受让的股票是可依法转让的。如法律对发起人和董事、监事、高级管理人员转让的限制,在限制期内被受让的,受让人则不能适用善意取得规则。再次,受让的股票应当是有效的股票,例如受让伪造的股票、失效的股票等则不能产生合法的效力。

第二,受让人以善意受让股票。这是善意取得的主观要件,要求受让人在受让股份时的主观意志方面没有瑕疵。这一要件要求受让人在受让股票时出自善意,正常地进行受让行为。在对受让人"善意"的内在意思和外在表现进行考量时,不仅要考量受让的行为有无重大过失,还要考量受让人支付价格的合理性。如果受让人在明知转让人无处分权利或者受让人稍加注意就可以觉察转让人非权利人而没有注意的,则表明受让人的取得行为存在恶意或者重大过失。在股票的交易中,如果受让人所支付的价格过低,显失公平的,则有可能反映出受让人非善意的主观心态。任何非善意的股票受让,都不能构成股东资格的善意取得。

第三,转让人对转让的股票无处分权。这是善意取得的对方主体方面的要件。由于善意取得制度是针对转让人的瑕疵,所以,转让人的瑕疵是必不可少的要件,如转让人转让的是盗窃所得的股票或是拾得的遗失股票。否则,即成为合法的股份转让,将不产生股东资格的善意取得。

第四,受让股份的方式合法。这是善意取得的客观方面要件。我国法律对股份的转让作出了相应的规定,包括上市股份的转让、记名股票的转让等。如果股票转让双方当事人的转让行为违反了法律的相关限制性规定,将无法构成股东资格的善意取得。

受让人受让股份只有完全具备上述条件时,才能构成善意取得股东资格。

(3) 对有限责任公司股份的受让

与股份有限公司相比较,有限责任公司具有较强的人合性。有限责任公司的这一特性,决定了有限责任公司股份受让的特殊性。

其一,受让有限责任公司的股份,应当优先适用公司章程的规定。《公司法》第 72 条第 4 款在表明了有限责任公司股份转让一般性规则后又明确规定,"公司章程对股权转让另有规定的,从其规定。"显然,《公司法》赋予了公司章程具有优先于《公司法》规定的适用效力。当然,公司章程的规定不得违反法律、行政法规的强制性规范,否则无效。

其二，受让有限责任公司的股份，应当考虑其他股东和公司的利益。由于有限责任公司具有一定的人合性因素，股份转让与受让或造成股东之间持股数额比例的变化，或导致新的股东加入，或致使老的股东资格丧失，都有可能影响到其他股东和公司的利益，因此，有限责任公司股东转让其股份不能像转让股份有限公司股份那样自由。

1）有限责任公司股份的内部受让

有限责任公司股份的内部受让是指公司股东受让其他股东的股份，从而取得转让股份相应份额的股东资格，使其原有的股东资格在权利的数量上有所增加。

受让有限责任公司股份取得股东资格的，应当充分注意以下几点：

第一，受让有限责任公司其他股东的股份，虽然不涉及公司以外第三人的加入，但是会发生股东之间持股比例关系的变化，导致公司股东资格结构的变化，影响到股东个人在表决权和利益分配等方面的权益。

第二，如果受让其他股东的股份后，受让人为单个股东，该公司即成为一人有限责任公司。这时，受让人应当使公司符合《公司法》关于一人有限责任公司的相关规定。假如受让人受让其他股东的股份，取得公司股东资格后，出现了一人有限责任公司的后果，且公司注册资本达不到一人有限责任公司的最低法定注册资本限额的要求时，有学者主张，受让股东要对公司债务承担连带责任。[①]

2）有限责任公司股份的外部受让

有限责任公司股份的外部受让是指非公司股东受让公司股东的股份，从而取得公司股东的资格。对原股东部分股份的受让，受让人取得股东资格，实际上会导致公司新股东的增加；对原股东全部股份的受让，受让人取得股东资格，实际上会导致股东的更替。无论是对原股东股份的部分受让或全部受让，受让人取得股东资格加入公司之后，都会形成受让人与其他股东的"人合性"关系问题，影响到公司关系的稳定与和谐。为此，《公司法》对有限责任公司的外部受让程序有明确的规定。

第一，受让有限责任公司股份，以其他股东同意为前提。

《公司法》第72条第2款规定，"股东向股东以外的人转让股权，应当经其他股东过半数同意。"据此规定，非股东的受让人，受让股东的股份，应当以其他股东的同意为前提，否则就不能取得相应的股东资格。

但是，应当注意的是，《公司法》在第72条中还规定，"股东应就其股权转让事项书面通知其他股东征求同意，其他股东自接到书面通知之日起满三十日未

---

① 参见周友苏：《新公司法论》，法律出版社2006年版，第287页。

答复的,视为同意转让。其他股东半数以上不同意转让的,不同意的股东应当购买该转让的股权;不购买的,视为同意转让。"按照这一规定,如果其他股东不同意转让的,不同意的股东应当购买该转让的股权;不购买的,视为同意转让。这表明,首先,转让人可以不向外转让股份,而向其他股东转让股份。换言之,非股东的受让人在这种情况下不能受让股份,取得股东资格;而公司的其他股东则有可能受让该股份,并取得相应的股东资格。其次,《公司法》第72条中的"过半数同意"规定并无实际意义,因为按照《公司法》的规定,不同意转让股权的股东"应当购买该转让的股权;不购买的,视为同意转让。"显然无论是否有过半数的股东同意该股东转让股份,都不能制止该股东对自己股份的转让,而只是限制了该股东向非股东的受让人转让其股份,但同时等于又认同其他股东可以受让转让的股份。综上所述,《公司法》第72条规定的实质意义在于,赋予其他股东以"同意权"和"购买权",使其他股东可以通过"同意权"和"购买权"的行使,有效阻止非股东的受让人取得股东资格。这也说明,非股东的受让人,要受让有限责任公司股东的股份,取得该公司的股东资格,必须以公司其他股东的同意为前提。

第二,尊重其他股东对转让股份的优先购买权。

《公司法》规定,"经股东同意转让的股权,在同等条件下,其他股东有优先购买权。"法律赋予有限责任公司股东对转让股权的优先购买权,是基于公司的人合性因素的考虑,是为了保障其他股东之间关系的稳定和维系内部有效合作的良好秩序,同时,也给非股东的受让人受让股份进而取得公司股东资格设置了合理的障碍。

基于《公司法》对其他股东优先购买权的规定,非股东的受让人在受让公司股东转让的股份时,必须充分注意到转让股东是否以书面形式通知了其他股东,并应当知悉其他股东是否放弃了优先购买权。如果转让股东未经其他股东同意,将股权转让给了非股东的受让人,其他股东若以行使其优先权为由,提出受让人与转让股东之间形成的股份转让无效,则该股份转让应当归于无效。即使受让人基于善意受让并无过错,也将因受让股份的无效而不能取得公司的股东资格。当然,该受让人可以依法向转让人追索因此而受到的损失,不过受让人想取得该公司的股东资格的目的是不能实现的。

另外,需要说明的是,对其他股东部分优先购买权的行使,受让人有决定权,但能否部分行使该权利?例如:股东A经其他股东同意,欲将价值60万元人民币的股份转让给非股东的受让人B,股东C要求对转让股份中的50%(30万元人民币)行使优先购买权,但受让人B以受让后在公司资本中所占持股比例会处于劣势为由,明确表示必须全部受让。在这种情况下,如果满足了股东C对部分转让股份的优先购买权,一方面会给转让股东 A 的股份转让造成障碍,这对转让人 A 是不公平的;另一方面,还有可能损害受让人的投资利益,因为受让人是否要受让股份并取得股东资格,取决于其投资预期利益的可实现状况。如果在规定了其他股东已经有了优先购买权的情况下,再允许其行使部分优先购买权,势必会导致其他股东优先购买权的滥用,对受让人来说是很不公平的。因此,当其他股东要行使部分优先购买权时,不仅应当征询转让股东的意见,更应当征得非股东受让人的同意。

第三,有限责任公司对本公司股份的受让。

在一般情况下,公司不能受让本公司的股份,但是,根据《公司法》第 75 条规定,当出现法律规定的情形,对股东会的相关决议投反对票的股东请求公司按照合理的价格收购其股份时,公司应当回购该股东的股份。其实,股东依照《公司法》的规定,要求公司回购本公司的股份,实际上是向公司转让其股份。在此情况下,公司受让该股份后,实际上即取得了相应的"股东资格"。

按照《公司法》第 75 条规定,公司应当受让股东回转股份的情况是:"(一)公司连续五年不向股东分配利润,而公司该五年连续盈利,并且符合本法规定的分配利润条件的;(二)公司合并、分立、转让主要财产的;(三)公司章程规定的营业期限届满或者章程规定的其他解散事由出现,股东会会议通过决议修改章程使公司存续的。"如果公司不予以受让,自股东会会议决议通过之日起 60 日内,股东与公司不能达成股权收购协议的,股东可以自股东会会议决议通过之日起 90 日内向人民法院提起诉讼。

应当指出的是,公司是在特殊情况下成为本公司"特殊股东"的,不能像其他股东那样行使股东权利。尽管《公司法》对公司受让股东回转的股份后应当如何处理没有明确的规定,公司也应当按照公司法的原理,对所受让的股份妥善处理。如果公司要将受让股份消灭的,要依法办理减少注册资本手续;如果公司将受让股份再转让给其他股东的,应当办理股份转让的相关手续;如果公司将受让股份留存公司,应当遵循资本维护原则,确保公司净资产大于公司资本数额,并采取措施保障"公司股权"公正行使,不损害小股东的利益。

2. 因受赠股份而取得股东资格

(1) 受赠股份的概念与要件

受赠股份是受赠人接受公司股东将自己所有的全部或部分股份的无偿赠与。

赠与是公司股东处分其股份的一种形式,只要不违反法律的强制性规定,无损他人利益,法律就应当予以认可和保护。赠与人向他人赠与股份,可以是全部股份的赠与,也可以是部分股份的赠与。赠与人将其股份全部赠与他人的,即丧失其股东资格;股东将其股份部分赠与他人的,则丧失与赠与股份相应的股东资格,实际上是减少了其股东权的数量。

受赠人接受赠与人的股份,是其意思自治的私权行为,只要不违反法律的强制性规定,无损他人的利益,法律也应当予以认可和保护。受赠人可以是公司的股东,也可以是非股东。受赠人是股东的,在接受赠与的股份后,取得与其接受股份相应的股东资格,实际上是增加了其股东权的数量;受赠人是非股东的,在接受股份后,即取得公司的股东资格。

因受赠股份而取得股东资格,应当具备以下要件:

第一,受赠的股份应当是赠与人所有的并可合法处分的股份。受赠人如果接受的是无处分权的人赠与的股份,则不能产生合法的法律效力,当然也不能取得公司股东资格。

第二,受赠人零支付获得赠与股份。受赠人无须向赠与人支付价款或其他利益,即可享有赠与的股份,取得股东资格。赠与人不应当向受赠人索取价款或其他利益,否则,即不构成股份的赠与,而是股份的转让。

第三,受赠股份的行为合法,无损公司和其他股东的利益。受赠股份的实质是接受赠与人无偿转让的股份,因此,受赠人接受赠与的股份,除了零支付外,还应当遵守股份转让的相关法律规定和章程的规定,不损害公司和其他股东的利益,否则不能产生合法的法律效力。

第四,受赠股份的当事人意思表示真实。如果受赠人与赠与人以股份的赠与行为掩盖其他不法行为,则不能构成股份的赠与,受赠人受赠股份行为也不具有法律效力。

(2) 其他股东对赠与股份的优先接受权问题

受赠人在接受赠与人赠与的股份时,公司其他股东能否对赠与的股份优先接受?这一问题在股份有限公司中是不存在的。由于股份有限公司作为资合公司,股份的流变对其他股东的利益一般影响不大,所以在股份公司的股份转让中,法律没有赋予其他股东优先购买转让股份的权利。因此,在受赠股份有限公司的股份时,公司其他股东也不应当享有对赠与股份的优先接受权。但是,在有限责任公司中,情况就不同了。由于有限责任公司具有人合性因素,股份的流动有可能涉及公司股东的变更,影响到股东之间关系的稳定,因此法律赋予有限责任公司股东在股份转让中有优先购买权。那么,在受赠人受赠有限责任公司的股份时,其他股东是否也应当相应地享有优先接受赠与股份的权利呢?

本书认为,在受赠有限责任公司股份时,公司的其他股东不应当享有优先接受赠与股份的权利,但是,赠与人在向受赠人赠与股份前,应当经其他股东过半数人同意。当然,有限责任公司章程对此有规定的,应当遵守章程的规定。

笔者之所以不赞同公司的其他股东对赠与股份享有优先接受的权利,是因为其他股东与赠与人之间的利益关系有别于赠与当事人之间的利益关系。在股份的赠与中,受赠当事人之间存在着特殊的利益关系,这种特殊的利益关系是股份赠与形成的基础。这种"特殊利益关系"之所以特殊具有两方面的内涵:其一,"特殊利益关系"的内涵主要建立在非物质利益基础之上;其二,"特殊利益关系"的密切程度超乎一般的关系。赠与当事人之间这种关系的特殊程度,通常与赠与股份的价值数额成正比。显然,赠与当事人之间的这种"特殊利益关系",在赠与人与其他股东之间是不存在的。在这种情况下,将赠与当事人之间所具有的这种"特殊利益关系"混同于其他股东与赠与人之间的一般物质利益关系,而赋予其他股东对赠与财产的优先接受权,对赠与人和受赠人都是极不公平的,是有损赠与人与受赠人之间的"特殊利益"的。毫无疑问,在股份的转让中,转让人与受让人之间不存在特殊的利益关系,与其他股东同处于同一类利益关系的层面上。所以,不能将股份转让中的转让人、受让人和其他股东处于同一层面利益关系的法律规则,运用于股份赠与中的赠与当事人与其他股东处于不同层面利益关系的调整。

虽然有限责任公司的其他股东对赠与股份不享有优先接受权,但是,赠与人仍应当充分尊重其他股东的利益和公司股东关系的稳定。我们认为,赠与人向受赠人赠与股份,应当事先经其他股东过半数同意,否则受赠人的受赠行为无效,受赠人不能取得公司股东资格。

当然,基于有限责任公司的人合性因素以及公司的自治规则,有限责任公司章程对股份赠与有规定的,除违反法律强制规定外,具有优先适用的效力。

(3) 受赠干股问题

受赠干股是受赠人未向公司出资而因接受公司赠与的股份而取得股东资格。受赠干股是受赠股份的一种特殊形式,其特殊性就在于赠与方不是一般的赠与人,而是公司。有人认为,"'干股股东',是指个别股东的形式特征并实际享有股东权利,但自己未实际出资的股东,一般是因其他股东或者公司赠与股权而获取股东资格的人。"[①]这一认识将受赠股份与受赠干股混为一谈了。在受赠干股中,赠与人只能是公司,而不能是其他股东,因为其他股东赠与受赠人股份,受赠人虽然没有向公司投资,但其他股东已经向公司投资,受赠人受赠的股份已经不是"干股"了。

虽然受赠干股的受赠人不出资,这一点与受赠股份是一样的,但是,在受赠干股中,公司作为赠与人,使得受赠干股具有了不同于一般受赠股份的特殊性。

---

① 褚红军主编:《公司诉讼原理与实务》人民法院出版社 2007 年版,第 157 页。

首先,从表面上看,干股的受赠人直接与公司发生关系,这极易使人误将因受赠干股取得股东资格的方式归于原始取得的类别。其实,从本质上看,干股受赠中的"公司"与原始取得公司股东资格中的"公司"在法律主体上的意义内涵是不同的:前者表明的是"股份"的所有权主体,享有股东的法律地位;后者表明的是"资本"的所有权主体,享有的是法人的法律地位。其次,从表面上看,股东没有出资或者向公司投资,这极易使人误将干股的受赠混同于一般的股份受赠。其实,从本质上看,受赠干股股份与受赠一般股份是基于不同缘由而进行的、具有不同属性的法律行为。受赠干股,是受赠人以其对公司已经作出一定贡献的"实有价值"或即将为公司作出贡献的"潜在价值"与公司"赠与"股份的交换,在本质上属于财产转让法律行为;而受赠一般股份,是受赠人基于与赠与人特殊的非物质利益关系而接受赠与人的股份,在本质上属于财产赠与法律行为。

基于受赠干股特性的分析可见,受赠干股行为的成立,应当具备以下要件:

第一,公司应当在实质上拥有股份。公司作为赠与人向他人赠与股份,必须拥有股份,对要赠与的股份拥有所有权,否则没有行为客体,是根本无法进行赠与行为的。公司拥有股份的方式有两种:其一,通过回购其他股东的股份而享有公司股份;其二,通过发行新股而拥有股份。在前一种方式中,公司的资本不会发生变更,股份赠与的路径是:其他股东的股份先移动至公司,再移动至受赠人(其他股东→公司→受赠人)。在后一种方式中,公司的资本会发生变更。公司发行新股份,先由公司用公积金购买,然后再赠与给受赠人,其路径是:公司发行新股移动至公司,再移动至受赠人(公司发行→公司→受赠人)。在后一种股份转移的路径中,由于前一环节是公司认购其自己发行的股份,所以容易被人忽视,引起对干股财产属性的误解。通过对公司拥有股份方式的分析可见,如果公司没有从其他股东手中回购股份而赠与他人的,公司必须要有公积金,才能用公积金购买公司发行的新股,否则会产生有悖于公司资本维持原则的结果。例如,某公司的资本为3000万元,当公司不能回购其他股东股份而要赠与他人干股时,就只能发行新股。假定赠与他人干股100万股,一元一股,那么公司的资本增为3100万元。这时,如果公司没有公积金,净资产为3000万元,就出现了净资产小于公司资本的结果,有违资本维持原则,也有损其他股东利益,因为,公司净资产为3000万元,而资本为3100元,导致了其他股东所拥有的股份价值缩水。所以当公司在没有公积金时通过发行新股来赠与干股,实质上是将其他股东的股份财产作为自己的财产赠与他人,这显然是侵害股东利益的行为。

第二,公司的赠与行为要经股东会的合理表决通过后进行。公司向他人赠与干股,实质上是处分公司所拥有的股份财产,涉及每位股东的利益。因此,公司向他人赠与干股的方案,在股份有限公司应当经出席股东大会会议的股东所持表决权的 2/3 以上通过方能生效；在有限责任公司,除公司章程另有规定外,应当经代表 2/3 表决权的股东同意后方能生效。

第三,受赠人对公司具有价值性贡献。这是公司向受赠人赠与干股的前提条件。如果受赠人对公司没有价值性的贡献,公司白给受赠人股东财产,那是对股东利益的侵害。受赠人对公司有价值性的贡献,通常表现为对公司的发展有重大的作用。如管理人对公司管理有特别贡献,大大提高了公司的经济效益；技术人员的技术革新给公司创造了突出的经济效益；等等。公司对受赠人赠与的干股,应当与受赠人对公司贡献的价值性大小成正比。

第四,受赠行为不违反国家强制性规范。虽然公司向受赠人赠与干股在本质上属于私权行为,但是如果涉及违反国家强制性规范,仍属无效。例如,将公司股份赠与国家机关工作人员,以谋取公司的特殊利益,这种赠与行为实质上属于贿赂。

值得分析研究的是,受赠股份与股东不出资的情况往往会混合在一起,例如,甲、乙和丙三家公司协议设立 A 贸易公司,协议约定,甲和乙各出资 50 万元人民币,丙不出资,仅提供经营条件。公司注册资本为 100 万元。问:假设三方还约定甲、乙两方各享有出资的 40%,丙方享有出资的 20%。按此约定设立的公司,丙能否取得股东资格？① 在这里,按公司自治、有限责任公司人合性的特点来看,丙应当能取得股东资格,但是,按照现行公司法的规定,虽然丙可以取得股东资格,但是公司债权人可要求他对公司债务不能清偿的部分承担补充赔偿责任,②由此可见,我国现行公司法实际上阻止了这种股份赠与。这也表明,我国公司法规定得过于生硬。公司法应当修正完善,以适应投资所需。③

### 3. 因股东主体消亡而继受取得股东资格

因股东主体消亡而取得股东资格,是指由于自然事件或者法律事件的发生导致股东主体不存在或者消失,从而使得自然人股东的继承人或是由法人股东的股东或者债权人取得股东资格的一种情形。

因股东主体消亡而继受取得股东资格,不同于股权转让和赠与取得股东资格,前者是因事件的法律事实引起的股东资格的取得,后者是因原股东的法律行

---

① 案例来源参见陈国辉主编:《公司法案例与评析》,中山大学出版社 2005 年版,第 25 页。
② 《最高人民法院关于适用〈中华人民共和国公司法〉若干问题的规定(三)》第 13 条规定,"股东未履行或者未全面履行出资义务,公司或者其他股东请求其向公司依法全面履行出资义务的,人民法院应予支持。公司债权人请求未履行或者未全面履行出资义务的股东在未出资本息范围内对公司债务不能清偿的部分承担补充赔偿责任的,人民法院应予支持；未履行或者未全面履行出资义务的股东已经承担上述责任,其他债权人提出相同请求的,人民法院不予支持。"
③ 参见徐强胜:《公司形态法定主义研究》,载《法制与社会发展》2010 年第 1 期。中国人民大学书报资料中心:《民商法学》2010 年第 7 期。

为而引起的股东资格的取得。

股东主体消亡包括自然人股东死亡与法人股东主体的消灭。由于自然人股东主体与法人股东主体在法律特性上的差异,这两种主体消灭时的股份处理规则也不相同。

(1) 因自然人股东死亡而承继取得股东资格

股份有限公司股东死亡,死亡股东股份由其继承人依法继承,并取得股东资格。股份有限公司是典型的资合公司,股东的更换对公司内部关系的稳定影响不大。然而,对有限责任公司来说,情况就有所不同。由于有限责任公司具有人合性因素,股东的更换对公司内部关系的稳定会产生较大影响,因此,《公司法》第76条对有限责任公司自然人股东死亡的股份继承,作了特别的规定,"自然人股东死亡后,其合法继承人可以继承股东资格;但是,公司章程另有规定的除外。"根据这一规定,有限责任公司自然人股东死亡后的股份承继和股东资格的取得,应当注意以下几方面的问题:

第一,公司章程对自然人股东股份继承的规定,具有优先适用的法律效力。如果公司章程规定,自然人股东死亡后的股份不能继承,则死亡股东的继承人不能继承被继承人的股份,不能取得公司股东资格,但是,死亡股东的继承人,可以依法继承被继承人在公司中与其股份相应的财产。

第二,在自然人股东死亡后,公司股东会关于死亡股东继承人的限制性决议不具有法律效力。按照《公司法》第76条的规定,只有公司章程能够对死亡股东继承人对股份的继承权予以限制。因此,股东会对死亡股东继承人对其股份继承权的限制性决议,不仅侵害了法律赋予继承人对股份的继承权,而且也违反了《公司法》的规定。显然,股东会作为公司的一个机构,是无权对基于股份之上的私权作出决议的。

第三,对死亡股东的股份,其他股东不享有优先购买权。然而,在我国,有相当多的学者在此有误解,认为对死亡股东股份的继承属于特殊的股份转让,可以适用股份转让的规则,①即其他股东对死亡股东的股份享有优先购买权。这显然是不正确的,因为如同财产的继承不是财产的转让一样,股份的继承也不是股份的转让;财产的继承要适用继承法的规则而不适用财产转让规则,股份的继承也要适用继承的规则而不适用股份转让的规则。《公司法》第76条已经明确规定,只要公司章程没有限制死亡股东继承人的继承权,那么死亡股东继承人就应

---

① 参见赵万一、王兰:《有限公司股权继承法律问题研究》,载《华东政法学院学报》2006年第2期;章光圆:《出资继承中股东资格取得问题再思考——兼评新修订〈公司法〉第76条》,http://www.civillaw.com.cn/Article/default.asp?id=26706,2008年7月21日访问;楼建波:《论有限公司股东的股权继承与股东资格继承》,载《当代法学》2007年第5期。

当享有对死亡股东股份的继承权,并取得股东资格。

第四,当死亡股东有数位继承人享有继承权时,是否能够对死亡股东的股份进行分割,使各继承人分别取得股东资格,这首先取决于公司章程的规定。如果章程有规定,则按章程的规定,予以分割或不予以分割;如果章程没有涉及,则应当由股东会决议是否可以分割。之所以由公司章程或股东会决定被继承的股份能否分割,是因为公司股份的结构是与公司资本结构相适应的,并与公司的财产运作程序相关联。当公司股份不能分割时,各继承人共同享有所继承股份的所有权。

第五,如果死亡股东留有遗赠的遗嘱,除章程规定受遗赠人不得受赠死亡股东的股份外,受遗赠人可以依据该遗嘱接受遗赠股份,取得公司股东资格。如同在股份赠与时其他股东不享有优先购买权一样,在股份遗赠时其他股东也不享有优先购买权。由于股东的死亡是不以人的意志为转移的客观事件,所以,当股东死亡后,他不可能像赠与人那样在赠与前征得其他股东的同意。当然,如果公司章程规定股东死亡后其股份不得通过遗赠给他人的,应当按照公司章程的规定处理死亡股东遗留的股份。

第六,如果死亡股东没有继承人,也未留有遗赠遗嘱,死亡股东的股份虽然可由国家(或集体组织)继承,但国家(或集体组织)应当及时转让处理该股份,不宜承继死亡股东的股东资格。诚然,我国《继承法》第32条规定,"无人继承又无人受遗赠的遗产,归国家所有;死者生前是集体所有制组织成员的,归所在集体所有制组织所有。"对公民个人独立的财产,在其死亡时,若无继承人也无遗赠,可以由国家(或集体组织)收归死亡公民的遗产。但是,股份不是独立的财产,它是与其他股东的股份结合在一起的公司财产。由于将自然人死亡遗产收归国家(或集体组织)所有,实际上是将私有财产国有化(或集体所有化),所以将死亡股东的股份收归国家(或集体组织)所有,即将公司的部分股份国有化(或集体所有化),这显然是非常不妥的,将影响到其他股东的利益和公司的运作机制。所以,死亡股东的股份不能收归国家(或集体组织)所有,国家(或集体组织)不能因此取得公司股东资格。但是,国家(或集体组织)可依法将与死亡股东股份相应的财产收归国家(或集体组织)所有。所以,对无继承人和受遗赠人的死亡股东的股份,国家(或集体组织)应当及时通过协议转让或拍卖等方式将死亡股东的股份转让给受让人。对转让的死亡股东的股份,其他股东有优先购买权。对死亡股东股份转让所得到的财产,应当收归国家(或集体组织)所有。但是,对继承人以外的依靠被继承人扶养的缺乏劳动能力又没有生活来源的人,或者继承人以外的对被继承人扶养较多的人,可以分给他们适当的遗产。① 所以,对无人继承又无人受遗赠的死亡股东的股份,只是原则上应归国家所有;对属于集体组织成员的无人继承的遗产,则应归其所在集体组织所有。②

(2) 因法人股东终止而承继取得股东资格

法人股东的终止是指具有公司股东资格的法人主体消灭。法人可以因公司章程规定的事由出现、股东会或者股东大会决议、公司合并或者分立、依法被吊销营业执照、责令关闭或者被撤销、人民法院判决等原因而解散终止或因破产终止。③

与自然人股东死亡可由其继承人继承或由受赠人接收遗赠不同,法人股东的死亡,不存在法人股东股份的继承或遗赠的问题。在法人股东主体终止前的清算过程中,法人可以将其所持有的股份分配给其股东,使得被消灭法人的原股东取得公司股东资格;被消灭法人也可以将其所持有的股份,以偿还债务的方式转让给其债权人,使其债权人取得公司的股东资格。在法人破产清算中,破产管理人可依法将破产法人在公司中的股份分配给相关债权人,使该债权人取得公司股东资格。但是,有限责任公司的其他股东,对被消灭法人股东的股份有优先购买权。

(3) 因合伙企业解散而承继取得股东资格

合伙企业依法设立后即取得经营活动资格,可以合伙企业自己的名义向公司投资取得股东资格。当合伙企业解散后,合伙人可以根据合伙协议,获得在公司投资的相应股份,并因此取得公司的股东资格。但是,有限责任公司的其他股东,对合伙企业解散后其合伙人承继的股份,享有优先购买权。所以,当公司其他股东行使优先购买权的,解散的合伙企业合伙人则不能承继股东资格,只能得到相应的财产。

4. 因股份质押权的行使而取得股东资格

因股份质押权的行使而取得股东资格是指债务人以其在某公司的股份向债权人提供质押,当债务到期时债务人未能履行其义务,债权人依法行使其质押权,取得债务人的质押股份所有权,从而取得公司股东资格的一种方式。通过这种方式取得公司股东资格的,应当注意以下几点:

第一,质权设置合法。首先,由于股份质押属于担保法调整范围,因此,债务人与债权人设置股份质押关系时,应当符合担保法的规定。其次,由于股份质押

---

① 参见《中华人民共和国继承法》第 14 条。
② 参见彭万林主编:《民法学》(第三版),中国政法大学出版社 2002 年版,第 692 页。
③ 参见我国《公司法》第 181 条、第 191 条。

实质上是附条件的股份转让,因此,债务人提供的质押股份必须是依照公司法的规定能够合法转让的股份,如发起人股份、董事、监事和高级管理人员的股份,在限制转让期限届满前有可能形成质押权生效的,不能出质。

第二,质权行使合法。当债务人未履行其应尽义务,质押权人即可行使相应的质押权。但是,质押权人的权利行使,要符合法律的规定和质押合同的约定,否则不能有效获得债务人的股份,难以取得公司的股东资格。

第三,有限责任公司的其他股东有优先购买权。由于质押权行使,实质上是受让债务人在所附条件成就后转让的股份,所以在有限责任公司,其他股东享有优先购买权。

## 四、股东资格取得疑难问题辨析

### (一)出资义务与股东资格的取得

按照《公司法》的规定,股东应该按期足额缴纳公司章程中规定的各自所认缴的出资额或认购的公司股份。向公司按期、足额交付认缴的投资款项,是股东应尽的义务。对股东的这一义务是无可置疑的。

然而,在现实生活中,人们却往往基于这一观念,对股东出资义务与股东资格的关系形成了片面的理解,认为未出资者就不是股东,只有出资者才是公司的股东或者出资者就一定是股东。这种理解通常还有如下理由:第一,按照公司法原理和公司法的明文规定,出资是股东最基本、最重要的义务,是取得股东资格的实质性要件,因此,未出资或未完全出资将导致全部或部分股东资格被否定。基于相同的理由,出资者必然是股东也应是理所当然。第二,权利与义务应当对等。既然股东并未履行其出资义务,那么相应地,其股东权利也无法获得,而且股东权利正是拥有股东资格的具体体现。所以说未出资的股东不具有股东资格。反过来,如果某人已经向公司出资,就应当赋予其股东资格。第三,股东的出资是公司资本的组成部分,而资本是公司运作的物质基础;没有股东的出资,公司的基本就难以形成,也就谈不上公司的经营管理。因此,从股东出资与公司资本的形成关系来看,股东出资也是必不可少。股东未出资,自然不能对基于资本运作的公司行使相应的权利。

上述理解和认识在现实经济生活中普遍存在,虽然这一认识有一定的道理,但未免过于片面。无论从法律规定上看,还是从法学理论上来看,简单地将出资与股东资格的关系绝对化是不足取的,更不应当将股东资格与出资行为用等号连接起来。简单地把是否出资作为认定股东资格的唯一标准,不仅是一种对股东资格本质和股东资格取得的误解,而且对于股东资格的理论研究和实际股权纠纷的解决都会形成误导,甚至产生不良后果。一方面,以未出资为由否认股东资格的观点,不仅可能助长滥用公司法人独立地位和有限责任逃避债务的行为,同时可能造成对公司债权人权利难以有效保障的不良后果。另一方面,笼统的认为出资者一定是股东的观点,忽视了实际生活中其他可取得股东资格的情形。以此认识处理实际生活中的具体案例,可能导致真正权利人难以行使自己权利的后果。

辨析出资义务与股东资格的内在联系,排除出资与股东资格关系的误解,确立出资义务履行与股东资格取得的正确理念,是公司法相关理论研究之必要,更是公司法正确实施和提高公司法的司法质量之必需。

未出资的就不具有股东资格吗?答案显然是否定的。未出资的,未必不具有股东资格。

第一,从股东资格取得的角度来看,《公司法》第26条规定,"公司全体股东的首次出资额不得低于注册资本的百分之二十,也不得低于法定的注册资本最低限额,其余部分由股东自公司成立之日起两年内缴足"。该条规定赋予股东可以分期缴纳出资的自由,但并未同时规定股东资格也要按其出资额分期获得,或者规定股东在全额缴纳出资前不具有股东资格。相反,只要全体股东的首次出资额达到注册资本的20%,哪怕只有一个股东缴纳了注册资本的20%,而其他股东分文未付,公司也是可以成立的。法律没有规定在此种情况下,只有实际出资的这一个股东才具有股东资格,所以,其他并未缴纳出资的股东一样可以取得股东资格。这就是说,公司法并不要求股东资格必须在股东全额缴纳出资后才能获得,股东资格的取得与股东的出资行为并不存在必然的联系。[①] 此外,因遗产继承、接受赠予等继受获得股份的股东也并未出资,但同样具有股东资格。

第二,从股东资格丧失的角度来看,我国《公司法》第28条第2款规定:"股东不按照前款规定缴纳出资的,除应当向公司足额缴纳外,还应当向已按期足额出资的股东承担违约责任。"第84条第2款规定:"发起人不依照前款规定缴纳出资的,应当按照发起人协议承担违约责任。"第94条规定:"股份有限公司成立后,发起人未按照公司章程的规定缴足出资的,应当补缴……股份有限公司成立后,发现作为设立公司出资的非货币财产的实际价额显著低于公司章程所定价额的,应当由交付该出资的发起人补足其差额"。第200条规定:"公司的发起人、股东虚假出资未交付或者未按期交付作为出资的资本的货币或者非货币财产的,由公司登记机关责令改正,处以虚假出资金额百分之五以上百分之十五

---

① 参见周友苏:《试析股东资格认定中的若干法律问题》,载《法学》2006年第12期。

以下的罚款。"第 201 条规定:"公司的发起人、股东在公司成立后,抽逃其出资的,由公司登记机关责令改正,处以所抽逃出资金额百分之五以上百分之十以下的罚款。"《刑法》第 159 条规定:"公司发起人、股东违反公司法的规定未交付货币、实物或者未转移财产权,虚假出资,或者在公司成立后又抽逃其出资,数额巨大、后果严重或者有其他严重情节的,处五年以下有期徒刑或者拘役,并处或者单处虚假出资金额或者抽逃金额百分之二以上百分之十以下罚金。"这几条分别规定了未足额出资股东、发起人和虚假出资的股东、发起人需要承担的法律后果,即应当足额缴纳出资和承担违约责任或行政责任、刑事责任,但并不包括丧失其股东资格。我们可以通过逆向分析来证实这一点:首先我们可以肯定的是,一般情况下,不是公司的股东应该没有向公司出资的义务。那么,在否定了未足额出资股东或虚假出资股东的股东资格之后,又根据什么来要求他补足出资呢?这显然造成了法学逻辑上的错误。应该说,"在因果关系上,正因为具有股东身份才可以追究其出资责任,而不是说履行了出资义务才具有股东身份。"①另一方面,既然要求其承担违约责任,就意味着约定已经生效,公司和其他股东已经认可他的股东身份,只是他未依约履行出资义务而已,但这并不影响其已经取得股东资格的事实。由此可以看出,未按期足额缴纳出资或虚假出资不会直接导致股东资格的丧失。但这并不等于说不履行出资义务也可以随意行使股东权利,公司可以股东未出资为由进行抗辩,要求其补足出资以维持其股东身份,如果股东拒不履行出资义务,公司可以注销或转让该部分出资份额,以使股东丧失该部分股权甚或全部股权(股东资格)。②

第三,从原理上分析,股东资格的取得实质上是股东以其财产向公司购买股份的一种交易行为,股东向公司认购股份,如果未将出资财产交付公司,实质上是与公司形成了一种债的关系,但只要公司和股东形成了认购股份的合意,就可以取得股东资格。因此,股东资格的取得不一定以出资为前提。

以上从各方面说明了出资与股东资格之间非必然的联系:股东资格既非完全源于出资,也不会因未出资而直接丧失。所以因出资对股东资格取得以及出资对公司资本形成的重要意义就断定"未出资就不是股东"是一种误解,是错误的观念。

其实,从根本上说,不出资的未必不能取得股东资格,主要是从股东自己是否直接向公司出资,似乎不向公司直接出资,就在公司的资本中难有一定的份

---

① 宁群:《未出资股东的股东资格不宜一概否定》,载《人民法院报》2005 年 6 月 21 日。
② 参见陈小珍:《实际出资不是股东资格取得的必要条件》,载《人民法院报》2005 年 8 月 17 日第 B03 版。

额。然而，股东自己不出资，未必就不能在公司资本中占一定的份额。实际上因各种不同原因，其他人已经在公司资本中有了一定的份额，使得他不必再直接向公司出资，或者是股东在以后补缴。总之，股东不出资而取得股东资格，在一定意义上只是一种表面现象，在实质上，股东是不能不出资的，只是他出资的时间、方式或渠道有特殊性罢了。

因此，从本质上讲，股东是必须要出资的。然而，出资的就一定能取得股东资格吗？诚然，向公司出资者，通常大都能取得股东资格，但这并不意味着只要出资就能取得股东资格。这是因为，要取得公司认可的股东资格，仅向公司出资是不够的，更为重要的是在公司的股东名册上记载，并由公司签发股份凭证。公司的股东名册和公司签发的股份凭证，既是股东资格重要的外观表现形式，也是公司对股东资格认可的表示。如果实际出资人仅向公司出资，而未在公司名册中予以记载或得到公司签发的股份凭证，就不能取得股东资格。

在公司的股东股东名册中登记记载，对股东资格的取得，具有至关重要的意义。

其一，在公司的股东股东名册中登记记载，实质上是公司法人组织体对相关主体具有股东资格认可的方式，并使享有股东资格的主体具有外在的表现形式。股东因公司而存在，公司因股东而生成。股东与公司之间的法律关系通过股东资格的外观表现出来。例如某人姓名记载于某公司的股东名册中，即表明此人是该公司的股东，而不是其他公司的股东；某人可凭出资证明书或股票参加某公司的股东会或股东大会，表明此人凭借着股份凭证行使了股东权利，体现出此人在该公司所具有的股东之法律地位。

其二，在公司的股东名册中登记记载，体现着公司内部股东彼此之间的认可。公司股东是公司组织的内部成员，彼此之间按照公司法的规则行使各自的权利，形成了稳定的法律关系。股东之间这种稳定的关系，既是公司经营管理有序进行之重要基础，也是股东之间彼此认可和信任的结果。而在公司的股东名册中登记记载股东姓名或名称，正是这种有序、稳定的股东关系形成所必不可少的、重要的制度性措施。在公司的股东名册中登记记载有关股东的重要信息，为股东之间相互信任关系的建立提供了必需的条件；为股东权利行使的彼此认可提供了法律根据。毫无疑问，公司的股东名册，使股东知晓了公司全部股东的基本情况；公司签发的股份凭证，使其持有人在公司中的股东地位受到尊重，使其持有人在公司中行使的股东权利得到认可。

第三，在公司的股东名册中登记记载股东的姓名或名称，表明了公司与股东关系的存续。当股东因转让股份、赠与或死亡等原因退出公司时，将依法转移或收缴其所持有的股份凭证，注销其在公司股东名册中的记载，由此丧失其在公司中所具有的股东资格;当相关主体因受让、受赠或继承等原因获得股份,就会依法获取股份凭证,在公司股东名册中予以记载,由此取得公司股东资格。除无记名股份的股票不需要变更公司股东名册的记载,记名股份的变动,应当变更股东名册的记载方能生效,更是表明了股东资格外观表现形式所体现的股东与公司之间的法律关系。

所以,实际出资人虽然出资,但若没有取得公司签发的股份凭证,没有在公司股东名册中予以记载,"无论根据民法的真实意思主义还是根据商法的外观主义,该出资人都不能被认定为公司股东"①。

虽然谨慎的态度使我们难以声称,只要具有了股东资格的外观表现形式就必然可以认定其具有取得资格;但是,股东资格外观表现形式对股东资格的重要性,使我们可以断言,不具有股东资格外观的主体,无论其是否向公司实际出资,都应当认定其不具有股东资格。例如,在股东资格虚假取得的情况下,实际出资人虽然向公司出资,但出资人未取得有效的股东资格的外观表现形式,实质上是没有得到公司合法有效的认可,因此是不具有合法有效的股东资格的。但是,这些实际出资人可以通过救济措施予以补正,取得股东资格外观表现形式后即可享有股东资格。

### (二) 公司登记与股东资格的取得

#### 1. 公司登记与股东资格关系误解的成因

"未经公司登记主管机关登记记载的,就不具有股东资格","经公司登记主管机关登记记载的就一定具有股东资格",持有这种观点的人不可谓不多。之所以对公司登记与股东资格的关系形成这种理解,主要原因是:

第一,将与股东资格相关的股权类似于登记确权的财产。与股东资格密切相关的股份和股权被视为准物权性质的权利,并认为,这种形态的财产在许多情况下比其他形态的财产更为重要,甚至比不动产都重要,为防止和减少可能的纷争,有必要实行与不动产转让相类似的登记生效要件。②

第二,将股东资格的公司内部登记混同于公司登记主管机关的登记公示制度。有观点认为,公司登记管理机关对公司事项的登记是一种公示的方式,出资证明书和股东名册只是公司出具和控制的股权证明形式,易出现不规范的随意行为,不具有登记所有的公示力和公信力。因此,股权转让应当经登记后才能

---

① 陈小珍:《实际出资不是股东资格取得的必要条件》,载《人民法院报》2005 年 8 月 17 日第 B03 版。
② 参见赵旭东:《股权转让与实际交付》,http://www.civillaw.com.cn/weizhang/default.asp? id,2006 年 3 月 18 日访问。

产生法律效力。股东资格的公司登记宣示意义是公示性的,是为了保护与公司进行交易的不特定的第三人。①

第三,公司法的相关规定的片面理解。我国《公司法》第33条第3款规定:"公司应当将股东的姓名或者名称及其出资额向公司登记机关登记;登记事项发生变更的,应当办理变更登记。未经登记或者变更登记的,不得对抗第三人。"《公司登记管理条例》第35条规定:"有限责任公司股东转让股权的,应当自转让股权之日起30日内申请变更登记,并应当提交新股东的主体资格证明或者自然人身份证明。有限责任公司的自然人股东死亡后,其合法继承人继承股东资格的,公司应当依照前款规定申请变更登记。有限责任公司的股东或者股份有限公司的发起人改变姓名或者名称的,应当自改变姓名或者名称之日起30日内申请变更登记。"基于这些法律法规的规定,人们大都认为,未经公司登记机关对股东事项的登记,股东就无法取得股东资格。

2. 公司登记与股东资格关系之辨析

上述有关股东资格与公司登记之间关系的理念乍看来颇有道理,但仔细推敲后便会发现这是对股东资格认定的又一误区。其实,公司登记的记载并不必然影响股东资格的取得。

第一,股东资格的取得并非源于公司登记的记载。股东资格的取得分为原始取得和继受取得。原始取得股东资格是相关主体直接从公司获得股东资格,是绝对的股东资格取得,是基于公司股东名册的记载和签发股份凭证而取得和生成的。《公司法》第32条规定,"有限责任公司成立后,应当向股东签发出资证明书。"第33条第2款规定,"记载于股东名册的股东,可以依股东名册主张行使股东权利。"股东资格的继受取得,是因继受人从股东那里继受了公司股份,依法取得相应股份凭证,在公司股东名册作了登记记载后而取得的。可见,股东资格在本质上源于公司。正是基于这一原因,表明股东身份的相关凭证,即出资证明书是由公司签发的。而公司登记的功能则在于确认公司成立,确认公司法人资格的取得和公司经营资格的取得。

有必要指出,将与股东资格密切相关的股权视为准物权,并以相关物权的登记制度的原理来类推说明股权或股东资格的登记属性也是不妥当的。这是因为,相关物权的登记是该物权生成的基础,也是该物权有效转让的前提;但是,股权的生成和转让,均不是基于公司登记,这两者是没有可比性的。其实,《公司法》第33条第3款规定的公司登记并非设权程序,而是证权程序,是对已经存在

---

① 参见李国光主编:《中国民商审判》2002年第2卷,法律出版社2002年版,第145页。

的股东资格对外进行公示,以保护善意受让转让股份的受让人的合法权益。①

第二,有关公司登记事务的履行义务人是公司,而非股东。《公司法》第33条第3款规定,"公司应当将股东的姓名或者名称及其出资额向公司登记机关登记"。可见,将股东的姓名或名称及其出资额向登记机关办理公司登记是公司的义务而非是股东本人的义务。未将有关股东事项及时办理登记,怠于履行法定义务的主体是公司,如果因此而否定该股东的股东资格,则意味着该股东要承受因公司过错行为而导致的不利法律后果,这显然是极不合理的、极不正当的。

强调登记程序为股东资格认定必要条件的观点,实质上是忽略了一个基本问题,即登记主体是公司而不是股东;混淆了一个基本事实,即登记是公司的登记,而非股东资格的登记。事实上,公司登记,是公司主体资格的登记,既不是"股东登记"或"股权登记",更不是"股东变更登记"或"股权变更登记"。《公司法》及相关法规所涉及的"股东登记"充其量也只不过是公司登记中的一个相关事项罢了。将此登记事项引申出与公司登记制度相同性质的"股东资格登记"制度是不妥当的。

第三,将公司登记作为认定股东资格必要条件,难以适应实际生活的需要。例如,当有限责任公司的股东A经其他股东同意后将其股份全部转让给了非公司股东B,公司股东名册将A更换为了B,A的"出资证明书"被公司收回后向B签发了"出资证明书",B在公司行使了所有股东权利,而转让人A不再行使任何股东权利,在A将股份转让给B的整个过程中,只是未进行工商的变更登记。此后,公司股东也全部认为A退出了公司,认可B为公司股东。在这种情况下,仅以公司未办理工商变更登记为由,否认B具有该公司股东资格显然是不合适的。我们认为,公司登记具有国家行政管理职能性质,将公司登记作为认定股东资格的必备条件,会给行政机关对私权领域正当活动进行不正当的行政干预提供机会。正是由于公司登记作为认定股东资格的必要条件,缺乏足够的合理性,所以在实际生活中,屡有股东资格的取得不遵守公司登记规范的行为发生,而这种"违法"行为却往往又得到法律的认可。人民法院在受理未经公司登记而有证据证明自己享有股份,并以具有股东资格的身份要求公司办理公司登记或要

---

① 参见曾宪文、刘金林:《公司登记:影响股东资格还是股东权利》,载《检察日报》2007年5月17日第3版。

求公司登记机关予以登记的案件时,一般都会支持原告的请求。①

(三) 经营活动资格与股东资格取得的关系

禁止党政机关及其工作人员从事经营活动符合市场经济运行的基本要求。中共中央、国务院《关于严禁党政机关和党政干部经商、办企业的决定》和《关于进一步制止党政机关和党政干部经商、办企业的规定》规定:第一,党政机关不得经商、办企业。第二,上述机关的干部、职工,包括退居二线的干部,除中央书记处、国务院特殊批准的以外,一律不准在企业中担任职务,也即不能作为股东。又如中共中央办公厅、国务院办公厅《关于县以上党和国家机关退(离)休干部经商办企业问题的若干规定》,对县以上机关的退休干部经商办企业的资格作出了限制。党和国家的这些规定,无疑是正确的。然而,如果以此为由,禁止党政机关工作人员进行投资取得股东资格就未必正当了。

这一误解主要是因为将经营活动与股东的投资活动混为一谈了。虽然,股东将资产投资于公司认购公司股份,在一定意义上与"经营活动"有所联系,但认购股份,成为公司的股东与从事经营活动还是本质区别的,不能简单地在两者之间划等号,不能将经营活动的资格混同于股东资格。

首先,投资活动与经营活动的行为内容不同。首先,投资入股取得股东资格,投资者的行为内容是对自己享有所有权的财产进行运作;而经营活动的行为内容,则不限于自己的财产。为了追求规模效益,经营活动者往往通过各种方式和渠道,聚集他人的财产来扩大经营规模。其次,投资入股取得股东资格,其行为内容实质上是对自己财产的处分,通过对自己财产处分的投资行为,换取公司的股份,这在股份有限公司的股份认购中表现得更为明显;而经营活动行为则是对其所控制的财产进行管理、运作等的一系列的长期行为。再次,投资人取得股东资格后对股权的运用,只能通过在股东会上行使表决权来实现,对财产的支配行为是间接性的,其行为不直接作用于市场;而经营活动行为则是对相关财产进行直接的掌控、管理,并直接作用于市场。由于经营活动行为涉及对他人财产的运作,更鉴于经营活动行为直接作用于市场,法律禁止党政机关从事经营活动,既表明经营活动行为与党政机关行为的性质不同,也是为防止党政机关的行为干预市场经济活动的秩序。

其次,投资活动与经营活动的行为目的与社会功能不同。投资者向公司投

---

① 最高人民法院历次关于有关公司诉讼案件审理的司法解释征求意见稿中,都规定了民事主体取得公司股份后,要求办理公司登记的,应当予以支持。实际上是以司法解释的形式,认可了在公司登记前股东资格有可能存在的事实。如《关于审理公司纠纷案件若干问题的规定(一)(征求意见稿)》第18条,《最高人民法院关于适用〈中华人民共和国公司法〉若干问题的规定(二)(征求意见稿)》第13条。

资而取得股东资格,在主观目的上是为了追求自己的预期利益;在客观的社会功能上,既为公司注入经营资本,也为社会的资本市场的繁荣起到了添砖加瓦的作用。而经营者对公司财产的经营运作,在主观目的上是为了使公司的财产增值;在客观的社会功能上,则是促进了市场商品交易,为社会提供了物质财富。由此可见,最大限度地给予民事主体的投资以空间范围,有利于促进资本市场的发展;科学地界定经营活动的主体范围,有利于规范市场的交易秩序。

最后,进行投资活动的股东资格与从事经营活动的资格的基本法律属性是不同的。股东资格是法律主体运用自己的财产投资于公司,成为公司股东的可能性。股东资格在本质上反映的是财产所有权主体自主运用自己财产的权利,是法律主体享有财产所有权的表现。而经营活动资格,是指主体可以进行以营利为目的的财产管理运用行为的可能性。前者的资格以一般的主体权利能力为基础,具有追求普遍意义的公平理念;而后者的资格以特定主体所必不可少的行为能力为基础,具有追求法律后果的效益和安全的理念。毋庸置疑,经营者的行为能力是不可忽视的,因为经营者的行为能力不仅是实现公司财产增值以满足股东投资预期的基础,更是其理性行为以实现交易安全立法目的的前提。

此外还需要指出的是,具有股东资格的股份持有者,不仅可以通过投资取得股份,而且还可以通过其他非投资的方式取得股份。在实际的经济生活中,民事主体可以通过受赠、继承等方式成为公司股份的持有者,享有公司股东资格。

# 第四章 股东资格的特别取得

本章是对上一章内容的延续和深化。

股东资格的共同取得有广义和狭义之分。狭义上的股东资格共同取得应当具备共有股份的合意、符合公司章程规定、在股东名册上登记、明确共有股份权利行使人四项要件。

行为能力欠缺的自然人取得股东资格实际上并无公司法上的障碍,他可以通过受赠、继承、购买以及设立公司等路径取得股东资格。

隐名投资的具体情况十分复杂,对隐名投资分类规范,有利于科学合理地认定股东资格的归属。隐名投资可分为行权式隐名投资和非行权式隐名投资两类。这两种类型隐名投资的行为方式不同,形成的法律关系也不相同,由此导致股东资格的认定结果也有所不同。

投资的瑕疵不影响投资人对股东资格的享有,但是该享有股东资格的主体应当补救投资的瑕疵。股东抽逃出资在本质上不是对出资义务的违反,而是对公司财产的侵犯,因此股东抽逃出资与股东资格的瑕疵无关。

## 一、股东资格的共同取得

### (一)股份共有与股东资格的共有取得

1. 共有与准共有

共有"最初可能是立法者为那些不经常出现的情况而考虑的,即一个权利,大多数是指一个特定物上的所有权,无需要多数人就此形成一个意思行为,根据法律上取得权利后的事实,就属大家共有。"①我国学界主流观点认为,共有是"某项财产由两个或两个以上的权利主体共同享有同一所有权,换言之,是指多个权利主体对一物共同享有所有权。"②"它是与单独所有权相对的一种所有权形态。"③在现代民事立法体系中,"共有"是被民法作为所有权的一种现象加以规范的。如《德国民法》第三编"物权"第三章"所有权"中的第五节,《意大利民法》第三编"所有权"中的第七章,《日本民法典》第二编"物权"第三章"所有权"中的第三节,《韩国民法》第二编"物权"第三章"所有权"中的第三节,《瑞士民法典》第四编"物权法"第一部分"所有权"第十八章"通则"中的第三专题,均设专章、专节或专题对"共有"作了规定。《俄罗斯联邦民法》虽然在形式上没有将"共有"作为所有权的体系内容加以规范,但从第二编"所有权和其他物权"的编排结构来看,"共有"不仅没有被列入他物权的系列之中,而且还紧靠在所有权的章节之后。这种体系结构安排实质上仍是将共有作为一种特殊的所有权形态加以规范的。我国《物权法》在第二编"所有权"中的第八章对"共有"作了专章规定。④ 国内外的民事立法表明,在民事法律制度中,"共有"是物之所有权的一种形态,即数个主体共同享有物的所有权。⑤

民法对共有的规范,不仅仅为"物"的共有提供了基本法律依据,同时也为多个主体共同享有某种财产权利提供了可适用的基本法律规范。在现实生活中,除了对"物"会有共同享有所有权的情形外,还会有其他各种类似于对"物"

---

① 〔德〕卡尔·拉伦茨:《德国民法通论》(上册),王晓晔、邵建东、程建英、徐国建、许怀栻译,法律出版社2003年版,第191页。

② 王利明:《物权法研究》(修订版),中国人民大学出版社2007年版,第678页;张礼洪:《物权法教程》,北京大学出版社2005年版,第92页。虽然主流观点中对"共有"具体表述不尽一致,形成了不同的概念内涵,但对共有权主体的非单一性这一基本特性则为共识。参见杨立新:《共有权理论与适用》,法律出版社2007年版,第8—14页。当然,也有学者持不同的观点,如李锡鹤教授认为,共有是"两个以上主体对同一未分割物的各个份额分别享有所有权"。李锡鹤:《论共有》,载《法学》2003年第2期。

③ 王利明、杨立新、王轶、程啸:《民法学》,法律出版社2005年版,第92页。

④ 《民法通则》第78条第1款规定:"财产可以由两个以上的公民、法人公有。"这一立法现象将共有概念扩大了。德国、日本等国的民法典有关共有的规范,仅是简单共有或分别共有(类似于我国民法中的按份共有),并不包括合有(类似于我国的共同共有);而瑞士、俄罗斯、韩国以及我国台湾地位的民法有关共有的规范均包括按份共有和共同共有。尽管各国和地区民事立法对共有规范的内容有较大差异,但是对合伙关系和夫妻关系都是由相应的法律规范予以专门调整的。如在德国、日本、韩国、瑞士等国家,共有是由物权法规范调整的;合伙关系由债法(或合同法)调整;夫妻关系由亲属法规范调整。这一民事规范体系具有较为普遍的意义。我国民事法律体系虽然与国外立法有所区别,但是,合伙关系和夫妻关系规范分别由相关的法律调整,分属不同的法律规范对象。

⑤ 日本著名法学家我妻荣教授认为,所有权的内容包括对标的物的管理权能和收益权能。在共同所有权中,收益权能由各共有人享有,而对标的物的管理权能,则由全体共有人协作行使。参见〔日〕我妻荣:《我妻荣民法讲义Ⅱ·新订物权法》,〔日〕有泉亨补订,罗丽译,中国法制出版社2008年版,第325—326页。

共有的情形,即物的所有权以外的财产权的共有状态。① 虽然这些情形下的"共有"不同于物的共有,但也可以适用物权法中有关共有的基本规范,所以民法在共有的规范中通常有准用性规定。基于民法对共有规范的准用性规则,形成了准共有的法学理念,"准共有者,乃数人分别共有或共同共有所有权以外之财产权之谓。"②准用性规则扩展了民事法律中有关共有规范的适用范围。

2. 股份共有及其法学属性

股份共有③通常是指两个或两个以上的民事法律主体共同享有同一股份权益,这是广义上的股份共有;而狭义上的股份共有是指由公司法规范的、共有人在公司股东名册上登记记载的股份共有。

在共有法学理论上,股份共有是否应当属于准共有。台湾公司法学者郑玉波先生认为,股份共有,"严格言之,应称准共有为妥"④。股份共有完全符合准共有的基本特性;其一,主体的非单一性,股份共有是两个或两个以上主体分享同一股份权益;其二,客体的特殊财产性,股份共有的权利客体不是物,而是一种特殊的财产形态——"股份"。股份共有具有准共有的属性,可以适用共有的相关民事法律规范。实际上,数个主体可以共有享有某一种财产权益,应当是一种常态,⑤只是由于共有的客体属性的差异,使得不同功能的法律对共有的规范有了相应的局限,而准共有规则有助于弥补这一立法缺憾,为共有的一般性规范更为广泛的适用疏通了法律路径。所以,无论是"非所有权"的共有(如地上权共有、抵押权共有),还是对非"物"的财产权共有(如矿业权共有,甚至是债权共

---

① 参见杨立新:《共有权理论与适用》,法律出版社 2007 年版,第 220—221 页;高富平:《物权法原论》(下册),中国法制出版社 2001 年版,第 1017 页。

② 谢在全:《民法物权论》(上册),中国政法大学出版社 1999 年版,第 342 页。

③ 在公司法学上,股份共有也时常被称为"股权共有"。本书使用"股份共有"而未用"股权共有"的表述方式主要是基于以下三个方面的原因:第一,股权实质上是基于股份而享有的权利。严格而言,正如民法中的共有人是基于物的共有而享有物权一样,在公司法域中共有人是基于股份的共有而享有股权,不是基于股权的共有享有股权。第二,国外公司相关立法通常均称股份共有。第三,我国《公司法》第三章为"有限责任公司的股权转让",而第五章第二节则规定了股份有限公司的"股份转让"。这表明在我国公司法上,股份有限公司法人财产的份额被称为"股份",而有限责任公司法人财产份额的相应概念则被称为"股权"。如果使用"股权共有",容易被误解为只是对有限责任公司"股权"的共有。鉴于在法理上,被社会普遍接受的、广义上的"股份"概念,既包括股份有限公司的股份,也包括有限责任公司的股份,同时也基于共有关系的实质内涵,本书使用"股份共有"一词,并且不对不同形态公司的"股份"、"股权"或"股权共有"等相关概念加以区别。

④ 郑玉波:《公司法》,三民书局股份有限公司 1980 年版,第 107 页。

⑤ 《意大利民法典》第 1100 条甚至将非物的共有与物的共有一并统一规范。该条规定,"在权利证书或者法律未另行规定的情况下,当数人共有某一所有权或者其他物权时,受本法下列规则的调整。"

有),均应当被视为准共有,可适用物权法中有关共有的一般性规范,①股份共有自然也不例外。

### 3. 股东资格的共同取得的广义与狭义之分

正如股份共有可分为广义的股份共有和狭义的股份共有一样,股东资格的共同取得也可以分为广义上的股东资格的共同取得和狭义上的股东资格的共同取得。广义上股东资格的共同取得是指两个或两个以上的主体共同取得股东资格,这是一般意义上的股东资格的共同取得。狭义上股东资格的共同取得是指两个或两个以上的主体共同享有公司股份,享有同一股东资格,并在公司股东名册上登记,这是严格意义上的股东资格的共同取得。

广义或一般意义上股东资格的共同取得概念的外延涵盖狭义或严格意义上股东资格的共同取得,严格意义上的股东资格的共同取得的重要标志是全体共有人在公司的股东名册上登记。严格而言,共同取得股东资格的共有人均应当在公司股东名册中记载,因为只有经过登记记载,才能确立登记的投资者对公司股份的所有者的地位,共同取得股东资格,成为正式意义上的股份所有权人和公司的股东。否则就是一般意义上的股东资格共同取得。例如甲、乙、丙三人共同向公司投资,可以有两种具体的操作方式:一种是甲、乙、丙三人约定以一人(如甲)的名义向某有限责任公司投资;另一种是甲、乙、丙三人共同向公司投资,均在公司的股东名册中登记,但只享有一个股东资格,并确定一人(如甲)为股份共有代表人行使股份权利。这两种投资的具体操作方式不同,形成的法律关系也不同。在前一种方式中,甲与公司发生联系,成为公司的股东;而乙、丙两位投资人则没有与公司形成法律上的联系,只是与甲形成了三人之间的合同关系,所以只能按合同约定在实质上分享相应的股份权益。由这种方式形成的是广义上的、一般意义上的股东资格共同取得。而在后一种方式中,甲、乙、丙三人均在公司名册中记载,与公司发生了法律上的联系,但他们只享有一个股东资格,形成了公司法意义上的股东资格的共同取得,即狭义上的、严格意义上的股东资格的共同取得。

区别严格意义上的股东资格共同取得与一般意义上的股东资格共同取得具有重要的法律意义。第一,共有人之间的法律地位不尽相同。在严格意义上的股东资格共同取得中,尽管只有特别约定的共有人享有行使股份的权利,但全体共有人共同享有一个股东资格,每个共有人是公司股东的"有机构成体"。而一

---

① 参见〔日〕我妻荣:《我妻荣民法讲义Ⅱ·新订物权法》,〔日〕有泉亨补订,罗丽译,中国法制出版社 2008 年版,第 347 页;史尚宽:《物权法论》,中国政法大学出版社 2000 年版,第 185 页;王泽鉴:《民法物权 1 通则·所有权》,中国政法大学出版社 2001 年版,第 389—390 页;梁慧星主编:《中国物权法研究》(上册),法律出版社 1998 年版,第 578—579 页。

般意义上的股东资格共同取得中,并不强调在公司相关法律文件中记载共有人的名称。第二,共有股份权利行使人的变更所产生的法律后果不同。在严格意义上的股东资格共同取得中,全体共有人均在公司相关法律文件中记载,因而,当共有股份权利的行使人要更换时,不会发生股东变更的法律后果。而一般股东资格共同取得中,如果共有股份权利行使人变更,导致公司相关法律文件的股东姓名记载不相符时,有可能会产生股东变更的法律后果。第三,共有股份权利行使的要求不同。在严格意义上的股东资格共同取得中,由于全体共有人均在公司相关法律文件上记载,所以,在某些情况下,非确定的共有人在公司认可的情况下,也可以行使共有股权。而在一般意义上的股东资格共同取得中,共有股权只能由在公司股东名册上有记载的共有人行使,没有记载的其他实际共有人通常不能行使。第四,对股份是否记名的要求不同。严格意义上股东资格共同取得的,必须是记名股份持有者;而一般意义上股东资格共同取得的,无此要求,既可以是记名股份持有者,也可以是不记名股份的持有者。第五,表明了两者不同的法律关系,揭示两者取得股东资格的不同路径。一般意义上股东资格的共同取得的理念,只是表明股东权益在实际上归全体共有人所有;而在严格意义上的股东资格的共同取得,则既表明股东权益归全体共有人所有,而且重视股东资格共同取得的特殊性,即要求共有人在股东名册上登记,但登记的共有人只共同享有一个股东资格。

其实,之所以要将股份共有区分为广义上的、一般意义的股份共有与狭义上的、严格意义上的股份共有,就是因为,后者是为公司法所规范的对象。公司法对股份共有的规范,主要任务就是要通过对共有人确定的权利行使人的规范,实现对共有股份权利行使的规范,从而使股份共有的运作适应公司运作的需要。所以公司法所关注的是严格意义上的股份共有,而严格意义上股东资格的共同取得实际上是公司法意义上的股东资格共同取得。

### (二)股东资格共同取得的原因

股东资格共同取得的原因主要是当事人协议和法律规定的相关情形,具体而言主要包括合伙组织的投资、订立协议共同投资、夫妻共同财产的投资、共同继承股份以及其他共有财产投资。

1. 订立合伙协议共同投资

订立合伙协议的共同投资也是一种合伙关系,但是,这一合伙形式没有自己的名称,无法以合伙组织体的名义进行行为,所以不同于合伙组织投资取得股东资格的方式。

依据合伙协议,合伙人向公司投资的具体做法有两种方式:其一是以全体合伙人的名义共同向公司投资,其二是由合伙事务执行人代表全体合伙人,以其个人名义向公司投资。在前一种方式中,即以全体合伙人的名义共同投资,形成共有股份形式,全体合伙人均记载于公司相关法律文件中,共同取得同一股东资格。在后一种方式中,合伙事务执行人以个人名义向公司投资,则只能是该合伙人以个人名义取得股东资格,成为该公司的股东。由此形成了两层关系:一层是该合伙人个人的股东身份与公司之间的关系;另一层是在合伙组织内部该合伙人与其他合伙人之间的合伙关系。尽管这两种方式在具体做法及其结果方面有所差别,但是有一点是相同的,即用来进行投资的财产是全体合伙人共同所有的财产,由投资形成的共有股份也属于全体合伙人共同所有;股东的权益应当由全体合伙人享有;股东的责任由全体合伙人共同承受。

**2. 股东资格主体消灭时股份的共同承继**

股东资格主体的消灭有两种情况:一是自然人的死亡;二是法人的终止。这两类主体的消灭,都有可能形成被消灭股东之股份的共同承继和对被消灭股东资格的共同取得。

当自然人股东死亡时,如果公司允许分割被继承人的股份,或者公司资本由等额股份构成,每一死亡股东有数份股份,且继承人之间能够就原有单个股份各自分别继承达成合意,那么,就不会存在股份的共同继承问题,也就形成了股东资格的共同取得。但是,如果死亡股东的股份不能分割,或者公司资本非均等份额,每一股东享有一个股份,或继承人之间难以形成各自单独继承一个股份的合意,就会出现数个股东继承同一股份的情形。如果数个继承人共同继承死亡股东的股份,数个继承人就共同享有了被继承股东的股份,该被继承的股份成为共有股份,为全体继承人所共同所有。但是,如前所述,所有继承人共同享有被继承人的股份,并不意味着共同取得了被继承人的股东资格。只有当所有继承人以其各自姓名共同继承,并被公司相关法律文件记载,才能共同取得被继承人的股东资格。如果继承人之间达成协议,由推举的某一继承人代表全体继承人,并以其个人名义继承死亡股东的股份,则只能由该全体继承人的代表人取得被继承人的股东资格。

当法人股东终止时,如果该法人拥有的股份不能被分割,或者公司资本非均等份额,每一股东享有一个股份,或被终止法人股东的相关承继人之间难以形成各自单独继承一个股份的合意,也会出现数个股东承继被终止法人股东之股份的情形。如果数个相关承继人共同承继被终止法人的股份,那么这数个承继人就共同享有了被终止法人的股份,该被承继的原法人股份变成了共有股份,为全体相关承继人共同所有。但是,所有相关承继人共同享有了原法人的股份,并不意味着就共同取得了原法人的股东资格。只有当所有相关承继人以其各自姓名共同继承,并被公司相关法律文件记载,才能共同取得原法人的股东资格,成为共同股东。如果相关承继人之间达成协议,由推举的某一相关承继人代表全体承继人,并以其个人名义继承被终止原法人的股份,则只能由该全体承继人的代表人取得原法人的股东资格。

3. 合伙组织的投资

我国《合伙企业法》规定,"合伙是指两个或两个以上的自然人或法人,根据合伙合同而共同出资、共同经营,且对外承担连带无限责任的组织。"①在我国,合伙是营利行为的一种方式,也是一种经济组织。"合伙由合伙合同与合伙组织两个不可分割的部分构成,前者是对合伙人有约束力的内部关系的体现,后者是全体合伙人作为整体与第三人发生法律关系的外部形式。"②《合伙企业法》第20条规定,"合伙人的出资、以合伙企业名义取得的收益和依法取得的其他财产,均为合伙企业的财产。"合伙组织以合伙财产向公司投资,形成的股份也应当归全体合伙人共有。

合伙组织体在工商登记管理机关登记注册,有合伙组织的名称,实际上是合伙企业;合伙企业以合伙企业的名义进行行为,并具有独立参加诉讼活动的能力。③ 由此可见,虽然合伙企业以企业的合伙财产出资而取得的股份应当属于全体合伙人共有,但是,合伙企业在向公司投资时,须用企业的名称投资,由此形成了公司与合伙企业之间的投资关系。在法律的相关层面,只能由合伙企业取得相应的股东资格,股东权利的直接行使者和义务的直接承担者是合伙组织而非个别合伙人。

4. 夫妻共同财产的投资

由夫妻共同财产投资形成的股份,应当归夫妻共同所有。夫妻共同财产的范围,应当依据我国婚姻法的规定予以界定。根据我国《婚姻法》的规定:夫妻可以约定婚姻关系存续期间所得的财产以及婚前财产归各自所有、共同所有或部分各自所有、部分共同所有。约定应当采用书面形式。夫妻双方没有约定或者约定不明确的,在夫妻关系存续期间所有取得的财产(不包含属于法定个人所有的财产)应当属于夫妻的共有财产。④ 据此,如果夫妻双方在夫妻关系存续期间没有关于各自所有财产的约定,或约定不明,或虽然有约定,但约定的形式

---

① 王利明、杨立新、王轶、程啸:《民法学》,法律出版社2005年版,第89页。
② 马俊驹、余延满:《民法学》(第2版),法律出版社2005年版,第145页。
③ 《最高人民法院关于贯彻执行〈中华人民共和国民法通则〉若干问题的意见(试行)》第45条规定:"起字号的个人合伙,在民事诉讼中,应当以依法核准登记的字号为诉讼当事人,并由合伙负责人为诉讼代表人。合伙负责人的诉讼行为,对全体合伙人发生法律效力。"
④ 参见《中华人民共和国婚姻法》第17条、第18条、第19条。

不符合法律规定,未采用书面形式的,夫妻当中的任何一方在夫妻关系存续期间所取得的股份或者夫妻一方在婚前所取得的股份被夫妻双方约定为共同财产的,都应当属于夫妻双方共同所有的股份。夫妻共同财产投资形成的股份归夫妻共同所有,是婚姻法中夫妻共同财产制在公司法中的延伸,符合婚姻共同生活体的本质要求,且有利于保障夫妻中经济能力较弱一方的权益,有利于实现事实上的夫妻地位平等。[1]

应当指出的是,虽然由夫妻共同财产投资形成的股份归夫妻共同所有,但是,并不意味着夫妻双方都可以成为公司的股东,而只有以个人名义投资的丈夫或妻子可以取得公司股东资格,成为公司的股东。其实,取得公司股东资格的"丈夫"或"妻子"具有类似于合伙财产事务执行人的意义,对夫妻共同财产行使共同财产权。两个以上继承人依法共同继承被继承人的股份,需要公司法规范,是重要的严格意义上的股东资格共同取得。[2]

值得研讨的是,如果夫妻双方同在一公司,夫与妻应当是共有股份的共同股东呢,还是分别为各自的股东呢? 我们认为,除有充分证据证明夫妻两人的财产确属归各自所有的情况外,一般应当认定为只有一个股东资格,夫妻享有共有股份。如果公司没有其他股东投资,只有夫妻两人投资,且无充分证据证明夫妻两人投资财产归各自所有,该夫妻两人设立的公司应当认定为一人有限责任公司。

另外,即使在夫妻双方的婚姻结束之后,在进行财产分割之前或者夫妻双方以合同的方式约定维持对股份的共有,仍然可以形成对股东资格的共同享有,股东权利仍然由双方共同所有。

5. 民事主体以他人共有财产投资

民事主体以他人共有财产向公司投资所形成的股份,应当归财产共有人共同所有。例如,物业公司用属于业主所有的财产向公司投资,该投资所形成的股份应当归业主共同所有。根据《物权法》的规定,业主对建筑物内的住宅、经营性用房等专有部分享有所有权,对专有部分以外的共有部分享有共有和共同管理的权利;[3]建筑物及其附属设施的费用分摊、收益分配等事项,除有明确约定外,由业主按专有部分占建筑物总面积的比例共有。[4] 因此,如果物业公司以属于全体业主的小区公共建筑物及其附属设施的共同权益向公司投资形成的股

---

[1]  参见杨大文主编:《婚姻家庭法》,中国人民大学出版社2001年版,第143页。
[2]  共同继承、共同认购是公司法所规范的股份共有形成的主要原因。参见〔日〕大野正道:《株式の共有者による権利行使》,载《ジュリスト(増刊)》(新法律学の争点シリーズ5,会社法の争点),2009年(平成21年)11月。另外,共同受让股份也是产生由公司法所规定的股份共有的主要原因之一。参见〔韩〕李哲松:《韩国公司法》,吴日焕译,中国政法大学出版社2000年版,第227页。
[3]  参见《中华人民共和国物权法》第70条。
[4]  参见《中华人民共和国物权法》第80条。

份,应当归全体业主共同所有。①

民事主体以他人共同财产向公司投资形成的股份归财产共有人共同所有,但如前所述,也不意味着财产共有人共同取得相应的股东资格。如果民事主体虽用他人共同财产投资,但以自己的名义进行投资行为,并在公司相关法律文件中予以记载,则由该民事主体取得相应的股东资格。这时,作为公司法上"投资者"的这一民事主体应当对原财产的全体共有人履行善管义务、报告义务、交付收取物(如股利、新股)义务等信义义务。一般情况下,民事主体用他人共同财产投资,应当经财产共有人认可并授权。

### (三) 严格意义上股东资格共同取得的要件

股东资格的共同取得,是指共有人共同取得同一股东资格,实际上是共有股东资格的取得。严格意义上的股东资格共同取得,实际上是公司法规范意义上的股东资格的共同取得,应当具备如下要件:

1. 共有人达成共有股份的合意

股东资格共同取得以股份共有协议的存在和履行为基础。显然,没有股份共有合意就不可能形成共有股份,也就谈不上共同取得股东资格。共有股份的合意,是由股份共有人自愿达成的一致意愿。在形式上,它可以是书面的合同或协议,也可以是其他形式,如合伙协议、婚姻关系的事实协议等,只要能反映相关民事主体共同投资意愿的方式,都可以成为股份共有合意的表现形式。在内容方面,它通常应当包括共有人的投资方式、共有人的权益、共有股份权利的行使等内容。合伙协议是民事主体依据合意而定立的,共同继承他人的遗产需要当事人各方通过合意决定是否对共有财产进行分割,夫妻之间需要通过合意来确定某些特定的财产是否属于夫妻的共有财产,同样依据建筑物区分所有权进行投资,也需要全体业主经过合意来决定。所以,合意对于股东资格共同取得是必需的。

2. 符合章程规定

共有股东共同取得公司的股东资格,还必须符合公司章程的规定。公司章程对共有股份有规定的,只要章程的规定不违背法律的强制性规定,就应当按照公司章程的规定,确定共有股东的资格取得。

3. 在股东名册上登记

对股份共有人的登记,是公司法对股份共有进行规范的必要基础,也是这些规范得以有效实施的前提。公司法通过要求共有人在股东名册上登记这一措

---

① 参见刘俊海:《现代公司法》,法律出版社 2008 年版,第 295 页。

施,将股份共有人纳入公司法规范体系。其实,公司法对共有股份权利行使的规范以及其他相关规范,都是在各股份共有人经登记而被确定的基础上展开的。第一,代表人之所以能成为股份共有的代表人,是因为通过股份共有人的登记,才得以明确其可资代表的具体对象和范围。否则,该代表人与其他股东在公司法的规范适用中,就没有差别可言,也就谈不上法律对共有代表人规范所具有的特定意义了(上文举例中第一种投资方式中的"甲"这种状态)。第二,虽然公司法规定共有股份的股东权利由代表人行使,但是法律并不绝对禁止非代表的共有人行使共有股份的股东权。当公司要认可非代表共有人行使的共有股份权利时,就首先需要依据股东名册的记载来确定行为人的基本资格,然后才能在此基础上对其行为的有效性作出相应的判断。第三,在股份共有代表人不明确的情况下,公司需要对股份共有人进行通知或送达时,只有依据公司股东名册记载的共有人姓名或名称,才能有效实施通知或送达行为。第四,对股份共有人的登记,有利于明确共有人出资不实的责任主体。当股份共有人出资不足,各共有人应当承担连带缴纳股款的责任,但是,如果不对共有人进行登记,则无法有效确认应当承担该连带责任的适格主体。国外的公司立法中,股东资格的登记是很正常的。《英国 2006 年公司法》第 113 条第 5 项规定,共同持有公司股份,必须在公司"成员登记册"载明每一共同持有人的姓名。[①] 不经登记,不能纳入公司法的规范,也就不能取得公司法所规范的对股东资格的共同拥有。

4. 明确权利行使人

共有股份的共有人应当确定共有股份的权利行使人。之所以在共有股份中必须确定一名共有股份权利行使人,是因为共有股份只有一个股东资格,不能使每个共有人都享有独立的股东资格。因此,法律一般要求共有股份的共有人确定一人为权利行使人,由其代表共有人承受股东资格,行使股东权利。例如《日本公司法》第 106 条规定,"股份属于两人以上共有时,共有人如不规定一人为对该股份行使权利人,将其姓名或名称通知股份公司,则不得行使对该股份的权利。但股份公司对该权利行使拿出同意的,不在此限。"共有股份的权利行使人代表全体共有人行使共有股份的权利,其主要职能是代表共有人参加公司的股东(大)会,行使相应的股东权利,履行相应的股东义务,及时、全面、真实地向共有人传达有关信息。共有股份权利行使人,应当按照共有人的意志进行行为。共有股份权利行使人,未经共有人的特别授权,不得向公司外部的人员处分共有

---

[①] See United Kingdom Companies Act 2006, 113(5). "In the case of joint holders of shares or stock in a company, the company's register of members must state the names of each joint holder. In other respects joint holders are regarded for the purposes of this Chapter as a single member."

股份,如转让、出质等。

## 二、行为能力欠缺自然人的股东资格取得

行为能力欠缺的自然人,包括限制行为能力者和无行为能力者。如前所述,他们可以成为享有股东资格的主体。但是,由于他们行为能力欠缺,在取得股东资格方面,与完全行为能力人相比较有诸多不同之处,需要加以专门分析阐述。①

按照公司法学的一般理论,取得股东资格的路径通常分为直接取得和间接取得。这种分类虽然有利于揭示在股东资格的取得过程中形成的相关主体之间的权利义务关系,能够反映股东资格取得与公司资本之间的联系,但却无助于揭示行为能力欠缺的自然人取得股东资格路径的正当性及法理依据所在。其实,股东资格的取得意味着一种新的法律关系的产生,即形成了该股东与公司及其他相关主体之间的法律关系。按照法学基本原理,能够导致法律关系产生、变化和消灭的原因是法律事实。② 因此,从法律事实入手才能揭示行为能力欠缺的自然人取得股东资格路径的正当性。

法律事实包括自然事实和行为事实两大类,③行为事实又可再分为适法行为和不法行为,④适法行为包括表示行为和事实行为。法律事实的种类很多,这表明能够引起法律关系产生的原因是多种多样的。因此,并不是只有行为事实才能引起法律关系的产生,也并不是只有适法的行为才是法律事实中的行为。表示行为虽然是取得股东资格的主要路径,但不是唯一路径。主体表示行为的法律事实能引起股东资格的取得,其他相关法律事实也会引起股东资格取得现象的发生。所以,即便自然人在行为能力上有缺陷,其也可以通过自然事实和其他行为事实取得股东资格。从总体上看,行为能力欠缺的自然人可由自己或通过其法定代理人取得股东资格,其具体方式主要包括受赠、继承、购买或作为发

---

① 有关行为能力欠缺的自然人取得股东资格方式,可参见沈贵明:《未成年人取得股东资格路径的正当性分析》,载《法学》2010年第7期。

② 参见韩忠谟:《法学绪论》,北京大学出版社2009年版,第136—137页;王利明、杨立新、王轶、程啸:《民法学》第2版,法律出版社2008年版,第35—36页;龙卫球:《民法总论》(第2版),中国法制出版社2002年版,第149—150页。

③ 法律事实是一个概括概念,它可按不同标准分为各种类型,自然事实和行为事实是法律事实最为通常的一种分类。关于法律事实的种类,参见龙卫球:《民法总论》(第2版),中国法制出版社2002年版,第153页;〔日〕我妻荣:《我妻荣民法讲义Ⅰ·新订民法总则》,于敏译,中国法制出版社2008年版,第218—219页;董安生:《民事法律行为》,中国人民大学出版社2002年版,第121—124页;宋炳庸:《法律行为基础理论研究》,法律出版社2008年版,第178—204页。

④ 还有学者认为在适法行为和不法行为之间还有一种失当行为。参见张俊浩:《民法学原理》,中国政法大学出版社1997年版,第44页。

起人设立公司四种。

## （一）行为能力欠缺的自然人因受赠股份取得股东资格

赠与行为虽然具有单务属性，但却属于双方法律行为。自优帝一世以后的国外立法都将赠与行为视为诺成合同，在我国"无论何种形式赠与，赠与合同均为诺成合同"①。因此，股份的赠与应当有赠与人和受赠人双方当事人的意思表示才能成立，这就要求受赠人具有行为能力。但是，如果法律因自然人欠缺行为能力而否认其受赠股份的法律效力，实质上就是限制行为能力欠缺的自然人接受他人的赠与，这显然不妥。所以，各国法律在制定行为能力规则时，都特别规定当行为能力欠缺的自然人在纯粹接受他人赠与时不适用行为能力规则，以避免行为能力规则的普遍适用对行为能力欠缺的自然人带来不利的结果，由此形成了行为能力欠缺的自然人的"纯收益"规则。在行为能力欠缺的自然人受赠股份中适用"纯收益"规则，要正确理解和把握"纯收益"的内涵。

"纯收益"应为"纯获法律利益"。对"纯收益"内涵的界定，与受赠股份行为能否有效取得股东资格具有直接关系。如果行为能力欠缺的自然人的受赠行为与"纯收益"规则的内涵要求相吻合，则该受赠行为便会产生法律效力，行为能力欠缺的自然人可取得股东资格；否则该行为不构成有效的受赠行为，行为能力欠缺的自然人也就不能以此行为取得股东资格。"纯收益"规则实质上是对行为能力要求的例外，而这一规则的有效适用，取决于对"纯收益"内涵的界定。因此，相关民事立法在制定这一规则时，大都对"纯收益"内涵有所规定。例如，《德国民法典》第107条规定，行为能力欠缺的自然人为取得法律上的利益所作出的意思表示，不需要得到法定代理人的同意。②《日本民法典》第4条规定，"行为能力欠缺的自然人实施法律行为，应经其法定代理人同意。但是，可以单纯取得权利或免除义务的行为，不在此限。"我国台湾地区"民法"第77条规定，"限制行为人为意思表示及受意思表示，应得法定代理人之允许。但纯获法律上之利益，或依其年龄及身份、日常生活所必需者，不在此限。"纵观相关立法实践可见，虽然有关国家和地区立法对"纯收益"内涵的具体文字表述不尽相同，但都包含着一个实质性内涵，即纯获法律利益。所谓"纯获法律利益"，就是行为能力欠缺的自然人与他人进行的行为属于单纯地享有权利，而不负有履行义务之要求。我国有学者认为"纯收益"的内涵是指纯获经济利益，以最终是否使

---

① 陈小君、易军：《论我国合同法上赠与合同的性质》，载《法商研究》2001年第1期。
② 这一内容是根据《德国民法典》第107条"未成年人并非仅为取得法律上的利益而作出的意思表示，需取得法定代理人的同意"的规定推断出来的。参见〔德〕迪特尔·梅迪库斯：《德国民法总论》，邵建东译，法律出版社2000年版，第423页。

行为能力欠缺的自然人获取经济利益为最重要的判断标准。① 这一观点是非常值得商榷的,因为行为能力欠缺的自然人接受"纯收益"的赠与只能限于其享有接受利益的权利,谓之"法律上的利益",而不能有附加义务,谓之不能有负担。这两方面的内容合而为一,构成了"纯法律利益"的基本内涵。如果将"纯获法律利益"误解为"最终获得经济利益",在经济属性上会使这一行为混淆于一般的营利行为(都是最终要获利);在法律属性上,有可能会造成对行为能力欠缺的自然人的义务负担,而义务负担会导致对行为人行为能力的要求,从而形成与"纯收益"规范所具有的"对行为能力规则之例外"功能的矛盾。正是基于这一原理,《日本民法典》明确规定,"未成年者可处为获权利及免义务之行为。如承受无负担之赠与,及债务之免除等。"② 可见,在界定"纯收益"的内涵时,应当着重考量行为能力欠缺的自然人是否有"负担义务",而不应以最终获取经济利益为界定"纯收益"的内涵标准。

基于对"纯收益"内涵的分析,我们认为,在界定行为能力欠缺的自然人受赠股份是否产生法律效力而取得股东资格时,应当以行为能力欠缺的自然人不负担任何附加义务为标准。只要对行为能力欠缺的自然人赠与股份附有负担义务的,无论对该负担义务履行的结果是否有可能给行为能力欠缺的自然人带来最终的获利,都不能适用"纯收益"规则。这时,行为能力欠缺的自然人"受赠股份"应当经其法定代理人同意。基于这一认识,需要注意的是,行为能力欠缺的自然人一般不应当受赠瑕疵股份。如果行为能力欠缺的自然人受赠的是出资不足的有瑕疵股份,他就有可能因此而承担相应的补足出资义务和承担其他相关出资不足之责任,形成行为能力欠缺的自然人受赠股份的义务负担。③ 所以,当行为能力欠缺的自然人受赠的是瑕疵股份并有可能要承担出资不足责任时,不应当适用"纯收益"规则,而应当经行为能力欠缺的自然人的法定代理人同意或由其法定代理人代为进行。

值得讨论的是,如果法定代理人对其未成年子女进行股份赠与且附有义务负担时,这实际上属于自己代理,是否应当归于无效呢?虽然我国《民法通则》和《合同法》均未对此作出规定,但根据法学基本原理,自我代理和多方代理有可能形成行为人的自己利益与被代理人的利益相冲突,所以立法应当予以限制。如《法国民法典》第1596条、《德国民法典》第181条、《日本民法典》第108条以及我国台湾地区"民法"第106条都作了这方面的规定。不过相关立法对自己

---

① 参见王利明:《民法总则研究》,中国人民大学出版社2003年版,第349页。
② 〔日〕富井政章:《民法原论》,陈海瀛、陈海超译,中国政法大学出版社2003年版,第96页。
③ 有学者认为,出资瑕疵责任"应当专属于出资不足的转让方,不能由受让方承担"。参见刘俊海:《股份有限公司股东权的保护》(修订本),法律出版社2005年版,第158页。

代理的赠与合同并未予以一概禁止,而是予以必要的弹性,承认例外情况。① 尤其是作为法定代理人的行为能力欠缺的自然人的父母对其子女的赠与合同,在不引起新的利害关系冲突时,可以进行自己代理。② 当然,如果法定代理人对其未成年子女的股份赠与是出于隐匿财产之目的,则为"有害"代理行为,显然不能视为例外。

### (二) 行为能力欠缺的自然人因继承股份取得股东资格

行为能力欠缺的自然人可以通过继承股份取得股东资格。继承的具体方式可分为法定继承和遗嘱继承两种。继承方式不同,其法律属性会有所差异。法定继承属于"事件事实"范畴,而遗嘱继承则属于"行为事实"范畴。

行为能力欠缺的自然人以法定继承方式成为公司股东,实质上是基于被继承人死亡这一事件而发生的股份所有权关系的变化,行为能力欠缺的自然人依法继承了被继承人的股份,并由此取得了股东资格。可见,在法定继承中,作为继承人的行为能力欠缺的自然人,不需要意思表示行为即可依法取得被继承人的股份,导致法律关系的有效变更。③ 在这里需要讨论的是,股份登记是否应当成为行为能力欠缺的自然人继承股份取得股东资格的生效要件?继承人取得被继承人股东地位的有效时间如何界定?笔者认为,由于财产的继承关系实质上是财产所有权关系在继承人与被继承人之间的自然延续,并由此体现着被继承人的财产权意志,④因此,行为能力欠缺的自然人无需登记即可当然享有被继承人的股份。当然,如果被继承人持有的是记名股份,应当由其法定代理人办理股份登记。不过,除法律另有规定外,继承人自继承开始时承受被继承人财产上之一切权利义务,"不以其效力确定为必要"⑤。所以,继承人对被继承人的股份的继承效力应当从继承人死亡之时起发生,并以此避免继承人与被继承人之间不

---

① 参见张俊浩:《民法学原理》,中国政法大学出版社1997年版,第271页。
② 参见王泽鉴:《民法学说与判例研究》(第4册),中国政法大学出版社1998年版,第57页。
③ 2010年8月16日,浙江向日葵光能科技股份有限公司公开发行股票并在创业板上市,发行价16.80元/股,该公司一名年龄仅6岁的"娃娃股东"出现在公司73名自然人名单之中,按当日发行价16.80元计算,这名6岁女孩身家将达到105万元。该女孩父亲曾担任向日葵董事会秘书,在2009年11月因车祸意外过世,其原有的50万股股权全部由其家属继承,其中父亲和女儿各继承6.25万股,妻子37.5万股。参见《年仅6岁"娃娃股东"跻身百万富豪行列引关注》,http://baby.ifeng.com/news/detail_2010_08/18/1976572_0.shtml,2010年8月19日访问。
④ 关于财产继承的根据有"意思说"、"家族协同说"、"死后扶养说"、"无主说"、"先占说"、"人格价值说"和"共分说"等多种观点。参见刘文:《继承法比较研究》,中国人民公安大学出版社2004年版,第4—8页;史尚宽:《继承法论》,中国政法大学出版社2000年版,第4—6页。在现代继承法律制度中,"意思说"较为受到推崇,"意思说"体现了财产制度的本质意义,财产关系反映着所有权主体的意志关系。
⑤ 史尚宽:《继承法论》,中国政法大学出版社2000年版,第150—153页。

能直接相连而造成股份所有权主体缺失现象的发生。对此,《日本公司法》第608条第2项规定,虽然公司章程对股东的加入有变更生效的规定,但在继承时,继承人继承享有的股份不依此章程规定即可生效。这一规定值得我国立法借鉴。

与法定继承不同,遗嘱继承不属于事件事实,而属于行为事实,是赠与的一种类型——死因赠与。① 行为能力欠缺的自然人基于遗嘱继承被继承人的股份具有正当的法理基础,并符合继承法的基本原理。所以,只要公司章程不予以禁止,遗嘱继承股份权益时不负担义务,行为能力欠缺的自然人就可以自行继承被继承人的股份,取得股东资格。

或许有人会担心行为能力欠缺的自然人对有限责任公司股份的继承,会影响到有限责任公司的人合性因素,给公司的稳定性造成不利影响。的确,有限责任公司因其享有独立法人人格,经营运作适用"两权分离"规则②而具有资合性的特性;同时,又因其股东人数有限且往往兼具经营管理者身份而具有浓重的人合性因素。针对有限责任公司的这种双重特性,我国《公司法》规定,"自然人股东死亡后,其合法继承人可以继承股东资格;但是,公司章程另有规定的除外。"这一规定采用缺省性立法技术,赋予了公司章程对死亡股东的股份继承规定的优先适用地位,充分照顾到了有限责任公司的人合性因素。如果公司章程规定当股东死亡后其股份不可继承的,则包括行为能力欠缺的自然人在内的死亡股东继承人均不可继承死亡股东的股份。当然,公司章程没有对股份继承作出规定的,死亡股东的股份则可以依法被继承。③ 公司法对股份继承的规定,并未涉及对继承人行为能力的特殊要求,因而这一规定同样应当适用于行为能力欠缺的自然人。

### (三) 行为能力欠缺的自然人因购买股份取得股东资格

在现实生活中,购买股份是取得股东资格的主要途径。购买股份包括向公

---

① 赠与分为死亡原因的赠与和非死亡原因的赠与。非死亡原因的赠与也称生前赠与,于当事人意思表示一致即时生效,通常简称为赠与;死因赠与是以赠与人先于受赠人死亡为条件、赠与人死亡后才生效的赠与。参见〔德〕卡尔·拉伦茨:《德国民法通论》,王晓晔、邵建东、程建英等译,法律出版社2003年版,第67—68页。

② 我国《公司法》对有限责任公司的股东会、董事会、经理和监事会的职权规定与股份有限公司的规定完全一致。这表明在我国这两种类型的公司治理均严格适用所有权与经营权分离的原则。参见《公司法》第38条、第47条、第50条、第54条、第55条、第100条、第109条、第114条、第119条。

③ 应当注意的是,如果公司章程没有对股份继承作出规定,即便股东会一致通过形成的决议也不能否定继承人对死亡股东股份继承的有效性,因为,这时的股东会缺少了死亡股东,实际上形成了一个公司组织机关对一个人的个人财产的处分,这显然是不妥当的。

司购买和向公司其他股东购买,前者实质上是直接向公司投资,后者实质上是受让公司股份。与受赠股份行为不同,购买股份行为属于"表示行为",是"以行为人的意思表示或一定精神内容的表达为要素的适法行为"①,要求行为人必须具有行为能力。行为能力欠缺的自然人没有行为能力,所以不能以自己的行为购买股份,而只能通过其法定代理人的代理行为来购买股份以取得股东资格。法定代理人以行为能力欠缺的自然人的名义购买股份,可分为两种具体情况:一是法定代理人用自己的财产为行为能力欠缺的自然人购买股份;二是法定代理人用行为能力欠缺的自然人的财产为行为能力欠缺的自然人购买股份。这两种代理的具体内容不同,其正当性的法理基础也不尽相同。

行为能力欠缺的自然人的法定代理人用自己的财产以行为能力欠缺的自然人的名义购买股份,实质上是将自己的财产赠与行为能力欠缺的自然人,然后代理行为能力欠缺的自然人用这一财产购买股份。这不同于法定代理人将自己的股份赠与行为能力欠缺的自然人,因此,在有限责任公司中不适用股份赠与规则。但需要注意的是,如果行为能力欠缺的自然人是受让公司其他股东的股份,其他股东依法享有优先购买权。

行为能力欠缺的自然人的法定代理人用行为能力欠缺的自然人的财产购买股份,其实质是代理行为能力欠缺的自然人购买公司股份。一般情况下,行为能力欠缺自然人的法定代理人有权代理行为能力欠缺的自然人处分行为能力欠缺的自然人的财产,所以代理购买股份的行为依法具有法律效力。问题是,行为能力欠缺自然人的法定代理人能随意处分行为能力欠缺的自然人的财产来购买股份吗?从法定代理制度②的基本原理来看,法律应当对法定代理人用行为能力欠缺的自然人财产购买股份的行为有所规范。因为法定代理人对行为能力欠缺的自然人的财产管理应当"以财产价值之保存或增加为目的"③,以确保行为能力欠缺的自然人财产的价值安全,除非为了子女的利益和需要,"一般不享有处分权"④。为了切实保障行为能力欠缺的自然人的财产权益,国外立法大都在法定代理人的财产管理方面有专门规定,限制法定代理人对行为能力欠缺的自然人财产的处分行为,如《德国民法典》第 1807 条规定代理人对行为能力欠缺的自然人的金钱投资只限于风险极小的相关债权。为了防止法定代理人随意处分

---

① 龙卫球:《民法总论》(第 2 版),中国法制出版社 2002 年版,第 155 页。
② 对未成年人的法定代理权源于亲权与监护权。由于我国没有亲权制度,所以法定代理权只源于监护权。不过,我国已有学者主张设立亲权制度。参见马俊驹、余延满:《民法原论》(第 3 版),法律出版社 2007 年版,第四编"亲属法"。
③ 史尚宽:《继承法论》,中国政法大学出版社 2000 年版,第 671 页。
④ 马俊驹、余延满:《民法原论》(第 3 版),法律出版社 2007 年版,第 870 页。

行为能力欠缺的自然人的财产而给行为能力欠缺的自然人造成损害,立法通常对法定代理人处分行为能力欠缺的自然人的财产设置完备的监督制度,其内容包括设置监督机构(在德国为法院,在瑞士为监护官署,在我国台湾地区是亲属会议)、法定代理人处分财产时的审批手续(《法国民法典》第389-3条,《德国民法典》第1643条)、诉讼保护(《法国民法典》第388-2条)等等。显然,这些制度是行为能力欠缺的自然人取得股东资格并能有效获得由此带来相应收益的基础性制度,是非常必要的。在我国相关制度尚不健全的情况下,我们不主张法定代理人用行为能力欠缺的自然人的财产随意购买股份进行投资。否则,就可能使行为能力欠缺的自然人的利益遭到自己最亲近人的"侵害"。由此看来,对某些地方法性政策法规允许行为能力欠缺的自然人充任股东以促进经济发展的举措,实在不应当予以褒扬。

由于法定代理人以行为能力欠缺的自然人的名义购买股份,并由法定代理人实际行使股东权利,使法定代理人成为此类股份的实际控制人,于是有人认为,以行为能力欠缺的自然人名义购买的股份,法定代理人是隐名股东。[1] 关于法定代理人以行为能力欠缺的自然人名义购买的股份,究竟谁应当是公司股东的问题,首先涉及所购买股份的所有权,是应属行为能力欠缺的自然人所有还是当归法定代理人名下? 显然,法定代理人是代理行为能力欠缺的自然人购买股份,其所购买的股份自然归被代理的行为能力欠缺的自然人所有,公司股东名册以及股份凭证均应当记载行为能力欠缺的自然人姓名,相应的股东资格也应当由行为能力欠缺的自然人享有。所以,不能因法定代理人"实际控制"就认为法定代理人为隐名股东,更不能借此将该股份归属于法定代理人。的确,现实生活中有些法定代理人不正当地利用行为能力欠缺的自然人名义来运作自己所控制的财产,这实质上是蔑视了行为能力欠缺的自然人的人格权和财产权。其实,法定代理人之所以能滥用行为能力欠缺的自然人的股东资格,其重要根源之一在于我国对行为能力欠缺的自然人财产的保护制度存在缺陷。目前我国法律尚无对行为能力欠缺的自然人财产管理具有可操作性的基本规范。[2] 因此,要有效防止法定代理人随意用行为能力欠缺的自然人的财产投资,从而侵犯行为能力欠缺的自然人利益现象的发生,必须建立行为能力欠缺的自然人独立财产保护制度,包括行为能力欠缺的自然人的财产登记制度、对法定代理人的监督制约制度等。

---

[1] 参见胡静静:《未成年人股东现象的法律分析》,载《法制与社会》2008年第6期。
[2] 我国《民法通则》只有第18条原则性地规定由监护人保护被监护人的财产。即使在专门保护未成年人的法律《未成年人保护法》中,对未成年人的财产保护也未被关注。

另外,值得检讨的是,行为能力欠缺的自然人未经其法定代理人同意购买股份的行为应当发生何种法律效力才是正当的呢?我国《合同法》第47条规定,"限制民事行为能力人订立的合同,经法定代理人追认后,该合同有效。"该条规定是有关行为能力欠缺的自然人表示行为效力的基本法律规范。该规定未对无行为能力自然人的行为效力作出规定。虽然学界普遍认为应当将其视同限制行为能力者行为的待定效力,但按照《民法通则》第12条和第13条的规定,其购买股份行为应当归于无效。另外,按此规定,限制行为能力的自然人购买股份处于效力待定状态,其法定代理人追认的方产生法律效力,而未追认或不予以追认的均不产生法律效力。笔者认为,如果将仅对限制行为能力的行为能力欠缺的自然人行为予以"追认"的规范修改为对包括无行为能力者在内的行为能力欠缺的自然人行为的撤销规范,会使关于行为能力欠缺的自然人购买股份的制度设计更为合理、正当。

首先,对行为能力欠缺的自然人购买股份行为的效力判断,不区分其为无行为能力或是限制行为能力,将更有利于平等、公平地保护行为能力欠缺的自然人的利益。其一,无论是无行为能力的行为能力欠缺的自然人还是限制行为能力的行为能力欠缺的自然人,在与有行为能力的成年人进行交易时都处于意志控制力相对弱势的地位,都有可能被成年人所侵害,法律正是通过认定行为能力欠缺的表示不产生法律效力的"行为能力规则"来保护行为能力欠缺的自然人利益的。其二,法律设计限制行为能力规则,只是赋予限制行为能力人可以在与其行为能力相应的情况下进行有效的表示行为,并不意味着限制行为能力的行为能力欠缺的自然人超出能力范围的行为与无行为能力的行为能力欠缺的自然人的行为有什么质的区别。因此,无论是否是限制行为能力人,只要有超出了与其行为能力相应的行为,都应当予以平等规范。换言之,无论是限制行为能力还是无行为能力的行为能力欠缺的自然人,均是没有购买股份的完全行为能力的,应当受到法律的相同保护,而不应当加以区分。

其次,将行为能力欠缺的自然人的法定代理人之追认权修改为撤销权,有利于公司秩序的稳定和对行为能力欠缺的自然人利益的保护。按照我国法律规定,在追认权行使之前,行为能力欠缺的自然人的行为处于效力不确定状态,这给公司经营和财产关系都带来了不确定因素。如果将法定代理人的追认权改为撤销权,那么在法定代理人没有行使撤销权之前,行为能力欠缺的自然人的行为处于有效状态,这有利于公司保持稳定的经济管理秩序和股份权益关系。当法定代理人认为行为能力欠缺的自然人购买股份的行为不利于行为能力欠缺的自然人时,其可以通过行使撤销权来消灭该行为的法律效力,进而保护行为能力欠缺的自然人的利益。当然,作为一种制度的完善,在确立撤销权规则的同时,规定相对人的催告权或者法定代理人行使撤销权的期限也是需要的。① 其实,追认权与撤销权两种权利的不同设计,实质上反映出的是对这一制度本质精神认识的差异。显然,追认权制度是以行为不发生效力为前提,更多地表现出对行为能力欠缺的自然人行为自由限制的效果;而撤销权制度是以行为发生效力为前提,更多地表现出对行为能力欠缺自然人利益保护的关怀。

### (四) 行为能力欠缺的自然人因设立公司取得股东资格

创立公司是取得公司股东资格的基本途径之一。行为能力欠缺的自然人能否通过充任公司发起人取得股东资格,②学界观点并不一致。持肯定观点的理由主要是:禁止行为能力欠缺的自然人设立公司,会阻碍更多的社会生活资料转化为扩大社会再生产所需的生产资料,不利于促进社会经济发展;禁止行为能力欠缺的自然人获得股份这一经营性财产,不符合民事权利主体平等原则;行为能力欠缺的自然人设立公司与交易风险并无必然的联系;行为能力欠缺的自然人是否参与设立公司的交易,应当按市场规则由当事人自己决定。③ 持否定观点的理由主要是:行为能力欠缺的自然人缺乏行为能力和责任能力,不宜充任发起人;行为能力欠缺的自然人不能充任发起人并不构成对其投资权利的影响,他可以通过购买股份行使投资权利并成为股东。④ 我们认为,从权利能力方面来看,行为能力欠缺的自然人与成年人的法律地位平等,应当有资格成为公司设立发起人;从行为能力方面来看,行为能力欠缺的自然人不是适格的行为能力人,不能以自己的行为履行发起人的义务,但"代理制度的存在早已使其不成为问题"⑤。然而需要讨论的是,法定代理人能当然代理行为能力欠缺的自然人发起设立公司的行为吗?国家对行为能力欠缺的自然人充任设立公司的发起人应当采取何种立法政策?因此,有关行为能力欠缺的自然人通过设立公司取得股东资格的问题,实际上是关于法定代理人代理行为能力欠缺的自然人进行公司设立行为的正当性问题。要解答这一问题,首先应当解析发起人设立公司行为的

---

① 参见〔日〕我妻荣:《我妻荣民法讲义Ⅰ·新订民法总则》,于敏译,中国法制出版社2008年版,第82—83页。

② 严格而言,我国公司法将有限责任公司的创办人称为股东是不准确的,因为特定的股东是相对于特定的公司而言的,公司没有成立何来股东。其实无论有限责任公司的创办人还是股份有限公司的创办人,实质上都是公司的发起人。鉴于此并为论述方便,本书所称发起人除在特定语言环境下有明确指向外,均是指包括有限责任公司在内的公司创办人。

③ 参见蒋大兴:《公司法的展开与评判——方法·判例·制度》,法律出版社2001年版,第4—14页;茅院生:《设立中公司本体论》,人民出版社2007年版,第117页。

④ 参见施天涛:《公司法论》(第2版),法律出版社2006年版,第99—101页。

⑤ 蒋大兴:《公司法的展开与评判——方法·判例·制度》,法律出版社2001年版,第5页。

实质。

在我国公司法上,设立公司行为实质上包含了两方面内容的行为:一是有关投资方面的行为;二是代表设立中公司执行公司事务方面的行为。① 这两种行为的法律属性不同,对行为能力的要求以及行为的法律后果也不一样,对行为能力欠缺的自然人代理的具体要求也会有所差别。在发起人行为中有关投资方面的行为性质,与其他一般的投资行为没有质的区别,实质上都是进行一种购买股份的交易行为,是行为人处分自己财产的行为。只要代理行为有利于行为能力欠缺的自然人的利益,法定代理人应当有权代理行为能力欠缺的自然人进行投资方面的行为。

作为行为能力欠缺的自然人的法定代理人,虽然也可以代理行为能力欠缺的自然人进行投资方面的行为,但是却不能当然代理行为能力欠缺的自然人进行创立公司方面的行为。这是因为后者在行为内容上与前者不同,因而其代理关系的基础也不同。法定代理人代理行为能力欠缺的自然人进行投资行为,是基于法定的监护职能,其行为是代表行为能力欠缺的自然人个人意志的行为,并以维护行为能力欠缺的自然人个人利益为目的,其代理行为具有监护制度和法定代理规则的法理基础。但在设立公司行为中,发起人创建公司的行为既要代表设立中的公司意志,这涉及设立中公司的集体利益,又要与他人进行交易活动而涉及他人权利的实现。代表设立中公司进行的公司创建行为,不能只是某一未成年发起人的意志体现,应当是全体发起人共同意志的体现,是设立中公司的意思表示。可见,行为能力欠缺的自然人的法定代理人没有当然代理全体发起人进行设立公司行为的法理根据,行为能力欠缺的自然人监护人的法定代理原理不适用于设立中公司事务执行的情形。当然,如果其他发起人同意并授权行为能力欠缺的自然人的法定代理人进行设立公司的发起行为,则形成了一种新的委托代理关系,当予以认可。

需要指出的是,虽然行为能力欠缺的自然人可以因其法定代理人的代理行为而成为设立公司的发起人,但无论是其他发起人还是行为能力欠缺的自然人的法定代理人都应当慎重对待行为能力欠缺的自然人设立公司的投资行为,因为行为能力欠缺的自然人本人无保护自己的能力,其法定代理人与行为能力欠缺的自然人在本质上仍是两个利益主体,投资的风险最终是由行为能力欠缺的自然人承受的。因此,为了保护行为能力欠缺的自然人的利益,相关监督管理部

---

① 虽然对设立中公司的法律地位、起止时间等具体问题学界观点不完全一致,但设立中公司的客观存在以及由发起人或由设立中公司董事代表其进行行为,则为学界共识。参见刘俊海:《股份有限公司股东权的保护》(修订本),法律出版社 2005 年版,第 73—77 页;参见茅院生:《设立中公司本体论》,人民出版社 2007 年版,第 2 章、第 6 章。

门不应当鼓励行为能力欠缺的自然人以设立公司的方式取得股东资格,既要防止其他成年人对行为能力欠缺的自然人利益的侵害,也要提防行为能力欠缺的自然人的法定代理人对行为能力欠缺的自然人利益的侵害,使行为能力欠缺的自然人避免来自最亲近人的伤害。

### (五) 小结

行为能力欠缺的自然人受赠股份的有效性以不负担义务为提前;行为能力欠缺的自然人因遗嘱继承股份实质上属于受赠股份范畴,可适用受赠股份的基本规则;行为能力欠缺的自然人可以通过经法定代理人同意或由其法定代理人代理购买股份或成为公司设立的发起人等途径取得股东资格,但立法应当完善对法定代理人代理行为的规范。

行为能力欠缺的自然人取得股东资格实际上并无公司法上的障碍。有关行为能力欠缺的自然人股东存在的所谓问题,或由观念误解所致,或因相关基本制度、规则缺陷所致。如果说对某些观念的澄清确为必要,那么相关基本制度的建立健全就显得更为紧迫。诸如行为能力欠缺的自然人的财产登记制度、对法定代理人监护的监督机制等目前在我国几乎处于空白状态。这些制度的欠缺不仅可能使行为能力欠缺的自然人的权益受到其最亲近人的侵害,也使公司法的发展和完善失去必要的基础制度的支持。而相关物权(或财产权)、债权等制度和理论的发展和完善,如同对行为能力欠缺的自然人保护制度和理论的发展完善一样,也都属于公司法进步、发展不可或缺的基础性建设内容。

## 三、隐名投资的股东资格取得问题

### (一) 隐名投资的概念与类型

1. 称谓辨析:隐名股东还是隐名投资

在实际生活中,被隐匿身份的实际投资人往往被称为"隐名股东",而被公开和显示的人往往被称为"显名股东";学术界,也有这种称谓。[1] 这种称谓显然是不科学的,因为在隐名投资中,究竟是实际投资人是享有股东资格,还是显名者享有股东资格,不能简单随意地认定。以"隐名股东"或"显名股东"称呼隐名投资关系中的当事人,会混淆实际应当享有股东资格的主体与不应当享有股东

---

[1] 有人认为,"就隐名股东的表面特征来讲,借他人名义对公司进行投资的出资者即为隐名股东,又称为隐名出资人,相应的,名义上持有股份的人称为显名股东。"参见郑瑞平:《论隐名股东利益之法律保护》,载《中国政法大学学报》2010年第5期。

资格主体之间的界限,也容易导致称谓与内涵不相符合的结果。

隐名投资是指实际投资者以他人的姓名或名称记载于公司的相关法律文件,对外显示为他人投资而将自己实际投资者身份隐匿起来的一种投资方式。①隐名投资是名不副实的一种投资现象。

将隐名投资者称为"隐名股东",有可能混淆了公司法理论上特有"隐名股东"概念内涵。公司法理论中的"隐名股东"是指在隐名公司中不执行公司事务,参与公司盈余分配,以出资额承担有限责任的股东。隐名公司是一种特定的人合公司。隐名公司由承担无限责任的执业股东和承担有限责任的不执业股东组成。在股东承担责任方面,隐名公司与两合公司相似。②隐名公司的业务由执业股东执行,隐名股东不对外显名,公司业务对象只知晓执业股东,在此意义上隐名公司的财产是执业股东的财产。基于这一原因,在法律属性上,隐名公司又被视为纯粹的内部公司。③我国公司法律制度中,没有无限公司、两合公司的形态,不可能有隐名公司,自然也就没有隐名股东的概念。但是,国外的公司法律制度,尤其是大陆法系国家的公司法律制度,往往允许投资者设立隐名公司,隐名股东就有其特定的内涵。我们不能因为我国没有隐名公司的规范,就将隐名投资者随意称为隐名股东。

在公司法理论上,隐名股东与我国隐名投资者两个概念之间有着明显的区别。第一,两者表示的内涵不同。隐名股东表示的是以特定方式存在着的股东类型,换言之,隐名股东也就是指一种特定的股东类型;而隐名投资者,则表示的是特定投资行为的主体。第二,两者的法律地位不同。隐名股东具有股东资格,享有一定的股东权利;而隐名投资者则通常不享有股东资格,不具有股东地位。

这一区别,显示了两种不同的法律关系。第一,虽然隐名股东与执业的显明股东之间具有合同约定的法律关系,但是"隐名股东"这一概念还表示隐名股东与隐名公司之间的关系,隐名股东参与公司的盈余分配;而我国现实生活中的隐名投资人,这一概念主要表明的是隐名投资者与显明投资者之间的合同关系,隐名投资者与公司通常不存在直接的法律关系。第二,两者存在的环境条件不同。隐名投资者只存续于隐名公司中;而隐名投资者则可以存在于各种公司形态中。第三,两者隐名的要求不同,隐名公司是"纯粹的内部公司",隐名股东对执业股东不"隐名"只向公司外部隐名;而对隐名投资者,不仅公司外部不知隐名投资

---

① 参阅施天涛:《公司法论》(第二版),法律出版社2006年版,第230页;潘福仁主编:《股权转让纠纷》,法律出版社2007年版,第39—40页。

② 参见〔德〕格茨·怀克、克里斯蒂娜·温德比西勒:《德国公司法》(第21版),殷盛译,法律出版社2010年版,第249页。

③ 同上。

者,而且公司内部的其他股东也有可能不知晓隐名投资者。

2. 隐名界定

"隐名"是隐名投资最基本的特征。但是,隐名投资中的隐名状况如何界定,学界认识并不一致。由于隐名投资引发的股东资格纠纷时有发生,最高人民法院对隐名投资的股东资格认定作出了一系列的司法规范。那么,就有必要正确理解把握隐名投资中的"隐名"状况,以利于正确适用最高人民法院的相关司法规范。

从总体上看,对隐名投资中"隐名"状况的界定大体可分为两种类型:[①]一种观点认为,投资者"以他人的姓名或名称记载于公司的相关法律文件,对外显示为他人投资而将自己实际投资者身份隐匿起来"[②],即投资者的身份隐匿于公司章程和股东名册。另一种观点认为隐名投资的投资人身份不仅要隐匿于公司相关文件,还要隐匿于工商登记管理机关的相关文件。甚至有人将工商登记资料上记载的主体身份作为区别隐名与显名的标志。[③]

或许,将工商登记管理机关相关文件的记载视为区别隐名投资者"隐名"的标准,主要是考虑到投资者身份问题会涉及公司交易对象的安全。然而,我们认为,对隐名投资的"隐名"界定标准的选择,应当以公司内部文件为基点。第一,确定隐名投资的主要目的在于确定股东资格,而股东资格确定的基本标准在于公司股东名册的记载和发起设立时公司章程的签名。工商登记的法律后果是确定公司主体资格,而不在于确定股东资格。第二,与隐名投资者"隐名"边界关系最密切的是公司内部的股东之间以及隐名者与公司的关系。如当 A 以 B 的名义向公司投资,A 若要以实际投资者身份主张其拥有该公司的股东资格,首先表明的是与公司之间的法律关系以及与其他股东之间的法律。公司独立的法人主体地位,阻隔了实际投资人 A 与公司交易者的直接关系。如果说,实际投资人 A 可能与公司的交易者发生法律关系或者与其他人[④]发生联系,那也是以实

---

[①] 也有的将隐名投资的界定标准分为三类:一是是否记载于司章程或者股东名册中;二是是否记载于工商登记材料中;三是笼统地包括了前面两种。参见郑瑞平:《论隐名股东利益之法律保护》,载《中国政法大学学报》2010 年第 5 期。有人认为,"隐名股东是指虽然实际出资认购公司股份,但在公司章程、股东名册和工商登记中却记载为他人的投资者。"参见刘敏:《股东资格认定的三个问题》,载《人民法院报》2003 年 8 月 27 日,第 3 版。其实,无论对隐名投资作几种分类,也无论从哪个角度对隐名投资进行分类,其中最为关键的是:如何看待在工商登记管理机关的相关文件中隐名。

[②] 施天涛:《公司法论》(第二版),法律出版社 2006 年版,第 230 页;潘福仁主编:《股权转让纠纷》,法律出版社 2007 年版,第 39—40 页。

[③] 有人认为,与隐名股东相对应,"记载于工商登记资料上的股东则为显名股东"。参见王成勇、陈广秀:《隐名股东之资格认定若干问题探析》,载《法律适用》2004 年第 7 期。

[④] 这里的"其他人"是指:当实际投资人 A 误以为自己投资即享有公司股份,A 将其"股份"转让于他人时的受让人。

际投资人 A 与公司和公司内部股东之间关系确认之后而形成的联系。

值得注意的是,虽然实际投资人与公司文件记载的人不一致,是隐名投资的一个重要特点,但是,不能认为,只要实际投资人姓名或名称与公司文件记载不一致的,都视为隐名投资。例如,有人将因受让股份未及时办理相关登记手续、登记错误等都视为隐名投资的情形,①这显然是不正确的。这不是隐名股东的问题。在股份转让时,受让人受让股份时未及时办理相关登记手续时,一般情况下是该受让人还未取得股东资格,这实际上是股东资格变更的问题。因公司文件登记错误的,既不存在显名股东的问题,也不存在冒名投资或虚名投资的问题;最重要的是,公司文件登记错误导致实际投资人姓名或名称与公司文件记载不一致的原因,不是实际投资人意愿所致。"比如,公司设立时,投资者全权委托其他股东或第三人进行公司注册登记,受托人却违反诚实信用原则或者因为存在认识错误将公司的股东登记为受托人。"②在这种情况下,委托人也就是实际投资人,不是"成为隐名股东",而就是股东。该股东可以要求公司纠正错误,将公司相关文件上相应的姓名或名称记载修正为其姓名或名称。

3. 隐名投资的分类

隐名投资的情况十分复杂,是由实际投资者取得股东资格还是由名义投资人取得股东资格,不能一概而论。究竟应当由隐名投资人取得股东资格,还是由显名人取得股东资格,无论是司法实践部门还是理论界,观点均不统一。肯定说主张实际投资人为股东,否定说主张显名人为股东,③较多的主张是折中说,认为要依具体情况分析。④ 但是,折中说的可操作性较差,难以形成统一有效的规则。我们认为,对隐名投资进行合理分类,是正确确定由谁取得股东资格的有效路径。

按照不同的分类标准,可对隐名投资作不同的分类。

其一,根据隐名投资人是否实际行使了"股东权利"可将隐名投资分为行权式隐名投资和非行权式隐名投资。行权式隐名投资也称为完全隐名投资,非行权式隐名投资也称为不完全隐名投资。⑤ 行权式隐名投资是指实际投资人以他人名义投资,并在投资后以他人的名义行使股东权利;非行权式隐名投资是实际

---

① 参见郑瑞平:《论隐名股东利益之法律保护》,载《中国政法大学学报》2010 年第 5 期。
② 《论隐名股东利益之法律保护》(郑瑞平著,载《中国政法大学学报》2010 年第 5 期)一文以此例说明委托人(即实际投资人)由此成为隐名股东。
③ 参见王义松:《私人有限责任公司视野中的股东理论与实证分析》,中国检察出版社 2006 年版,第 72 页。
④ 参见潘福仁主编:《股权转让纠纷》,法律出版社 2007 年版,第 43 页。
⑤ 参见甘力:《隐名投资法律问题之研究》,载万鄂湘主编:《民商法理论与审判实务研究》,人民法院出版社 2004 年版,第 675 页。

投资人将自己的财产授权给他人投资,被授权人以其自己的名义投资后还以自己的名义行使股东权利。例如,A 为实际投资人,是隐名人,他将自己的财产以 B 的名义投资,如果 A 以 B 的名义进行投资并以 B 的名义亲自行使股东权利,这种方式为行权式隐名投资;如果 A 以 B 的名义进行投资后,由 B 以 B 的名义行使股东权利,这种方式为非行权式隐名投资。实际上,非行权式隐名投资是实际出资人 A 委托 B 进行投资的法律关系,如果 B 也有财产投资其中,那么这便是一种合伙投资行为。在行权式隐名投资中,实际投资人既有行使权利,又要隐匿自己的身份,故也有人称之为完全隐名投资,是一种典型的隐名投资;而在非行权式隐名投资中,实际投资人只是投资,不行使权利,实际上是委托显名人行使权利,这表明,实际投资人非要做股东。显然,是否实际行使股东权利,对隐名投资中股东资格的认定会产生一定的影响。

其二,根据实际投资人所使用的投资人的名义不同,可分为借名投资、冒名投资和虚名投资三种。实际投资人不显示自己的名义,而用他人的名义,经他人同意的,是借名投资;未经他人同意的,是冒名投资;虚构他人名义的,是虚名投资。其中借名投资的,通常是与被借用人订立了合同,故也可称之为协议式隐名投资;而冒名投资和虚名投资,是不可能与被用名义者订立合同的,故也可称之为非协议式隐名投资人。

其三,根据显名者是否投资,可将隐名投资分为委托性隐名投资和合伙性隐名投资。在委托性隐名投资中,显名者不参与投资,但享有隐名投资人投资形成的股份所有权,并借此行使相应的股东权利。委托性隐名投资,实际上是隐名投资者委托显名者向公司投资,并行使相应的股东权利。在合伙性隐名投资中,隐名投资人与显名者均投资,但由显名者享有他们两方全部投资形成的股份,并借此行使相应的股东权利。合伙性隐名投资,实际上是隐名者与显名者合伙向公司投资,以显名者行使相应的股东权利。

其四,根据隐名投资行为是否合法,可将隐名投资分为合法性的隐名投资与不合法性的隐名投资。如果隐名投资行为是符合法律规定的,那么,该隐名投资应当受到法律的保护,相关主体享有的权益是合法权益。例如,在非行权式隐名投资中,无论是委托性隐名投资还是合伙性隐名投资,都符合法律规定,是合法性的隐名投资。相反,如果隐名投资行为不符合法律规定,那么,相关主体享有的权益则是不合法的。例如在行权式隐名投资中,借名投资、冒名投资和虚名投资,都有不合法的因素,所以在这些隐名投资中,实际投资人所期待的投资利益是难以受到法律完全保护的。对不合法的隐名投资,需要依法予以救济、补正。

各种隐名投资类型之间的关系,可见"隐名投资分类图示"。

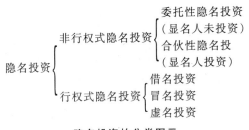

**隐名投资的分类图示**

在隐名投资中,非行权式隐名投资包括显名人未投资(实质上是委托投资)和显名人也有投资(实质上是合伙投资)。一般而言,这两种形式都属于合法的投资形式。而行权式隐名投资包括借用他人名义、冒充他人名义、虚构主体名义三种基本形式,由实际投资人行使"股东权利",但实际投资人行使的"股东权利"缺乏正当性基础,具有不合法性。由于这两种类型在合法性方面的巨大差异,所以应当将这两种类型的隐名投资分别分析研究,以表明在复杂的隐名投资情形下股东资格的正当归属。

### (二) 非行权式隐名投资的股东资格取得

#### 1. 非行权式隐名投资的法理分析与股东资格取得的法律路径

非行权式隐名投资包括委托性隐名投资和合伙性隐名投资。这两种非行权式隐名投资行为的整个投资过程,可分解为两个层面的行为:其一是隐名投资人与显名人之间的协议关系层面的行为;其二是显名人与公司投资关系层面的行为。这两个层面的行为,无论是委托性隐名投资行为,还是合伙性隐名投资行为,都是以合法的根据进行的投资行为,都具有合法性。

在委托性隐名投资中,隐名投资人与显名人首先要订立委托性质的协议。隐名投资人作为实际投资者,与显名人平等协商达成委托协议属于私权行为,只要不违反合同法相关强制性规范,应当承认其合法效力。显名人根据其与隐名投资人的约定,以自己的名义向公司投资的,只要不违反公司法的相关强制性规范,也应当受到法律的认可和保护。

在合伙性隐名投资中,隐名投资人与显名人共同向公司投资,但由于隐名投资人不愿意显名,需要显名人以自己名义代表双方向公司进行投资。这个活动包括两个环节。其一,隐名投资人与显名人订立合伙协议。双方要就各自投资的财产数额、显名人代表双方进行投资行为的内容、双方的权利义务、投资利益分享和风险的承担等事项订立协议。此协议在本质上具有合伙协议的属性,属于私法调整范畴,只要不违反相关民事合伙的强制性规范,就应当合法有效。其二,显名人按照其与隐名投资人订立的合伙约定,以自己的名义向公司投资。显名人的这一投资行为,只要不违反公司法的相关强制性规范,当然应当受到法律的认可和保护。

非行权式隐名投资中的隐名投资人,虽然是实际出资人,其投资的财产通过显名人名义的途径进入公司,但是在法律上,他没有与公司发生直接的关系,而只是与显名人形成法律关系。显名人既与隐名投资人之间具有合同关系,又与公司具有直接投资关系。因此,在非行权式隐名投资中,能够取得股东资格的是显名人,而不应当是隐名投资人。

虽然理论分析表明,非行权式隐名投资活动中的显名人应当享有股东资格,但是,在实际操作中,显名人取得股东资格应当具有如下要件:

第一,以显名人的名义向公司进行投资行为。在非行权式隐名投资中,向公司交付投资财产的行为,无论是由隐名出资人亲自实施还是由显名人亲自操作,都不具有关键性作用,而要以显名人的名义进行交付投资财产的行为,才具有实质性法律意义。

第二,在公司相关文件中记载显名人的姓名或名称。在非行权式隐名投资中,显名人取得股东资格,不仅要以显名人的名义向公司交付投资财产,更重要的是要在公司相关文件中记载显名人的姓名或名称。实际上,以显名人的名义向公司进行投资的行为,主要方式就是通过在公司相关文件上记载显名人的姓名或名称来表现的。用于界定隐名投资股东资格的公司"相关文件",首先是公司股东名册,股东名册是表明股东资格的最重要的法律文件。除此之外,由于有限责任公司设立时,法律规定要求设立者应当在公司章程上签名,所以,章程上的签名,也可以表明显名人的身份。

一般情况下,以上两项为显名人取得股东资格的基本要件。但是,需要特别注意的是,非行权式隐名投资的显名人要取得股东资格,还需具备"行使股东权利"这一要件。严格而言,股东权利的行使,应当以股东资格的取得为前提;没有取得股东资格,则无行使股东权利的法律基础。但是,对行权式隐名投资而言,是否"行使股东权利",对界定显名人是否取得了股东资格具有特别的意义。因为,如果不是由显名人行使股东权利,而是由隐名人行使股东权利,这种隐名投资就不是非行权式隐名投资,而是行权式隐名投资,隐名人有可能会取得股东资格。[①] 所以,显名人是否行使股东权利,就成了非行权式隐名投资中显名人取得股东资格的特定要件。那么如何来考量显名人是否具备了这一要件呢?显名人是否能行使股东权利,可从以下几方面来考察:其一,考察隐名人与显名人之

---

① 行权式隐名投资人取得股东资格需要具备一定的条件。参见本书下一部分"行权式隐名投资的股东资格取得问题"中的相关论述。

间的协议约定,如果协议约定由显名人行使权利的,则表明显名人能够行使股东权利。其二,考察隐名人的态度。如果隐名人与显名人之间的协议没有涉及股东权利如何行使,则可考察隐名人的态度。若隐名人没有亲自行使其股东权利的明确意思,则可推定为由显名人行使股东权利。其三,考察显名人是否行使股东权利的实际状况。在非行权式隐名投资发生股东资格确认纠纷时,通常是投资已经经过一段时间,这时,就可以考察显名人是否行使股东权利的具体情况加以分析确定。

2. 隐名投资人权利的法律基础与正当保护

虽然在非行权式隐名投资中,隐名人一般不能取得股东资格,但这并不意味着隐名人的投资权益不受法律保护。对隐名投资人权利的法律保护,是整个隐名投资活动法律规则体系的有机组成部分。

正确理解隐名投资人权利的法理基础,有助于正当保护隐名投资人的权益。如前所述,非行权式隐名投资行为的整个投资过程,可分解为两个层面的行为,即隐名投资人与显名人之间的协议关系层面的行为,及显名人与公司投资关系层面的行为。这两个不同层面的行为,行为主体不同,行为内容不同,形成的主体关系属性不同,相关主体权利保护的法理根据和对相关主体调整的法律规范也不同。非行权式隐名投资人的行为属于协议关系层面的行为。隐名投资人与显名人订立合同,并履行合同约定的义务,其仅与显名人发生协议关系,而与公司不发生实质意义上的法律关系。可见,隐名投资人在非行权式的隐名投资中的行为仅限于在与显名人形成的协议关系层面。从本质上讲,对隐名投资人权利保护的法理基础在于合同法原理和相关的合同法规范。有关非行权式隐名投资人与显名人之间的关系及相关纠纷,应当按照合同法的原理和合同法的规范来处理。

正是基于上述原理,《最高人民法院关于适用〈中华人民共和国公司法〉若干问题的规定(三)》第25条第1款规定,"有限责任公司的实际出资人与名义出资人订立合同,约定由实际出资人出资并享有投资权益,以名义出资人为名义股东,实际出资人与名义股东对该合同效力发生争议的,如无合同法第五十二条规定的情形,人民法院应当认定该合同有效。"该条第2款规定,"前款规定的实际出资人与名义股东因投资权益的归属发生争议,实际出资人以其实际履行了出资义务为由向名义股东主张权利的,人民法院应予支持。名义股东以公司股东名册记载、公司登记机关登记为由否认实际出资人权利的,人民法院不予支持。"虽然最高人民法院的上述司法规范立足于对司法审判工作的规范,但对隐名投资行为仍具有法律规范的意义。正确理解隐名投资人与显名人之间的合同关系,正当适用最高人民法院的司法规范,应当注意以下几点:

第一,非行权隐名投资人仅与显名人之间形成合同关系,与公司没有直接法律关系;非行权隐名投资人的权利源于该合同,对非行权隐名投资人权利的保护,也基于该合同。

第二,非行权隐名投资人有权向显名人主张其应有的权利。该权利内容应当依据双方订立的合同。非行权隐名投资人与公司不存在投资关系,不得向公司主张其投资的权利。

第三,显名人虽然与公司之间有投资关系,能够依法享有股东资格,行使股东权利,但是,他同时还必须尊重非行权隐名投资人的权利,按照其与非行权隐名投资人的约定,履行自己的义务,否则要向非行权隐名投资人承担违约责任。

第四,此规定虽然只是对有限责任公司隐名出资的规范,但既可以适用于有限责任公司设立时的出资和有限责任公司成立增加资本时的出资;还可适用于股份有限公司的隐名投资。这是因为,无论是对有限责任公司还是对股份有限公司,也无论是在公司设立时还是在公司成立后,隐名投资人与显名人达成委托协议或合伙协议,只要协议内容不违反国家法律的强制性规范,该协议的合法性就应当受到法律的认可和保护。

3. 隐名投资合同无效情况下的股东资格取得问题

在非行权式隐名投资中,隐名投资人与显名人之间的合同,不仅是他们法律关系的基础,也是显名人得以将隐名投资人的财产以显名人的名义向公司投资的根据。但是,如果非行权隐名投资人与显名人之间的合同无效,由谁取得该项投资的股东资格呢?要解决这一问题,先要把握好隐名制投资人与显名人之间的合同是否有效。

有人将形成隐名投资的原因分为"非出于规避法律与政策的原因"和"出于规避法律与政策的原因"两类,以此来表明隐名投资的正当性与否。非出于规避法律与政策的原因包括:(1)有的投资者不愿公开自身情况而采取隐名投资的方式;(2)出于商业上的考虑而隐名投资;(3)股东转让出资后未及时办理变更登记而产生隐名股东;(4)夫妻双方使用共同财产而只以一方名义投资的,另一方成为隐名股东;(5)登记错误产生隐名股东。因规避法律与政策的原因包括:(1)规避法律对投资领域的限制;(2)规避国家对投资主体的限制;(3)利用隐名投资从事违法犯罪活动;(4)规避法律对投资比例的限制;(5)规避法律对投资人数的限制;(6)为了利用国家优惠政策也会出现隐名投资现象;(7)规避法律对设立公司法定程序的限制。① 尽管上述分类的合理性和科学性值得商榷,②但是,稍加分析就可知,导致隐名投资的成因不能作为判别具体隐名投资行为是否合法的依据;也不能作为考量隐名投资人与显名人之间的合同是否有效的根据。因为,并非恶意地避免法律且又对他人没有损害的行为,在相当大的程度上是运用法律技巧的行为,反映了行为人对法律理解的状况和对法律赋予权利空间把握的程度。法律不应当以反对被规范对象的"避免行为"为由,掩盖自身立法的不足。法律应当以尽可能宽容的态度对待被规范对象规避法律的行为;并反思自身,提高立法技术,使法律更为科学、更有利于形成良好的机制。

判别隐名投资人与显名人之间合同关系是否有效最基本的标准就是相关法律规定。《最高人民法院关于适用〈中华人民共和国公司法〉若干问题的规定(三)》第 25 条规定,"实际出资人与名义股东对该合同效力发生争议的,如无合同法第五十二条规定的情形,人民法院应当认定该合同有效。"按照《合同法》第 52 条的规定,隐名投资人与显名人之的合同,存在如下情形的属于无效合同:(1)一方以欺诈、胁迫的手段订立合同,损害国家利益;(2)恶意串通,损害国家、集体或者第三人利益;(3)以合法形式掩盖非法目的,损害社会公共利益;(4)违反法律、行政法规的强制性规定。基于隐名投资人与显名人关系属于合同关系的法律属性,对他们之间合同关系的效力,除了应当按照《合同法》第 52 条规定之外,还要适用《合同法》关于合同效力的其他规定。例如,根据《合同法》的规定,对于因重大误解订立的合同和在订立时显失公平的合同,是可以被撤销的;对以欺诈、胁迫的手段或者乘人之危,使对方在违背真实意思的情况下订立的合同,也是可以被撤销的。③

合同无效,这就意味着隐名投资人与显名人之间的合同关系不存在。那么,显名人能否仍然取得公司股东资格呢?答案应当是肯定的。因为,隐名投资人与显名人之间的合同关系只约束他们之间的权利义务内容,只要隐名投资人与显名人之间无效的合同不会影响显名人与公司之间的投资关系的合法性,显名

---

① 参见郑瑞平:《论隐名股东利益之法律保护》,载《中国政法大学学报》2010 年第 5 期。
② 例如:股东转让出资后未及时办理变更登记和登记错误导致的"变更登记",不应当属于隐名投资的范畴。另外,将遵守有限责任公司人数的规定的相关操作方法视为规避法律的性质也未必正确,因为在投资中,投资者为了选择相关法律设定的企业形态,必须要从法律规定的要求出发,决定自己的投资行为。当投资者的人数超过国家规定要求时,以合伙投资或以其他合法的方式进行,这种行为是很正常的。当然,由此形成的合伙性隐名投资是正当的适法行为。
③ 我国《合同法》第 54 条规定,"下列合同,当事人一方有权请求人民法院或者仲裁机构变更或者撤销:(一)因重大误解订立的;(二)在订立合同时显失公平的。一方以欺诈、胁迫的手段或者乘人之危,使对方在违背真实意思的情况下订立的合同,受损害方有权请求人民法院或者仲裁机构变更或者撤销。"

人的股东资格就仍然能够取得。

按照合同法原理,合同无效只是不能发生当事人期望的结果,合同当事人不能实现订立合同的期待利益,非行权式隐名投资人因其与显名人之间的合同无效不能对显名人的股东权益主张自己的权利,但这并不意味着非行权式隐名投资人原有的投资财产的丧失。根据合同法规定,合同无效或者被撤销后,因该合同取得的财产,应当予以返还。那么显名人从非行权式隐名投资人处得到的投资财产应当返还给隐名投资人。但是,这样一来,既要消灭显名人的股东资格,又要减少公司的资本,甚至影响到公司的稳定性,伤及其他股东和相关利益主体的合法权益。因此,一般情况下,不能因非行权式隐名投资人与显名人之间的合同无效而抽回以显名人的名义在公司中的投资。那么非行权式隐名投资人的合法权益如何保护呢?

在非行权式隐名投资人与显名人之间的合同被认定为无效而且投资财产不能抽回的情况下,非行权式隐名投资人可以根据合同法的规定,向显名人或相关人主张自己的权利。《合同法》第58条规定,"合同无效或者被撤销后,因该合同取得的财产,应当予以返还;不能返还或者没有必要返还的,应当折价补偿。有过错的一方应当赔偿对方因此所受到的损失,双方都有过错的,应当各自承担相应的责任。"按此规定,非行权式隐名投资人可以向显名人主张返还投资财产,尤其是以货币投资的,可以行使这一权利;如果显名人不能返还投资财产的,非行权式隐名投资人可以向显名人主张补偿损失。在非行权式隐名投资人与显名人之间合同关系被确认为无效时,应当注意以下几点:其一,有过错的一方应当承担与过错相应的责任,双方都有过错的承担各自相应的责任。其二,充分注意公平原则的适用。特别是当显名人所获得股份利益显著时,应当适当考量非行权式隐名投资人在投资时的积极作用而予以恰当分配。其三,当显名人不能补偿其财产损失时,非行权式隐名投资人可以依法申请对显名人的股份财产强制执行。

另外值得讨论的是,在非行权式隐名投资人与显名人之间的合同关系虽然能够依法生效但无法履行时,应当由隐名投资人取得股东资格还是应当由显名投资人取得股东资格呢?[①] 1991年6月,上海第十印染厂、民亿实业有限公司和香港金礼公司共同出资575万美元设立了中外合资企业上海民丰纺织印染有限公司,三方出资人的出资比例分别为45%、5%和50%。[②] 1992年7月18日,上

---

① 参见莫世健:《台商隐名投资产生的法律问题思考》,载《时代法学》2009年第6期。
② 参见上海高院(2006)沪高民四(商)终字第13号终审民事判决书;莫世健:《台商隐名投资产生的法律问题思考》,载《时代法学》2009年第6期。

海民丰纺织印染有限公司董事会关于增资的决议获得批准,注册资本增至1,010万美元,投资三方出资比例不变,其中香港金礼发展有限公司应增资217.5万美元,以现汇投入。1992年12月29日,上海民丰纺织印染有限公司又获批准采取定向募集方式组建上海民丰实业股份有限公司;1993年3月29日,洪辉国际有限公司汇入上海民丰纺织印染有限公司账户2,174,972美元。1993年4月14日,上海民丰纺织印染有限公司书面致函洪辉国际有限公司称,收到洪辉国际有限公司汇款217.5万美元,"因我公司已于1992年6月经上海市外资委批准增资是由三方合资组成,现转制为股份公司急需验资,目前无法办理改变投资方,只能以金礼发展有限公司名义作为增资",并承诺"待手续办理完毕股份公司开业后,可将属金礼发展有限公司的投资份额217.5万美元转让给洪辉国际有限公司,再行办理更改手续"。但是,直到1997年,因上海民丰实业股份有限公司当时无法办理投资方变更手续,洪辉国际有限公司的出资仍挂名于金礼发展有限公司。后因上海民丰实业股份有限公司多次协商股权变更事宜未果,以致涉讼。[①] 在此案例中,实际投资人洪辉国际有限公司和金礼发展有限责任公司之间以及与上海民丰实业股份有限公司之间实际上已经形成了由隐名投资人取得其挂在显名人名义下股份的合同,且无不合法之处。但是,由于该公司为涉外企业的原因,行政审批程序的障碍使这一合同难以履行。这种情况在我国外商投资企业中并不少见。虽然有些隐名投资的形成完全不具有恶意,甚至并不是有意规避法律规定,但是因为国家对外商投资行政审批的法律规定的程序障碍,使得隐名投资人与显名人之间的有效合同在确定股东资格归属时,难以实际履行。

随着我国社会主义市场经济体制的进一步发展完善和我国更广泛地融入国际经济大舞台,对外商投资的法律规范也将更科学化。但是,在现行法律的规则下,相关制度规则还是应当遵守的。其实,并非法律规定的会导致有些合同不能履行,不能履行合同是合同法律事务中的常态。这一问题的实质在于对不能履行的合同如何看待。在英国,此类不能强制履行的合同,被视为一种无效合同。[②] 不能强制履行的合同与一般无效合同的区别主要在于,"无效合同是自始无效的,因而法院不可能强制履行一个根本不存在的合同;而不能强制履行的合

---

① 参见上海市第一中级人民法院民事判决书(1999)沪一中经初字第609号。

② 英国法律中无效合包括自始无效的合同、不能强制履行的合同、部分无效的合同、可变更的合同和可撤销的合同。"从普通法来看,如果合同一方或双方对合同的主要事实发生了认识错误,则合同无效。这些事实包括标的物是否存在、标的物的质量、标的物的结构和组成部分、合同的其他重要条款的内容、相对方的法律地位、相对方的意思表示,以及合同的实质和目的等。无论是对上述哪一种事实的认识错误,均可导致合同无效,任何一方皆不得提出违约之诉。"参见付静坤:《英国有关无效合同分类》,载《法学杂志》1992年第5期。

同,其本身是有效的,只是由于缺乏适当的证据加以证明,因此法院暂时不能强制履行,一旦证据找到,合同即可付诸实施。"① 我国《合同法》虽然未对此类合同的法律属性予以规定,但是最高人民法院的司法规范明确规定该类合同属于未生效合同。② 最高人民法院之所以将此类合同视为未生效合同,主要是基于对行政审批与合同效力关系的考量。③ 那么究竟应当将不能履行的合同归于无效合同还是归于未生效合同呢? 笔者认为,这两种归属结果均有一定的不合理因素,值得商榷。虽然无法履行的合同与无效合同,在决定非行权式隐名投资的股东资格归属时,结果实际上是一样的,但是,因合同不能履行而否定本来具有效力的合同拘束力,显然是欠妥的,而且,对此类合同的处理也未必妥当,如对相关责任人的责任追究和合同结果的处理,都会导致更不合理的现象发生。我国司法实践中过去通常将此类合同视为无效合同,尤其对涉外投资企业需要审批的合同更是如此,但理由是认为该合同违反了国家的强制性规范。应当看到,将此类合同视为未生效合同,更接近此类合同的本质属性,即尚未否定该合同的效力,但是,仍不承认该合同的效力,则是仍需商榷的。刘贵祥博士在全面而充分地论证后得出如下结论:"若合同已经成立,只要不违反有效要件,则审批前合同就已具备法律效力,只是履行的效力处于未生效状态,须待完成行政审批手续后,合同的履行效力才能发生,也就是说,行政审批所针对的,仅仅是因合同引起的权利变动,而不是合同效力。"刘贵祥博士的论证恰恰证明合同应当是生效的,而不是未生效,因为合同履行的障碍(行政审批)针对的不是"合同的效力",而针对的是"合同的履行",而合同的履行又必须以生效的合同为前提。笔者赞赏刘贵祥博士解决实际问题的智慧,也认同刘贵祥博士对这一问题的基本思路、和实质观点,但是,此类合同不应当称为"未生效合同"而应当是"履行效力未发生合同"。因此在隐名投资中,隐名人与显名之间的合同不能履行而导致隐名投资人不能取得股东资格的,由显名人取得股东资格,由此给隐名投资人造成损失的,由过错一方面承担相应的责任。

---

① 付静坤:《英国有关无效合同分类》,载《法学杂志》1992 年第 5 期。
② 《最高人民法院关于审理外商投资企业纠纷案件若干问题的规定(一)》第 1 条规定,"当事人在外商投资企业设立、变更等过程中订立的合同,依法律、行政法规的规定应当经外商投资企业审批机关批准后才生效的,自批准之日起生效;未经批准的,人民法院应当认定该合同未生效。当事人请求确认该合同无效的,人民法院不予支持。"
③ 参见刘贵祥:《论行政合同效力——以外商投资企业股权转让为线索》,载《中国法学》2011 年第 2 期。笔者深信,身为最高人导法院民事审判第四庭庭长的刘贵祥博士在这篇论文中阐述的观点、思路及理论根据,或许对最高人民法院相关司法规范的制定产生了重大的影响。

### (三) 行权式隐名投资的股东资格取得问题

1. 行权式隐名投资的概念

行权式隐名投资,是指实际投资人以非本人的名义向公司投资,虽然在公司相关法律文件中记载非本人的姓名或名称,隐匿了自己的真实身份,但仍行使股东权利的投资行为。行权式隐名投资与非行权式隐名投资相比较有如下特点:

第一,实际投资人在公司相关法律文件上隐匿身份。行权式隐名投资人或借用他人名义,或冒充他人名称、姓名,或用虚构的名称、姓名进行投资,隐匿了自己的真实身份。实际投资人隐匿身份,是隐名投资的基本特性。行权式隐名投资与非行权式隐名投资的共同特性也正是这一点。但是,在这两种不同的投资形式中,投资人隐匿身份的具体范围则是有所不同的。在行权式隐名投资中,投资人的身份隐匿于公司的相关法律文件中,其他股东通常是知道的;而在非行权式隐名投资中,投资人不仅将其身份隐匿于公司的相关法律文件,而且还有可能隐瞒于其他股东。

第二,实际投资人行使"股东权利"。行权式隐名投资不同于非行权式隐名投资的重要之处就是在于隐名投资人行使"股东权利",在公司中有所作为,而非行权式隐名投资的隐名投资人是不行使股东权利、不作为的。行权式隐名投资人在公司中行使权利、有所作为,就意味着他不仅与显名人有一定的关系,而且还会与其他股东形成一定的联系,与公司之间也会有实质的关系。这与非行权式隐名投资中的法律关系不同。非行权式隐名投资人仅与显名人有法律关系,与其他股东和公司没有联系。由于行权式隐名投资人的行权行为,会使得此类型隐名投资的股东资格问题变得复杂化。

第三,在行权式隐名投资中具有不合法性因素。一般而言,非行权式隐名投资,除非严重违反法律规定并给社会造成危害的,通常是合法的,非行权式投资人与显名人的合同关系、显名人与公司之间的投资关系均是合法的,应当受到法律法的保护。而在行权式隐名投资中,却存在不合法的因素。行权式隐名投资人虽然向公司实际投资,但他要在公司中行使股东权利,应当以真实身份进行投资才能取得真实有效的股东资格,才能有资格行使股东权利。行权式隐名投资人,如是自然人的,其真实身份应当与其居民身份证或其他有效证件相一致;如是法人或非法人组织的,其真实身份应当与其登记注册机关核发的营业执照相符。然而,行权式隐名投资人隐匿了自己的身份,由此造成行权式隐名投资中具有不合法因素:其一,使得公司文件记载的股东主体与实际投资主体不相符合;其二,行权式隐名投资人作为行使股东权利的主体,与公司相关文件记载的股东名义不相符。这一特征是行权式隐名投资的基本特性,否则就不会存在行权式隐名投资。这一特性,反映出投资者的意思表示的瑕疵,表明了投资者为"取得股东资格"所进行之行为的瑕疵。

2. 行权式隐名投资法律属性分析

长期以来,不少人误以为投资者即为股东。隐名投资者自以为自己投资了就当然是股东,因而"理所当然"地以股东自居,行使股东权利。然而,在行权式隐名投资中,行使股东权利的隐名投资人究竟是否已经享有股东资格,还需要进一步分析。

从行为客观表象来看,行权式隐名投资人享有股东资格,会导致股东资格外观失真。行权式隐名投资人如果享有股东资格,其真实身份与公司相关法律文件的记载不一致,实质上反映的是行权式隐名投资人与股份所有者不一致,导致股东资格的外观失真。正常的股东资格取得的结果是,股东资格的外观显示的是投资者与股份所有者之间真实、有效的关系。但是,在行权式隐名投资的情况下,由于行权式隐名投资人在公司相关文件隐匿了自己的真实身份,使其与公司股东资格之间不能产生有效的法律关系。例如,A 以 B 的名义向公司投资,实际是 A 投资,但是公司相关法律文件显示的是由 B 投资,实际投资人 A 与公司文件记载的 B 不相符,所以 A 不能享有公司文件记载的 B 股东的资格。简言之,A 与 B 股东资格之间没有合法的关系。需要说明的是,如果 A 自以为享有股东资格而导致的股东资格的外观失真(应当是 B),是指股东资格的外观(公司文件记载的 B)与股东资格的实质(实际行使股东权利的 A)不一致,这不同于股东资格外观形式上的瑕疵(如股东名册或出资证明书上的错别字)。由于外观是以信用为基础的,所以形式上无瑕疵的外观,尽管失真,仍难以被他人及时认识。因此,行权式隐名投资的外观失真,更有隐蔽性和蒙骗性。

从行为的法律效力来看,行权式隐名投资人不具有享有股东资格的合法性。行权式隐名投资人一方面自己想亲自行使股东权利,另一方面却要隐匿自己的真实身份,以非自己的名义记载于公司文件,明显地表明其意思表示不真实,不符合"民事法律行为"要件之要求。[①] 当然,行权式隐名投资人行使股东权利,使得公司文件记载的股东主体与实际投资主体不相符合,使得股东权利的行使主体与公司相关文件记载的股东名义不相符。这表明行权式隐名投资人行使股东权利,不符合公司的基本规则和股东资格的基本原理要求。据此,行权式隐名投资"不具有享有股东资格合法性"的这一结论,不仅是对行权式隐名投资人行使股东权利这一行为基于法律属性的确认,也是对这一行为的否定性评判。不管

---

[①] 意思表示是法律行为构成的核心要素,是法律行为成立不可或缺的要件,是法律行为生效的前提条件。参见王利民、杨立新、王轶、程啸:《民法学》,法律出版社 2005 年版,第 105 页;马俊驹、余延满:《民法学》(第 2 版),法律出版社 2005 年版,第 188—190 页;郑玉波:《民法总论》,中国政法大学出版社 2003 年版,第 306 页;〔德〕卡尔·拉伦茨:《德国民法通论》(下),王晓晔等译,法律出版社 2003 年版,第 426 页以下。

行权式隐名投资的行为是出于何种缘由,也无论这一行为是否可以或应当得到救济与补正,对这一行为的否定性评判是毋庸置疑的。

从行为的法律结果来看,行权式隐名投资中的股东资格的归属实质上处于不确定的状态。① 如前所述,行权式隐名投资人行使"股东权利",不具有合法性,不享有股东资格,但是,由于行权式隐名投资人行使了"股东权利",如果公司、其他股东或显名人均未明确表示反对意见,默认了隐名投资人的这种行权行为后,就表明该隐名人与公司或其他股东之间有了一定的关系,并获得了显名人的默许。在这种情况下,简单地认定为由显名人取得股东资格或由隐名人享有股东资格,都未必妥当。我们认为,行权式隐名投资中股东资格的归属实质上是处于不确定状态。

综上所述,行权式隐名投资人虽然行使了"股东权利",自以为已经享有了股东资格,但他行使"股东权利"不具有合法性,实质上并未享有股东资格。隐名者作为实际投资人自己所认为的已取得股东资格,只是一种虚假取得。

行权式隐名投资违反了公司法的规定,会产生一系列消极的影响。首先,当公司发生债务清偿或者需要股东履行相关义务以及承担责任时,由于行权式隐名投资的股东资格归属不明确,容易导致相关责任的互相推诿,为责任者逃避本应承担的责任创造了机会。其次,行权式隐名投资容易导致当事人之间就股权所产生的利益发生纠纷。在行权式隐名投资中,由于股东资格的外观主体与基于股东资格的行权主体不一致,这就容易造成显名人与隐名人为了获得股东资格所蕴含的股份利益各执一词,各行其是,产生纠纷。再次,行权式隐名投资有可能增加有限责任公司交易相对方的交易成本。当公司与第三方进行交易时,如果第三方认为有必要了解包括股东结构和股东状况在内的各种信息时,行权式隐名投资中行权人与公司文件记载信息的不一致,可能会导致交易相对方作出错误的判断,从而提高了其交易的成本和风险。最后,行权式隐名投资与商法体系中的公示主义、外观主义的基本要求不符合,是对股东资格的相关制度的破坏。根据商法的公示主义和外观主义的原则性要求,公司应当将其股东、资本等基本情况以法定的方式予以公开,使交易相对人在必要时能够得到真实信息,相对人不承担因公司外观特征不真实而产生的交易成本和风险。② 行权式隐名投

---

① 有学者认为,在隐名投资中,原则上"当名义股东与实际出资人或者股份认购人不一致时,应以外观表示为原则来确认股东的身份,即应将名义股东视为股东。""在以虚拟人名义出资或者认购股份的情况下,由于虚拟人是不存在的,不存在对立的利害关系人,所以应当认定实际出资人或者股份认购人为股东。在盗用他人名义的情况下,同样应认定实际出资人或者股份认购人为股东"。参见施天涛:《公司法论》(第二版),法律出版社 2006 年版,第 230,231 页。

② 参见赵旭东:《新公司法实务精答》,人民法院出版社 2005 年版,第 134 页。

资非真实的信息公示会使交易相对人对公司法中相关公示制度的作用心生疑虑,影响股东资格相关制度积极作用的发挥。

行权式隐名投资存在的不合法性及其对公司法实施的消极作用表明,行权式隐名投资人并不当然享有股东资格。从法律价值观的角度,必须对行权式隐名投资人行使"股东权利"予以否定的评价。鉴于行权式隐名投资的股东资格归属处于不确定状态,对行权式隐名投资来说,究竟由谁取得股东资格,应当根据具体的情况,经过合法的方式来确定。

行权式隐名投资具体包括借名投资、冒名投资和虚名投资三种。隐名方式各不相同,导致这三种隐名投资中的法律关系也不相同。在确定行权式隐名投资的股东资格归属和分析相关法律问题时,必须认真考量这三种具体隐名投资形式的特殊性。

3. 借名投资的股东资格取得问题

行权式隐名投资人借用他人姓名或名称向公司投资,在公司相关文件中隐匿自己的真实身份,但在公司中行使股东的权利,这种隐名投资的方式就是借名投资。在借名投资这种行权式隐名投资形式中,行权式隐名投资人就是借用他人名义的投资人,是借名人;显名人的名义被实际投资人借用,是被借名人。

借名投资有三个基本特性:其一,借名人作为实际投资人,隐匿自己的真实身份。借名投资具有其他各种隐名投资的共同特性,即实际投资人隐匿自己的真实身份。无论投资人出于何种目的以他人名义或名称向公司投资,在行为的实施上均表现为隐匿自己的真实身份。"隐匿身份"的特征表明了借名投资与实名出资之间的区别。其二,借名人实际行使相关权利。虽然在借名投资中,借名人本身并非具有股东资格,严格而言他不能行使股东权利,但他行使了本应当由股东行使的相关权利,而公司或其他股东并不反对。被借名人不行使股东权利,只是在公司挂名。这一特征表明了借名投资作为行权式隐名投资形式的一种,与非行权式隐名投资之间的区别。其三,被借名人允许借名人使用其姓名或名称。借名人经被借名人许可使用其姓名或名称,既表明两者之间形成了合同的法律关系,也表明了投资人借用他人名义的法律根据。被借名人许可的特征,表明了借名投资与冒名出资之间的区别。

借名投资的特性表明,在这种隐名投资中股东资格既不能简单地归属于借名人,也不能简单地归属于被借名人。虽然借名人与被借名人之间的协议具有合法性,被借名人的姓名或名称记载于公司相关文件上,具有股东资格的合法外观,但由于借名人行使了相关权利,这就表明借名人与公司有了直接的联系。另外,在借名投资中,被借名人处于被动地位,由借名人主动行为,这表明显名人没有进行投资成为股东的意愿。可见,一般来说,在借名投资中,被借名人往往只是名义上的公司的股东,实质上并不享有股东权利。如将股东资格归属于他,不仅与被借名人本来的意愿未必吻合,也不利于公司内部的股东关系的稳定。但是,基于借名人行使股东权利具有不合法性,也不能当然享有股东资格。在实际生活中,借名人往往自以为享有股东资格,但这只是虚假的股东资格取得。实际上借名投资中,股东资格处于不确定的状态。那么如何处理借名投资的股东资格问题呢?我们认为,首先要明确借名出资行为的不合法性,对该行为予以否定性评价;其次,要考量到多方面的因素,甚至要适当考量其他股东的态度,来正确判定由借名人或是被借名人来取得股东资格。

《最高人民法院关于适用〈中华人民共和国公司法〉若干问题的规定(三)》第25条第3款规定,"实际出资人未经公司其他股东半数以上同意,请求公司变更股东、签发出资证明书、记载于股东名册、记载于公司章程并办理公司登记机关登记的,人民法院不予支持。"按照此规定,实际出资人经过公司其他股东半数以上同意,请求公司变更股东、签发出资证明书、记载于股东名册、记载于公司章程并办理公司登记机关登记的,人民法院应当予以支持。如果机械地理解适用该规定,会产生不合理的后果。显然,仅以其他股东的态度来决定隐名投资的股东资格归属是不妥当的。其实,最高人民法院的这一规定,只适用于借名投资的这种行权式隐名投资形式。

值得探讨的问题的是,最高人民法院的司法规范规定"实际出资人经过公司其他股东半数以上同意",可以取得股东资格的根据是什么?换言之,为什么最高人民法院的司法规范要规定在其他股东过半数同意的情况下,隐名投资人可以取得股东资格呢?在司法机关看来,"隐名出资人要被确认为股东,需要其他股东认可,以保证有限责任公司的人合性不被其破坏。……此问题在一定程度上与股东向公司股东以外的人转让股权的问题具有一定的相似性,即都是涉及对'新的陌生股东'的接受,因此应当准用《公司法》第72条关于股份对外转让时的限制条件,即经其他股东过半数同意即可。"[①]笔者不赞同在行权式隐名投资中适用《公司法》第72条,因为第一,隐名投资人与显名人之间的关系不同于股份转让中转让人与受让人之间的关系,两者之间在确认股东资格的归属时的根本不同之处在于,前者往往是不存在转让合意的,行权式隐名投资人本身就认为他是具有股东资格的,并实施了实质上属于股东权利性质的行为,而后者则是存在股份转让合意的。这表明,在行权式隐名投资中,不存在适用《公司法》第72条的事实条件。第二,在行权式隐名投资中适用《公司法》第72条规定,

---

① 奚晓明主编:《最高人民法院关于公司法解释(三)、清算纪要理解与适用》,人民法院出版社2011年版,第383页。

会产生不合理的结果:其一,其他股东的优先受让权能否行使,如不允许行使于法理不通,①如能行使则隐名投资人有可能不能取得股东资格,与解决行权式隐名投资股东资格归属的初衷背离,致使应当取得股东资格的行权式隐名投资人不能取得股东资格。其二,如适用《公司法》第72条规定,其他股东不同意由隐名投资人取得股东资格的,应当受让隐名投资人投资形成的股份,这显然是极不合理的。其实,在行权式隐名投资中,股东资格归属争议的当事人只限于隐名人与显名人之间,而他们之间的这种争议不属于股份转让的纠纷。只是由于行权的隐名投资人为了证实其确实行权并与其他股东形成有利于公司稳定发展的关系,才使得征求其他股东的意见显得有所必要。隐名投资的股东资格问题,说到底只是投资者在投资与股东名册记载不一致而导致的相关资格或权利归属的问题。因此,处理这一问题,应当基于这一问题本身的特性,才能做到正当、合理。

基于前述原理,对借名投资情形中股东资格取得问题的处理,要正确适用《最高人民法院关于适用〈中华人民共和国公司法〉若干问题的规定(三)》第25条第3款这一规定,应当注意以下几点:第一,隐名投资人行使了相关权利。因为只有投资人行使了相关权利,才能形成投资人与公司之间的直接关系,才能由此生产隐名投资人取得股东资格的法律事实基础。第二,获得其他股东大多数同意。其他股东大多数同意,不仅是对隐名投资人行使股东权利的认可,而且也表明行权式隐名投资人取得股东资格会保持公司秩序的稳定。第三,不违反相关法律的强制性规定。例如,外商投资公司借名人取得股东资格的不得违反国家相关审批规定,否则就不能获得股东资格。

需要认真思考的问题是,在借名人与被借名人都行使相关权利时,应当如何处理?我们认为,对借名投资中借名人取得股东资格的认可应当从严把握,尤其是对《最高人民法院关于适用〈中华人民共和国公司法〉若干问题的规定(三)》第25条第3款的适用,更是应当从严掌握。这是因为,基于公司法原理,被借名人记载于公司相关文件是合法的,应当在最大限度上受到法律的认可;而借名人行使股东权利具有不合法性,应当在最大限度上受到法律的限制。如果对借名投资人取得股东资格把握过于宽松,简单地以"谁投资谁是股东"理念来处理借名投资的股东资格归属问题,实际上是对借名投资不合法行为的放纵,会形成阻

---

① 司法机关在主张适用《公司法》第72条处理隐名投资的股东资格归属问题后同时承认,"此处规则之适用又与第72条股权对外转让规则有所不同",并指出"其他的股东的否认并不包含优先购买权要素,即如果其他股东过半数不同意隐名股东显名,则该股权仍然归显名股东,其他股东并不能依据第72条之对外转让规则享有优先购买权。其他股东只能在名义股东与隐名股东之间进行选择,并不能通过优先购买权取得该部分股权。"(参见奚晓明主编:《最高人民法院关于公司法解释(三)、清算纪要理解与适用》,人民法院出版社2011年版,第383页。)在这里我们看不到其他股东不能行使优先权的令人信服的、充分的论证。

碍股东资格登记制度完善的消极机制。所以,当借名人与被借名人都行使相关权利时,首先要综合考量各种因素,然后对借名人取得股东资格从严把握,在双方情况相当的情况下,保持公司相关文件登记不变,维系公司股东结构的稳定。

4. 冒名投资的股东资格取得问题

冒名投资是指行权式隐名投资人冒用他人的姓名或名称进行投资,在公司文件中隐匿自己真实身份,并行使相关权利的行为。在冒名投资中,行权式隐名投资人是冒名人,被行权式隐名投资人冒用姓名或名称的人,是被冒名人。

与其他隐名投资方式相比较,冒名投资具有如下特征:其一,冒名人作为实际投资人,冒用他人的名义进行投资,在公司相关文件中记载了被冒名人的姓名或名称,隐匿了自己的真实身份。实际投资人冒用他人的名义投资,就是为将自己的真正身份隐匿起来。其二,实际投资人的投资行为与公司相关法律文件中记载的信息不一致。其三,被冒名人不知情。冒名人没有经过被冒名人许可,自行冒用被冒名人的姓名或名称向公司投资。这表明被冒名者与实际投资的冒名人之间没有合意关系,不存在合同关系,也与公司没有直接或间接的关系。被冒名人不知情,是冒名投资的最重要特征,否则,被隐名投资人使用姓名或名称的人知道他人用自己的名义进行投资的,就不是冒名投资,而是借名投资了。可见,被使用姓名或名称者是否知晓,是区别冒名投资与借名投资的最基本标准。其四,冒名人自己行使相关权利。冒名投资以此特征成为行权式隐名投资的一种,并与非行权式隐名投资相区别。

在冒名投资中,冒名人未经被冒名人许可而使用其名义投资,被冒名人也不知冒名人用其名义进行投资,因此他们两方之间没有合同关系。由于被冒名人不知其名义被他人冒用,所以尽管被冒名人的姓名或名称在公司相关文件中记载,但被冒名人仍与公司之间不存在有效的法律关系。由此可见,在冒名投资中,被冒名人不应当享有公司股东资格。那么,冒名人是否应当享有公司股东资格呢?冒名人以被冒名人的名义投资,在公司相关文件中记载的是被冒名人的姓名或名称,导致股东资格的外观与股东权利行使主体的实质不相符合。所以,尽管冒名行使了本应当由股东行使的权利,也不应当当然享有股东资格。因冒用他人的名义而享有的股东资格,是不具有合法性的。法律不能对合法的行为予以肯定性评价。

据上述分析可见,在冒名投资中,冒名人与被冒名人都不当然享有股东资格。然而,冒名人毕竟向公司投资了,该项投资变成公司资本的组成部分的股份,由此形成的股份利益不能没有归属。由于被冒名人与公司没有直接联系,更无有效的法律关系,所以,被冒名人不应当再通过相关救济方式取得股东资格,不能享有相关股份权益。冒名投资人以自己的行权行为及客观的投资基础与公司形成了一定的联系,因此,他可以通过适当的救济途径取得股东资格。冒名人取得股东资格的基本途径就是修正其在公司相关文件中的记载信息,如实记载投资人的真实姓名或名称。

应当注意的是,冒名人通过修正在公司相关文件中记载的不实信息取得股东资格,以不违反国家相关法律法规为前提。如果违反国家法律法规强制性规定的,冒名人就不能通过这一途径取得股东资格。例如,在外商投资企业中的冒名人要通过这一途径取得股东资格,就必须遵循外商投资的相关规定,要获得相关外商投资主管部门审批许可。否则,外商投资企业中的冒名人不能通过修正公司相关文件取得股东资格。当冒名人不能取得股东资格时,公司应当允许冒名人以适合的方式收回其在公司的实际投资,并保障公司资本充实。如果因此导致公司资本由此减少的,公司应当依法办理相关注册资本减少手续。

在冒名投资中,被冒名人通常不能取得股东资格。这不仅仅是因为冒名人向公司实际投资后还行使了相关权利,还因为被冒名人与公司之间不存在直接、合法的关系。那么,如果被冒名人知晓其姓名或名称被他人冒用后又予以认可,能否取得股东资格呢?笔者主张一般情况下应当予以否定。因为,被冒名人的名义被他人冒用,表明其没有与公司形成投资关系的真实意思,在有限责任公司中,其他股东也不知其为投资人,所以,被冒名人事后同意其名义被冒名人所用,只能表明他与冒名人之间形成了合同关系,但并没有与公司形成合法的投资关系。其实,从根本上讲,冒名投资的核心问题是冒名人对被冒名人的姓名权或名称权的侵犯。因此,被冒名人维权的基点在于其姓名权或名称的保护,而不在于股份权益的诉求。被冒名人因实际投资人的冒名行为对其造成损害的,可以根据民事法律的规定,向冒名人追究责任。而冒名人除了应当修正其在公司相关文件中的不实信息记载外,还应当承担其因冒用他人名义进行投资的相关法律责任,即向被冒名人承担侵犯他人姓名权或名称权的民事责任;在出资不实时向公司承担出资不实的责任。

**5. 虚名投资的股东资格取得问题**

虚名投资是指行权式隐名投资人以虚构的、根本不存在的主体名义进行投资,在公司文件中隐匿自己的真实身份,并行使相关权利的行为。虚名投资具有隐名投资的基本特征,即实际投资人隐匿自己的真实身份;也有行权式隐名投资的重要特征,即隐名投资人行使相关权利;同时虚名投资还有自己最大的特点,即在公司文件中记载的主体是不存在的,是行权式隐名投资人虚构的。

实际投资人以虚构的姓名或名称进行投资,导致公司相关文件记载的股东姓名或名称与投资人和股份权利行使主体的姓名或名称不相符合。因此,投资者以虚名投资方式享有股东资格不具有合法性,不应当得到法律的认可和保护。

实际投资人自以为取得的股东资格,只是一种虚假取得。

由于虚名投资在公司文件中记载的主体是虚构的、根本不存在的,在该主体名义下的投资和股份权利的行使,均为隐名人所为,因此,在虚构投资中,只有实际投资人与公司之间存在一定的关系。这就意味着,虚名出资中,在虚构的主体名义下的股东资格及其股份权益,实际上都可以归属于实际出资人。虚名投资人可以通过一定的救济方式合法取得股东资格,即修正其在公司文件中的不实信息记载,消除其以虚名出资形成的法律障碍,以真实的名义合法取得股东资格。

虚名投资人要合法取得股东资格,不仅要修正其以虚构主体名义形成的公司文件不实记载,还不得违背法律的强制性规定。如果虚名投资因法律的强制性规范(如外商投资有关审批规范)导致其修改路径不通,作为虚名投资的行权式隐名投资人便没有救济补正的机会,虚名投资人就不能合法取得股东资格。在这种情况下,虚名投资人有权回收其在公司中的投资。当虚名投资人不能经救济取得股东资格时,公司应当按照资本维持原则,妥善处理由虚名投资人投资形成的"股份"。

## 四、股东资格的瑕疵取得

### (一)股东资格瑕疵取得的一般理念

#### 1. 股东资格瑕疵取得的概念

股东资格的瑕疵取得有广义和狭义之分。

在广义上,股东资格的瑕疵取得是相对于股东资格的无瑕疵取得而言的,是指在民事主体股东资格的取得过程中,无论是在投资财产的缴纳方面,还是在投资者信息的记载等各个方面,只要存在缺陷的,均为股东资格的瑕疵取得。[①] 如公司设立应当经过审批而未经审批等前置性行为,作为实质要件的认缴的投资存在瑕疵,或者在股东名册和工商登记材料中存在瑕疵登记,都会造成股东资格的瑕疵取得。

在狭义上,股东资格的瑕疵取得是指股东虽然取得了股东资格,但在认缴投资方面存在缺陷。如果股东资格的取得应当缴纳相应的财产,那么按照要求,只有完全履行缴纳相应财产的义务,才能取得股东资格。这时,按照要求缴纳相应的财产就是取得股东资格的实质要件。

由于股东资格在形式上的瑕疵取得,即股东资格登记方式的瑕疵实际上主

---

[①] 参见潘福仁主编:《股权转让纠纷》,法律出版社2007年版,第58页。

要表现为行权式隐名投资,在审批等前置性行为中的瑕疵往往与公司的设立相关,而股东资格在缴纳相应财产方面的瑕疵与公司资本制度密切相关,并直接关系到股东自身和其他股东的利益,因此本书论述的股东资格的瑕疵取得是指狭义的概念。

股东资格的瑕疵取得具有一定的隐蔽性。股东资格的瑕疵取得经常是在股东权利和义务发生纠纷之后才被公司和其他股东所察觉,这主要是因为导致股东资格瑕疵取得的瑕疵原因具有隐蔽性,例如在股东转让股权之后没有及时进行变更登记,当事人往往处在不知情的情况下,只有在股东权利义务发生纠纷的时候,当事人才发现其受让了股权,但是转让人没有及时为其办理变更登记,从而导致了其取得股东资格存在瑕疵。

股东资格瑕疵取得会在一定程度上影响公司和其他股东的利益,甚至由此关系到公司交易相对方的利益。由于股东资格的瑕疵取得主要是基于出资方面的瑕疵问题,这样,一方面它会关系到公司资本量的充实,进而影响公司的经营活动;另一方面它会影响到股东之间投资比例关系的关系的稳定,甚至导致瑕疵股东与其他非瑕疵股东之间就股权利益分配和义务责任的分担产生矛盾和纠纷,严重时也有可能导致公司交易相对方的交易成本和风险的不确定。股东资格的瑕疵取得存在的种种弊端,要求公司法对其进行规制,消除股东资格取得的瑕疵,维系正常、合理的股东之间、股东与公司之间的关系,维护公司运作秩序的稳定。

**2. 股东资格瑕疵取得的特征**

股东资格瑕疵取得导致的股东权益纠纷,是公司法律纠纷当中较为常见的一种。认知股东资格瑕疵取得的基本特征,准确理解有关公司法原理和相关法律规定,有助于在司法实践中正确区分相关纠纷,正确适用有关法律规定。

股东资格的瑕疵取得具有如下特征:

第一,股东资格瑕疵取得中的"瑕疵",是指投资人应当缴纳的投资财产未按要求缴纳,即出资瑕疵。[①] 从广义上看,股东资格瑕疵取得有很多种,大体上可归为三类:其一是出资瑕疵,即投资人在出资方面存在缺陷,此瑕疵可谓实质性要件的缺陷;其二是登记瑕疵,即投资人在公司相关法律文件的记载中存在缺

---

① 严格而言,在我国公司法中,"出资"有两层含义:其一是动词含义,是指有限责任公司股东向公司投资的方式,与股份有限公司股东向公司投资的方式"认购股份"相对应;其二是名词含义,是指有限责任公司股东投资后形成的财产形态,与股份有限公司股东投资形成的财产形态"股份"相对应。与"出资"财产形态相适应的表现形式是"出资证明书"(台湾地区公司法中称"股单"),相对应地,股份财产形态表现形式是"股票"。在本书此处,"出资"是动词含义。其实,无论是有限责任公司股东的"出资",还是股份有限公司股东的"认购股份",都是向公司投资,成为公司资本的组织部分,两者并无质的区别,尤其对有限责任公司股东与股份有限公司的发起人之间,更是这样。为论述方便,在此无特别指明的,"出资瑕疵"包括两类公司股东的投资瑕疵。

陷,此瑕疵可视为形式要件的缺陷;其三是前提性缺陷,如股东资格取得的主体资格不当,或股东资格的取得未履行相应审批程序等等。其中第二类缺陷实质上涉及行权式隐名投资,第三类的前提性缺陷并非股东资格取得的行为本身之缺陷,而是在进行取得行为之前的缺陷。严格而论,只有第一类出资方面的缺陷才属于股东资格瑕疵取得的范畴。① 所以,出资瑕疵是股东资格瑕疵取得的重要特征。

第二,投资人取得股东资格。的确,股东的出资对公司资本的形成至关重要,对股东资格的取得也具有实质性意义,但是,出资瑕疵并不妨碍股东资格的取得。这是因为,股东的出资实质上是基于合同关系的一种物权变动行为。②这种"基于合同而引发的财产移转(物权变动)处于合同与物权的十字路口上"③。一方面,投资人与公司形成了相互交付财产和股份的合意,即投资人将一定数额的财产交付给公司,公司将股份赋予投资人;④另一方面,投资人与公司基于合意都取得了对方所交付财产和股份的权利,即公司取得投资人交付出资财产的物权,投资人取得公司赋予其的股份权利。当投资人取得公司的股份权利时,也就相应地取得了公司的股东资格。此时,虽然股东未向公司完全履行出资义务,使公司没有如实取得股东交付的财产,但这并不意味着股东不能取得公司的股份。投资者在取得股东资格之后,负有承担未履行出资义务的责任。需要注意的是,尽管该民事主体可以取得股东资格,但是,由于其取得股东资格的方式存在瑕疵,将导致瑕疵取得股东资格的主体应当承担由于其瑕疵而产生的民事责任。

第三,股东资格的瑕疵取得发生在股东资格的直接取得,即原始取得的方式中。从广义上看,股东资格瑕疵取得,既可能发生在股东资格的直接取得或原始取得的行为中,也可能发生在间接取得或继受取得的行为中;但在狭义上,股东资格的瑕疵取得仅指发生在直接取得或原始取得的行为中。这是因为,股东资格不仅具有股份所有权主体地位的内涵,还表明了股东与公司的关系,没有公司便没有股东;股东的出资不仅为股东获得股份提供了重要根据,也是公司资本形成的基础。所以,投资者在取得股东资格时,如果存在出资瑕疵,就会对公司资本的形成直接产生不良影响,并涉及其他股东的利益。而在股东资格的间接取

---

① 一般来说,概念均有广义与狭义之分,而严格意义上的概念,通常是指狭义上的概念。
② "从权利人的角度来看,物权变动即物权的取得、变更和丧失。"参见王利民、杨立新、王轶、程啸:《民法学》,法律出版社2005年版,第277页。
③ Arthur Hartkamp ed., Towards a European Civil Code, Kluwer Law International Press, 1998, p.495. 转引自王利民、杨立新、王轶、程啸:《民法学》,法律出版社2005年版,第283页。
④ 股东应当出资的财产数额以及以何种财产出资,都是因其与公司的约定基于股东身份而为;非股东是没有资格进行这一行为的。

得或继受取得中的出资瑕疵,是不会对公司直接产生不良影响的。间接股东资格的取得属于相关权利的产生,不同于绝对权利产生的股东资格原始取得。

股东资格间接取得的瑕疵有两种情况。一是继受的股东资格的本身存在瑕疵,如 A 所继受的 B 让与的股份本身有瑕疵,这时 A 取得的仍是瑕疵股东资格。这种情况实质上是原始股东资格瑕疵取得的"传染"或延续,对此,研究并解决这一"传染"之病的最好方式是从源头入手。二是继受人向让与人支付受让的价款存在瑕疵,即没有足额向让与人支付价款。这种情况实际上是让与人和受让之间的合同之债的关系,而这种关系应当适用合同法的规范。

3. 股东资格瑕疵取得与虚假取得的区别

股东资格的虚假取得是指向公司投资人自以为取得了股东资格,而实际上因投资主体身份的瑕疵并未合法取得股东资格的一种虚假现象。股东资格的虚假取得主要发生在行权式隐名投资中,因为行权式的隐名投资人往往误以为自己行使的就是股东权利,当然就是取得了股东资格。但是,由于他并没有在公司文件中记载真实身份,主体上有明显错误,是不合法取得,所以不能为法律所认可。虚假取得股东资格只有通过消除虚假的记载事项,才能合法取得股东资格。

股东资格的瑕疵取得与虚假取得有许多相似之处,如两者在股东资格取得过程中都有缺陷,两者一般都发生在股东资格的原始取得中,但两者也有明显的区别:

第一,两者的性质不同。股东资格瑕疵取得的缺陷是投资人在投资方面的缺陷,属于股东资格取得内在实质方面的缺陷,表现出投资人的投资价值与其获得的股份价值不相符合;而行权式隐名投资,是投资人在公司相关法律文件中姓名或名称记载方面的缺陷,属于股东资格取得在外观表现方面的缺陷,表现出投资人实际投资与外观表现主体不相符。

第二,两者的法律后果不同。股东资格瑕疵取得的缺陷,不妨碍投资人取得股东资格。投资人在取得股东资格之后,通过其对公司承担相应的未履行或未完全履行出资义务的责任来补救其"瑕疵"。行权式隐名投资的缺陷,致使投资人取得的股东资格是虚假的,是不被法律所认可的。实质上,在行权式隐名投资中,投资人是不具有股东资格的。他要通过补救后才能取得真实有效的股东资格。可见,在股东资格瑕疵取得中,投资人是在取得股东资格后对自己行为的缺陷进行补正;而在行权式隐名投资中,投资人是通过对自己行为的缺陷进行补正后才取得了有效的股东资格。

(二)股东资格瑕疵取得的方式

股东资格瑕疵取得的方式,是为取得股东资格而实施的具体的出资瑕疵行为。出资瑕疵是指股东的出资缺陷,是股东在出资的财产交付的内容、数额和时间上,未完全按照其认缴出资的承诺履行义务,其具体表现方式多种多样,主要有虚假出资、欠额出资、出资不实和无权出资等。有人将抽逃出资也视为出资瑕疵的一种方式,[①]这是不妥的。因为,股东出资后,其出资财产的所有权归公司所有,股东再将其出资抽回,实质上是将公司的财产据为己有,这是对公司财产的侵占。若在公司成立前投资人将出资取回,这实际上是一种出资撤回,只能构成尚未出资的行为,还不属于出资瑕疵的范畴。

《公司法》第 27 条第 3 款规定,"全体股东的货币出资金额不得低于有限责任公司注册资本的百分之三十"。如果股东出资不符合这一规定,是否构成股东出资瑕疵呢?我们认为,这不能构成股东的出资瑕疵。这是因为,《公司法》的这一规定,实质上是对公司资本结构的要求,而不是对公司某一单个股东出资的要求。如果出现这一情况,只能表明公司设立瑕疵,而不属于股东出资瑕疵的问题。这时,只要相关股东按其认缴的出资履行了出资义务,就不能认定股东出资有瑕疵。所以解决这一问题应当由《公司法》予以补正。

1. 虚假出资

虚假出资是指股东实质上没有出资或只出资了部分数额,而采取欺骗的方式使人认为其已经全部出资的行为。虚假出资的行为在客观上没有完全履行出资义务;在主观的意思表示上有恶意,并以采用了欺骗的手段;在行为的结果上,通常使他人认为该股东已经出资。

虚假出资取得股东资格,不同于行权式隐名投资。虚假出资是投资人没有出资而枉冒出资,在法律主体资格上是取得了股东资格。而行权式隐名投资,则是投资人以他人的名义出资,取得的股东资格是虚假的、不真实的,实质上并没取得股东资格。

由于虚假出资股东并没有出资或没有足额出资,而是蒙骗了其他股东使自己被认为已经履行出资义务,行使了股东的权利,取得了相应的利益,这样实质上侵犯了其他股东的利益。因此,其他股东有权要求其承担相应的责任。公司债权人也可以依法要求其承担出资不实的责任。虚假出资行为人主观恶意严重的,公司有权将其股东资格予以除名;触犯刑法的,应当追究其刑事责任。

值得讨论的是股东以不法手段取得的财产出资会不会导致虚假出资?我们认为,如果投资人是以不法手段取得的不可流通的财产出资,则会导致虚假出资,因为不可流通财产不具备流转后成为公司资本的法律基础和前提,所以作为出资的非流通财产应当予以追回。这样会导致虚假出资。如果投资人所投资的

---

① 参见潘福仁主编:《股权转让纠纷》,法律出版社 2007 年版,第 59 页。

财产属于可流通物,则不会导致股东的虚假出资。因为可流通财产出资后形成了公司的资本,其所有权性质已经改变,为了维护公司资本的稳定,保护其他股东的合法利益,应当认可可流通财产的投资效力。但是,投资人非法取得财产的相关法律责任不得免除。

2. 欠额出资

欠额出资是股东未按照出资的价值数额履行出资义务,或全部未履行,欠全额出资;或只履行了部分数额,欠部分数额出资;或以货币出资欠额;或以现物出资欠额。欠额出资在客观上是未足额履行出资义务,尚欠全额或欠部分数额的出资未交付;在主观上可能是过失,如以汇款方式出资因技术性出错,投资人不知情,也可能是故意,明知该出资而故意不出资或故意只出资部分,但没有采用欺骗手段,没有恶意;在行为的结果上,他人知道其未履行出资义务或未足额履行义务。

欠额出资与虚假出资在没有履行出资义务的客观方面没有区别,而主要是在主观意思表示方式以及行为结果方面表现出差异。前者没有恶意或恶意较弱,后者恶意较强或恶劣;前者未使其他股东遭蒙骗,后者使其他股东受蒙骗。

现行《公司法》允许有限责任公司股东和以发起方式设立的股份有限公司的发起人在法定的期限内分次缴纳其认缴的出资。[①] 那么,有限责任公司股东或以发起方式设立的股份有限公司的发起人在法律许可的期限内分次出资,是否属于欠额出资呢？显然,欠额出资是一种违法行为,而分次出资则是法律许可的一种出资方式,具有合法的依据,不属于违法行为,因此,我们认为,分次出资不是出资瑕疵。但是,需要指出的是,虽然分次出资为法律所认可,但是,股东的有限责任则是以其认缴的出资或认购的股份数额为限的,而不是以实缴的出资为限的。换言之,如果公司财产不足以清偿其债务的,债权人可以要求有限责任公司的股东或以发起设立的股份有限公司的发起人在未出资的数额内承担补偿责任。虽然有限责任公司的股东或股份有限公司的发起人实缴出资达不到要求的出资额与欠额出资都要承担补偿责任,但是,这两种出资行为的法律属性不同,欠额出资要承担其他的责任,如要承担相关行政处罚的责任。[②] 那么,如何区别欠额出资和实缴出资呢？根据现行《公司法》的规定,实缴出资应当事先由章程载明,并经公司登记注册机关登记注册。在这里,约定的形式是什么呢？是须由章程规定还是由发起人协议约定呢？我们认为,两者均应当有效力。章程的规定对认定实缴出资行为具有法律效力,是无可非议的;发起人协议也应当有

---

① 参见我国《公司法》第26条、第81条。
② 根据《公司法》第200条的规定,对未按期交付的出资行为可予以未出资金额5%—15%的罚款。

此效力,因为发起人协议是明确发起人"各自在公司设立过程中的权利和义务"的法律文件。

3. 出资不实

出资不实,是指股东以现物出资,即以非货币出资,因对出资财产价值评估上的差错,致使出资财产的价值数额少于股东认缴出资的数额,形成股东出资不实。

股东出资不实的结果是出资财产的价值数额少于认缴的出资数额,这一点与欠额出资类似,但股东出资不实与欠额出资的区别是:第一,在出资的标的方面,出资不实的行为只能以现物出资,而欠额出资的行为则即可以用货币出资,也可以用现物出资;第二,在出资的客观行为方面,出资不实的股东是以全额出资的财产交付,只是出资的财产因价值评估的差错导致出资不足,而欠额出资则是未将全额出资的财产交付,或全部未交付,或只交付了部分。

对股东出资不实行为的认定,因出资的具体情况不同而有所不同。

股东以非货币财产出资,未依法评估作价,其出资财产价值显著低于其应当出资价值数额的,应当认定为出资不实。然而,如何判别出资财产的价值是否低于其应当出资的数额呢?有学者指出,对财产价值的评估有三种方式:市场评估、中立评估、自我评估,其中最劣的是中立评估,最优的是自我评估。[1] 按照一般法学原理,有限责任公司的人合性应当允许公司内部自我评估,[2]但是,我国《公司法》第29条明确规定了对股东缴纳的出资财产应当由经依法设立的验资机构验资并出具证明。最高人民法院的司法规范也据此明确规定,公司、其他股东或者公司债权人请求认定出资人未履行出资义务的,人民法院应当委托具有合法资格的评估机构对该财产评估作价。[3] 经有验资资格的验资机构评估后确定的股东出资财产价额显著低于公司章程所定价额的,即为出资不实。

股东以房屋、土地使用权或者需要办理权属登记的知识产权等财产出资的,既要办理出资财产的产权变更手续,还要将出资财产交付公司。如果股东出资的财产虽然已经办理出资财产权属变更手续但未交付给公司使用的,可以认定

---

[1] 参见许德风:《论公司法上财产的定价》,载《中国法学》2009年第6期。

[2] 按照我国《公司法》第29条规定,股东缴纳出资后,必须经依法设立的验资机构验资并出具证明。也就是说,其他股东对出资不实股东的出资数额是不能有任何积极行为的,这表明,其他股东与出资不实股东的出资不实行为没有牵连。《公司法》第31条又规定,"有限责任公司成立后,发现作为设立公司出资的非货币财产的实际价额显著低于公司章程所定价额的,应当由交付该出资的股东补足其差额;公司设立时的其他股东承担连带责任。"依此规定,其他股东虽然对出资不实股东的出资不实行为没有牵连,但仍要为其承担连带责任。严格而言,这一规定是没有法理依据的。如果允许股东之间自我确定出资价值,那么当出资不实行为发生时,其他股东为此承担连带责任就顺理成章了。

[3] 参见《最高人民法院关于适用〈中华人民共和国公司法〉若干问题的规定(三)》第9条、第8条。

其未交付出资财产,即出资不实。如果股东出资的财产虽然已经交付公司使用但未办理权属变更手续,该出资财产的股东应当在合理的期限内办理出资财产的权属变更手续,办理该变更手续的,即为履行了出资义务;否则,应当认定为出资不实。股东以划拨土地使用权出资,或者以设定权利负担的土地使用权出资,在合理期间内未办理土地变更手续或者解除权利负担的,应当认定为出资不实。[①]

股东以其他公司股权出资,符合下列条件的,即为履行了出资义务:(1)出资的股权由出资人合法持有并依法可以转让;(2)出资的股权无权利瑕疵或者权利负担;(3)出资人已履行关于股权转让的法定手续;(4)出资的股权已依法进行了价值评估。如果股东以股权出资不符合上述第(1)、(2)、(3)项要求的,并在合理期间内未采取补正措施予以补正的,应当认定为出资不实;如果股东以股权出资不符合上述第(4)项要求的,经有验资资格的验资机构评估后确定的股东出资财产价额显著低于公司章程所定价额的,即为出资不实。[②]

### 4. 无权出资

无权出资是股东以无权处分的财产向公司出资进而取得股东资格的行为。股东的出资在本质上是以出资财产对公司股份的交易行为,股东应当以其可处分的财产进行这一交易行为。如果股东以无权处分的财产与公司进行交易,会损害公司的利益,伤及其他股东,并有可能影响到与公司进行正常经营活动的债权人利益。为了维护公司和其他股东的利益,保障公司对社会经营活动有良好的内部关系,对股东因无权出资而取得股东资格所形成的瑕疵又不能及时消除的,法律应当予以规范,向相关主体的司法救济提供必要的渠道。

股东无权出资行为主要包括两种情况:

其一,股东以不享有处分权的财产向公司出资。例如股东以与他人共有的财产在未经他人许可的情况下向公司出资,再如,股东以抵押财产向公司出资。此出资行为是否有效,可以参照《物权法》第106条的规定予以认定。[③]

按照《物权法》第106条的规定,股东以无处分权的财产出资,符合以下条件的即为有效:[④]第一,公司接受股东的出资财产是善意的,即不知情;第二,公司接受股东出资财产的计价是合理的;第三,公司接受股东出资的财产已经办理

---

① 参见《最高人民法院关于适用〈中华人民共和国公司法〉若干问题的规定(三)》第10条。
② 参见《最高人民法院关于适用〈中华人民共和国公司法〉若干问题的规定(三)》第11条。
③ 参见《最高人民法院关于适用〈中华人民共和国公司法〉若干问题的规定(三)》第7条。
④ 股东以无权处分财产出资并产生有效结果的,该出资财产的原权利人因此受到损害的,可依据《物权法》第106条向该股东请求赔偿损失。

相关权属变更登记或不需要办理权属变更登记。① 如果股东以无权处分财产出资,且不符合上述条件的,对该出资财产的所有权可根据物权法的规定追回该财产。这样就会造成公司资本的减少,其实质是以此财产出资的股东没有履行出资义务,表明其股东资格有瑕疵。

其二,股东以非法所得的财产出资。例如,股东以贪污、受贿、侵占、挪用等违法犯罪所得的货币出资后取得股东资格。

有人认为,以非法所得财产出资的行为"尽管其履行了所有符合公司法规定的程序,形式上是完备的,却不容于法理。不法行为不产生权利。如果对非法来源的出资给予认可,不否定其股东资格,那么无疑是对不法状态下享有权利的一种默认",从而主张不仅要否认该出资行为的有效性,还要否认该出资人的股东资格。② 显然这种观点过于感情用事,缺乏理性思考。其实,应当将以非法所得财产的出资行为与其非法取得财产的行为区别开来,非法得到财产的行为应当依据相关法律予以否定的评价,并追究其相应的责任,对相应财产该追回的可以追回;而以非法所得的财产出资的行为,在本质上是一种无权处分财产的行为,则应当充分考虑到相关法律的规定以及对相关利益主体的保护问题。

笔者认为,股东以非法所得的财产出资,其股东资格应当依据公司法的规定,只要在股东名册上合法登记载明,即取得股东资格;其出资的财产,一般情况下不宜追回,应留存于公司。有人认为,"货币作为种类物和可替代物,其所有权与占有权合一,推定货币占有人为货币所有人,其享有对货币的处分权"③,所以以非法取得的货币财产向公司出资的视为有效出资。可是,以非法取得的非货币财产出资的怎么办呢?可见,对非法所得财产出资处理的法理根据不在于财产的形态,而在对该行为本身的价值评判和对其他相关主体利益的保护。对以非法所得的财产出资行为,一方面要坚持对其非法取得国家或他人财产的行为予以否定评价的态度,追究其相应责任,该追回相应财产的要追回;另一方面,要理性对待股东以非法财产出资的行为所形成的现实状况,在追回其非法所得财产时,不能伤及公司和其他股东的合法利益。就股东出资行为本身而言,其实质是一种无权处分财产的行为,因此,可适用《物权法》第 106 条的规定,如果公司接受其出资财产是善意的、接受出资财产的计价是合理的、接受的出资财产已经办理相关权属变更登记或不需要办理权属变更登记的,应当认定该行为是有

---

① 参见奚晓明主编:《最高人民法院关于公司法解释(三)、清算纪要理解与适用》,人民法院出版社 2011 年版,第 111 页。
② 参见黄海霞:《试析股东资格的限制》,华东政法大学 2007 年硕士学位论文,第 28 页。
③ 奚晓明主编:《最高人民法院关于公司法解释(三)、清算纪要理解与适用》,人民法院出版社 2011 年版,第 111 页。

效的,否则可依法追回。只是当以非法出资的股东对非法所得财产出资后,无法被追回相应的价值时,则应当以其取得的股份的财产抵补,这时对该股东所享有的股份财产,应当依照股份的强制执行的规则进行,"应当采取拍卖或者变卖的方式处置其股权"①。

### (三) 出资瑕疵取得股东资格的救济

虽然瑕疵出资的投资人仍可以取得股东资格,但是其出资瑕疵行为导致了投资人在出资义务履行与取得股份权利之间的不平衡,使其股东资格的享有与股东权利的行使基础不稳固,因此必须予以补救,即对出资瑕疵取得股东资格进行救济。救济的方式主要有以下几种:

第一,承担未履行出资义务的责任。出资瑕疵的股东虽然取得了股东资格,但其未履行应尽的义务,就应当承担未履行该项义务的法律责任。这一法律责任的内容首先是补交出资。这实质上是继续履行其出资义务。其次,如果公司要求其承担其他相应的违约责任(如支付未履行出资义务期间的利息),瑕疵出资股东还应当承担相应的责任。这一救济措施,一方面具有合同法上的意义:使公司与股东之间关于出资的契约目的得以实现;另一方面,具有重要的公司法上的意义:对公司来说,实现了对股东出资财产的物权所有,对股东来说,补正了股东资格的瑕疵,使其股东资格的取得完全彻底,从而为其股东权利的安全行使提供了充分的法律依据。否则,对于瑕疵股东,公司可以限制其股权的行使,甚至将其除名。

第二,权利行使受限。按说股东权利的行使是股东资格的具体体现,享有股东资格就意味着可以行使股东的各项权利,然而股东享有股东资格和股东权利都是以股东持有公司的股份为基础的,股东持有股份的比例决定了股东权利的分量,而股东对公司股份的享有是与其出资状况相关联的,股东出资是与其获得公司股份相对应的义务。所以当股东出资瑕疵,未履行其相应义务时,公司有权将赋予股东相应的股份予以冻结,使未履行出资义务的股东的相应股份权利的行使受限,这样,既有利于维护公司的正当权益,又有利于使其他股东的利益免受损害。同时,对出资瑕疵的股东来说,其相应权利的受限,表明其行使权利的内容与其履行出资义务的状况相适应,体现了股东资格的真实意义。

第三,股东资格被公司解除。将股东资格解除是指收回赋予出资瑕疵股东的股份,收缴出资瑕疵股东的出资证明凭证,并将其姓名或名称从公司股东名册

---

① 《最高人民法院关于适用〈中华人民共和国公司法〉若干问题的规定(三)》第7条。

中删除。这是对严重出资瑕疵而取得股东资格的救济手段。严重的出资瑕疵是指股东完全没有出资或出资欠额较大,且无补正可能。出资瑕疵的股东不能承担违约的补救责任,不向公司补交出资,公司有权要求其返还股份,而股东一旦丧失了公司的股份,就意味着他失去了公司的股东资格。股东瑕疵出资取得股东资格,经公司催促在合理期间内仍未纠正消除瑕疵的,公司可以以股东会决议解除该股东的股东资格。①

### (四)抽逃出资的股东资格问题

《最高人民法院关于适用〈中华人民共和国公司法〉若干问题的规定(三)》第12条规定,"公司成立后,公司、股东或者公司债权人以相关股东的行为符合下列情形之一且损害公司权益为由,请求认定该股东抽逃出资的,人民法院应予支持:(一)将出资款项转入公司账户验资后又转出;(二)通过虚构债权债务关系将其出资转出;(三)制作虚假财务会计报表虚增利润进行分配;(四)利用关联交易将出资转出;(五)其他未经法定程序将出资抽回的行为。"最高人民法院在总结提炼了司法实践中的具体情况后,以列举的方式为股东抽逃出资行为的概念内涵明示了一个边界。基于最高人民法院的这一规定,对股东抽逃出资行为的概念应当如何理解?对抽逃出资的股东资格应当如何处理?

通常认为,抽逃出资是股东在公司成立后,以不合法的方式抽回其在公司的出资。② 人们还普遍认为,虽然抽逃出资的股东以不正当的方式抽回了他自己认为的在公司中的"出资财产",但其仍持有公司的股份。只是有的在概念的表述中明确反映出来了,有的没有明确反映出来。③ 究竟应当如何正确认识抽逃出资者的股东资格?如何正确处理抽逃出资者的股东资格?需要正确认定抽逃出资行为的性质,认真梳理相关原理,才能有正确的结论。

关于抽逃出资行为的性质,司法界通常视其为未履行出资义务的行为,将其

---

① 《最高人民法院关于适用〈中华人民共和国公司法〉若干问题的规定(三)》第18条规定,"有限责任公司的股东未履行出资义务或者抽逃全部出资,经公司催告缴纳或者返还,其在合理期间内仍未缴纳或者返还出资,公司以股东会决议解除该股东的股东资格,该股东请求确认该解除行为无效的,人民法院不予支持。"

② 参见赵旭东、傅穹、孙有强等:《公司资本制度改革研究》,法律出版社2004年版,第301页;郑曙光:《股东违反出资义务违法形态与民事责任探究》,载《法学》2003年第6期。

③ 参见奚晓明主编:《最高人民法院关于公司法解释(三)、清算纪要理解与适用》,人民法院出版社2011年版,第188页。

与未履行或者未全面履行出资义务的行为相提并论。① 学界也多将抽逃出资行为与股东出资义务的履行相联系加以分析。如有学者将抽逃出资行为视为不履行义务中的一个种类。② 基于对抽逃出资行为性质的这种认定,形成了对抽逃出资行为责任追究的这样一个逻辑思路:抽逃出资的股东收回了在公司中的出资,等于没有履行出资义务,因此应当承担未出资义务的法律责任。由此,对抽逃出资的股东适用公司法有关违反出资义务责任的规定,包括对公司的补足出资责任、对公司债权人承担返还出资的责任,甚至还有的认为要向其他股东承担违约责任。③ 然而,这种观点和思路是值得商榷的。

首先,对抽逃出资行为的界定时间是在公司成立后,这就表明,公司已经成立了。因此,从公司成立之日起,股东出资的财产所有权应当是公司的,而不再属于股东。股东出资的具体财产如货币、实物等,都是公司法人财产的组成部分。股东出资后这些财产融入公司的财产体系之中。股东因其出资所享有的财产是与其出资财产价值数额相当的股份或出资份额,而这个股份或出资份额,只是无形财产。因此,严格而言,股东出资后,公司一旦成立,股东即无法抽回自己出资的财产。

其次,股东抽逃的"出资"不是公司资本的组成部分,因此,抽逃出资不会导致公司资本的减少。将抽逃出资的性质认定为"未履行出资义务",实际上基于抽逃出资会使股东将作为公司资本组成部分的"出资"抽走,这样就导致了公司资本的减少。其实,这是一种误解。诚然,公司资本是由股东出资的财产(或由股东认购股份的财产)构成的,但是这只是从财产的价值量上说的,并不是指具体形态的财产。例如,股东甲以房产出资,这个房产的所有权属于公司,但我们不能说这个财产是公司资本的组成部分。公司资本是一个抽象的价值概念,表明公司所有财产在价值数量上达到的一定数额。在现实生活中,我们虽然能依

---

① 《最高人民法院关于适用〈中华人民共和国公司法〉若干问题的规定(三)》第17条规定,"股东未履行或者未全面履行出资义务或者抽逃出资,公司根据公司章程或者股东会决议对其利润分配请求权、新股优先认购权、剩余财产分配请求权等股东权利作出相应的合理限制,该股东请求认定该限制无效的,人民法院不予支持。"第18条第1款规定,"有限责任公司的股东未履行出资义务或者抽逃全部出资,经公司催告缴纳或者返还,其在合理期间内仍未缴纳或者返还出资,公司以股东会决议解除该股东的股东资格,该股东请求确认该解除行为无效的,人民法院不予支持。"第20条规定,"公司股东未履行或者未全面履行出资义务或者抽逃出资,公司或者其他股东请求其向公司全面履行出资义务或者返还出资,被告股东以诉讼时效为由进行抗辩的,人民法院不予支持。"

② 有学者将股东不履行出资义务分为出资义务不履行和不适当履行两类:出资义务不履行包括拒绝履行、出资不能、虚假出资和抽逃出资;出资义务不适当适履行包括迟延履行、出资不实和瑕疵出资等。参见郑署光:《股东违反出资义务违法形态与民事责任研究》,载《法学》2003年第6期。

③ 参见奚晓明主编:《最高人民法院关于公司法解释(三)、清算纪要理解与适用》,人民法院出版社2011年版,第198页。

据公司的资产负债表提出公司的股东资本有多少,但是却不能说公司的哪部分财产属于公司资本的组成部分。股东资格的财产价值量,构成了公司资本的价值量,这个资本的价值量,经工商登记机关依法登记注册后,成为公司注册资本的价值量。这个价值量,非经法定程序是不会变化的,这是公司资本不变原则所决定的。因此,当股东"抽逃出资"时,不应当减少公司的资本。但是,这并不是说股东抽逃出资对公司资产不会产生影响。股东抽逃出资会造成公司资产价值量的减少,严重的话,会导致公司资产小于公司资本,侵犯了公司资本维持原则,即公司资产的价值量应当大于公司资本的价值量。

由上述可见,股东抽逃出资行为的法律属性不是违反股东的出资义务,更不是对与其他股东出资协议的违约,而是侵占公司的财产。因此,股东实施抽逃出资行为,不会减少公司资本,也不影响他的股东资格。但是,由于股东侵占了公司的财产,会侵害到公司利益,实质上也就侵犯了全体股东的利益,所以,当股东抽逃出资的行为严重损害了公司利益时,公司股东会可以经过合法程序,对其予以除名。

# 第五章　股东资格的变化

"一般地说,股份公司存在两种重要的利益冲突:股东与管理者的利益冲突,股东与股东之间的利益冲突。在英美等国第一种利益冲突对公司的影响非常大,为此英美学者进行了大量的研究,取得了丰硕的成果。而对第二种利益冲突,西方学者有系统的研究才几年的时间,虽然取得了不少成果,但总的说来还处在起步阶段,研究的领域主要集中在对中小股东的法律保护方面,不论从研究的深度和广度而言,都存在巨大的空间。我国学者在研究公司治理结构或股权结构的名义下,也涉及过一些股东之间利益冲突问题,但由于主要借鉴和引用英美的理论,很少鲜明地提出股东之间利益冲突是上市公司的一项重要矛盾,而专门的规范和实证研究更不多。"[①]股东资格的变化,反映了股东之间关系的变化的逻辑基础。因此,对股东资格变化的基本概念和类型的梳理、分析,是深化有关股东之间关系研究的重要的基础性工作。

股东资格的变化可分为主体变化、量的变化、隐形变化和属性变动四种情形。透过股东资格变化的各种情形,我们可以看到股东资格变化的实质内涵及其所反映出来的股东的意志和股东利益的变化。诚然,股东资格的变化需要由法律予以规制,但是法律对股东资格变化的规制,应当充分尊重股份权益的私权属性,正确认识股份流转对公司资本以及资本市场的影响,既要有利于股东权益的维护,还要有利于公司发展和资本市场的稳定,平衡股东之间的利益关系。

## 一、股东资格变化研究的边界

股东资格的变化就是股东因持股状况变化而形成的股东主体资格的变化。

---

① 杨松:《股东之间利益冲突研究》,北京大学2004年博士学位论文,引言。

股东实际上就是股份所有权的主体,股东因对股份所有权的享有而成为股东,并以股东资格行使股东权利。所以,不具有股份的所有权,就不可能具有股东资格;股份所有权享有者的变化,必然导致股东资格的变化。换言之,股东所持股份的变化,自然形成股东资格的变化。

一般而言,人们通常所说的股东资格变化只是股东资格的主体更换。但实际上,股东资格变化的情况是十分复杂的,并不限于主体更换这一种情形,而是包含股东资格的主体变化、量的变化、隐形变化和属性变化四种情形,股东资格变化的这四种情形表明了股东资格变化的边界。

第一,股东资格的主体变化。这是指在公司中发生原股东资格的主体消失或新股东资格主体产生的变化。原股东资格主体的消失是股东将其所持股份所有权全部让渡出去,如转让或者赠与给另一主体,即丧失了股东资格;新股东资格主体的产生是非公司股东的其他人取得公司股份而享有股东资格。股东资格的主体变化具体包括三种类型:其一,主体的更替,即原股东资格主体消失,新股东资格主体产生。股东将自己的股份在证券市场上全部卖出,或通过协议转让、赠与给他人,从而丧失相应的股东资格,不再是股东,不能再行使相应的股东权利。如果受让人是非公司股东,在受让股份之后,则因持有股份而取得相应的股东资格,成为公司新股东。其二,主体的消失,即原股东资格的主体消失,但无新的股东资格主体产生。例如,当股东将其全部股份出让,而受让人是公司的其他股东,这时虽然原股东资格主体消失,但受让的老股东只是增加其持有的股份,并无新的股东资格的主体产生。其三,主体的产生,即有新的股东资格的主体产生,但没有原股东资格的主体消失。例如当原股东将其部分股份转让给非公司股东的其他人,受让人取得股份,成为新股东资格的主体,而出让人只是减少了部分股份,仍持有另一部分股份,因而仍具有股东资格,只是其股东资格的量有所变化。

第二,股东资格的量的变化。这是指在公司中,因股东所持有的股份数量或股份的金额的价值量发生变动,影响到股东权利内容变化而形成的股东资格的变化。对股东资格的量化分析,是基于公司股份制度实际情况而对公司股东资格所进行的客观描述。股东资格是股东行使股东权利的资格,所以当股东权利内容因股份数量或金额的价值量变动而发生变化时,实质上就是股东资格的变化。在股份有限公司,公司资本平均等分为股份,当股东取得股份有限公司股东资格时,因其所持有的股份数量的不同而享有不同量的股东资格。在有限责任公司中,虽然公司资本不平均等分为股份,但仍有相应比例的区别,实质上仍有量的差异,所以在有限责任公司股东持有公司不同的资本份额,也就享有不同量的股东资格。实际上,除有限责任公司章程有特别规定外,股东都是依据其所持股份数量的多少而行使其权利的,从而体现了其不同量的股东资格。因此,如果不对股东资格进行量化分析,就很难对股东部分转让其股份等情况下的股东资格变动情况进行分析,股份变动到股东资格变动再到股权变动这样一个链条就会出现含糊不清的状况,无法明晰准确地分析整个变化过程。

  导致股东资格量的变化原因有两种。一是因股东所持股份数量变化而引起的股东资格量的变化。"股东每持有一个股份,就享有一个股东资格"[1],有一个股份就有一个股东资格与之相对应,一个股东拥有多少股份,就享有多少个股东资格。当一个股份通过转让、赠与、继承等方式从一个股东手中转移到另一主体手中时,与该股份相应的股东资格也就从原股东转移到另一主体身上。在公司增资减资中,公司老股东也可能购入公司新增股份或因公司股份的注销,致股东资格的量发生变化,从而发生股东主体资格的部分变动。由于股份有限公司的资本均等份额,所以股份有限公司股东资格量的变化基本上是由股份数量的变化引起的。二是因股东所持股份金额变化引起的股东资格量的变化。当股份所含金额价值量不同时,股东依其行使的权利数量也不同。例如,在有限责任公司中股份不均等份额,股东权利以持股的金额数量来计算,当股东持有表决权的股份金额数量超公司有表决权的 1/10 以上时,就有资格要求召开临时股东会;[2]如果其股份金额价值数量达不到这一数额,就没有资格要求召开临时股东会。可见,股份金额价值数量的变动会引起股东资格的变化。在有限责任公司中,法律不要求公司资本均等份额,股东所持的股份金额价值量通常不是等额的,因此,股东资格的量的变化大都是由股份金额价值质量的变化引起的。

  股东资格量的变化,会因变化的具体情况不同而发生真实的股东资格量的变化和非真实的股东资格量的变化。真实的股东资格量的变化是指股东不仅因在持有股份的数量或质量上发生变化,而且在持有股份数量或质量与公司资本的比例上也发生变化,并由此引起股东资格量的变化。例如,当股东持有 50 万元的股份,后因受让其他股东转让的 30 万元股份,这时,股东资格的量发生变化。同时,该股东所持股份的数额与公司资本的比例也有所增加,其享有的行使股东权利的内容发生了真实的变化。真实的股东资格量的变化,表明了股东在公司中行使权利内容的变化。非真实的股东资格的量的变化是指股东虽然在持股数量或质量上发生变化,但持有股份的数量或质量与公司资本的比例没有变化。这种变化,没有真实改变股东在公司中的地位或权利内容,所以称非真实的股东资格量的变化。例如,公司按比例增加股东所持有的股份数量,虽然股东所

---

[1] 徐蓉:《论股东资格的认定》,四川大学 2004 年法律硕士论文,第 4 页。
[2] 参见我国《公司法》第 40 条。

持股份数量增加,但是股东所持股份数额与公司资本的比例没有变化。股东资格数量变化或质量变化与真实或非真实的股东资格量的变化相对应,分别会形成真实的股东资格数量的变化和非真实的股东资格数量的变化,真实的股东资格质量变化和非真实的股东资格质量变化。

第三,股东资格的属性变化。这是指因股东所持股份的属性变化而引起的股东资格变化。例如,假定某公司章程规定优先股份没有表决权,但三年内因公司经营效益问题没有享有优先分配盈余的,可以转化为有表决权的股份。如果章程中规定的这一情形出现,该无表决权的股东资格即变成了有表决权的股东资格。

第四,股东资格的隐形变化。这是指股东资格虽然在量上无变动,但因非股东本身的原因造成其所持股份数量与公司资本比例发生变动,从而引起股东资格的变化。例如,某有限责任公司有 A、B、C、D 四位股东,各持有股份 50 万元,公司资本 200 万元,该公司吸收新的股东 E 投资 100 万元,E 取得股东资格。这时,虽然 A、B、C、D 四人仍各持有 50 万元股份,各自的持股数量和质量都未发生变化,但是由于 E 的加入,公司资本增加至 300 万元,A、B、C、D 四人持股份额在公司资本中所占的比例由原来的 25% 降至不足 16.7%。

由股东资格变化的边界(见下图)描述可见,股东资格的变化实际上是随着股份的变化以及股份的结构变化而随时发生的,并且是相互联系的。

```
                    ┌ 股东资格的主体变化 ┌ 股东资格的主体更替
                    │                    │ 股东资格的主体消失
                    │                    └ 股东资格的主体产生
股东资格变化 ───────┤ 股东资格的量的变化 ┌ 真实的股东资格量的变化
                    │                    └ 非真实的股东资格量的变化
                    │ 股东资格的属性变化
                    └ 股东资格的隐性变化
```

**股东资格变化的边界**

## 二、股东资格变化的实质分析

股东资格变化的实质是股东权利内容的变化、股东财产的运作以及股东意志的体现等三个方面。

### (一)股东资格变化表明了股东权利的变化

股东资格表明了股东与公司的关系,显示了股东的法律地位。然而,股东资格的这些法律属性的实际意义都要通过股东的权利具体表现出来。因此，当股东资格变化时，实质上是股东权利的变化。股东的权利，反映了股东在公司中的作用，表明了股东与公司的关系。股东对股东权利的行使，是实现向公司投资的期待利益的基本方式。可见，股东资格只是在形式上表明了股东的法律地位，而其实质内涵和真正价值则在于股东权利。

股东资格的变化可分为资格主体的变更和资格的量的变动。这两方面变化的实质也相应地表现为股东权利的主体变更和股东权利的内容变化。股东权利主体的变更是指股东权利内容不变，但股东权利享有和行使主体发生变更；股东权利内容的变化是指股东权利享有和行使的主体不变，但股东权利的具体内容发生变动。

随着一个股份所有权主体的变更或股东所持有的股份数量的变化，股东资格发生变化，也必然带来其所享有的公司股东权利的变化。随着一个主体享有的股东资格的量的增减、公司中享有股东资格的主体的改变，以至于公司中整个持股结构的变化，股东所享有的股权也与之相应变化。因而，一个主体的股东资格变化进一步也表明了其所享有的股东权利的变化。

当一个主体获得股东资格时，就成为公司股东，享有股权。股东通过行使股权，如表决权等，参与决定公司的经营方针和投资计划、选举和更换非由职工代表担任的董事和监事、审议批准公司的年度财务预算方案和决算方案、审议批准公司的利润分配方案和弥补亏损方案等等，从而使公司得以正常有序地运营。而当股东增加或减少其所享有的股东资格的量时，其享有股权的多少也必然发生变化，所分配到的利润及享有的表决权的多少都会有所增减。如果股东的股东资格变化量巨大，以至于他获得控制股东的地位时，他所承担的股东义务必然也多于普通股东。

另一方面，就整个公司的股权结构而言，当股东资格变动的量很大或股东资格的主体变动较多时，会影响到公司的整个股权结构，可能使得公司中每个股东享有的股东权利义务都发生变化。比如，大股东向许多市场主体转让大量股份，许多市场主体进入公司成为股东，稀释了股权，使公司从股权集中状态变为分散状态，那么公司的股权结构发生变化，每个股东的股东权利都会受到一定影响。上市公司收购则是一个相反的情况，一个市场主体大量购买公司股份，获得大量股东资格，成为公司的控制股东，公司每个股东的利润分配、对股东会的影响力都会受到影响。当股东资格数量的变化导致控制股东可以有效地决定公司经管管理人员的选任时,少数股东的利益就有可能成为控制股东实施利己决策的代价。[1]

可见,股东资格变化进一步也表明了股东权利的变化,包括主体本身的股东权利义务的变化,也包括一个公司整体的股权结构的变化。

### (二)股东资格的变化体现了股东对特定财产的运作

股东资格变化的根源在于股份的变动。股东持有股份的变化导致了股东的资格变化。例如当股东转让其股份时,或使其股东资格丧失,或使其股东资格发生量的减少;与此相应,受让的非公司股东取得股东资格,或受让的其他股东增加了其股东资格的量。可见,股东资格的变化,实质上是与一定的财产运作方式密切联系在一起的。诚然,股东资格是由股东权利体现出来的,股东资格的变化,反映了股东权利的变化,但是,股东权利的行使是以一定的财产运作为基点的。股东股权的变化,与股东对财产的运作分不开。股东资格的变化实质上也反映了股东对特定财产的运作。

股份是一种财产形态,它是由股东向公司进行财产投资交易后的产物。股东持有、转让公司股份,体现了股东对股份财产运作的过程。股份变动引发的股东资格的变化实质上是股东对股份财产的运作。当股东将股东资格让渡给他人时,实质上是将股份财产转变为非股份的普通财产;当股东或非股东受让股份时,实质上就是将普通财产转变为股份财产;当民事主体将普通财产合法转变为股份财产并对此财产拥有时,即取得了股东资格;当股东将其普通财产又合法转变为股份财产并对此财产拥有时,即增加了其股东资格的量;当股东需要资金时,可以通过转让股份、减少享有的股东资格的量或者完全放弃股东资格的方式,来收回对公司的投资,以获取所需要的资金;当股东认为该公司已经不能够达成其获利的心愿,或者在市场中发现其他可以获得更大利润的渠道,就可以通过减持股份、减少股东资格的量或完全抛弃股东资格从而完全退出公司的方式,将其财产抽调到市场中更有利润的地方去。

### (三)股东资格变动是股东意志的体现

股东资格变动最终体现的是股东意志的变动。市场主体希望在公司中获得什么样的地位和身份是由其自己的意志决定的。股东资格的变化,说到底是股东意志的发生。股东权利的行使,股东对特定财产的运作,都是为了实现自己的

---

[1] See Jensen and Meckling, Rent Protection and the Evolution of Ownership Structure in Publicly Traded Companies, Working Paper, Harvard Law School, 1999.

某种意愿,都是股东意志的反映。股东通过变动股份的方式,或购入股份,或转出股份,来达到自己的目的。财产运作方式变动和股权变动都是股东意志变动的外在表现。

## 三、股东资格变化的原因

民事主体的股东资格,是基于对股份所有权的享有而取得。股东持有股份的多少,决定了他行使股东权利分量的大小。实际上,股份的变动是股东资格变化的原因,股东资格的变化是股份变动的结果。股份变动状况决定着股东资格变化的状态。

在现实生活中,股东获取股份的方式多种多样,股东持有股份数量变化的情况也是千变万化,由此导致股东资格随之发生变化。对股东所持股份的变化进行分类研究,能有助于进一步认识股东资格变化的内在关系。

股东所持股份变动的原因有公司增资减资、公司合并分立、股份转让、股份的回购、股份的赠与、股东主体的消亡、公司对股东的除名。股东所持股份变动原因的不同,会导致股东资格变化法律后果的不同。

### (一)公司增资或减资引起的股东资格变化

公司采用发行新股方式增资的,股东购买新股会导致其所持股份的增加,使股东资格发生量之增大的变化。如果在公司发行新股的情况下,股东不购买新股,其所持股份仍是原来的数量,股东资格不发生变化。不过,由于公司发行新股,公司股份的总数增加,在这种情况下,股东仍持有原来的股份数量,在形式上其股东资格的量没有变化,但这时其所持股份数占公司资本的比例已经下降,其股东资格的量实质上已经发生相对减少的变化。还应当注意的是,当公司以增加每股金额的方式增资的,股东所持股份数额没有变动,也没有新的购买股份者,股东所持股份占公司资本的比例没有变动。所以,在这种情况下,虽然公司增加了资本,股东所持股份的金钱价值提升,但其所行使的股东权利并无实质性变化,所以其股东资格不发生变化。

公司采用减少股份的方式减资的,股东所持有的股份会减少,其股东资格的量也会随之发生减少的变化。当公司以此种方式减资时,如果全体股东按持股比例减少所持股份,则股东所持股份虽然减少,但其股东权益在公司中的比重并不发生变化,故此种情况为形式上的股东资格变化;如果不是按股东持股比例减少所持股份,则股东不仅所持股份减少,而且其所享有的股东权益在公司中的比重也会发生变化,故此种情况为实质上的股东资格变化。

应当注意的是,当公司采用减少股份金额的方式减资时,股东所持的股份数量不会减少,虽然股东所持股份的金钱价值会减少,但其享有的股东权益在公司中的比重不会发生变动,所以在这种情况下不会发生股东资格的变化。

### (二) 公司合并分立引起的股东资格变化

公司的合并会发生两种股东资格变化的情况。一是原公司股东资格量的变化,二是原公司股东资格转为新公司的股东资格。

在公司的吸收合并中,吸收方公司存续,被吸收方公司灭失。吸收合并实际上是兼并,存续的吸收方即兼并方是原来的公司,原公司股东仍是合并后公司的股东;被吸收的公司是被兼并方,因被兼并而消灭。原公司股东因公司兼并其他公司而发生股东资格量变化的渠道有两种:其一,公司兼并其他公司后,形成公司资本数额增加,原公司股东接受新增加的公司股份,发生股东资格量的变化;其二,公司兼并了其他公司后形成公司资本结构的变动,导致原公司股东的股东权益在公司中的比重变动,发生股东资格量的变化。

新设合并中的原公司和吸收合并中的被吸收合并的公司,都会因公司的合并而消失,被消灭的公司股东可根据合并协议,转变为新公司(相对于合并前的原公司而言,包括新设合并后的新公司和吸收合并后的吸收方公司)股东。股东所享有的股东权益的相对人,由原公司变更为新公司,由此形成了股东资格的变化。可见,这种股东资格的变化不同于股份的转让引起的变化,股份转让是股份所有权主体的变化,而公司合并引起的是股份所有权主体相对人的变化。从本质上分析,股份转让引起的股东资格变化属于"继受取得"的属性;而公司合并引起的股东资格的变化与"原始取得"相关联。当然,公司合并中,在原公司股东资格转变为新公司的股东资格过程中,也会产生股东资格的量的变化。

公司的分立也会发生两种股东资格变化的情况,即原公司股东资格量的变化和原公司股东资格转为新公司的股东资格。

在公司的派生分立中,原公司存续,派生的公司从公司中分立后成为新设的公司。原公司在公司分立后继续存续,其股东因公司派生分立而发生股东资格量的变化渠道有两种:其一,公司分立后形成公司资本数额减少,原公司股东减少了所持有的股份,发生股东资格量的变化;其二,公司分立后形成公司资本结构的变动,导致原公司股东的股东权益在公司中的比重变动,发生股东资格量的变化。

在公司的新设分立中,原公司被消灭,原公司股东可以根据分立协议,转变为新设公司的股东;在公司的派生分立中,原公司的股东也可以根据分立协议,转变为新设公司的股东。无论是因新设分立还是因派生分立而成为新设公司的股东,其所享有的股东权益的相对人,都由原公司变更为新公司,由此形成了股东资格的变化。可见,这种股东资格的变化也不同于股份的转让引起的变化。从本质上分析,因公司分立而引起的股东资格的这种变化是与"原始取得"相关联的。当然,公司分立中,在原公司股东资格转变为新公司的股东资格过程中,也会产生股东资格的量的变化。

### (三) 股份转让引起的股东资格变化

股东所持股份转让给其他人,转让股东丧失其相应的股东资格,受让人则获得相应的股东资格。可见,股份转让引起的股东资格变化实际上是股份所有权主体的变化,具体表现为股东资格主体的整体变化和量的变化。股份转让可分为股东之间转让的公司内部转让和股东向非股东转让的公司外部转让两类。

在股份的内部转让中,若转让股东将其股份全部转让,即丧失股东资格,退出公司;若转让股东将其股份部分转让,虽然仍然保持股东资格,但其股东资格的量会发生相应变化。受让股东因受让转让股东的股份而增加了所持有的股份数额,发生股东资格量的变化。

在股份的外部转让中,转让股东将其全部股份转让给非公司股东的他人,转让股东丧失股东资格,受让人取得股东资格,这实际上是公司股东的更替;转让股东将其部分股份转让给非公司股东的他人,转让股东减少其所持有的股份,其股东资格的量相应变化,受让人取得相应的股份,取得相应的股东资格,这实际上是公司增加了股东的人数。

两种不同种类的股份转让引起的股东资格的变化,既有相同之处,也有不同之处。相同之处在于本质上都是股份所有权主体的变化,都会引起股份结构的变化。不同之处主要是股份的内部转让不会引起新股东的加入,而股份的外部转让会引起新股东的加入。

在现实生活中,股份转让的复杂性,不仅表现在股份的内部转让和外部转让的交织进行,还表现在公司股份结构、股东人数以及公司组织形式的变化上。例如,1999 年甲、乙、丙订立章程设立 A 服饰有限公司,注册资本 50 万元人民币,三人分别出资 50%、25%、25%。2001 年 6 月乙与丁签订了股份转让协议,由丁受让乙的全部股份,并在签订合同之日起 3 天内以现金一次性支付结清股款。丙实际上未出资,后丙将其股份从名义上转让给了丁。虽然公司设立时相关验资报告显示:甲的 25 万元、乙和丙各 12.5 万元资金均注入公司,但实际上全部资金是甲一人出资。后丁受让乙和丙的股份后,实际上变成了甲与丁各享有 50% 的股份,而甲与丁是夫妻。在该案例中,乙对丁的股份转让,属于股份的外部转让;而丙向丁的股份转让,就属于股份的内部转让。两个股份转让完成后,公司的股东由甲、乙、丙三人,变成了甲和丁两人,在这两个层面的股份转让中,引起的股东资格的变化,将适用不同的法律规则。另外,在乙向丁的股份转让和丙向丁的股份转让前,公司的资本结构属于三个股东的50%股份、25%股份、25%股份组成,同时也表明了三个主体分别享有的股东资格量的对比关系;在乙向丁的股份转让和丙向丁的股份转让后,公司的资本结构变成由甲和丁分别享有的两个50%的股份构成,同时反映了甲和丁分别享有数量相等的股东资格量的对比关系。而且,值得注意的是,甲和丁是夫妻关系,这又涉及由普通有限责任公司的组织形式转变为一人公司的组织形式。这一案例不仅向我们展示了股东资格变化所引发的公司内部结构的关系变化,同时也使我们深思:透过这种股东资格变化的表面现象,是投资者运用股东资格变化规则避免法律规范的技巧娴熟,还是我国公司法的立法技术尚有漏洞?

### (四)股份回购引起的股东资格的变化

股份回购是指公司从股东手中购回本公司的股份,即股东将股份转让给公司。股份购回是一种特殊的股份转让,其特殊性就在于受让主体是本公司。股东将股份部分转让给公司的,其股东资格的量发生变化;股东将股份全部转让给公司的,其股东资格灭失。在理论上,公司受让股东转让的股份后可以享有相应的股东资格。但是,实际上,公司回购股份是基于公司减资、奖励职工等特殊目的,而并不以行使股东权利为目的,因此公司持股的时间一般不会太长,或注销,或转让,或奖励给职工等。对公司持有的股份,即库藏股,有的国家明确规定不得行使相关权利。如英国公司法就规定,公司不得行使库藏股的任何权利。[①]因此,股份的回购,就股东资格的变化而言,主要是原股东资格的量的变化或原股东资格的消灭。

### (五)股份赠与引起的股东资格变化

股份的赠与实质上是股份的无偿转让。虽然股份赠与和股份的转让在股份转移的程序规则上有所不同,但由此引起的股东资格的变化并无不同。如果股东将自己的股份部分赠与他人,导致自己持有的股份数量减少,其股东资格发生量的变化。而对于受赠人而言,若是股东,则其股份增多;若不是股东则成为股东,取得相应的股东资格。如果股东将自己的股份全部赠与他人,受赠人是非股东的,则实质上形成股东资格的更替。

---

① 参见《英国2006年公司法》第726条。

### (六)股份属性变动引起的股东资格变化

股份有不同属性的分类,股东资格也依股份属性的不同而有所不同。股份依其所承载的股东权利义务内容可以分为普通股和特别股,特别股包括优先股和劣后股;依其是否可以流转分为流通股和非流通股;依其是否记名分为记名股和无记名股;等等。股东资格也可以根据股份属性不同分为普通股的股东资格、优先股的股东资格、劣后股的股东资格、流通股的股东资格、非流通股的股东资格等等。

不同属性的股份对应着不同属性的股东资格,股份属性的变动会引起股东资格的变化,导致股东权利义务内容的变化。例如就股份所承载的权利义务不同的分类而言,普通股代表的权利义务是平等无差别待遇的,是最普遍也是最基本的股份种类,享有表决权,收益随公司盈利状况变化。优先股、劣后股代表的权利义务不同于普通股,持优先股的股东享有优先于普通股收益分配权和剩余财产分配权,通常不享有表决权;持劣后股的股东享有的收益分配权和剩余财产分配权则劣后于优先股和普通股。当一个股东持有的股份属性由优先股、劣后股变为普通股或由普通股变为优先股、劣后股时,其所享有的股东资格属性也就发生变化,权利义务也与之前不同,是否享有表决权和财产收益权的顺序都会有所变化。我国法律没有关于普通股与特别股转化的规定,如果章程有相关规定,则可以依章程在一定条件下进行普通股与特别股的相互转换。

## 四、公司资本的变动与股东资格变化

### (一)公司资本与股东资格的关系分析

公司资本是公司存续的物质基础,股东依公司的存在而存在。毫无疑问,公司资本与股东资格有着密切的关系。公司资本的变动,会对股东资格产生不同程度的影响。例如,公司资本的增加会有可能增加新的股东,稀释老股东的股份,从而使老股东的股东资格发生量之减少的变化。不过,股东资格的变化,却不一定对公司资本产生影响,例如因股份转让形成的股东资格的变化,对公司资本可能没有丝毫影响。这是为什么呢?公司资本与股东资格究竟有着什么样的联系?

公司资本与股东资格联系的媒介是股份。因此,要说明公司资本与股东资格的关系,必须先梳理股份与公司资本的关系。人们普遍认为,公司资本是由股东投资形成,股东将自己的财产投入公司后,随即丧失对投资财产的所有权,而取得了公司的股份。对公司资本的形成进行法理解析,可以看出公司资本有如下几层涵义:第一,公司资本由章程确定,经登记注册成为公司的注册资本。公司资本由章程确定和法律认可,这不仅表明公司资本是公司存续的基础,而且表明公司资本的所有权主体是公司。第二,公司资本由股份构成。由于公司是法律的拟制体,其资本财产必须由股东投资形成。因此,公司章程所规定的资本必须由股份构成,以便公司发行股份,筹集资本。第三,公司出让股份,从认购人手中收回的财产为股本;公司以全部股份交易收回的全部股本形成了公司的资本,[①]使公司的资本由名义资本变为实有资本。对公司资本形成的法理分析表明,股份将股东资格与公司资本联系在一起:一方面,股份是股东资格的基础,股东依其所持有的股份享有公司资本;另一方面,股份的总和构成了公司资本。

公司资本在本质上是股东投资财产形成的股份总和。因此,当总和发生变化时,其股份必然要发生变化;不然,则不会有此总和。正是由于股份与公司资本的这种密切关系,使得公司资本的变动,会致使股东资格发生变化。例如20万股东各投资认购1元1股的股份2万股,股份总和为40亿股,公司资本为40亿元。如果公司资本为60亿元时,公司的股份必须要增加,否则不可能出现60亿元的公司资本。但是,如果股份发生变化,公司资本则不一定会变动,如股东减少一半,剩10万股东,但各股东持股份数额为4万股时,公司资本仍是40亿元。

其实,从本质上分析,公司资本与股东资格有着密切的关系,但是,两者之间并无直接的关系。与公司资本相对应的主体是公司,换言之,公司是公司资本的所有权主体。股东不是公司资本的所有权主体,与股东主体资格相对应的所有权客体是股份,换言之股东是股份的所有权主体。正是由于股东和公司是两个不同的法律主体,有各自的财权关系为基础,所以,股东资格的变化,并不当然导致公司资本的变动。

### (二) 公司资本变动对股东资格的影响

股份将公司资本与股东资格联系在了一起,使得公司资本的变动会对股东资格产生一定的影响。

我国《公司法》规定,有限责任公司的注册资本为在公司登记机关登记的全

---

① 我国《公司法》中有"股份"与"股本"两个概念。如《公司法》第81条关于公司资本的定义中使用了"股本"的概念;《公司法》第82条关于章程应当记载的第(四)项事项、第五章"股份有限公司股份的发行与转让"中都使用了"股份"的概念。在我国《公司法》中这两个概念都是指公司资本的份额,但其侧重点有所不同,"股份"侧重于"份",尤其指从股东的角度来说明其在公司资本中持有财产权益的比例;而"股本"侧重于"本",具有与利润相对应的成本意义和与公司总资本相对应的资本份额的涵义。

体股东认缴的出资额;以发起方式设立的股份有限公司注册资本为在公司登记机关登记的全体发起人认购的股本总额,但是采取募集方式设立的,注册资本为在公司登记机关登记的实收股本总额。有限责任公司的股东和以发起方式设立的股份有限公司的发起人,在全体股东或发起人首次认缴的数额不少于注册资本20%的前提下,可以在两年内分若干次缴纳,投资公司的股东可以在五年内分次缴纳。但是,以募集方式设立的股份有限公司的股东则不能分次缴纳。① 按照《公司法》的这一规定推理,公司成立后增加资本的股份发行,认购人也不能分次缴纳。由此,我国公司资本的变化就会有章程资本变化和实收资本变化两类。这两类资本变化,对股东资格变化的影响不尽相同。

1. 注册资本变化对股东资格的影响

注册资本变化也是章程资本变化,包括资本增加与资本减少两种。② 显然,资本的增加与资本的减少对股东资格的影响肯定是不一样的。这几种方式的实施与生效,都必须通过章程对资本事项进行修改后才具有法律效力。

(1) 注册资本增加对股东资格的影响

股份有限公司与有限责任公司的资本结构不同,资本增加的方式也不同,对股东资格的影响也有所区别。

股份有限公司注册资本均等份额,其增资方式有股份增加、金额增加和混合增加。资本增加的方式不同,对股东资格的影响也不尽相同,对此予以逐一分析。

其一,股份增加,这是以增加股份的数额来增加资本的方式。这种增资方式是股份有限公司资本增加的主要方式,通常表现为新股的发行。增发新的股份会导致股东资格的变化:如果由股东之外的人认购股份,会使公司享有股东资格的主体增加;如果原股东认购新股,会使原股东所享有的股东资格量增加;如果原股东未按持股比例认购新股,会使认购新股多的股东在公司中的地位相对提升。从公司股东的整体状况来看,股份增加的公司资本增资,会导致股东资格结构有所变化,而这种变化的结果由增资股份发行与认购的具体情况确定。

---

① 我国《公司法》第26条、第81条。我国《公司法》关于股东和发起人可以分次缴纳出资的规定,在法律属性上,不属于授权资本制度。因为在授权资本制度中,章程规定的公司资本可以分若干次发行筹集,我国《公司法》规定的资本制度则必须一次发行,只是发行后可以由认购人分次缴纳。

② 公司资本的增减与公司财产的增减不是一个概念。人们时常会有混同理解使用的错觉。如"公司高级管理人员的行为往往是造成公司实质性减资的原因。西方很多国家法律都有对公司董事会经理等管理人员因自己的故意或重大过失行为造成公司损失承担赔偿责任的规定,我国公司法对此未作规定。建议公司法应当规定。"参见童兆洪:《公司法法理与实证》,人民法院出版社2003年版,第32—33页。这里的减资的"资"应当是公司的资产,而不是公司的资本。但是,在公司法学上,"减资"的概念通常是指公司资本的减少,而该书此处也正是关于公司资本的增资与减资的论述。

其二，金额增加，这是以增加每一股份的货币金额价值来增加公司资本的增资方式。这种方式实质上是要求公司的原股东增加自己股份的出资。金额增资能够避免新的股东加入公司。由于公司每股股份等值，所以原股东的股东资格的量虽然发生变化，但股东所持股份在公司资本中的比例不变，公司的股东资格结构也没有变化，各股东的相对地位仍保持不变。

其三，混合增加，这是股份增加和金额增加并举来增加公司资本的方式。通过既增加股份数额又增加每一股份的货币金额价值来增加公司资本，通常是为了较大幅度地提高公司资本，既有可能有新的股东加入，又会使原股东资本的量增值，还会导致公司股东结构的调整。

有限责任公司资本的结构有单一资本份额结构、复数份额资本结构和基本份额资本结构三种。基本份额资本结构在本质上属于单一资本结构。单一资本结构与复数份额资本结构不同，增资后对股东资格产生的影响也不同。

单一资本份额是指公司资本不分为均等份额，只是按股东人数分为资本份额。公司资本由不均等的资本份额构成。每一股东只认购一个出资份额，而每一份额财产价值数额不等额，有多有少，所以这种资本结构也称为不等额资本结构。基本资本份额是指公司资本按股东人数分为不平等份额，但每一份额都是已确定的基本数额的整倍数，公司的资本由基本资本份额构成。这种资本结构在本质上属于单一股份结构。在这一资本结构中，股东资格因股份的差异有所差别。股东行使相应的股东权利，享有相应的股东资格。单一资本份额结构的公司增资，如果增加股份份额的，只能由非公司股东的其他人认购出资，由该出资人取得公司股东资格，成为公司的新股东。这时，其他股东的股东资格没有变化，但公司的股东结构发生了变化，形成了股东资格的隐形变化。如果公司不想吸收新的股东，只能采用增加股份金额的方式来增加公司资本。采用这种方式增资的，可以按原出资比例增加相应出资，使公司资本增加后股东资格的量变化，但股东之间所持的出资比例不变；也可以不按原出资比例增加出资，在公司资本增加后，股东资格的量变化，股东之间所持的出资比例也发生变化。需要注意的是，在单一资本份额结构的有限责任公司中，如果通过每个股东增加等额出资来增加公司资本，那么公司增资的结果是，公司原定股份总数不变，但公司股东持股比例结构会发生变化。例如，某公司有四位股东A、B、C、D，分别投资120万元、80万元、160万元和40万元，公司资本不均等份额，四人各享一个股份，分别占公司资本的30%、20%、40%和10%。假定公司章程规定公司增资，每位股东再各投资20万，A、B、C、D四人的投资额分别更改为140万元、100万元、180万元和60万元，四人仍然各享一个股份，但他们在公司资本中所占的比例发生了变更，分别为29.17%、20.83%、37.5%和12.5%。请注意，这时公司资本由原来的400万元增加到480万元,虽然每位股东都增加了20万元的投资,他们持有的股份量都增加了20万元,但是各股东持股份额在公司资本中所占的比例发生了变动。可见,在有限责任公司的金额增资中,会引发股东资格的变化,并导致公司股东持股比例结构的变动。

复数资本份额是指公司资本分为均等份额,公司资本由均等的资本份额构成。虽然股东所持的资本份额数量不一定相等,但每一份额的价值量是相同的。有限责任公司的复数资本份额类似于股份有限公司的股份,只是有限责任公司复数资本份额的表现形式是股单(我国称出资证明书),不具有证券属性,而股份有限公司股份的表现形式是股票,具有证券的属性。复数资本份额结构的有限责任公司资本增加,主要是资本份额的数量增加,由此引起股东资格数量的变化。如果由公司以外的非股东主体出资认购增加的资本份额,则使公司出现新的股东资格主体。有限责任公司也可以通过增加每一资本份额的金额价值量来增加公司资本,这时会引起股东资格的质量变化,但不会出现新的股东资格主体。

(2)注册资本减少对股东资格的影响

股份有限公司注册资本减少的方式有股份减少、金额减少和混合减少三种。资本减少的方式不同,对股东资格的影响也不相同。

其一,股份减少,这是以减少股份的数量来减少公司资本的减资方式。股份减少的方式主要是消除股份和合并股份。消除股份是指取消一部分股份或特定股份,合并股份是指合并两股以上的股份为一股。例如,如果公司经营亏损,公司净资产小于公司注册资金,这时,公司为遵循资本维持原则,可以通过消除股份或合并股份来减少公司的注册资本,以维持净资产与注册资本的平衡。如果公司按比例减少股份,虽然股东持股数额会减少,其股东资格的量会相应减少,但是,股东持股数额与公司资本的比例不变,所以由此发生的是股东资格的隐形变化。当公司不是因经营亏损而是因其他的原因要减少注册资本时,股份的减少还可以通过公司对股份的回购来实现。公司将股东持有的股份回购后注销,由此减少公司的注册资本。这时,如果公司对个别股东的全部股份回购,会使公司享有股东资格的主体减少;如果公司对全部股东的股份按比例回购,会使原股东所享有的股东资格量减少,形成股东资格的隐形变化;如果公司对股东股份未按持股比例回购,会使公司的股东资格结构发生变化。

其二,金额减少,这是以减少每一股份的货币金额价值来减少公司资本的减资方式。这种方式实质上是要求公司的原股东减少自己股份的金额价值。由于公司每股股份等值,所以原股东的股东资格的量虽然减少,但这是一种隐形的股东资格变化,即股东所持股份在公司资本中的比例不变,公司的股东资格结构也没有变化，各股东的相对地位仍保持不变。

其三，混合减少，这是股份减少和金额减少并举来减少公司注册资本的方式。既减少股份数额又减少每一股份的货币金额价值，通常是为了较大幅度地减少公司资本。这种减资方式，既有可能使股东退出，又会使股东资格的量减少，还会导致公司股东结构的调整。

有限责任公司资本减少方式分为同比减资和不同比减资。同比减资是指各股东按照原来的出资比例减少资本，此时，各股东在公司中所处的地位不变，公司的股权结构没有发生变化，股东的股东资格不发生变化。不同比减资是指各股东改变原出资比例减资，每个股东减持的比例不同，股东资格减少的量也不同，减资完成后，股东所享有的股东资格的量发生变化，在公司中的地位也发生变化。

2. 实收资本变动对股东资格的影响

我国 2005 年《公司法》对公司资本制度作了重大改革，将一次足额缴纳的严格法定资本制度修改为分期缴纳的法定资本制度。按照《公司法》第 26 条和第 81 条的规定，有限责任公司的股东和以发起方式设立的股份有限公司的发起人，在全体股东或发起人首次认缴的数额不少于注册资本 20% 的前提下，可以在两年内分若干次缴纳，投资公司的股东可以在五年内分次缴纳。这样就会出现公司实收的资本与公司注册资本不一致的情况。那么，在法定许可时期内，实收资本的变动会对股东资格产生什么影响呢？

正确认识实收资本变动对股东资格的影响，首先要明确章程的相关规定，然后才能确定实收资本会对股东资格产生什么样的影响。我国《公司法》只是对有限责任公司和发起设立的股份有限公司允许分次出资，而募集设立的股份有限公司的发起人不能分次出资。这样，《公司法》实际上是只允许没有认股人的公司设立可以分次出资，而有认股人的公司发起人则不能分次出资，以避免分次出资的发起人与不能分次缴纳股款的认股人之间出现不公平的情况。无论是在有限责任公司股东之间还是在发起设立的股份有限公司的发起人之间，他们都可以约定如何出资，如何分配盈余，这在有认购人加入到其中的募集设立的股份有限公司是难以做到的。按照现行《公司法》规定，股东的基本权利实际上主要是两项：一是收益权，二是表决权（参与重大决策和选择管理者）。《公司法》在这两个方面都赋予了章程自主规定的法律效力。① 因此，一般情况下，只要有限责任公司和发起设立的股份有限公司章程对实收情况下股东权利行使有规定，

---

① 需要注意的是，《公司法》第 42 条对有限责任公司的表决权行使，赋予了章程规定的效力，而在股份有限公司，法律却没有相关的规定。

该规定均有法律效力。这时,应当依此规定来确定实有资本变动时,股东资格是否有变化或应当有什么样的变化。

那么,实收资本会发生什么变动?在公司章程没有规定的情况下,实收资本的变化,会对股东资格产生什么影响呢?

第一,实收资本的变动一般不会发生股东资格的主体变化。实收资本小于注册资本,尚未达到注册资本的数额,因此实收资本只能是增加的变动,不能是减少的变动。所以实收资本的变动不会发生股东资格的灭失,如果个别股东一直没有缴纳其出资而最终被除名,这与实收资本的变动无关。实收资本的变动,一般也不会发生股东资格的增加,除非在特殊情况下,如当公司吸收新的投资人投资而导致实收资本的变动,则会产生股东资格主体的增加。

第二,实收资本不同比例的变动会产生股东资格量的变化。例如,当某有限责任公司注册资本为500万元,章程规定A、B、C、D、E五个股东各出资100万元。在公司设立时,各股东都只出资了20万元,实收资本为100万元,各股东出资均占实收资本的20%。此后,各股东实缴出资不等,假如A、B、C、D又分别缴纳出资10万元、15万元、20万元和25万元,而E则未缴纳出资,这时,公司的实收资本由原来的100万元变为170万元,而A、B、C、D、E五位股东的实际缴纳的出资分别为30万元、35万元、40万元、45万元和20万元,分别占实收资本的17.65%、20.59%、23.53%、26.47%、11.76%。股东A和E的实际出资占实收资本的比例下降,他们的表决权和收益权也相应地减少,表明其股东资格发生了量的减少;而股东B、C、D的实际出资占实收资本的比例上升,他们的开采权、表决权和收益权也相应地增加,表明其股东资格发生了量的增加。

第三,实收资本相同比例的变动会发生非真实的股东资格量的变化,即股东资格的量会增加,但股东资格的结构不会变化。在上一案例中,如果股东A、B、C、D、E随后的实际出资均按比例缴纳,都再出资30万,他们的实际出资由20万元提升到50万元,但各自的实际出资与公司实收资本的比例仍是20%,他们各自股东资格的量发生了变化,但公司股东资格的结构并未发生变化。

第四,不同比例的实收资本的变动会产生股东资格量的变化。不同比例的实收资本是指在首次实际出资中,股东或发起人之间没有按照章程规定的应当缴纳出资数额的同比实际缴纳出资而形成的公司实收资本。例如,某有限责任公司注册资本为500万元,章程规定A、B、C、D、E五个股东各出资100万元。但在公司设立首次缴纳出资时,公司实收资本为100万元,A、B、C、D股东分别实际出资了10万元、20万元、35万元和35万元,E尚未出资,分别占实收资本的10%、20%、35%、35%,不同于章程规定的各股东出资占公司注册资本20%的规定。按照《公司法》的规定,公司必须在法定期限内达到注册资本数额的要求。因此,公司的实收资本必然要发生增资变动,由于公司首次不同比例地实收资本,所以在此后的增资中,至少要有一次再进行不同比例的变动,才能满足章程规定的要求。而不同比例的实收资本变动,会产生股东资格量的变化。当然,公司可以分数次缴纳资本,在其中的某一次中,实收资本可以同比变动,这时也会出现非真实的股东资格量的变化,但此后公司实收资本仍将至少有一次不同比例的增资变化。

### (三) 公司资本的变动和股东资格变化的效力确定

按照《公司法》的规定,公司资本是公司登记注册的事项之一。公司登记机关对公司资本的登记,具有两个方面的法律意义。其一,对公司本身而言,公司资本的登记不仅表明公司主体成立具备了自有资本的要件,而且还表明公司资本财产形态的形成。在公司法律制度中,公司主体的确立需要法律认可,公司财产的形成同样需要法律确认。无论是章程记载的公司资本还是公司实收的资本,经过公司登记机关登记注册后,即获得法律的确认,财产的所有权属性即产生法律效力。例如股东的出资,在公司没有成立时,股东反悔又取回的,取回的是自己的财产,此行为违反的是相关的合同约定;但在公司登记注册后股东再将自己投资的财产"取回",就属于侵犯公司财产的行为,情节严重的就构成侵犯公司财产罪。其二,对社会而言,公司资本的登记具有公示的意义,向社会不特定的公众表明公司资本的形成及其与公司主体的财产关系。因此,公司资本的登记不只是形式或程序上的意义,而是具有极为重要的实质意义,无论是公司章程规定的资本数额还是公司实收资本数额,无论是公司成立时的资本形成还是成立后资本的变动,都应当登记注册方具有法律效力。

公司资本的变动,应当向公司登记主管机关申报登记,经登记注册后确定其法律效力,那么,股东资格的变化是否也要经登记后生效呢?答案是否定的。其理由如下:

第一,公司登记法律规范不适用于股东资格变化。公司登记主管机关依据《公司法》和《公司登记管理条例》的规定,对公司进行登记的基本功能和目的是为了"确认公司的企业法人资格"。[①] 公司登记的效力具体表现在三个方面:取得公司经营资格、取得公司法人资格和取得名称专用权。[②] 正是基于公司登记的基本功能与登记效力,《公司法》明确规定了登记公示的事项以及变更登记的基本内容:"公司营业执照应当载明公司的名称、住所、注册资本、实收资本、经

---

① 参见我国《公司法》第6条、第7条;《中华人民共和国公司登记管理条例》第1条。
② 参见施天涛:《公司法论》(第二版),法律出版社2006年版,第91页。

营范围、法定代表人姓名等事项。公司营业执照记载的事项发生变更的,公司应当依法办理变更登记,由公司登记机关换发营业执照。"可见,公司登记机关的登记职能主要是确认公司的企业法人资格。公司资本作为公司法人资格成立要件的内容,自然是公司登记事项之一。但是,股东资格以及股份则不是公司登记的法定事项,不是登记机关登记职能范围的内容。股份的获得和股东资格的取得、股份的变动和股东资格的变化,都不是登记机关登记职能范围的内容。换言之,登记机关对股份的变动和股东资格的变化没有进行登记的法律根据。

在国外公司立法中,我们没有看到股东资格变化应当登记注册的法律根据。《日本公司法》有关股份公司的登记事项中没有涉及股东;[①]有关合同公司的登记事项中虽然涉及股东的登记事项,但合同公司是与无限公司归属于同一类型的持份公司。[②]《日本公司法》在公司变更的规范中,不要求股份公司股东资格的变更进行变更登记,[③]而规定股份公司的董事、会计参与、监事、代表董事、委员、执行官或代表执行官、无限公司的股东、两合公司的股东、合同公司的执行业务的股东变化时应当进行变更登记。[④] 可见《日本公司法》是对公司执行者的变化要求变更登记,而对承担有限责任的股东资格的变化没有要求变更登记。德国的公司立法也没有将股东资格列为公司的登记事项。[⑤] 在英美法系国家,公司法登记采用备案制度,主要包括两个方面的内容:一是对公司提交相关文件有较为详细的规定,要求公司设立时提交合格的文件予以备案;二是由政府机关颁发相关证照。在要求公司提交的备案文件中一般会涉及股东,但在证照记载中没有涉及股东。[⑥] 这表明,对股东的登记注册并不是登记职能机关的职能内容;股东资格的变化,与登记没有直接的关联性。

第二,股份的变动与股东资格的变化没有公示之必要。公司登记制度的一个重要功能是对登记注册的相关事项进行公示。登记机关对合法登记取得法人资格的公司核发的证照载明了相关信息,具有显著的公示作用。这对公司资本和公司的主体资格具有十分重要的法律效力。正是这种公示的作用,为公司资本的财产权归属和公司主体行为的法律效力提供了必不可少的法理支持。但是,股份的变动和股东资格的变化,是股东个人或是公司内部的事务,没有公示之理论根据和实践需要。虽然股份财产与公司资本有一定的关联性,但两者有

---

① 参见《日本公司法》第 911 条第③款。
② 参见《日本公司法》第 914 条第 7 项、第 575 条。
③ 参见《日本公司法》第 915 条第①款。
④ 参见《日本公司法》第 917 条。
⑤ 参见《德国股份法》第 39 条;《德国有限责任公司》第 10 条。
⑥ 参见《英国 2006 年公司法》第 9—11 条、第 15 条。

本质的区别：由股份构成的公司资本是一种集合财产，这种财产的形成标志以及权利归属，需要法律通过登记公示的形式加以确认；而股份财产不同于公司资本，没有法律确认其才能形成之必要。股东资格实际上是对股份所有权的主体资格和对股份财产权利的行使资格，所以股东资格的变化是因股份财产变动所致，与登记制度没有直接的因果关系，更是没有公示的必要。

第三，股东资格是公司认可的，而非公司登记机关的确认。股东资格是由公司依据股东持有的股份而通过股东名册的记载和股份凭证予以认可，而公司登记机关登记注册颁发的是公司的营业执照，表明的是公司的主体资格。所以，股东资格的变化与公司登记的效力没有必然的联系。

按照公司法的规定，股东以其认购的股份对公司承担责任，在一般情况下，股东认购的股份也是其实际享有的股份数额，股东依此股份行使股东权利，享有股东资格。但是，由于公司法允许股东分次缴纳出资，股东持有股份就会出现其认购的股份数额与其实际享有的股份数额不一致的情况。在这种情况下，股东资格是以认购的股份为基础还是以实际享有的股份为基础？股东实缴资本的变动引起股东资格变化的效力如何确认？

股东认购的股份数额，反映是股东向公司缴纳出资的义务，股东只有在缴纳出资义务后，才能取得相应的权利。当股东没有完成履行实际出资义务时，只能就其实际履行部分行使权利。股东资格的基础应当是其实际缴纳出资义务取得的股份数额，而不应当是其认购的股份数额。所以，除非公司章程有特别规定，股东应当依其实缴出资行使股东权利，享有股东资格。

虽然，公司的实收资本与注册资本一样要经公司登记确认，但是股东资格是以股东实际享有的股份为基础，不需要登记注册的确认，而是经公司认可。因此，股东实缴出资变动引起的股东资格变化，只需经公司认可即为生效。

# 第六章　股东资格的灭失

股东资格灭失的原因可归纳为三大类:股份的转移,包括股份的转让、赠与、被强制执行或遗失等原因;股份的收回,包括股东的退出或被公司除名;主体的消亡,包括股东资格主体的消亡和股东资格依附主体的消亡。

股东资格的灭失,只是民事主体作为股东资格的丧失,其民事主体本身不依股东资格的灭失而消亡。正如民事主体在取得股东资格时向公司投资换取股份财产,表现为特定财产交易一样,民事主体在股东资格灭失时,本质上也是特定的财产交易:股东用将所持有的股份变现为普通财产。即便因公司消亡的股东资格灭失,其本质也是如此。一般而言,股东丧失股东资格的过程,实质上是股东所持股份变现的过程,这一过程体现了股东对所拥有的股份财产的运作,体现着一种民事主体财产权利的转换。

## 一、股东资格灭失的基本理念与法律意义

### (一) 股东资格灭失的基本理念

就一般意义而言,股东资格的灭失,是指股东丧失其公司股份的所有权,不再具有行使其相关股东权利资格的一种法律后果。严格而言,每一股份对应着一个股东资格,股东具有行使一个股权的资格。[1] 因此,当一个民事主体拥有数个股份时,就享有数个股东资格。当某一个股东失去部分股份时,他丧失这部分股东资格,但该股东仍留在公司,只是拥有的股份数量以及相应的股东资格减少了;而当某一个股东失去全部股份时,他丧失了全部的股东资格,即退出了公司。所以,股东失去部分股份,实质上只是股东资格在量上的变化,而股东失去全部

---

[1] 参见刘俊海:《股份有限公司股东权的保护》(修订本),法律出版社2004年版,第36页。

股份时,才是完全彻底地丧失了股东资格,离开了公司。前者是股东资格量上的减少;后者是股东资格主体上的消灭。可见,股东资格的灭失,有广义和狭义之分:广义的股东资格灭失,是指包括股东资格量的减少和主体消灭在内;而狭义的股东资格灭失,仅指股东资格的主体消灭。本章所述的股东资格灭失,是指狭义上的概念。

民事主体依法取得的股东资格受到法律的保护,不能被非法剥夺或擅自取消。股东资格的灭失,须具备三个基本构成要件:其一,以股东资格的存在为前提。倘若不曾取得股东资格,或虚假取得股东资格,则没有股东资格灭失的前提,不可能形成股东资格的灭失。其二,以一定的法律事实为根据。股东资格的灭失是一种法律关系的变化,必须以一定的法律事实为根据。导致股东资格灭失的法律事实,可以是事件如自然人股东的死亡或法人股东的终止等,也可以是行为如股份的转让、股份的回购等。其三,以股份的全部丧失为基础。股东资格的享有是以股份的持有为基础的,不享有股份所有权,就不可能具有股东资格。只有当股东对其全部股份丧失所有权时,股东才彻底脱离公司,完全失去了在公司中作为股东的法律地位。

股东资格灭失的实质是股东不再具有行使股东权利的能力或资格。股东资格实质上是股东基于对股份的享有而具有股东的法律地位,具体表现为对股东权利的行使。因此,所谓的股东资格灭失,就是股东丧失其在公司中的股东法律地位,不能再行使股东权利。当然,在法律上,股东丧失股东权利的同时,也不再对公司负有义务。不过,股东因丧失股东资格不再对公司负有义务,并不意味着原股东对公司未履行义务的责任也当然免除。例如,如果发起人未出资的,当其股东资格灭失后,他的出资义务随其股东权利一起归于消灭,不必再向公司出资,但如果他在此之前未履行出资义务给公司造成损失而应当承担的相应责任是不能免除的。

### (二) 股东资格灭失的法律意义

股东资格的灭失表明原股东资格之主体不再享有股东权利,并与公司不再有法律上的关系。可见,股东资格的灭失是依一定法律事实所导致的特定法律关系的消灭,而这种法律关系的消灭主要是围绕着股东和公司形成的。

1. 股东资格灭失对股东的法律意义

首先,股东资格的灭失,表明作为股东的民事主体与公司关系的解除。"股东"重要的法律意义就是表明其在公司中的法律地位。这一法律地位至少具有以下两方面的涵义:其一,特定股东与特定公司之间的部分与整体的内部关系,股东与公司外部的其他主体无关;其二,股东在公司内部的关系是基于股份形成的法律关系,股东与公司的法律关系不同于其他主体如董事等与公司的关系。股东在公司中的法律地位具体体现在股东的权利之中。"公司股东依法享有资产收益、参与重大决策和选择管理者等权利。"[①]这种权利是特定的股东在特定的公司中所享有的。但是,一旦股东资格灭失,即失去了民事主体在公司中的股东地位,就没有资格再享有这些基本权利。

股东资格的灭失,只是民事主体作为股东资格的丧失,该民事主体本身不依股东资格的灭失而消亡。股东资格只是民事主体参与具体法律活动的表现,体现的是与其投资活动相适应的法律关系;股东资格的灭失,只是表明这一法律活动的结束,表明与之相适应的法律关系的终结。

其次,股东资格的灭失,是股东股份财产的变现。民事主体在取得股东资格时需要向公司投资换取股份财产,是一种财产交易。与此类似,民事主体在股东资格灭失时,实际上也存在着交易的属性,股东要用自己所持有的公司股份换取相应的财产后退出公司。当股东通过股份转让丧失股东资格时,是受让人获取与股份相应的财产;当股东通过公司回购丧失股东资格时,是公司获取与股份相应的财产;当股东被除名丧失股东资格时,也是公司获取与股份相应的财产。当然,如果股东给公司造成损失而被公司扣除了其相应的财产,也是"交易"许可的一种方式。所以,一般而言,股东丧失股东资格的过程,实质上是股东所持股份变现的过程,这在一定意义上体现了股东对所拥有的股份财产的运作。

2. 股东资格灭失对公司的法律意义

由于股东与公司的关系是一种公司内部的法律关系,所以股东资格的灭失,对公司的法律意义表现为内部关系的变化,而这种变化往往是基于公司资本数量或结构的变动所产生的公司运作或管理的变化。

公司资本的变化,是公司基础性因素的变化,会对公司法人主体的存续基础、公司对外信用关系以及公司内部相关法律关系产生直接的影响。股东资格,或是因股东将股份转移给公司而灭失,公司将与股份相应的财产支付给股东,致使公司的资本减少;或是因股东将股份移转给公司的其他股东而灭失,致使公司资本的结构变化。前者是公司资本量的变化,如 500 万元的公司资本因某股东资格灭失而注销相应股份 50 万元后减少至 450 万元;后者是公司资本结构的变化,如 500 万元的公司资本由 10 位股东各持股份 50 万元,因某一股东资格的灭失其股份转移至另一股东,使公司资本结构改为 8 位股东各持股 50 万元、1 位股东持股 100 万元。公司资本量的变化,不仅表明了公司规模的缩小,而且还会影响到对公司对外的信用基础。公司资本结构的变化,反映了股东之间股权比

---

① 我国《公司法》第 4 条。

例的变化,其实质是股东之间法律关系内容的变化,这会直接影响到公司权力机关的决策走向。

股东资格灭失,对公司另一方面的意义是影响到公司的运作机制。数个股东资格灭失,可能会使股权集中;股东向非股东转让股份而灭失股东资格致使新的股东进入公司;具有控股地位的股东资格灭失致使公司股东结构发生重大变化:凡此种种,都会对公司的运作机制产生重大影响。

总之,股东资格的灭失,不仅对股东自身具有重要的法律意义,对公司也有重要的法律意义,而对公司的法律意义实际上更多地表现为对其他股东的法律意义。如其他股东的股东资格量的增加,股东以外的第三人加入公司取得股东资格,等等。

3. 股东资格灭失对债权人的影响

股东资格灭失是投资人股东身份的丧失。股东身份是自然人或者法人对公司投资所产生的享有权利承担义务的资格,股东与公司之间是投资法律关系。股东仅仅在其出资范围内或者是以其所持有公司股份数额范围内对公司承担有限责任。债权人与公司是债权债务关系,公司应在债务标的范围内对债权人承担独立清偿责任。因此股东资格灭失是股东与公司之间投资法律关系的消灭,不涉及公司与债权人之间的债权债务关系。股东与公司之间的关系,公司与债权人之间的关系,是两种不同的法律关系。在一般情况下,股东资格的灭失对债权人不产生影响。

但是,从公司经营的角度来看,股东资格灭失在特定情况下,可能对债权人会产生一定的影响。对公司债权人来说,至关重要的是其债权的实现。而债权人的债权实现与公司资本状况有一定的联系。确定和维持公司一定数额的资本,对于奠定公司基本的债务清偿能力、保障债权人的利益和交易安全,具有一定的意义。[①] 股东资格灭失有多种情形,如果仅仅是股东资格在不同的主体之间流转而不影响公司的资本状况,那么不会影响到债权人债权的实现。但如果股东资格灭失的同时伴随着该部分股份消灭,则会使公司资本减少,进而会削弱公司的债务清偿能力。因公司终止而导致股东资格灭失不仅仅导致公司所有股东的股东身份的丧失,公司本身也从法律上死亡,不再拥有权利能力和行为能力。对公司债权人来说,他们不得不通过清算程序和破产程序实现自己的债权,而且债权往往不能得到完全实现。

---

① 参见赵旭东主编:《公司法学》,高等教育出版社2006年版,第221页。

### (三) 股东资格灭失的原因

股东资格的灭失是基于一定法律事实产生的法律关系的变更。引起股东资格灭失的法律事实,就是股东资格灭失的原因。在德国,有限责任公司股东资格灭失的原因通常除死亡、公司变更组织、合并等外,还有股东转让股份于他人、怠于缴纳出资额之股东的失权或主动的弃权、公司章程记载没收股东之股份、股东提起之诉等。[①] 在我国,从公司法的规范及实施的实际情况来看,能引起股东资格灭失的原因是多种多样的。有些股东资格灭失的原因归于事件的法律事实,对导致股东资格灭失的后果来说,并不是股东或公司本身自愿所为的法律事实,如股东的消亡、公司的消亡、强制执行和股票的遗失等。基于行为的法律事实所发生的股东资格的灭失,反映了行为人的意志;基于事件的法律事实所发生的股东资格的灭失,则是不可避免的客观现象。由于股东实质上是股份的权利归属者,所以,无论股东资格灭失的原因多么繁杂,总体上可将其归为以下三类:其一,股份的转移,包括股份的转让、赠与、被强制执行或遗失等其他原因;其二,股份的收回,包括股东的退出或被公司除名;其三,主体的消亡,包括股东资格主体的消亡(即股东的消亡)和股东资格依附主体的消亡(即公司的消亡)。在这三种股东资格灭失的原因中,前两类属于行为性法律事实,后一类属于事件性法律事实。

## 二、股份流转之股东资格灭失

当股东所享有的股份流转于他人,不再拥有股份时,与之相应的股东资格也就随之灭失。由于股东是因其将股份转移至他人,由第三人享有该股份,公司并未将此股份收回,所以因此原因而导致的股东资格之灭失,是伴随着另一民事主体之股东资格的取得而发生的。可见,股份转移之股东资格灭失,实质上是股份所有权主体的更替,并不影响公司资本量的变化。但是,由于股东的变更,有可能对公司资本的结构甚至公司的管理运作产生一定的影响。

股份流转之股东资格灭失的法律意义在于:既保障公司稳定,又使股东顺利退出公司。这实际上是股东财产形态的转化,即由股份财产的形态转化为非股份财产的形态。在法律关系上,这种转化使股份财产形态脱离了与公司财产的联系,成为财产所有者独立的财产,从而使财产所有者成为其财产的独立主体,与公司财产关系分割开来;在经济意义上,使这一财产的价值与公司财产价值分

---

① 参见杨君仁:《有限责任公司股东退出与除名》,神州图书有限责任公司2000年版,第60页。

离开来,形成一定价值的独立载体形态,实现了股份财产的变现。股份的流转,使股东得以财产变现,这是股份有限公司股东退出公司,消灭其股东资格的主要路径。①

在股东资格灭失的这一类原因中,根据股份转移的具体情况,又可分为股份的转让、股份的赠与以及股份的强制执行等导致股东资格灭失的原因。

### (一) 股份转让之股东资格灭失

#### 1. 股份转让之股东资格灭失的特性与实质

转让股份的行为,是股东处分自己股份权利的法律行为,反映了转让方原股东和受让方新股东双方当事人的自愿意志。股份转让后,原股东不再对公司的股份享有所有权,其股东资格也自然随之丧失。

这种股东资格的灭失方式有两个重要特性:其一,自愿性。股份转让是一种法律行为,是转让方和受让方自愿达成合意而实施的法律行为,体现了股份转让当事人的意志。这表明,因股份转让引起的股东资格的灭失,实际上是股东自动放弃股东资格。自愿是因股份转让而灭失股东资格的重要特性。其二,有偿性。原股东随着其股东资格的灭失,获得与转让股份相应的财产。除此之外,当股份转让给非公司股东时,原股东资格主体的灭失,会伴随着一个新的股东资格主体出现。

因股份转让而丧失股东资格的实质是股东自愿终止与公司的法律关系。股东资格体现了股东与公司的法律关系。当股东丧失股东资格后,就意味着他在公司中不再具有股东的法律地位,对公司不再享有专属于股东的诸如收益请求权、重大事项表决权以及选择经营管理者等权利。股东出让股份后即丧失股东资格,与公司的法律关系就此终止。

其实,虽然股东因出让了股份不再享有公司的股东资格,但这种股东资格灭失的方式是股东主动放弃股东资格,将其所持有的公司股份转让给受让人,由受让人支付一定的对价。股东虽然丧失股东资格,却因股份转让而得到了与转让股份相适应的财产,实际上是将自己的投资彻底变现。可见,股东因出让其股份而丧失其股东资格,是其运用股份财产的一种方式。

#### 2. 股东资格灭失的确定

股东转让股份,其股东资格何时灭失?以什么标准来确定转让人的股东资格灭失?

股东资格因股份转让而灭失。因此,确定股东资格灭失的时间和标准应当

---

① 参见杨君仁:《有限责任公司股东退出与除名》,神州图书有限责任公司2000年版,第22页。

从股份转让的法律行为如何完结来考察。在股份转让中,实际上存在着两个阶段的行为:一是要有股份转让的合意,二是要将股份移交。前者具有依合同法产生的债的法律属性;后者具有财产权(物权)变动的法律属性。因此判断股东在股份转让过程中是否丧失了股东资格,实际上是判断上述两个阶段的行为是否进行完结并产生了相应的法律效力。当事人双方仅仅订立股份转让合同本身并不能说股份已经实际交付或者变动。[①] 所以仅有股份转让合同的有效并不当然表明股份已经实际移转,更不能当然表明转让方股东资格的灭失。股份转让导致股东资格灭失,不仅要求股份转让双方当事人的合意有效,而且要求股份的移交行为合法有效。

股份转让的股东资格灭失,不以转让对价的支付为转让生效的要件。如果受让方未向出让方支付受让股份的对价,其实质是其未履行他与转让方就股份转让达成的合意中的义务。因此,受让股东未支付相应对价,不能阻止转让方股东资格的灭失,只能形成其与转让方的债的关系。

(1) 有限责任公司股份转让之股东资格灭失的确定

在有限责任公司中,股份转让合意是否有效,因股份转让给公司内部其他股东和转让给公司以外的其他投资者而有不同的要求。股东将股份转让给公司内部其他股东的,应当遵循公司章程相关规定的要求;股东将股份转让给公司以外的其他投资者的,应当尊重公司其他股东的优先购买权,要事先征得其他股东的同意。

股份转让合意的有效,只是表明双方当事人就股份转让事项形成了一致的意思表示,仅产生转让方将股份交付给受让方的合同义务,而非导致股份的自动、当然的变动。转让方的股东资格只有经过股份的合法移转后方才灭失。但是股份作为一种无形财产,不同于普通的有形的实物财产,不能像实物财产那样实际交付后即形成财产的移转。股份财产移转,一般情况下是经过一定的法律程序来实现的。因此,在转让合意合法有效的基础上,股份的转让原则上还应当依照法律和章程的规定办理相关手续后,才能导致转让方的股东资格灭失。按照《公司法》第74条,股东依法转让其股份的,应当注销其出资证明书,在公司章程和股东名册中删除其姓名或名称及相关信息的记载。[②] 一般来说,当这些法律程序完结时,转让人才丧失其股东资格。

有限责任公司股东通过转让股份退出公司,不得抽回其在公司的出资。例

---

① 参见赵旭东主编:《公司法学》,高等教育出版社2006年版,第326页。
② 根据《公司法》第74条,因股份转让而变更章程对相关股东事项的记载,不需要通过股东会决议。

如,某外商公司甲与内地公司乙和丙协议设立 A 贸易公司,协议约定,甲和乙各出资 50 万元人民币,丙不出资,仅提供经营条件。公司注册资本为 100 万元。后甲欲退出,经协商甲、乙、丙三方同意甲将其在 A 公司的全部股份转让给第三人外商丁投资公司(甲的下属企业),转让后甲在 A 公司中的一切权益和责任由丁承继和承担。此后甲与 A 公司和丁又订立了一份协议,主要约定了两个事项:其一,甲已经将其在 A 公司的股权转让给了丁,并核定了股份的具体价值数额;其二,该股款的还款义务由 A 公司承担。在该案例中,有关转让的全部协议均按法定程序报经有关管理机关审批通过,并办理了变更登记手续。但 A 公司没有按约定将股款支付给甲。甲提起诉讼要求 A 公司履行其承诺的义务;而 A 公司则以甲抽回出资为抗辩理由。① 在该案例中,股东甲要通过将其股份转让给丁而退出 A 公司,使其在 A 公司的股份财产变现为普通财产,只能向受让人索要股款,而丁受让甲的股份,也应当向甲支付相关的股款。甲不能向 A 公司索要,否则 A 公司向甲支付股款,实质上就成了甲抽回其在公司的出资。尽管 A 公司与甲和丁三方订立了合同,但该合同明显有失公允,可依法予以撤销。所以法院最终驳回了甲的诉求。

(2) 股份有限公司股份转让之股东资格灭失的确定

股份有限公司是典型的资合公司,股份可以自由转让是各国立法普遍遵循的一条原则,我国公司立法也不例外。《公司法》第 138 条明确规定:"股东所持有的股份可以依法转让。"这一规定为股份有限公司股份转让的合意形成提供了最为便利的条件。除法律明确规定的特殊限制情况外,股东可以自由转让其股份,形成股份转让的有效合意。

但是,仅有股份转让合意并不能完成股份转让而使股东资格灭失。如同有限责任公司的股份转让要经过相关程序完成股份的移转而消灭转让人的股东资格一样,股份有限公司的股份也要经由相关的程序完成股份的移转,才能使转让人的股东资格归于灭失。

股份有限公司的股东以不同的方式转让股份,其股东资格灭失的程序也不同。我国《公司法》第 140 条第 1 款规定:"记名股票,由股东以背书方式或者法律、行政法规规定的其他方式转让;转让后由公司将受让人的姓名或者名称及住所记载于股东名册。"记名股票在背书完成后,还必须变更公司股东名册中的相关信息的记载,才能发生转让人与受让人之间股份移转的效力。一般情况下,记名股票的记载与股东名册的记载是一致的,在转让人的股东资格灭失时,受让人即取得股东资格。但是,如果受让人的记名股票或股东名册记载有瑕疵,难以确

---

① 案例来源于陈国辉主编:《公司法案例与评析》,中山大学出版社 2005 年版,第 25—26 页。

认其股东资格时,转让人的股东资格是否灭失呢?我们认为,转让人的股东资格灭失应当"以股东名册的记载为依据"[①],而不应当依受让人的股东资格取得为前提。只要将记载在股东名册中的转让人的相关信息删除,也就消除了其股东资格存在的法律根据。

《公司法》第141条规定:"无记名股票的转让,由股东将该股票交付给受让人后即发生转让的效力。"无记名股票不记载股东的姓名或名称,也不存在股东名册记载的问题。因此,股东转让无记名股票的,由股东将股票交付给受让人即发生股份转让的效力,转让人的股东资格也随之灭失。

### (二)股份赠与之股东资格灭失

股东将其股份赠与他人,实质上是无偿将股份转让给他人,与股份的转让一样会导致赠与人股东资格的灭失。股东因赠与而丧失股东资格,实质上是对自己全部股份进行处分的法律后果。

股份赠与的股东资格灭失与股份转让的股东资格灭失一样,是由当事人自愿进行的法律行为,具有自愿性的特性,实际上是赠与股东主动放弃股东资格。但是,与股份转让的股东资格灭失不同的是,赠与的股东资格灭失不具有"有偿性",而是无偿的。

股份赠与人的股东资格灭失的确定,需要对股份赠与的过程进行考察。与股份转让的过程一样,股份的赠与实际上也存在着当事人之间的合意和股份移交两个阶段。股份的赠与与股份转让合意的基础有所不同,在股份的赠与中,赠与人与受赠人之间有着特殊的关系,这种关系是赠与合意的基础,而在股份的转让中则没有这种基础。所以,有限责任公司的股份赠与不适用股份转让中的其他股东优先购买权规则。换言之,在有限责任公司中,赠与人股东资格的灭失与受赠人股东资格的取得一样,不受其他股东优先购买权的限制。但是,其他股东过半数不同意赠与股东进行赠与行为的,构成股东赠与的障碍。即当有限责任公司的其他股东过半数不同意股东赠与股份的,股东不能向他人赠与股份,也就不会形成此种股东资格的灭失。当然,这一规则不适用于股份有限公司的股份赠与的股东资格灭失。

股份赠与中的股份移交与股份转让的移交在本质上是一致的,法律规则上也无不同。因此,在股份的赠与中,赠与人股东资格的灭失,既不能依赠与合同的生效而确认,也不能以受赠人的股东资格的取得为前提,原则上应当以股东在公司股东名册上的记载信息被删除为基点。只是在当事人的合意方面,股份的

---

[①] 安建主编:《中华人民共和国公司法释义》,法律出版社2005年版,第198页。

赠与与股份的转让有着不同的前提。当然,股东将无记名股份赠与的,以股票的交付为其股东资格灭失的根据。

### (三)法院强制执行之股东资格灭失

股份既是公司资本的组成部分,也是股东个人的财产,具有一般民事财产的基本属性,可以成为人民法院或其他执法机关强制执行的财产标的。"股权的强制执行,是指人民法院在执行过程中,依据生效的法律文书,对被执行人作为股东在其他公司持有的股份所采取的强制变现,以清偿或者折抵债务的一种执行行为。它是人民法院凭借国家强制力,将属于负债股东的股权依照法定条件和程序转让给第三人的过程。"[1]股东是由一般法律主体充任的,具有股东资格的主体,既可以在公司中享有股东的法律地位,也可以依法成为其他民事法律关系主体或者刑事法律关系主体。因此,股东可以成为被强制执行的主体。

当股东涉及债务而其自身其他财产尚不足以清偿其债务时,为保障债权人的利益,人民法院可以根据债权人的请求用股东的股份清偿债务,或由股份折抵债务使债权人依法取得股东的股份,或将股份拍卖或变卖获得对价后支付给债权人。[2]被执行股东的股份被强制转让,丧失对股份的所有权,自然产生股东资格灭失的法律后果。我国《公司法》第73条规定,"人民法院依照法律规定的强制执行程序转让股东的股权时,应当通知公司及全体股东,其他股东在同等条件下享有优先购买权。其他股东自人民法院通知之日起满20日不行使优先购买权的,视为放弃优先购买权。"

如果民事主体的行为触犯刑事法律规范、违反税法规范或其他法律规定,被司法审判机关判处没收其股东财产,或被税务执法机关或其他机关依法没收其财产,需要没收其股份时,基于股份的财产属性,民事主体所持有的股份财产应当依法被没收。当股份被没收后,与此相应的股东资格也随之丧失。没收股东的股份财产,必须将相应的股份变现为普通财产,而不能由没收主体或国家享有被没收股份所有权并成为相关公司的股东。因此,股份的没收实质上是股份的强制执行。

因人民法院对股份的强制执行导致股东资格的灭失,应当具有法定性。股东资格的合法地位受法律保护,不被随意侵犯。强制执行股东股份,消灭股东资

---

[1] 戴俊勇:《论强制执行中的有限责任公司股权处分原则》,载《人民司法》2006年第10期;参见李浩:《强制执行法》,厦门大学出版社2004年版,第1页。

[2] 参见刘俊海:《现代公司法》,法律出版社2008年版,第320页。

格,必须严格按照法律的规范进行,否则不能构成强制消灭股东资格的合法缘由。首先,强制执行股份的机关只能是有执行权的人民法院,其他任何机构和个人不得强行剥夺他人股东资格。其次,人民法院强制执行股东的股份,必须有生效的法律文书和债权人的书面申请。再次,股东不履行其清偿债务的义务并且没有其他可执行的财产。如果股东有偿还能力的,人民法院一般不应对其股份采取强制执行措施;如果股东在执行中提供了方便执行的其他财产,应当首先执行其他财产,只有当其他财产不足以清偿债务的,方可执行股份财产。[①] 最后,对有限责任公司而言,只有当其他股东不行使优先购买权时,人民法院才可以对股东的股份财产进行强制执行。如公司其他股东行使了优先购买权,实质上是股东将其股份转让给其他股东,这就不能构成股份强制执行的有效要件。以上各项要件必须同时具备,人民法院方可对股份进行强制执行,否则,这一股东资格灭失之原因的有效性就会受到质疑。

人民法院对股份的强制执行导致股东资格灭失的时间,不依人民法院强制执行生效的法律文书生效的时间确认。因为生效的法律文书只是表明对股份强制执行的法律根据,并不表明股东资格的灭失。股东资格的灭失,一般情况下应当以其股份凭证的收缴来确认,如果难以收缴的,可以根据将股东名册中的相关信息记载注销的时间来加以确认。

### (四) 股票丧失之股东资格的灭失

股票是由股份有限公司签发的证明股东所持股份的凭证。由于在转让股份时,持有无记名股票的股东只要将股票交付给受让人即发生受让的法律效力,因此持有无记名股票者一般被认为是该份股份的合法所有人,如果因为股东的疏忽造成无记名股票的丧失,股东失去其股权证明凭证,即丧失了其行使股东权利的根据,实际上也就丧失了股东资格。

股票丧失的具体情况多种多样,或是股票的毁灭,或是股票的遗失,或是股票的被窃等等。股东丧失股票后,得到该股票的第三人,有可能拥有相应的股东资格。在某些情况下,丧失股票的原股东不再具有股东资格,而得到该股票的第三人拥有股东资格,这实质上就形成了股份的转移。当然,这种情况并不是股东

---

① 参见《最高人民法院关于冻结、拍卖上市公司国有股和社会法人股若干问题的规定》第4条、第7条、第8条。应当指出的是,该规定仅适用于"上市公司国有股,包括国家股和国有法人股。国家股指有权代表国家投资的机构或部门向股份有限公司出资或依据法定程序取得的股份;国有法人股指国有法人单位,包括国有资产比例超过50%的国有控股企业,以其依法占有的法人资产向股份有限公司出资形成或者依据法定程序取得的股份"。这虽然显示出对我国现实经济制度的适应性,但是却与市场经济的平等、公平规则要求格格不入。对股份财产强制执行的合法性要件规则,应当平等地适用于每一股份的所有者。

丧失股票的必然结果。

因股票灭失而导致股东资格灭失的,只能是无记名股票。记名股票需要经过公司股东名册的记载的变更,才能使股票转移产生法律效力,所以一般情况下,股东不会因记名股票的灭失而丧失股东资格。股东失去记名股票,可依法予以补救,而无记名股票的丧失则无法补救。我国《公司法》第144条规定:"记名股票被盗、遗失或者灭失,股东可以依照《中华人民共和国民事诉讼法》规定的公示催告程序,请求人民法院宣告该股票失效。人民法院宣告该股票失效后,股东可以向公司申请补发股票。"可见,记名股票被盗、遗失或者灭失是可以通过特定的法律程序获得救济的,使得相应的股东地位得以保持。而无记名股票被盗、遗失或者灭失,则难以获得救济,会导致股东地位的灭失。

由于无记名股票的股东没有在公司的股东名册中进行相关信息的记载,股票是股东唯一的资格凭证,因此,股东失去该股票之日即为股东资格灭失之时。

## 三、股份收回之股东资格灭失

自然社会总是那么神奇,某种规律性的原理,往往具有普遍的意义;物质不灭的原理在某种意义上,也体现在了公司法上面。无论股东资格如何变化,或灭失,或重生,只要公司存续,与之相联的股份就不会灭失,也不应当灭失。尽管特定民事主体的股东资格会因股份的转移而灭失,但相应的股份并不因此消灭,而是转移归属于相应的主体;同样地,尽管特定的民事主体因退股或被除名而丧失股东资格,但相应的股份也不因此消灭,而是由公司收回,归公司所持有。至于公司回收股份如何处理,则应当由公司根据法律规定作出选择,并进行适当行为,该行为当属其他法律关系之范畴。由此可见,股东退股与除名的这类股东资格灭失原因,与股份转移之股东资格灭失原因的本质区别在于股份流转的主体对象不同,前者是流向于公司本身,而后者则仍是流转于公司本体之外。[1]

尽管我国《公司法》中有关于有限责任公司收购股权的规定,但从规定的实质而言,这实际上是关于股东退股的规定。[2] 股东的退股与除名,主要是指有限责任公司中股份的回流现象,在股份有限公司,这种现象则通常被称为股份的回售与回购。鉴于这种股份流动现象的不同称谓是由于公司组织形式不同所致,在股份权利归属以及股东资格灭失方面并无质的区别,为论述避免重复之方便,

---

[1] 就股份的权利归属主体而言,公司的其他股东、非公司股东受让股份的第三人,与公司都是平等主体;在此意义上,公司的其他股东与非公司股东的第三人,相对于公司本体都是外部主体。

[2] 我国《公司法》第75条规定在法定情形下,"对股东会该项决议反对票的股东可以请求公司按照合理的价格收购其股权。"该条规定认可了股东的退股权,其内容实质是关于股东退股权的规范。

笔者姑且统称其为"股份回购",不加以区别,除非特别指明。

股东的退股(或公司回购股份)与除名,虽然结果都是致使股份权利归属于公司,但这一行为过程却反映了不同的主体意志,有着不同的法律规则。

**(一) 股份回购之股东资格灭失**

股份回购是公司将股东持有的本公司的股份收回,向股东支付与股份相适应的财产。当公司将股东持有的股份回购后,股东不再拥有公司股份,即丧失了股东资格。公司可以主动回购股份,也可应股东要求回购股份。当公司应股东要求回购股份时,实际上就是股东要求退股。无论公司因何种原因收回股份,都是股东将股份交给公司,公司向股东支付相应的价款。可见,股份的回购实质上是一种特殊的股份转让,即股东将其持有股份回转给公司,受让的主体是公司。股份的回购,对公司来说是收回其股份,对股东而言则是收回其投资。当股东将其在公司的投资份额收回后,不再享有公司股份,也就当然失去了股东资格。如果股东的部分股份被公司回购,即丧失其部分股份;如果股东的全部股份被公司回购,就丧失了全部股份,也就失去了全部的股东资格,就要退出公司。

致使股东资格灭失的股份回购,有如下特性:其一,有价值性,即以有价的方式收回股东的股份。虽然股份回购实际上是股东收回投资的一种方式,但它不是简单地将原有的投资收回,而是以购买的方式收回,由公司按回收时股份所应当具有的价值向股东购买。其二,法定性,即要按照法律规定的原因回购股份,公司不能随意回购股份消灭股东资格。按照《公司法》的规定,有限责任公司的股东要求公司收回股份而退出公司的法定情形是:(1)公司连续五年不向股东分配利润,而公司该五年连续盈利,并且符合本法规定的分配利润条件的。(2)公司合并、分立、转让主要财产的。(3)公司章程规定的营业期限届满或者章程规定的其他解散事由出现,股东会会议通过决议修改章程使公司存续的。自股东会会议决议通过之日起60日内,股东与公司不能达成股权收购协议的,股东可以自股东会会议决议通过之日起90日内向人民法院提起诉讼。股份有限公司基于下述原因,经股东大会决议可以回购股份:(1)减少公司注册资本;(2)将股份奖励给本公司职工;(3)因与持有本公司股份的其他公司合并或股东因对公司合并、分立决议持异议,要求公司收购其股份。因减少公司注册资本而回购的股份,应当自收购之日起10日内注销;因公司合并、分立而回购股份的,应当在6个月内转让或者注销;为奖励公司职工回购股份的,回购的股份不得超过本公司已发行股份总额的5%,收购股份的费用从公司的税后利润中支出,并将所收购的股份在一年内转让给职工。

因股份回购导致股东资格灭失的,如何界定股东资格灭失的时间?是在股东会会议作出决议时,还是在股东提出回购股份要求时?是在股东的股份凭证收回时,还是在将股东从股东名册中除名时?显然,股东会会议作出决议或股东提出回购股份要求都只是股份回购的一个非决定性环节,不可能产生股东资格灭失的法律效力。我们认为,一般情况下,应当在股东的股份凭证收回时,其股东资格即告消灭。因为:第一,股份凭证是股东行使股东权利的法律凭证,是表明其股东资格的法律凭证,当其凭证被公司收回,表明其股东资格已经不为公司所承认,股东失去了股东资格的法律形式根据。第二,股东名册的记载也表明了股东资格的灭失,但严格而言,在程序上它应当是在股份凭证回收之后,因而在时间顺序上晚于股份凭证的收回。虽然,在股份转让中,股东名册的变更记载一般具有决定性意义,因为它涉及股份转让与受让交割的公司认可,而在公司回购的情况下,股东资格的灭失不存在这种交割的问题。

### (二) 除名之股东资格灭失

除名是有限责任公司依据法律和章程的规定,否定严重损害公司利益的股东的股东资格,从股东名册上删除其信息记录的法律行为。除名是公司对股东最为严厉的处分行为。除名不同于股份的回购,后者是股东因失去股份而丧失股东资格,而前者是因失去股东资格的法律地位而再难以持有股份;后者是双方行为,而前者是单方行为。

除名是公司单方进行的法律行为。被除名的股东并不愿意脱离公司,仍希望保留其在公司中的投资,对公司仍充满期待,但是公司不愿承认其在公司中股东资格的法律地位而强迫其离开公司。正是因为除名是公司单方面的行为,致使股东被动丧失其股东资格,所以必须规定严格的条件加以限制,以保护股东的正当权益。首先,要有法律和公司章程的规定。除名是公司的单方面行为,法律和公司章程的规定是除名的法理基础,也是实施除名行为的法律依据。从国外相关公司立法来看,股东违反法律规定可被除名的情形一般有滞纳出资、由于股东的行为导致公司无法经营造成公司困难等情形。例如,《德国有限责任公司法》第21条规定了滞纳出资股东的除名:(1)股东迟延缴付出资时,可催告其在规定的宽限期内缴付,并提出警告可能因此没收其已缴的出资。此项催告应以挂号信形式发出,宽限期至少为一个月。(2)股东在宽限期届满仍不缴付时,公司即可声明将该股东的股份及其已付款收归公司。此项声明应以挂号信寄出。(3)公司就滞纳的款项或就股份追索的出资款额受到损失时,被除名的股东仍应对损失负责。《俄罗斯联邦有限责任公司法》第10条设定了开除公司参股人的制度:"占公司注册资本百分之十以上份额的公司参股人,有权要求按照司法程序开除严重违反义务或以自己的行为(不作为)致使公司无法经营或造成实质困难的参股人。"第 23 条第 4 款规定:"被开除出公司的参股人份额转归公司所有。在这种情况下,公司应支付被开除公司参股人其所有份额的实际价值,该价值根据法院作出的开除判决生效时的上一个会计期间的公司财务报表确定,或经被开除公司参股人同意向其交付同等价值的实物。"①其次,被除名的股东必须要有严重损害公司的行为,如不向公司投资、抽逃公司资本等。股东损害公司利益的行为达到严重的程度,甚至是难以弥补。股东严重损害公司利益的行为,实际上损伤的是他与公司其他股东合作的基础。有限责任公司具有较强的人合性因素,股东之间的信任与合作,是公司存续的重要基础,正因为如此,股东损害公司利益的行为实际上伤及了股东之间信任与合作的基础,才要被公司除名;也只有有限责任公司才有除名这一股东资格灭失之原因。最后,公司对股东除名,应当经股东会特别决议。在法律形式上,是公司对股东除名,但实际上是其他股东难以再与被除名股东合作共处,单方面解除与股东的合作,因此,必须通过股东会的特别决议,才能以除名的方式剥夺公司某股东的股东资格。

我国现行《公司法》未对股东除名作出规范,股东的除名应当由公司章程规范。公司章程未规定,我们主张应当经占有公司注册资本或实收资本三分之二以上的过半数股东表决通过,才能将股东除名。

股东被除名的,其股东资格灭失的时间如何界定?虽然,对股东的除名应当经股东会作出决议,但是,股东会决议的生效只是表明可以进行将股东除名的行为,并不意味着股东除名行为的完成。所以,股东会决议的生效,不能成为被除名股东的股东资格灭失的生效时间。股东被除名的,应当收缴其出资证明书,并在公司股东名册中删除其相关信息的记录。当股东的出资证明书被收缴或其在股东名册中的相关信息记载被删除时,其股东资格即告灭失。被除名股东如果在公司中还有相关股款财产没有收回的,股东与公司就该财产形成债权债务关系。

## 四、主体消亡之股东资格灭失

### (一)股东消亡之股东资格灭失

股东消亡包括自然人股东的死亡、法人股东的终止和合伙企业股东的终止。股东资格主体消亡,股东资格当然灭失。这是因为,第一,股东是股份所有权的主体,股东资格是对股份享有所有权的资格,是以对股份所有权的享有为基础的

---

① 李琴:《公司股东除名问题研究》,载《商场现代化》2007 年第 9 期(中旬刊)。

一种主体资格,所以,股东的消亡,意味着股份所有权主体的消失,股东资格也就随之当然灭失。第二,股东资格实质上是行使股东权利的资格,而股东权利说到底是投资者对其投资期待利益的权利,所谓股东资格在一定意义上就是得到这种期待利益的资格,所以,股东消亡,这一期待利益享有的主体归于消灭,这种享有期待利益的股东资格就失去了存在的价值,当然应当归于消灭。

股东消亡引起的这种股东资格灭失类型,所具有的重要特性就是"不可抗力"性,即这种股东资格,不是股东自愿放弃的。这种股东资格灭失的缘由,既不是源于股东自身的意愿,也不是源于公司的意志,更与其他人(包括股东或非股东)无关,是一种不依人的意志为转移的客观现象。这种不可抗力的客观事实,导致了股东资格灭失的法律关系变化。

由于自然人股东、法人股东和合伙企业股东的法律属性不同,其消亡的方式也不尽相同,由此导致股东资格灭失的确定也不尽一致。

1. 自然人股东死亡之股东资格灭失的确定

自然人的死亡分为自然死亡和宣告死亡两种方式,自然人死亡方式不同,对其股东资格灭失的确定也会有所差异。

自然人股东自然死亡的,以自然人死亡时确定其股东资格的灭失。虽然自然人死亡时间的认定存在众多学说观点,[①]但"在我国,一般是以呼吸、心跳、脉搏均告停止且瞳孔放大为自然人死亡的标准。如果自然人是在医院死亡的,应以死亡证上记载的死亡时间为准;如果案件的当事人对自然人死亡的时间有争议,应以人民法院调查确定的死亡时间为准。"[②]自然人股东自然死亡的最终确定死亡之日,为其股东资格灭失之时。

自然人股东下落不明达到法定期限,经其利害关系人申请,人民法院可以宣告其死亡。自然人股东被人民法院宣告死亡的,其股东资格当然灭失。但是,被宣告死亡者的死亡时间如何确定,法律没有明确规定。在我国司法实践中,通常以人民法院的判决宣告之日或者是判决中确定的日期为被宣告死亡者的死亡日期。[③]但有学者主张,"法定的宣告死亡所须达到的失踪期限届满之时,为失踪者死亡的时间。"虽然这一主张有一定的道理,但是,由于宣告死亡只能由人民法院依法审理后通过判决的形式作出,因此,宣告死亡者的股东资格灭失时间应

---

[①] 主要有心脏跳动停止说、呼吸停止说、脑电波消失说。也有学者主张"与心脏死亡相比,脑死亡显得更为科学,标准更可靠"。参见王利民、杨立新、王轶、程啸:《民法学》,法律出版社2005年版,第55页。

[②] 马俊驹、余延满:《民法原论》(第3版),法律出版社2007年版,第79页。

[③] 参见《最高人民法院关于贯彻执行〈中华人民共和国民法通则〉若干问题的意见》第36条;《最高人民法院关于贯彻执行〈中华人民共和国继承法〉若干问题的意见》第1条。

当根据人民法院的判决所确认的时间来确定。

自然人股东死亡之时,为其股东资格灭失之日,与此相关的法律关系的变化由此生效,死亡股东的相关股份权益由此计算,与死亡股东相关的继承事宜以此为基点展开。

2. 法人股东终止之股东资格灭失的确定

法人股东终止不同于自然人股东的死亡。自然人股东死亡是完全的法律事件,无论自然人股东是否立有遗嘱,其股东资格均以其死亡日为灭失日;而法人股东的终止是一个人为的过程,只有在法人股东终止时仍然存留的股东资格,才随其法人资格的终止而灭失。

按照法人制度的一般规则,法人终止应当依法进行清算。在法人清算中,法人的清算组织可依法将法人股东的股份作为法人财产分配给法人的投资者或法人的债权人。在这种情况下,法人股东资格实际上是因股份的转让而灭失的。如果在法人清算时,法人股东的股份被遗漏未作为法人财产进行分配的,法人股东的资格则因法人的终止而灭失。如果法人未经清算而终止的,法人的股东资格有两种灭失路径:其一是法人解散时,虽然未经清算,但对法人作为股东的股份财产进行了单独分配处理,这实际上是股份转让消灭其股东资格的方式;其二是法人未清算终止,其股东资格随法人主体的消灭而灭失。

因此,法人股东终止引起的股东资格灭失,仅指法人股东资格因法人终止而直接灭失的现象,并不包括在法人解散清算过程中因法人财产分配而消灭法人股东资格的情况。法人的终止意味着法人丧失民事主体资格,不再具有民事权利能力和民事行为能力。[①] 当法人终止时,丧失民事主体资格,不再享有权利能力,自然不能再行使股东的权利,股东资格当然灭失。

法人股东以法定程序的终止之日为其股东资格灭失之时。法人是法律拟制的民事主体,法人股东的终止应当依照法律规定进行,任何人不得以任何理由擅自解散法人,消灭其主体资格。法人的主体资格,应当基于法定的原因解散,依法进行清算并办理注销登记后终止。通常情况下,法人的终止以其注销登记为标准,因此,一般情况下,由法人股东终止而引起的股东资格灭失,应当以法人股东注销登记的日期为其股东资格的灭失日期。

值得讨论的是,虽然在理论上法人经注销登记,其法人的法律人格为法律所否认而不复存在,具有法理的合理性和严谨性,但是,实际上以法人注销日为其股东资格的灭失日会出现一些不尽合理的现象:其一,法人解散后进入清算阶

---

[①] 参见江平主编:《法人制度论》,中国政法大学出版社1994年版,第154页。

段,要"停止清算范围外的活动"①,其行为能力受限制,不能行使股东权利;其二,法人的注销登记要由当事人申请,而当事人的迟延申请会延续实际已经"死亡"法人的终止时间。如果以法人股东的解散日期为其股东资格灭失的日期,岂不可以避免这些不合理情形的发生?我们认为,尽管这些情况可能难以避免,但不能因此否认以注销登记日为法人股东资格灭失日的合理性和合法性。其实,法律规定清算中法人不能进行清算范围外的活动的核心内涵是要求法人不能进行超出清算范围的经营活动,而作为法人股东所享有的股东权利的行使,不属于经营活动的范畴。另外,法律实际上也不绝对禁止清算法人进行必要的清算活动。例如,在法人因破产进行的清算中,破产法人必要的经营活动为法律所认可。至于法人注销当事人的迟延申请,本身已经为法律所否认。我国相关法规明确规定了法人应当自清算结束后30日内申请注销登记。因此,不按照法律规定的时间申请注销登记,是不合法的失当行为。以这种不合法的失当行为来否定制度本身的合理性,显然是不能得到认同的。

3. 合伙企业股东终止之股东资格灭失的确定

合伙企业股东终止也不同于自然人股东的死亡。如同法人股东终止需要经过清算一样,合伙企业股东的终止也应当进行清算。在清算中,合伙企业的清算组织可依法将合伙企业股东的股份分配给合伙企业的投资者或合伙企业的债权人。在这种情况下,合伙企业的股东资格实际上是因股份的转让而灭失的。如果在合伙企业清算时,合伙企业股东的股份被遗漏未作为合伙企业的财产进行分配,或者合伙企业未经清算且其股份继续留存时,合伙企业的股东资格因合伙企业的终止而灭失。

可见,合伙企业股东终止引起的股东资格灭失,仅指合伙企业股东资格直接因企业终止而灭失的现象,不包括在合伙企业解散清算时因企业股份分配而消灭合伙企业股东资格的情况。合伙企业终止即丧失了民事主体资格,不再具有权利能力,自然不能再行使股东的权利,股东资格当然灭失。所以,合伙企业股东以法定程序的终止之日为其股东资格灭失之时。

### (二) 公司消亡之股东资格灭失

特定的股东相对于特定的公司而存在;特定股东资格依特定公司的存在而存在。公司的消亡,依赖于其存续的股东资格当然归于灭失。首先,当公司消亡时,公司资本不再存在,组成公司资本的股份也不存在,股东资格存续的股份基础随之消失。其次,公司的消亡使股东资格存续的价值归零。股东资格实质上

---

① 《中华人民共和国民法通则》第40条。

是股东行使权利的资格,而股东作为投资者的核心权利是其对公司经营利润享有的收益权,这种收益的获取是股东投资的最根本目的。当公司消亡时,股东投资的期待利益消失,股东资格也就丧失了存在的价值。公司消亡使股东资格丧失了其存续的法理根据和存续价值。公司是股东资格存在的前提,公司消亡,股东资格自然归于灭失。

1. 公司终止之股东资格灭失的实质分析

(1) 公司正常终止之股东资格灭失的实质分析

公司正常终止是指公司非因分立、合并或破产而终止的状态。公司分立和合并虽然也会导致原公司法人主体的灭失,实际上也是公司终止的一种方式,但是,公司的分立和合并在现代公司制度中归于公司的变更规则调整,公司变更时的股东资格变化与非变更终止时的股东资格变化有着质的不同,所以此处所述的公司终止不包括因分立和合并所引起的公司灭失的情况。公司的破产也会导致公司的灭失,但是,由于公司破产有专门的清算程序,股东资格的灭失要适应相关破产规则的要求,所以此处所述的公司终止不包括公司因破产而灭失的情形。

清算是公司终止的必经程序。《公司法》第184条规定,"公司应当在解散事由出现之日起15日内成立清算组,开始清算。逾期不成立清算组进行清算的,债权人可以申请人民法院指定有关人员组成清算组进行清算。人民法院应当受理该申请,并及时组织清算组进行清算。"[①]公司终止前的这一清算程序,主要任务是了解公司的债权债务关系,并将清偿债务后的公司财产依据章程的规定分配给公司股东。公司股东在收取了公司分配的财产后有义务将公司签发的股份持有凭证交给公司,由公司注销。可见,股东资格因公司终止而灭失的,实质上是公司将股份"回购"而消灭股东资格。但是,公司终止时对股份的"回购"与公司存续情况下的股份回购相比较,更多的是处于被动地位,往往是公司迫于自身难以控制的外力而作出的无奈之举。

(2) 公司破产终止之股东资本灭失的实质分析

公司因"不能清偿到期债务,并且资产不足以清偿全部债务或者明显缺乏清偿能力"[②],被依法宣告破产的,按照破产法的规定进行清算。这时由于公司资产不足以清偿债务,公司没有可分配给股东的财产,这表明股东所持有的股份已经没有价值。虽然股东不可能再从公司获取财产,但这时公司对股东股份的

---

① 《中华人民共和国公司登记管理条例》第42条规定,"清算组应当自成立之日起10日内将清算组成员、清算组负责人名单向公司登记机关备案。"

② 《中华人民共和国企业破产法》第2条。

注销在本质上仍应当是"回购",只是零价值"回购"罢了。所以,公司因破产而终止的,其股东资格的灭失实质上仍然属于因股份"回购"而灭失。

(3) 公司合并、分立之股东资格灭失的实质分析

合并、分立也是公司解散的原因,也会导致公司的终止,但不必进行清算。①

按照我国《公司法》的规定,公司合并包括吸收合并和新设合并。一个公司吸收其他公司为吸收合并,被吸收的公司解散;两个以上公司合并设立一个新的公司为新设合并,合并各方解散。无论是吸收合并还是新设合并,被解散公司的股份"转移"至合并后的公司(包括吸收合并的存续公司和新设合并后的新设公司),成为合并后公司的股份,②被解散公司的股东转而持有合并后公司的股份,取得合并后公司的股东资格,原股东资格灭失。

这种股份的"转移"具有何种法律属性呢?显然,这种"转移"不是股份的回购,因为股份的回购将使股东从原公司中取回与股份相应的财产,而公司合并中股东失去原有公司的股份,并没有取回相应的财产。那么这种"转移"是不是股份的转让呢?被解散公司的股东依据合并协议确定的要求,以其原股份为对价取得合并后公司的股份,具有股份转让的某些特性。但是,还应当注意到,股份转让的后果是受让人成为公司的股东,而在公司合并中,如果以此认为合并后公司以公司股份为对价受让了被解散公司股东的股份,就应当成为被解散公司的股东,那么作为股份转让的受让人,合并后公司就应当成为被解散公司的股东,这显然与公司合并的结果不相符合。

我们认为,公司合并所导致股东资格灭失的实质原因,既不是股份的回购,也不是股份的转让,而是一种独立的股份变化形式,即股份的转移。被解散公司的股份转移至合并后公司,被解散公司的股东也因此而成为合并后公司的股东。股份的转移不同于股份的转让。股份的转让是股份所有权主体的更换,并导致转让方所持股份变现。例如,A 将其所持有的甲公司的股份转让给 B,A 丧失其在甲公司的股份,而从 B 处得到与股份相应的财产,B 则成为甲公司的股东。股份的转移也不同于股份的转换。股份的转换是股份与股份的交换,即股东以其持有的股份转让后取得另一公司的股份。股份的转换虽然也导致股份所有权主体的更换,但不使自己持有的股份变现,其实质是特殊的股份转让。例如,A 将

---

① 公司解散的清算,是公司法规定的由清算组织进行的特定法律行为,清算内容主要是对公司财产进行清理,清理公司的债权债务关系,处理公司清偿债务后的财产等。根据《公司法》第 184 条的规定,公司因合并、分立解散的,不进行清算。

② 参见刘俊海:《现代公司法》,法律出版社 2008 年版,第 517 页。但刘俊海教授在此处使用了"转换"的概念。为了与"股份转换"这一特定概念相区别(见《现代公司法》第 538 页),本书使用了"转移"一词。

其持有的甲公司股份,转让给乙公司,其结果是 A 持有的甲公司股份转换为乙公司的股份,而乙公司成为甲公司的股东。股份的转移并不导致股份所有权主体的更换,但是,股份的转移是股份在不同公司之间的移动,导致股份相对应的公司资本更换和相关公司资本的变化,也导致被转移股份的股东资格变化。例如,甲公司将 A 股东的股份转移到乙公司,A 股东的股份相对的甲公司资本更换为乙公司的资本,同时,甲公司的公司资本减少,乙公司的公司资本增加。对股东 A 来说,他虽然仍持有原价值的股份,但由于股份相对的公司变更,其股东资格也作相应变化,对甲公司的股东资格灭失,同时取得乙公司的股东资格。

由于股份的转移会影响到公司资本的变化,所以通过股份转移的公司合并,应当由公司之间订立协议进行。同时,股份的转移涉及股东的投资利益,所以,公司合并要经股东会特别表决通过,不同意公司合并的,可以要求公司回购其股份从而退出公司。

分解股份转移的财产关系变动,我们可以发现,股份的转移实质上是股份的回购与股东再投资的结合。例如,A 持有甲公司的股份,当甲公司把 A 的股份转移到乙公司时,A 所持有的股份的财产变动应当是这样一条路径:甲公司回购 A 的股份,但甲公司不将回购股份的相应财产价值支付给 A,而是直接投向乙公司,乙公司收到这一财产后向 A 签发乙公司的股份凭证,A 取得乙公司的股份。在公司的合并中,这种"股份的回购"与"投资"两种行为结合在一起,形成了另一种股份变动形式,即股份的转移。通过这种股份的转移,被消灭公司的股东得到合并后公司的股份,取得合并后公司的股东资格,同时失去被消灭公司的股份,其在被消灭公司的股东资格也归于灭失。

需要指出的是,在现金合并中,消灭公司的某些股东被要求接受现金或者其他财产(但不包括股票)作为其股份的对价。这实际上是存续公司向消灭公司的股东支付现金"买断"股东的股份,从而将少数股东逐出公司,其实质是强制收购特定股东的股份。[①]

我国《公司法》第 176 条规定:"公司分立,其财产作相应的分割。"公司分立时的财产分割,必然涉及公司资本财产的分割,由此影响到股份的变化,并有可能导致股东资格的灭失。

新设分立和存续分立是公司分立的两种基本形式。在公司新设分立时,原公司消灭,公司财产分割为若干部分,并以此分别设立新公司。在公司新设分立后,股东不再持有原公司的股份,丧失原公司的股东资格,同时取得新设公司的股份,获得新设公司的股东资格。在公司存续分立时,原公司存续,公司财产分

---

① 参见施天涛:《公司法论》(第二版),法律出版社 2006 年版,第 514 页。

割出一部分以设立新公司。在公司存续分立后,股东所持的股份会呈现三种情况:其一,仍持有原公司的股份;其二,既持有原公司的股份,又持有新设公司的股份;其三,不再持有原公司的股份,丧失原公司的股东资格,只持有新设公司的股份,取得新设公司的股东资格。

无论是新设分立还是存续分立,只要丧失原公司股份的股东,就失去原公司的股东资格,同时又取得新设公司股份,获得新设公司股东资格。可见,导致公司分立之股东资格灭失的原因实质是股份的转移,即原公司股份转移到新公司,成为新公司的股份,股份的所有权主体也因此由原公司股东变成新公司股东。股东由于失去原公司的股份,对原公司的股东资格也随之灭失。

需要指出的是,在新设分立的模式中,"由被分立公司取得存续公司或新设公司发行的股份"①,其实质是公司的再投资行为,不应当发生股东资格的灭失。

2. 公司终止之股东资格灭失的时间界定

无论公司因何种原因终止,都将导致股东资格的灭失。一般情况下,公司注销之日,即为股东资格的灭失之时。

按照《公司法》的规定,除公司合并或分立而解散终止的,都应当进行清算。清算过程中的公司,虽然不得开展与清算无关的经营活动,但是公司依然存续。相应地,股东资格并不灭失。当清算组在清理公司财产,分别支付清算费用、职工的工资、社会保险费用和法定补偿金,缴纳所欠税款,清偿公司债务之后,才能将剩余的财产分配给股东。这时,尽管股东已经得到了公司分配的与股份相当的财产,但是在法律上,股东资格灭失的程序仍没有进行完毕。只有当公司注销时,其股东资格才完全灭失。将股东资格的灭失时间界定在公司注销时,不仅在法律关系方面显得更为严谨,而且有助于股东在公司终止前行使相关权利,履行应尽的义务。

在公司破产的情况下,虽然股东所持有的股份价值归于零,但其仍在公司中享有股东资格。只有当公司注销终止时,其股东资格才归于灭失。

公司因合并和分立而终止的,股东资格仍以原公司的注销时间为股东资格的灭失时间。当然,由于公司合并和分立实质上是股份转移的结果,所以原公司的终止、原公司股东资格的灭失以及新公司股东资格的取得应当同步进行,这是在具体操作中应当充分注意的。如果出现不一致的情况时,一般来说,应当以原公司注销登记日为原公司股东资格的灭失时间,以保持相关法律关系的一致性,并为股东权利的行使和义务的履行留下空间。

---

① 刘俊海:《现代公司法》,法律出版社 2008 年版,第 524 页。

## 五、股东资格灭失与股东财产权保护

### (一) 股东资格灭失时的股东财产关系分析

如同股东投资取得股东资格和公司财产形成并以此取得法人主体资格,反映着股东和公司相关财产关系的变化一样,股东资格的灭失,也意味着相应财产关系的变化。由于公司的资本是股东投资形成的,股东资格与公司主体有着内在的联系,因此,股东资格灭失所反映的财产关系,不仅仅只是股东自身财产关系的变化,还可能涉及公司及其他股东财产关系的变化。

如前所述,股东以其投资换取公司股份,取得股东资格。股东对公司的投资成为公司资本,是公司法人的独立财产。公司资本属于公司所有,股东在取得公司股份时,即丧失对投资财产的所有权,股东不得从公司中"抽回投资"。[①] 但是,股东所取得的股份是有价值的,股份的价值与股东的投资及其投资的期待利益成正比。由于股东资格是以股份的享有为基础的,所以当股东资格灭失时,意味着股东失去了其享有的股份。但是,由于股份是有价值的,所以股东并不会白白失去其股份。股东在失去其享有的股份的同时,要获得与股份相应价值的财产。其实质是股东资格主体以其股份进行财产变现的一种交易。股东因其股东资格灭失的方式(或股份失去的方式)不同,与不同的对象进行不同方式的财产交易。股东因股份转让而丧失其股东资格的,是与受让方进行股份转让的交易,当股东因此丧失其股东资格时,得到了与转让股份价值相当的财产;股东因股份回购而丧失其股东资格的,是与公司进行股份回购的交易,当股东因此丧失股东资格时,得到了与回购股份价值相当的财产。由此可见,对股东来说,股东资格灭失时的财产关系变化实质上是股东所持股份的财产变现,即将股份财产变化为普通的财产,如现金等。这种财产关系的变化,反映了股东对其财产运作的意志。

对公司来说,股东资格灭失的财产关系变化,是资本数额的减少或者是资本结构的变化。由于公司资本是股东投资财产形成的,所以当股东因股份回购而

---

[①] 严格而言,我国《公司法》第36条规定"公司成立后,股东不得抽逃出资"是不准确的。因为在公司成立前,股东的出资(投资)还未成为公司所有的财产,有可能存在股东抽逃出资的问题;但在公司成立后,股东的出资(投资)已成为公司的财产,不应当再存在抽逃出资的问题,而只可能出现侵犯公司财产的行为。2005年《公司法》该条的表述中将1993年《公司法》的相应规定中"抽回"一词改为"抽逃",虽然"抽逃"似乎比"抽回"更为恶劣,但并没从立法上正确界定这一种侵犯公司财产行为的法律属性。在我国《刑法》第159条中,将抽逃出资行为与虚假出资行为视为同一性质的行为在同一条中加以规定,这显然是不合适的。

丧失其股东资格时，公司回购股东的股份，必须向股东支付相应的财产；如果公司用资本财产支付股份的对价，就会导致公司资本的减少。在这种情况下，对公司来说，股东资格灭失引起的财产关系变化实质上是公司收回自己发行的股份并进行注销。① 如果公司以公积金作为回购股份的对价，公司虽然也"收回"了其发行的股份，但不予以消灭，而是由公司持有该股份。这时，由公司回购的股份形成了公司的自有股。不过，公司持有自有股的代价是公司的净资产缩水。当股东因其他原因失去股份而导致股东资格的灭失时，不会导致公司资本的减少，也不会造成公司资产的缩水，但会导致公司资本结构的变化。例如，当由其他股东受让了被消灭股东资格者的股份时，公司资本份额就相对集中于受让的股东；当其他股东以外的第三人继受了被消灭股东资格者的股份时，公司相应的资本份额就归被继受者所有，如果该第三人继受了较多的其他股东的股份，公司的资本份额就会相对集中于该第三人。

与股东资格灭失而变现股份财产相反的是，其他股东或股东以外的第三人承继了灭失股东资格后，将其非股份财产转变为了股份财产。虽然，灭失股东资格者的股份承继主体，将相应的财产支付给被灭失股东资格者，没有直接向公司投资即取得股东资格，但实际上是通过这种承继关系，间接向公司投资。例如当甲公司股东 A 将全部股份转让给非股东的第三人 B，A 失去股东资格，由 B 取得甲公司的股东资格。表面上 B 向 A 支付了取得相应股份的对价，实际上是 B 通过 A 向甲公司支付了相应的股份对价，进而获得了甲公司的股份，取得了甲公司的股东资格。所以，当 A 的股东资格灭失时，变现为其投资于公司的股份财产；而承继人 B 则相反，是将其财产投资于公司变成了股份财产。

由上述可见，股东资格灭失时，并不消灭与股东资格相应的财产权，而是形成了相应财产关系的变化，导致了相应财产权的转移或变化，其实质是财产价值形态的变化，是相关主体财产运作的体现。

### （二）股东资格灭失时股东财产权的一般性保护规则

对股东资格灭失时财产关系的变化的分析表明：虽然股东资格灭失的情形不同，导致股东丧失股份的原因也有所不同，但是股东因此退出公司并不意味着相应股份财产的灭失，而是股份价值形态的变化。当股东资格灭失时，由此引起的相关财产权，应当受到法律的保护。我们认为，对股东资格灭失时相关财产权

---

① 由于我国公司立法采用法定资本制度，严格要求公司注册资本与公司发行资本相一致，所以，公司用资本财产支付回购股份对价的，要注销该股份，以此保持公司发行资本与注册资本一致。但是在采用授权资本制度的国家，以此方式回购的股份可以不注销，而形成库存股份，放置于公司，由公司再适时发行。

的保护应当遵循公平、真实、合法的原则。

公平原则是指股东资格灭失时对相关主体的财产利益要予以公平的保护。"公平"是人类社会崇高的精神理念,也是法律的基本价值理念。公平原则在保护股东资格灭失时的财产权方面具有极为重要的效用。因为股东资格的灭失包含股份变现过程的财产的交易,这一交易应当遵循公平原则。对于丧失股东资格者来说,是其将原有股份变现的一种方式,理应得到相应的对价支付,才是合理公平的。对公司来说,一方面,在收回股份时应当公平地支付给丧失股东资格者相应的股份对价,不应侵占其财产利益;另一方面,丧失股东资格者也不能趁机超额收取股份对价,侵占公司财产。对于承继被消灭股东资格者股份的新股东来说,应当给予被消灭股东者以公平的对价。既不应当损伤被承继的老股东的利益,也不应当忽视新股东的财产利益。

真实原则是民法诚实信用原则在公司法上的延伸,要求在股东资格消灭过程中的相关主体向交易对方提供真实的信息,进行直接的股份转移交易。真实的信息应当是全面的、不虚假的信息。对公司来说,应当如实披露公司经营状况以及与股份价值相关的信息;对被承继的股东资格灭失者来说,应当如实告知承继者股份的真实状况,如是否存有瑕疵等,不能以虚假表述股份状况诱骗承继者作出错误的行为选择;对承继股东资格者来说,应当支付给被承继者与股份相当的真实有效的对价财产。

合法原则是指在股东资格灭失时,股份财产关系的变化及相关主体权利的保护应当符合公司法及相关法律的规定和公司章程的规定。虽然,股东资格灭失涉及的财产关系属于私权范畴,相关当事人的意志应当得到充分的尊重。但是,在尊重相关主体意志的同时,股东资格的灭失还要按照法律规定的程序或者公司章程规定的要求进行。这是因为,股东资格的灭失涉及被灭失股东资格者、公司和其他股东或非股东的利益,所以股东资格的灭失必须按照法律和公司章程的规定进行,以有效保护相关主体的财产权益。

上述原则是股东资格灭失时财产权保护的基本原则,实质上也是股东资格灭失过程中相关当事人的行为准则。明确并切实贯彻这些原则,有助于相关主体利益的合理协调,有助于正确处理股东资格灭失的纠纷。在股东资格灭失过程中,还应当根据导致股东资格灭失的不同原因,按照下述的一般性规则处理具体问题。这些一般性规则是上述基本原则的具体化。

**1. 股东资格灭失时间的合理界定**

股东资格灭失时间的合理界定,与股东权利保护有着直接的关系。在股东尚拥有股东资格时,股东的财产权是股东基于股东身份而享有的股份权利,权利内容包括对公司利润的分配请求权等。当股东丧失其股东资格时,他与公司之间的关系消灭,不再享有公司股份的财产权利。可见,对股东资格灭失的节点界定是十分重要的,因为它涉及财产权保护的属性确定。如果说,股东资格灭失的时间节点,是法律对股东拥有股份权利保护的终点,那么,这一时间的节点,则又是法律对丧失股东资格者所应当拥有的与其失去股份相应的财产权保护的起始点。无疑,股东资格一旦灭失,该民事主体所拥有的与其丧失的股份价值相应的财产权利就生成了。在股东资格灭失的同时,就应该将投资人退出公司后的财产利益纳入法律保护的体系之中。对股东资格灭失的时间节点的确定,不仅涉及相关财产权保护的法律属性,而且还会影响到股东资格灭失后所享有的财产价值的数量。本章前一部分对不同原因下股东资格灭失的时间界定作了分析论述,此处不再赘言。

2. 财产价值数量的正当确定

股东资格灭失时,原股东享有的财产价值数量关系到该投资人是否能得到有效的保护。该部分的财产范围包含什么?前文已提到过,该部分的财产权是股东转让股份利益的对价。因此在确定股东财产价值数量时应紧紧契合投资人在原公司中的股份份额。这又涉及如何确定公司的净资产状况,以公司资产净值为根据来确定股东原有份额的实际价值。在确定股东股份价值时虽然应该全面评估公司的财产状况,但由于公司财产的清算要花费较大的成本。在追求效率的现代社会,一般不应采取对公司清算的方式确定公司财产状况,进而确定股东股份应有的价值。由于公司资产是变动不定的,公司成立时股东的出资数额或股东在继受取得股东资格时所付出的成本与股东资格灭失时其股份所对应的财产价值已没有太多的直接联系,因此以公司成立时的出资价格来确定此时股东资格灭失时应受保护的财产价值是不科学的。我们认为,对股东资格灭失时原股东相关财产权价值的确定应以其在灭失节点之前对公司所持有的股份为基点。对股份价值的确定一般应采取如下三种方式:

第一,协议作价。在因股份转让而导致股东资格灭失的情形下,转让股东与受让人可以协商确定转让股份的价格。股权转让本质上是转让人与受让人之间的私权交易,所以股东资格要转移给受让人,这个转让对价是可以由双方自愿协商确定的。以协商的方式确定转让人应获得的对价是当事人自由意志的体现。

第二,评估作价。由专业资产评估机构对原股东所持有的公司股份价值作出科学评判,确定该股份的现时价格。在选择专业资产评估机构时当事人双方应尽可能达成一致,由双方均认可的评估机构作出的专业判断可以作为受保护财产权的基本价值量的重要参考。

第三,拍卖。以市场竞价机制确定原股东所持有股份的价格。在股东被法院强制执行其股份而丧失股东资格的情形下,对股东所持股份的价值一般需经拍卖程序确定。此种情形,以股权的拍卖价格作为受保护股东相关财产权的价值数量。

3. 财产交付方式的正确实施

在股权转让交易中,股权价格的支付是股权转让交易的重要内容。股东转移股东资格、流转股东权而获得的财产对价应当以适当的方式实现。财产对价的实现方式就是财产交付的方式。财产交付其实就是受让股东资格的人交付一定数额的财产给原股份持有人以实现股东资格流转的一种法律上的义务。

财产交付是一种法律上的义务,由于股东资格灭失的不同情形,财产交付义务的主体所承担的义务内容也有所区别。例如在股份转让的情形下,受让股份的人应当将该股份所对应的财产交付给转让人,受让人因为交付了受让股份的对价而取得原股东的股东资格,权利义务实现平衡;在股份回购情形中,一般是公司收购自己的股份,虽然公司此时不宜称为自己公司的股东,但其必须向被收购股份的股东支付与被收购股份价值相当的价款;法院强制执行股东股份的,依然要采取诸如拍卖等方式确定该股份的受让人和价额并在被执行股东拖欠债务范围内清偿,这仍然属于一种财产交付,只不过是以交付的财产抵消被执行股东所负的债务;在因除名而导致股东资格灭失的情形中,股东虽然因为一定的原因遭受除名,被迫退出公司以至于丧失股东资格,但公司在此种情形下要给予被除名股东一定的补偿,这种补偿也是对该股东的财产交付。

财产交付的内容一般是一定金钱的数额,以金钱货币作为股份转移的对价是最通用的形式。受让人应该在何时向转让人支付一定数额的财产,关系到受让人的财产权何时得以实现。一般说来,受让人在接受转让股份承受股东资格时,就应该将相对应的财产支付给转让人。考虑到转让行为是双方当事人自由意志的体现,财产支付的时间可以由双方约定。其他股东资格灭失的情形中,无法苛求在股份转让的同时立即得到现实的金钱支付,应该考虑让受让方在一定的期限内交付一定财产金额,比如设定交付期间。我们认为,受让股东资格的人欲实现股权真正转移的或者欲消灭股东资格的,应该在一个月内完成转让人原持有股份对价的支付。

财产价值的转移在实质上主要表现为所有权的转移,因此财产交付义务的履行也是要完成一定数额的金钱或者具有财产价值的实物的所有权的转移,即由丧失股东资格的投资人现实地掌握该部分金钱或具有财产价值的实物。金钱交付只要由转让人实际掌控即可,对于具有财产价值的实物的转移,我们认可一般的物的转移规则:动产在交付时转移所有权,不动产在登记时转移所有权。

我们应该看到,在股东资格转移后,原股东在丧失股东身份的同时失去对原持有股份的控制权。我们已经讨论了原股东相关财产权的数量的确定、支付时间等问题,也明确了财产支付的义务人,但如果该义务人不及时履行义务或者根本不履行义务时,如何保护原持股股东的权利呢?只有苛以责任才能督促义务人履行义务,才能使得权利人的财产权得以实现。股东资格的灭失,其后的财产的支付实质上是一种债的关系,如果义务人不履行义务,那么权利人可以基于这种债的关系,通过法律规定的债权救济渠道得到救济。

#### 4. 当事人知情权的切实保障

一般来说,股东资格灭失是由股份的流转导致原股东丧失股东资格,转让人退出公司而由受让人进入公司并取得相应的股权。公司实践中,股东权利的正常行使往往都需要有一个基本前提,即股东对行使权利相关的信息是了解的,了解这些信息的渠道是畅通的。① 在股权流转、股东资格变动时,当事人双方应该将自己权利之上的负担明白地向对方告知,使相对方对该权利的获得以及后续义务的承担有所了解。以取得股东资格的受让人来说,如果其取得股份是为了投机性目的,就需要转让方告知该股份上是否存在权利的瑕疵以及权利受限制的情形。这些状况的披露涉及受让方对转让方价款的支付数额,即我们所说的股份移转的相关财产权的价值数量。

就股东资格变动时的股东知情权来说,除公司本身终止情形外,公司负有向变动前后股东告知其权利状况的义务。不仅如此,就股东与公司的关系来看,股东知情权意味着公司具有依照法律规定向股东提供公司情况的义务。就变动前后的双方来讲,各自均负有向对方告知本身权利状态的义务。当事人知情权得到有效的保障,各义务主体必须贯彻以下三原则:

第一,告知信息要全面。即负有告知义务的主体必须在自己所知范围内将所有可能影响对方作出进一步行为的信息予以披露。如自己所持股的权利状态、公司运营情况等。

第二,告知信息要真实。即负有告知义务的主体应该毫无保留地将权利上的真实状况告知权利人,不得以虚假陈述的方式诱骗相对方作出进一步行为获取不正当利益。

第三,告知信息要及时。即负有告知义务的主体要及时将相对方应知晓的信息予以披露,以使相对方及时作出正确判断。告知义务主体不能采取拖延迟报的方式导致相对方因信息不及时披露而判断失误,从而造成其利益受损。

---

① 参见周友苏:《新公司法论》,法律出版社2006年版,第236页。

## (三) 几种特别情况下股东资格灭失时的财产权保护分析

**1. 股份赠与之股东资格灭失时财产权的保护分析**

股份作为股东所享有的私人权利，可以由股东依法处分。股份赠与是股东处分其股份的一种法律行为，赠与人由此丧失股东资格。股份赠与的实质是股份的转让，股东无偿将其股份赠与他人是一种特殊的股份转让形式。在股份赠与中，股东作为转让人单方面负有转移股份的义务，而受赠人不负有向转让方交付相应财产对价的义务。当股东资格因此而灭失时，丧失股东资格的主体的"财产权"如何保护？

在一般的股份转让的股东资格灭失中，股份转让的原股东财产的保护主要是通过受让股份的新股东支付合理的对价实现。但是在股份赠与中，赠与人的股东资格灭失，不可能从受赠人那里得到相应的对价财产。其实，股东对受赠人赠与股份，是基于对特殊关系而实施的财产赠与行为，其回报是由此而得到的心理慰藉。受赠股份的新股东得到原股东赠与股份的全部应有利益，是原股东最大的心愿和满足，也是其实施赠与股份行为的根本目的。所以，股东因赠与股份而丧失股东资格财产权利的保护，就转变为对受赠股份的新股东基于股份上财产利益的保护。

**2. 股东死亡之股东资格灭失的财产权保护分析**

自然人死亡是法律主体消灭的基本原因之一。自然人股东死亡，其股东资格当然归于灭失。在享有股东资格的主体消亡的情况下，其股东资格灭失后的财产权保护的法律意义何在？相关财产权利如何保护？

对自然人死亡之股东资格灭失时相关财产权利保护的法律意义主要是：第一，维系正常、稳定、有序的财产关系。股东主体死亡虽然导致相关财产权利主体的消亡，财产权利的行使形成空缺，但是这部分财产不能不受法律保护，否则任何人都可以随意取得这部分财产，就会导致与此相关的财产关系的混乱。法律通过对死亡股东财产权的合理保护，使该部分财产归属于合法的主体所有，以此保障原有正常财产关系的稳定，维系财产权利的有序行使。第二，保障公司稳定的运作秩序。自然人股东因死亡而丧失了股东资格，对其财产权的保护，首先是对其享有的股份权利的保护，而对股份权利的保护，关系到公司运作秩序的稳定。假设一个对某公司具有控制权的股东死亡，如果该死亡股东的股份没有法律的保护，任何人可以随意攫取，那么这对该公司肯定是个灾难性的后果。对股东死亡后的财产权进行保护，使之有序归于合法的主体享有，对保障公司稳定存续是十分必要的。第三，保护死亡股东与其相关主体的合法权益。虽然股东死亡标志着主体消亡，但不意味着其合法权益不受法律保护。对死亡股东的股份权利进行法律保护和合理处分的制度安排,能使死亡股东在生前没有后顾之忧,在死后其亲属及相关主体得到物质补偿,从而体现人类文明社会的和谐美德和道德善念。

对死亡股东财产权保护的方式包括保护的对象和保护的内容两个方面。

股东死亡后,其主体资格消亡,不可能成为财产法律关系保护的实施对象。对股东因死亡而丧失股东资格的财产保护对象,由死亡股东转向对其继承人或受赠人的保护。现代继承法和公司法有关股东死亡后其股份权益的制度安排,主要是根据死亡股东生前意志而设计的,①体现了对死亡股东有关财产权益的意志的尊重。当死亡股东留有遗嘱时,遗嘱指定的继承人成为死亡股东资格灭失时财产权利保护的对象;如果死亡股东没有遗嘱,则法律规定的继承人成为死亡股东资格灭失时财产权利的保护对象;当死亡股东留有遗嘱,将股份权利遗赠给非继承人时,受遗赠人成为死亡股东资格灭失时财产权利保护的对象。显然,对继承人继承死亡股东股份权益的保护和对受遗赠人受赠的死亡股东股份权益的保护,体现了死亡股东的意志。继承人和受遗赠人是死亡股东的股东资格灭失后财产权保护的对象。

股东死亡时对其继承人财产权的保护,首先要保护继承人对死亡股东所享有的股份继承权。股份有限公司的死亡股东的继承人,依法继承被继承人的股份,享有该股份的所有权,并以此取得公司的股东资格。按照《公司法》第 76 条的规定,在有限责任公司中,除非公司章程事先规定继承人不能继承死亡股东的股份,继承人应当享有该继承权,拥有死亡股东的股份,取得相应的股东资格。有限责任公司不得以股东会决议或修改章程的规定,剥夺继承人对死亡股东股份的继承权;公司其他股东也不得以股份转让时可享有的"优先购买权",取代继承人对死亡股东股份的继承权。继承人继承死亡股东的股份后取得公司股东资格,即可行使被继承人的股东权利。继承人放弃对死亡股东股份的继承权或公司章程规定继承人不得继承死亡股东的股份时,要保护继承人对股份相应财产的继承权。死亡股东的继承人不能继承被继承人的股份的,则不取得被继承

---

① 关于财产继承的根据有"意思说"、"家族协同说"、"死后扶养说"、"无主说"、"先占说"、"人格价值说"和"共分说"等多种观点。参见刘素:《继承法比较研究》,中国人民公安大学出版社 2004 年版,第 4—8 页;史尚宽:《继承法论》,台湾荣泰印书馆 1966 年版,第 4—8 页;房绍坤、关涛、郭明瑞:《继承法》,法律出版社 1999 年版,第 8—9 页。有些国家将死者的近亲属确定为法定继承人,这在一定程度上反映了"家族协同说"的观点;但是,"意思说"更具合理性和说服力,在继承法律制度中发挥主导作用,是必然的发展趋势。现代继承法律制度中,"意思说"之所以得到推崇,其实质就在于"意思说"体现了财产制度的本质意义,即财产关系反映着所有权主体的意志关系。正如马克思一针见血指出的,"继承权之所以具有社会意义,只是由于它给继承人以死者生前所有的权利"。参见《马克思恩格斯全集》(第 16 卷),人民出版社 1964 年版,第 414 页。

人的股东资格,不能成为公司的股东。但是,这并不意味着继承人不能继承被继承人的股份的相应财产。例如:甲公司章程规定股东死亡后继承人不得继承其在公司的股份。当拥有甲公司 50 万元股份的股东 A 死亡,其继承人 B 不能继承其股份成为甲公司的股东,但是,继承人 B 依法享有对死亡股东 A 的 50 万元股份相应财产的继承权。如果这 50 万元股份价值 70 万元的财产,那么,继承人 B 就应当继承该部分财产。

死亡股东留有遗嘱将股份遗赠的,受遗赠人能否受赠死亡股东的股份,取得公司股东资格,《公司法》对此没有明确规定。我们认为,如同继承人对死亡股东股份的继承体现了死亡股东的意志一样,受遗赠人接受死亡股东遗赠的股份也体现了死亡股东的意志。所以,除章程规定死亡股东的股份不得继承或接受遗赠外,受遗赠人可以依据死亡股东的遗嘱接受遗赠股份,取得公司股东资格。如同在股份的赠与时其他股东不享有优先购买权一样,在股份的遗赠时其他股东也不享有优先购买权。当然,如果公司章程规定股东死亡后其股份不得通过遗嘱遗赠给他人的,则受遗赠人不得接受赠死亡股东的股份,但有权接受死亡股东遗赠的与股份相应价值的财产。

3. 因公司分立、合并而丧失股东资格时的财产权保护

在公司吸收合并中,被吸收公司主体资格丧失导致其原有股东资格的灭失。消亡公司股东的财产权主要是在公司合并前股份的相应存量价值。这部分股权价值在公司合并过程中可以折算为合并后的公司的相应股份,或者由合并后公司支付给原来公司股东相对应的股份购买价款而退出公司并丧失股东身份。前者折算为合并公司的股份的形式可以使权利人获得合并后公司的股东资格,并以这部分股份为基础实现股权的财产利益;后者由合并后公司支付相应股权转让价款的形式,权利人丧失原公司的股东资格,也不会获得合并后公司的股东资格,最终在股份价款支付完毕后割断了与合并前后公司之间的法律联系。在新设合并中,合并前的公司主体资格均消灭而使得原来公司全部股东灭失股东资格。但新设立的公司以什么样的方式取得原来公司的资产将对原来股东产生不同的法律后果。合并前的公司股东的地位变化也有两种情形:一是丧失原来公司的股东资格获得新设立公司的股东资格;二是丧失原来公司的股东资格且没有获得新设立公司的股东资格。在第一种情形,原来股东的股份折算为新设立公司的股份,权利人基于股东资格享有股东权利并获取股权上的财产利益;在第二种情形,原公司股东退出公司,获得股份转让价款。在公司合并的情形中,"解散公司的股东或是发生身份上的变更,成为了存续公司的股东,或是因为得到相应的对价和解散公司的资产而丧失股东身份;存续公司股东也会因为公司

权利义务关系发生变化而使自身利益受到不同程度的影响。"[1]不管是新设合并还是吸收合并,合并之后存续的公司要保障合并前公司所有股东财产权利不受恶意侵犯,或者给予新的股东身份或者支付股份转让的价款。

公司分立是在原有公司的基础上形成数个独立的企业法人。在新设分立中,原公司的法人资格消灭,公司所属股东丧失股东资格。尽管原公司消灭,但其资产却分别为分立后的公司所分割。原有的股东丧失旧的股东身份,但是凭借原来公司的股份,他们在分立后的公司仍然可以控制这部分股份所代表的财产,并由此获得新的股东资格,享有分立公司的股份上的财产利益。在派生分立中,只是一部分股东的身份丧失,仍然有一部分股东留在分立前的公司里。虽然他们的股东身份没变,但由于公司资本因分立而减少,其持有的股份在控制力上更强了。对于分出的股东来说,丧失了存续公司的股东身份却因为资本转移到分立后的公司,取得了分立后公司的股东资格。此时的股东财产权完全体现为股东对股东权利的行使,对股东财产权的保护也就是对股东权的保护。

4. 公司终止时股东资格灭失的财产权保护

(1) 公司普通清算终止时股东资格灭失的财产权保护

由公司自行组成清算组进行的清算是普通清算。公司经自行清算后解散,股东的股东资格因此而当然丧失。同时,丧失股东资格的民事主体应当从清算中公司的剩余财产[2]分配中收回与自己所持有股份相应的财产。为了保证股东在丧失股份时能够得到该部分财产权,就必须加强对清算人清算行为的监督,使之能够勤勉尽职地进行清算。

法律对清算人在公司解散时清算行为的规范,具有两个基本目的:一是全面保护债权人的财产权益,防止债权人与公司的交易风险扩大,阻止公司股东或管理者利用"公司组织形式"侵犯债权人的利益;二是公平保护股东的财产权益,防止投资人对公司投资风险的扩大,阻止清算人对股东权益的损害和大股东对小股东财产权益的侵犯。由于公司解散清算后即告终止,相关主体的财产权益一旦被侵害,其权益救济就极为困难甚至无法救济,所以法律对清算人的成立、职权等均应当有详尽的规范。我国《公司法》对清算时的债权申报制度、清算财产的分配制度的规定,都为有效保护债权人的财产权益提供了法律根据。但是,

---

[1] 周友苏:《新公司法论》,法律出版社2006年版,第475页。
[2] 我国《公司法》第187条第2款规定,"公司财产在分别支付清算费用、职工的工资、社会保险费用和法定补偿金,缴纳所欠税款,清偿公司债务后的剩余财产,有限责任公司按照股东的出资比例分配,股份有限公司按照股东持有的股份比例分配。"可见在我国《公司法》中,清算中公司的"剩余财产"是专指对股东进行分配的财产。

对股东财产权益保护的规定却近似于空白,①这显然是极为不妥的。

在公司自行清算解散中,对丧失股东资格民事主体的财产权保护,应当把握好以下两个关键环节:

其一,合理设计清算人制度,以保障对股东分配清算中公司剩余财产的价值最大化。清算人在清算中公司的地位如同董事会在经营中公司的地位,是清算事务的执行者。清算人对公司股东会负责,履行善管尽职义务,并应当对执行清算事务的过错承担相应责任。我国《公司法》第184条关于"股份有限公司的清算组由董事或者股东大会确定的人员组成"的规定是正确的,但是该条关于"有限责任公司的清算组由股东组成"的规定显然不妥。其一,全体股东组成清算人,与清算人的清算职能不相符合。如当有限责任公司有数十位股东时,由众多股东组成清算人,将难以有效地进行清算事务;其二,全体股东组成清算人,混淆了股东会的决策、议事机关与清算人的执行清算事务机关的属性的区别,削弱了股东会对清算人的监督作用。在《公司法》第207条中,对清算人侵犯公司财产的这一有损于股东财产权的行为,只规定了清算人的行政责任,由公司登记机关予以行政处罚,这显然是不够的。清算人侵犯公司财产,属于民事责任,应当赋予公司追究其民事责任的权利。《最高人民法院关于适用〈中华人民共和国公司法〉若干问题的规定(二)》(以下简称《公司法适用规定(二)》)第23条第1款规定:"清算人在从事清算事务时,违反法律、行政法规或者公司章程给公司造成损失,公司主张其承担赔偿责任的,人民法院应依法予以支持。"只有当清算人在合理的制度制约下有效地进行清算,使清算中公司的剩余财产最大化时,股东资格灭失者的财产权保护才能落到实处。

其二,为小股东财产权的保护提供专门的救济通道。在公司自行清算解散中,小股东的财产权益更容易被侵犯,对小股东财产权益的保护也更容易被忽视。法律应当为小股东财产权益的保护提供专门的救济通道。一般来说,当清算人侵犯公司财产时,大股东可以通过股东会对清算人的职权进行限制,并可通过相关法律途径进行救济。但是,小股东则难以通过这种方式来保护自己的权益。小股东不仅对清算人的行为缺乏有效的制约,还可能面临控制股东权利滥用的威胁。所以国外的公司立法有赋予小股东对清算人的股东代表诉讼(派生

---

① 我国《公司法》第207条规定,"清算组不依照本法规定向公司登记机关报送清算报告,或者报送清算报告隐瞒重要事实或者有重大遗漏的,由公司登记机关责令改正。清算组成员利用职权徇私舞弊、谋取非法收入或者侵占公司财产的,由公司登记机关责令退还公司财产,没收违法所得,并可以处以违法所得一倍以上五倍以下的罚款。"虽然该条规定是对公司财产的保护,在一定程度上也间接地保护了股东的财产权,但是,该条并不是对股东财产权保护的专门规定,也不是对股东财产的直接保护。

诉讼)权的规定。① 虽然我国《公司法》没有此方面的规定,但是,《公司法适用规定(二)》赋予了小股东以股东代表诉讼权。根据该规定,无论是在公司清算中还是在清算结束后公司终止的,只要清算人或控制股东侵犯公司财产权的,有限责任公司的股东、股份有限公司连续180日以上单独或者合计持有公司1%以上股份的股东,均可依据《公司法》第152条第3款的规定,向清算人或控股股东提起股东代表诉讼。② 当然,当清算人通过对公司的财产权侵犯而间接损害股东利益时,小股东可以通过股东代表诉讼的专门通道获得司法救济,这并不影响小股东在其财产权被清算人或大股东直接侵犯时,仍可通过一般的民事诉讼渠道进行司法救济。

(2)公司特别清算终止时股东资格灭失的财产权保护

特别清算,是指解散的公司进行清算发生严重困难(例如存在多数利害关系人时,按照通常的程序清算有困难或需要较长时间),或有债务超过之虞时,根据法院命令进行的特别清算程序。③

我国《公司法》第184条规定,"公司除因合并或分立而解散的,应当在解散事由出现之日起十五日内成立清算组,开始清算","逾期不成立清算组进行清算的,债权人可以申请人民法院指定有关人员组成清算组,进行清算。"该条是对公司特别清算的规定。虽然《公司法》将公司的普通清算程序与特别清算程序混合规制,但是这两种不同清算程序的区别仍是十分明显的。公司特别清算与普通清算最重要的区别之一就在于清算人的组成不同:在普通清算中,由公司根据法律规定自行组成的清算人对公司进行清算;在特别清算中,由法院指定人员组成的清算人对公司进行清算。普通清算是公司自行进行清算,属于自愿清算;而特别清算则是法院指定的清算人在股东监督下进行的清算,属于强制清算。特别清算与普通清算在属性上的这种差异,使得特别清算中股东资格灭失时的财产权保护方式也要与特别清算制度相照应。

首先,股东有权启动特别清算程序。如同普通清算既要保护债权人也要保护股东的财产权益一样,特别清算也要既保护债权人利益也要保护股东财产权益。《公司法》第184条规定,只有当公司不能组成清算组时,由债权人向人民法院提出申请后才进入特别清算程序。这一规定只注意到了特别清算程序对债权人财产权的保护,忽视了对股东财产权的保护,显然是不妥的。其实,特别清算是在公司解散无法进行公正清算的情况下,国家公力救济手段介入的方式。

---

① 例如《日本公司法》第847条。
② 正如经营中公司的控股股东可以成为股东代表诉讼的被告一样,清算中公司的控股股东也应当能够成为股东代表诉讼的被告。
③ 参见〔日〕末敏永和:《现代日本公司法》,金洪玉译,人民法院出版社2000年版,第276页。

因此,难以使公司自行清算公正进行的情况,就是特别清算可以适用的事由。根据《公司法适用规定(二)》的规定,当公司解散逾期不成立清算组并不及时进行清算的或违法清算可能严重损害债权人或者股东利益的,公司股东与债权人一样,有权提起特别清算申请,以保护自己在股东资格灭失时的财产权。

其次,股东有权对清算人的清算行为进行监督。特别清算的清算人是由人民法院指定的,虽然清算人对人民法院负责,但是,股东是直接的利害关系人,赋予股东对清算人的监督权,有利于清算人正确执行清算事务。《公司法》没有赋予股东对特别清算人的监督权是个缺憾。但是,按照《公司法适用规定(二)》第9条的规定,股东有权向人民法院要求更换不称职的清算人,这使股东能够有效地对特别清算人进行监督,以防止自己在股东资格灭失时的财产权被不正当损害。

(3) 未清算公司终止时股东资格灭失的财产权保护

在现实生活中,会出现公司未清算而终止的情况。如果公司未清算而终止给股东造成财产损失的,股东的财产损失如何救济? 例如,甲有限责任公司有股东 A、B、C、D、E 五人,其中 A 和 B 共占有公司 60% 股份,并分别为执行董事和监事管理公司事务。公司解散时没有负债,而有大于公司资本较多数额的财产。甲公司未经清算而被 A、B 注销,只分给其他三位股东小部分财产。这三位小股东的财产权如何保护?

未清算公司终止而导致股东资格灭失时的财产权的保护要解决三个问题:

第一,确定公司未清算的责任人。公司未清算的责任人的确定,实际上是要明确对相关主体财产损害的责任人,只有这样才能使股东资格灭失的财产保护有了诉求对象。按照公司法原理,公司清算人由股东会决定,但股东会是由董事会召集的,①如果董事会没有召集股东会决定公司清算人的,应当由董事会承担相应责任;如果董事会虽召集了股东会,但股东会没有形成确定清算人决议的,董事会应当依法申请特别清算,否则应当由董事会承担相应责任。可见,一般来说,公司未清算的首要责任人应当是相关董事。但是,如果监事或控制股东有过错的,也应当承担相应责任。《公司法适用规定(二)》第 19 条将股份有限公司的董事和控股股东列为责任人是有道理的,但是,该规定是基于《公司法》第 184 条而制定的,将有限责任公司的股东也列为公司未清算的责任人是不妥的。因为如果董事会或执行董事没有召集股东会,且自己擅自注销了公司,还要由股东来承担相应的责任,显然有失公平。在上述案例中,甲公司的小股东 C、D、E 本身就是受害人,他们怎能成为公司未清算的责任人呢? 在这种情况下,《公司

---

① 参见我国《公司法》第 41 条、102 条。

法》第 184 条的规定和相关司法解释的规定,会成为股东财产权保护的障碍。

第二,确定相关主体的法律地位。在公司未清算而被注销终止后的相关主体财产权的保护体系中,公司因注销终止而使其法律主体地位归于消灭。但是,未清算的责任人仍可以公司的董事、监事或控股股东的身份承担责任;而受损失的股东,仍可以以股东的身份主张自己的权利。这是因为,相关董事、监事或控股股东的责任应当是在公司存续时就承担的;股东资格灭失者的损失也是在股东资格存在时就造成的。在公司终止后对前董事等责任人的责任追究和对前股东的财产权保护,实际上是对公司存续时财产权损害的追加救济。我国《公司法》没有对公司终止后相关财产权保护的主体地位作出规定,但是,《公司法适用规定(二)》第 23 条第 3 款关于对清算人的职务行为的责任在公司终止时追究的规定中,适用了相关主体在公司终止前的法律身份。我们认为,在未清算终止公司的相关权利救济中,可以参考这一规定,适用相关主体在公司存续时的法律地位和身份。

第三,明确相关权利损失救济的渠道。对公司未清算终止的财产权利保护,最高人民法院的相关司法解释只对债权人的财产权保护作出了规定,这显然是不够的。公司未清算而终止时的股东财产权同样也需要法律保护。这时的股东财产权保护渠道主要有两条。首先是特别清算的救济渠道。既然公司未清算而终止也会导致股东财产权的损失,那么,就应当也赋予股东向人民法院提起进行特别清算的申请权,使股东能够通过特别清算的救济渠道来保护自己的财产权。其次是对责任人追究责任的救济渠道。如果公司的董事或控股股东未在法定期限内成立清算组开始清算,导致公司财产贬值、流失、毁损或者灭失的,股东应享有向董事或控股股东提起追究其责任的诉讼权。公司董事或控股股东等人未及时进行清算,导致公司财产的损失,或控股股东直接将公司财产据为己有的,是对公司财产的侵犯。因此,公司未清算而终止给丧失股东资格的主体造成财产损失的,该主体可以以股东的身份,参照《公司法适用规定(二)》的规定,适用《公司法》第 152 条的规定,对公司董事、控股股东或其他责任人,提起股东代表诉讼,追究其损害公司财产行为的责任。

5. 除名之股东资格灭失时的财产权保护

除名是公司对违反法律或章程规定并给公司造成损害的股东,强制剥夺其股东资格的处分措施。虽然被除名的股东给公司造成了损害,应当向公司进行赔偿,以保护公司的财产权,但同时,被除名股东在其股东资格灭失时的财产权也应当得到保护。对被除名股东财产权的保护应当充分重视以下三个环节:

第一,严格限定公司对股东的除名行为。除名导致股东资格的灭失,实质上是剥夺股东对公司投资的期待利益,这涉及股东个人的私有财产权益。而这种私有的期待利益,是与其他股东的相应利益联系在一起的。被除名股东通常是公司的小股东,话语权极弱,同时对公司有过错,理亏心虚,难以得到他人的支持,在公司中处于绝对弱势的地位。在这种情况下,如果没有严格的限定,在除名决定随意作出之时就可能造成对被除名股东的财产权的侵犯。例如,当公司经营不利时,公司少有对股东进行除名,以利用其投资,并使其投资与公司的经营风险同在;当公司经营利润丰厚时,公司对股东的除名实际上是阻止其分享公司更大的利润。所以,基于公平原则对股东的除名一定要慎之又慎,只有当股东完全具备了被除名要件时,公司才能严格按规定的程序对股东予以除名。

第二,对公司损失价值和股东股份价值的合理界定。除了因完全未履行出资义务外,被除名股东通常均对公司造成侵害,要以其在公司投资的股份价值折抵其对公司造成的损失。在这时,对公司因被除名股东的侵害行为造成的损失价值和股东的股份价值的合理界定就显得至关重要。对公司损失价值的认定,要有确凿的证据;对被除名股东所持有股份的价值,不仅要以公司净资产的价值为依据,还应当充分考虑到股份的潜在价值,予以足值足额的认定。

第三,保障被除名股东权利救济渠道的畅通。由于被除名股东在公司处于绝对弱势的地位,赋予其有效的诉讼权利,是保护其财产权的最后措施。当股东被公司不当除名或被除名后的财产遭受侵犯时,应当为其开通诉讼救济渠道,赋予其寻求公力救助的权利。

# 附编　股东资格立法问题:思考与建议

## 一、股东资格取得的立法完善之建议

### (一) 股东资格主体的立法完善之建议

关于股东资格的立法建议,主要是针对一人公司投资主体的资格规定,建议删除《公司法》第59条第2款之规定。

1. 建议删除的内容

建议删除的内容是:

《公司法》第59条第2款:"一个自然人只能投资设立一个一人有限责任公司。该一人有限责任公司不能投资设立新的一人有限责任公司。"

2. 删除的理由

第一,该款规定与《公司法》第58条第2款规定关于一人公司的概念不一致。《公司法》第58条第2款规定,"本法所称一人有限责任公司,是指只有一个自然人股东或者一个法人股东的有限责任公司"。显然,这是允许法人取得一人公司的股东资格的,而第59条第2款的规定与此规定不相一致,致使立法内容相冲突。

第二,该款规定不仅存在立法上的矛盾,而且不合法理,在法律实施中宜被规避,难以起到应有的作用。例如,自然人A设立自然人一人公司甲后,按《公司法》第59条的规定,该甲公司不能再设立法人一人公司乙。但这时自然人A可以将其在甲公司的股份(资本)转让给另一法人丙公司。这样丙公司即成为甲公司(一人公司)的股东,这时丙公司可根据《公司法》第58条规定设立法人一人公司乙,然后,丙公司(乙公司的股东)将其在乙公司的全部股份(资本)转让给甲公司,这样甲公司就取得了法人一人公司乙的股东资格了。

## （二）股东资格的善意取得的建议

关于股东资格的善意取得,建议在最高人民法院的司法解释中增加股东资格善意取得要件的规定。

1. 建议增加的内容

建议在股份有限公司股票的转让规范中增加一条规定:

第 条 转让人转让无处分权的有效的股份有限公司股票时,受让人以合法方式和合理对价的受让有效,除非有证据证明该受让人有明显的主观恶意。

2. 增加的理由

股东资格的善意取得,是股份有限公司股东资格受让取得的一种特殊方式。之所以称这种方式是一种股东资格取得的特殊方式,是因为这种方式是一种有瑕疵的股份受让方式。显然,转让主体不合法,不应当导致有效转让法律后果的产生。但是如果受让人是善意受让,并不知晓或无从知晓转让人是否合法享有其转让的股份,在这种情况下,将其受让股份的行为归于无效,无疑对受让人是不公平的,同时也不利于股份的及时、安全流通。对股东资格的善意取得予以认可和保护,既是为了保护善意受让人的合法利益,体现法律的公平性,也是为了保障股份有限公司股份的安全、快捷流通。

但是,对股东资格的善意取得必须要严格控制。在司法实践中,建议从以下四个要件把握股东资格善意取得的认定:

第一,受让人受让的是股份有限公司的、可转让的、有效的、股票形式的股份。这是善意取得的客体要件。股东资格善意取得制度的设立,首先是基于股份有限公司的资合性和股票的无因性,因此股东资格的善意取得只适用于股份有限公司的股份转让。只有当受让人受让的是股份有限公司股票时,才有可能适用善意取得规则。其次受让的股票是依法可转让的。如法律对发起人和董事、监事、高级管理人员转让股票有限制的,在限制期内受让的,受让人则不能适用善意取得规则。再次,受让的股票应当是有效的股票,例如受让伪造的股票、失效的股票等则不能产生合法的效力。

第二,受让人以善意受让股票。这是善意取得的主观要件,要求受让人在受让股份时的主观意志方面没有瑕疵。这一要件要求受让人在受让股票时出自善意,正常地进行受让行为。在对受让人"善意"的内在意思与外在表现进行考量时,不仅要考量受让的行为有无重大过失,还要考量受让人支付价格的合理性。如果受让人在明知转让人无处分权利或者受让人稍加注意就可以觉察转让人非权利人而没有注意的,则表明受让人的取得行为存在恶意或者重大过失。在股票的交易中,如果受让人所支付的价格过低,显失公平的,则有可能反映出受让人非善意的主观心态。任何非善意的股票受让,都不能构成股东资格的善意取得。

第三,受让的股票为无处分权人转让的。这是善意取得的对方主体方面的要件。由于善意取得制度是针对转让人的瑕疵,所以,转让人的瑕疵是必不可少的要件,如转让人转让的是盗窃所得的股票或是拾得的遗失股票。否则,即成为合法的股份转让,将不产生股东资格的善意取得。

第四,受让股份的方式合法。这是善意取得的客观方面要件。我国法律对股份的转让作出了相应的规定,包括上市股份的转让、记名股票的转让等都有相应的规定。如果股票转让双方当事人的转让行为违反了法律的相关限制性规定,将无法构成股东资格的善意取得。

受让人受让股份只有完全具备上述条件时,才能构成善意取得股东资格。

**(三)受赠股份的股东资格建议**

关于受赠股份,建议在《公司法》中增加赠与程序方面的规定。

1. 建议增加的内容

建议在《公司法》第三章"有限责任公司的股权转让"中增加一条关于出资份额赠与的规定:

第 条 有限责任公司的股东向他人赠与出资份额,除公司章程另有规定外,应当经其他股东过半数同意。

2. 增加的理由

我们不赞同有限责任公司股东向他人赠与出资份额时,公司的其他股东对赠与出资份额享有优先接受的权利。这是因为,其他股东与赠与人之间的利益关系有别于赠与当事人之间的利益关系。在出资份额的赠与中,受赠人与赠与人之间存在着特殊的利益关系,这种特殊的利益关系是出资份额赠与形成的基础。这种"特殊利益关系"之所以特殊,具有两方面的内涵:其一,"特殊利益关系"的内涵主要建立在非物质利益基础之上;其二,"特殊利益关系"的密切程度超乎一般的关系。赠与当事人之间这种关系的特殊程度,通常与赠与出资份额的价值数额成正比。显然,赠与当事人之间的这种特殊的关系,在赠与人与其他股东之间是不存在的。在这种情况下,将赠与当事人之间所具有的这种"特殊利益关系"混同于其他股东与赠与人之间的一般物质利益关系,而赋予其他股东对赠与出资份额的优先接受权,对赠与人和受赠人都是极不公平的,是有损于赠与人与受赠人之间的"特殊利益"的。毫无疑问,在出资份额的转让中,转让人与受让人之间不存在特殊的利益关系,与其他股东处于同一类利益关系的层面上。所以,不能将出资份额转让中的转让人、受让人和其他股东处于同一层面利益关系的法律规则,运用于出资份额赠与中的赠与当事人与其他股东处于不同层面利益关系的调整。

虽然有限责任公司的其他股东对赠与出资份额不享有优先接受权,但是,赠与人仍应当充分尊重其他股东的利益和公司股东关系的稳定。我们认为,赠与人向受赠人赠与出资份额,应当事先经其他股东过半数人同意,否则受赠人的受赠行为无效。

当然,基于有限责任公司的人合性因素以及公司的自治规则,有限责任公司章程对出资份额的赠与有规定的,章程的规定除违反法律强制性规定外,具有优先适用的效力。

**(四)受赠干股的股东资格问题的建议**

关于干股的赠与,建议在最高人民法院的司法解释中增加的相关规定。

1. 建议增加的内容

建议最高人民法院通过司法解释的形式作出如下规定:

公司向他人赠与干股的方案,在股份有限公司应当经出席股东大会会议的股东所持表决权的三分之二以上通过方能生效;在有限责任公司,除公司章程另有规定外,应当经股东会代表三分之二以上表决权的股东同意后方能生效。

2. 增加的理由

干股的赠与是公司行为,公司是干股的赠与人。从表面上看,干股的受赠人没有出资或者向公司投资,这极易使人误将干股的受赠混同于一般的股份受赠。其实,从本质上看,受赠干股股份与受赠一般股份是基于不同缘由而进行的、具有不同属性的法律行为。受赠干股,是受赠人以其对公司已经作出一定贡献的"实有价值"或即将为公司作出贡献的"潜在价值"与公司"赠与"股份的交换,在本质上属于股份转让的法律行为。

公司向他人赠与干股,实质上是处分公司所拥有的股份财产,涉及每位股东的利益。因此,公司向他人赠与干股的方案,在股份有限公司应当经出席股东大会会议的股东所持表决权的 2/3 以上通过方能生效;在有限责任公司,除公司章程另有规定外,应当经代表 2/3 以上表决权的股东同意后方能生效。

在司法实践中,对干股赠与的认定,应当注意以下几方面:

第一,公司应当在实质上拥有股份。公司作为赠与人向他人赠与股份,必须拥有股份,对要赠与的股份拥有所有权,否则没有行为客体,是根本无法进行赠与行为的。公司拥有股份的方式有两种:其一,通过回购其他股东的股份而享有公司股份;其二,通过发行新股而拥有股份。

第二,公司的赠与行为要经股东会的合理表决通过后进行。

第三,受赠人对公司具有价值性贡献。公司对受赠人赠与的干股,应当与受赠人对公司贡献的价值性大小成正比。

第四,受赠行为不违反国家强制性规范。虽然公司向受赠人赠与干股在本质上属于私权行为,但是如果涉及违反国家强制性规范,仍属无效。例如,将公司股份赠与国家机关工作人员,以谋取公司的特殊利益,这种赠与行为实质上属于贿赂。

## 二、出资与相关管理制度的思考与建议

### (一)出资中金额比例要求规范的建议

关于对出资中金额比例的要求,建议修改《公司法》第27条第3款的规定。

1. 建议修改的内容

《公司法》第27条第3款规定:"全体股东的货币出资金额不得低于有限责任公司注册资本的百分之三十。"

建议改为:

有限责任公司设立时的注册资本,货币金额不得低于百分之三十。

2. 修改的理由

《公司法》的原规定,实质上并不属于对股东出资的规范,如果股东出资不符合这一规定,不能构成股东的出资瑕疵。因为,这一规定的精神实质,是对公司资本结构的要求,而不是对公司某一单个股东投资的要求。如果出现这一情况,只能表明公司设立瑕疵,而不属于股东出资瑕疵的问题。这时,只要相关股东按其认缴的出资履行了出资义务,就不能认定股东出资有瑕疵。所以解决这一问题应当由公司设法予以补正。显然,该条规定的立法对规范的内容属性把握不当,应当予以纠正。

### (二)股东名册管理的建议

关于公司应当备置的股东名册,建议合并《公司法》第33条和第131条,并完善股东名册制作和管理制度。

1. 建议修改的内容

第三十三条 有限责任公司应当置备股东名册,记载下列事项:

(一)股东的姓名或者名称及住所;

(二)股东的出资额;

(三)出资证明书编号。

记载于股东名册的股东,可以依股东名册主张行使股东权利。

公司应当将股东的姓名或者名称及其出资额向公司登记机关登记;登记事项发生变更的,应当办理变更登记。未经登记或者变更登记的,不得对抗第三人。

第一百三十一条 公司发行记名股票的,应当置备股东名册,记载下列事项:

(一)股东的姓名或者名称及住所;

(二)各股东所持股份数;

(三)各股东所持股票的编号;

(四)各股东取得股份的日期。

发行无记名股票的,公司应当记载其股票数量、编号及发行日期。

修改建议:第一,将这两条合并为一条,规定在公司的总则中,可适用于有限责任公司和股份有限公司;第二,完善股东名册制作和管理制度。建议修改条款为:

第 条 公司应当制作公司股东名册。

公司应当制定股东名册管理制度,董事会负责股东名册的设置与管理。

股东名册应当记载如下事项:

(一)股东的姓名或者名称及住所;

(二)股东所持股份的数额或金额;

(三)股东所持股票的编号或出资证明书的编号;

(四)股东取得股份的日期;

(五)股东失去股份的日期及相关事由;

(六)公司认为需要记载其他事项。

有限责任公司的股东名册应当由股东签字。

股东有权查阅、复制股东名册记载的事项。

记载于股东名册的股东,可以依股东名册主张行使股东权利。

2. 修改的理由

第一,将两条性质相同的条款合并为一条,不仅节约了立法资源,更使立法效果明确显著。同时,为两类公司的股东名册提供了统一的法律效力根据。

第二,完善股东名册制度,是与股东名册的法律效力相适应的。国外相关公司立法对股东名册制度普遍重视。股东名册制度包括股东名册的制作、股东名册的管理、股东名册的效力,需要公司法一体规定。完善股东名册制度,有利于减少股东资格纠纷案件的发生。

### （三）股东资格与公司登记的建议

关于公司登记对股东的效力，建议删除《公司法》第33条第3款的规定。

1. 建议删除的内容

《公司法》第33条第3款规定："公司应当将股东的姓名或者名称及其出资额向公司登记机关登记；登记事项发生变更的，应当办理变更登记。未经登记或者变更登记的，不得对抗第三人。"

2. 删除的理由

第一，股东资格的取得并非源于公司登记的记载。股东资格的取得分为原始取得和继受取得。原始取得股东资格是相关主体直接从公司获得股东资格，是绝对的股东资格取得，是基于公司股东名册的记载和签发股份凭证而取得和生成的。

第二，有关公司登记事务的履行义务人是公司，而非股东。强调登记程序为股东资格认定必要条件的观点，实质上是忽略了一个基本问题，即登记主体是公司而不是股东；混淆了一个基本事实，即登记是公司的登记，而非股东资格的登记。

第三，将公司登记作为认定股东资格的必要条件，难以适应实际生活的需要。

其实，对股东资格的认定，由于有了公司登记这一环节，又增加了产生纠纷的可能。因此无论从理论分析来看，还是从实践经验的效果来看，该条规定都无存在的必要。

### （四）共有股份的立法建议

关于共有股份，建议在《公司法》总则部分增加有关共有股份权利行使的规定。

1. 建议增加的内容

第　　条　两个或者两个以上的民事主体共同持有公司股份的，应当在公司股东名册中进行登记，并确定一人代表全体共有人行使股份权利。未确定股份共有代表人的，共有人主张其行使共有股份权利有效的，人民法院不予以支持，但是公司或相关主体认可的，不在此限。

股份共有代表人领受公司的通知和相关文件的送达。未明确股份共有代表人的，公司向共有人其中一人通知和送达文件，其效力及于全体共有人。

股份共有人未履行出资义务的，相关权利人有权主张共有人承担连带缴纳的责任。

本法未规定的,可适用相关民事法律规范。

**2. 增加的理由**

股份的共有是现实生活中的客观现象,对共有股份予以承认并加以规范,有利于共有股份权利的行使,有利于公司秩序的稳定。虽然共有股份与共有财产在本质上没有区别,但是,在共有股份权利的行使方面与共有财产权利行使还是有所区别的。共有财产可以由任意共有人行使,但是,共有股份的共有人应当确定共有股份的权利行使人。之所以在共有股份中必须确定一名共有股份权利行使人,是因为共有股份只有一个股东资格,不能使每个共有人都享有独立的股东资格。因此,法律一般规定,要求共有股份的共有人确定一人为权利行使人,由其代表共有人承受股东资格,行使股东权利。如果没有关于共有股份的规定,则有关共有股份案件的审理,将缺乏必要的法律依据。

## 三、股东资格灭失方面的立法建议

### (一) 对股东除名的立法建议

关于股东的除名,建议《公司法》加强公司对股东除名的规定。

**1. 建议增加的内容**

第 条 股东未履行出资义务或者实施了严重损害公司利益的下述行为,公司可以经股东会占公司注册资本或实缴资本三分之二以上的过半数股东同意表决通过,对该股东除名。

(一) 迟延缴付全部或大部分出资,经两次以上书面催告仍不纠正的;

(二) 股东出资后又抽回其全部或大部分出资,经两次以上书面催告仍不纠正的;

(三) 股东不当行为致使公司无法经营或给公司造成重大损害的;

(四) 其他损害公司利益的行为。

公司章程对股东除名事由有规定的,从公司章程的规定。

股东会关于股东资格除名的决定一经作出即产生法律效力,被除名股东的股东资格即告消灭。

被除名股东对公司除名有异议的,可以在公司股东会作出决议后30日内向人民法院提起诉讼,要求撤销股东会关于除名的决议。

**2. 增加的理由**

《公司法》赋予了股东要求公司回购股份的权利,却没有赋予公司对股东除名的权利,着实有不对等之嫌。尤其在具有较强人合性因素的有限责任公司中,如果某股东严重损害公司利益,丧失了与其他股东合作的信任基础,则不赋予公司对此类股东除名的权利,将不利于公司的稳定发展。国外公司立法如德国公司立法、俄罗斯公司立法均有相关规定。赋予公司对股东的除名权利是现代公司立法的一个发展趋势。

由于公司对股东的除名实质上是剥夺相关当事人的股东资格,涉及被除名者的私权问题,因此,立法应当积极加以规范,严格限定公司对股东的除名权的使用。

### (二) 对公司清算人规定的立法建议

关于公司清算人的规定,建议修改有限责任公司清算人组成方面的规定。

1. 建议修改的内容

《公司法》第184条规定:"公司因本法第一百八十一条第(一)项、第(二)项、第(四)项、第(五)项规定而解散的,应当在解散事由出现之日起十五日内成立清算组,开始清算。有限责任公司的清算组由股东组成,股份有限公司的清算组由董事或者股东大会确定的人员组成。逾期不成立清算组进行清算的,债权人可以申请人民法院指定有关人员组成清算组进行清算。人民法院应当受理该申请,并及时组织清算组进行清算。"

建议修改为:

第 条:公司因本法第一百八十一条第(一)项、第(二)项、第(四)项、第(五)项规定而解散的,应当在解散事由出现之日起十五日内成立清算组,开始清算。

有限责任公司的清算组由股东组成或由股东会选举确定的人员组成,股份有限公司的清算组由董事或者股东大会确定的人员组成。

逾期不成立清算组进行清算的,债权人可以申请人民法院指定有关人员组成清算组进行清算。人民法院应当受理该申请,并及时组织清算组进行清算。

2. 修改的理由

该条有几项内容却只有一款,建议分三款分别进行规定,这样条理更清晰。

将有限责任公司清算组的组成修改为"有限责任公司的清算组由股东组成或由股东会选举确定的人员组成",这样使公司清算人的组成更符合清算人的职能属性,使公司法对清算人的制度设计与公司机关体系的制度设计更为协调,更有利于体现有限责任公司人合性的要求,更有利于保护小股东的利益。

### (三) 对未清算责任的立法建议

关于未清算公司的责任,建议《公司法》增加相关规定。

1. 建议增加的内容

第　　条　公司未经清算而注销终止给股东造成损失的,受损害的股东可以以原股东的身份向人民法院提起诉讼,要求原公司有过错的董事、监事或控制股东赔偿其损失。

2. 增加的理由

我国公司法和相关司法解释对公司终止时的债权人的利益保护极为关注,制定了一系列法律规范严密保护债权人的利益。但正如债权人的利益需要立法进行充分保护一样,作为投资者的股东的利益同样需要得到必要的保护。虽然股东可以通过股东会的渠道对公司经营管理者进行适度控制,但是这并不意味着股东权利不会被侵害,特别是在公司解散时,股东的利益一旦被侵害,其法律救济的诉求就有可能成为立法的盲点。股东资格因其他原因如转让、继承等而灭失的,其财产权利的保护通常有可行的救济方式,但是如果公司终止导致股东资格灭失的,股东财产权利保护的救济可能因公司的终止而失去了诉讼对象,所以公司立法应当专门予以规定。

# 参 考 文 献

## 一、中文著作类

[1] 陈小君主编:《合同法》(第三版),中国法制出版社 2007 年版。
[2] 崔建远主编:《新合同法原理与案例评释》,吉林大学出版社 1999 年版。
[3] 董安生、胡梦琪、洪庚明等编译:《英国商法》,法律出版社 1991 年版。
[4] 丁巧仁主编:《公司法判解研究》,人民法院出版社 2003 年版。
[5] 范健主编:《商法》(第二版),高等教育出版社、北京大学出版社 2002 年版。
[6] 范健:《德国商法:传统框架与新规则》,法律出版社 2003 年版。
[7] 范健、蒋大兴:《公司法论》(上册),南京大学出版社 1997 年版。
[8] 范健、王建文:《公司法》,法律出版社 2006 年版。
[9] 樊云慧:《英国少数股东权诉讼救济制度研究》,中国法制出版社 2005 年版。
[10] 冯果:《公司法要论》,武汉大学出版社 2003 年版。
[11] 冯果:《现代公司资本制度比较研究》,武汉大学出版社 2000 年版。
[12] 房绍坤、关涛、郭明瑞:《继承法》,法律出版社 1999 年版。
[13] 顾功耘主编:《商法教程》,上海人民出版社、北京大学出版社 2006 年版。
[14] 关国华、汪福长、葛意生、戴云芳编译:《公债与股票》,中国财政经济出版社 1988 年版。
[15] 郭锋、王坚主编:《公司法修改纵横谈》,法律出版社 2005 年版。
[16] 耿云卿:《破产法释义》,五南图书出版公司 1988 年版。
[17] 高富平:《物权法原论》(上、中、下),中国法制出版社 2001 年版。
[18] 何勤华主编:《美国法律发达史》,上海人民出版社 1998 年版。
[19] 何勤华主编:《法国法律发达史》,法律出版社 2001 年版。
[20] 何美欢:《公众公司及其股权证券》(上、中、下),北京大学出版社 1999 年版。
[21] 侯东德:《股东权的契约解释》,中国检察出版社 2009 年版。
[22] 胡果威:《美国公司法》,法律出版社 1999 年版。
[23] 黄速建:《公司法论》,中国人民大学出版社 1989 年版。
[24] 黄川口:《公司法论》(增订版),三民书局 1984 年版。

[25] 江平主编:《法人制度论》,中国政法大学出版社1994年版。
[26] 江平主编:《新编公司法教程》(第二版),法律出版社2003年版。
[27] 江平、李国光主编:《最新公司法案例评析》,人民法院出版社2006年版。
[28] 蒋大兴:《公司法的展开与评判 方法·判例·制度》,法律出版社2001年版。
[29] 蒋大兴主编:《公司法律报告》(第二辑),中信出版社2003年版。
[30] 孔祥俊:《公司法要论》,人民法院出版社1997年版。
[31] 柯芳枝:《公司法论》,中国政法大学出版社2004年版。
[32] 梁慧星:《民法总论》,法律出版社1996年版。
[33] 梁慧星主编:《民商法论丛》,金桥文化出版(香港)有限公司2000年版。
[34] 梁慧星主编:《中国物权法研究》(上、下),法律出版社1998年版。
[35] 梁宇贤:《公司法论》,三民书局1980年版。
[36] 李克武:《公司登记法律制度研究》,中国社会科学出版社2006年版。
[37] 李国光主编:《中国民商审判》(2002年第2卷),法律出版社2002年版。
[38] 李浩:《强制执行法》,厦门大学出版社2004年版。
[39] 李锡鹤:《民法哲学论稿》,复旦大学出版社2000年版。
[40] 李锡鹤:《民法原理论稿》,法律出版社2009年版。
[41] 龙卫球:《民法总论》(第二版),中国法制出版社2002年版。
[42] 刘文:《继承法比较研究》,中国人民公安大学出版社2004年版。
[43] 刘俊海:《公司的社会责任》,法律出版社1999年版。
[44] 刘俊海:《股份有限公司股东权的保护》(修订本),法律出版社2004年版。
[45] 刘俊海:《现代公司法》,法律出版社2008年版。
[46] 刘连煜:《公司治理与公司社会责任》,中国政法大学出版社2001年版。
[47] 刘连煜:《公司法原理》,中国政法大学出版社2002年版。
[48] 刘培峰:《结社自由及其限制》,社会科学文献出版社2007年版。
[49] 刘清波:《商事法》,台湾商务印书馆1986年版。
[50] 罗培新:《公司法的合同解释》,北京大学出版社2004年版。
[51] 卢代富:《企业社会责任的经济学与法学分析》,法律出版社2002年版。
[52] 卢泽渊:《法的价值论》,法律出版社1999年版。
[53] 雷兴虎主编:《公司法学》,北京大学出版社2006年版。
[54] 雷兴虎:《商事主体法基本问题研究》,中国检察出版社2007年版。
[55] 毛亚敏:《公司法比较研究》,中国法制出版社2001年版。
[56] 梅慎实:《现代公司法人治理结构规范运作论》,中国法制出版社2001年版。
[57] 米良、周麒:《东盟国家公司法律制度研究》,中国社会科学出版社2008年版。
[58] 米也:《澳门民商法》,中国政法大学出版社1996年版。
[59] 马俊驹、余延满:《民法原论》(第三版),法律出版社2007年版。
[60] 彭万林主编:《民法学》(第三版),中国政法大学出版社2002年版。
[61] 彭诚信:《主体性与私权制度研究——以财产、契约的历史考察为基础》,中国人民

大学出版社 2005 年版。

[62] 潘福仁主编：《股权转让纠纷》，法律出版社 2007 年版。

[63] 覃有土主编：《商法学》（第二版），高等教育出版社 2008 年版。

[64] 〔日〕青木昌彦、钱颖一主编：《转轨经济中的公司治理结构》，中国经济出版社 1995 年出版。

[65] 邱海洋：《公司利润分配法律制度研究》，中国政法大学出版社 2004 年版。

[66] 任先行、周林彬：《比较商法导论》，北京大学出版社 2000 年版。

[67] 上海市高级人民法院编：《公司法疑难问题解析》，法律出版社 2004 年版。

[68] 沈富强：《股东股权法律事务——股东资格与责任》，立信会计出版社 2006 年版。

[69] 沈贵明：《公司法教程》，法律出版社 2007 年版。

[70] 沈四宝：《西方国家公司法原理》，法律出版社 2006 年版。

[71] 施天涛：《公司法论》（第二版），法律出版社 2006 年版。

[72] 史际春主编：《公司法教程》，中国政法大学出版社 1995 年版。

[73] 史尚宽：《物权法论》，中国政法大学出版社 2000 年版。

[74] 史尚宽：《继承法论》，台湾荣泰印书馆 1966 年版。

[75] 宋永新：《美国非公司型企业法》，社会科学文献出版社 2000 年版。

[76] 孙晓洁：《公司法基本原理》，中国检察出版社 2006 年版。

[77] 汤欣：《公司治理与上市公司收购》，中国人民大学出版社 2001 年版。

[78] 吴汉东主编：《知识产权法学》，北京大学出版社 2000 版。

[79] 吴汉东、胡开忠：《无形财产权制度研究》（修订版），法律出版社 2005 年版。

[80] 吴建斌：《最新日本公司法》，中国人民大学出版社 2003 年版。

[81] 吴越编著：《公司法先例初探》，法律出版社 2008 年版。

[82] 魏振瀛主编：《民法》，北京大学出版社、高等教育出版社 2000 年版。

[83] 王保树主编：《最新日本公司法》，法律出版社 2006 年版。

[84] 王保树、崔勤之：《中国公司法原理》，社会科学文献出版社 2000 年版。

[85] 王保树主编：《商事法论集》（第 5 卷），法律出版社 2000 年版。

[86] 王保树主编：《商事法论集》（第 7 卷），法律出版社 2002 年版。

[87] 王保树主编：《商事法论集》（第 11 卷），法律出版社 2006 年版。

[88] 王春旭、罗斌主编：《港澳台民商法》，人民法院出版社 1997 年版。

[89] 王东光：《股东退出法律制度研究》，北京大学出版社 2010 年版。

[90] 王健：《特殊目的公司法律制度研究》，法律出版社 2009 年版。

[91] 王利明、杨立新、王轶、程啸：《民法学》，法律出版社 2005 年版。

[92] 王利明：《民法总则研究》，中国人民大学出版社 2003 年版。

[93] 王利明：《物权法研究》（修订版），中国人民大学出版社 2007 年版。

[94] 王启富、刘金国主编：《人权问题的法理学研究》，中国政法大学出版社 2003 年版。

[95] 王泰铨：《欧洲事业法（一）——欧洲公司企业组织法》，五南图书出版公司 1999 年版。

[96] 王文宇:《公司法论》,中国政法大学出版社 2004 年版。
[97] 王轶:《物权变动论》,中国人民大学出版社 2001 年版。
[98] 王义松:《私人有限责任公司视野中的股东理论与实证分析》,中国检察出版社 2006 年版。
[99] 王泽鉴:《债法原理》(第一册),中国政法大学出版社 2001 版。
[100] 王泽鉴:《侵权行为法》(第一册),中国政法大学出版社 2001 年版。
[101] 王泽鉴:《民法物权 1 通则·所有权》,中国政法大学出版社 2001 年版。
[102] 王志华:《俄罗斯公司法》,法律出版社 2010 年版。
[103] 武忆舟:《公司法论》(修订本),三民书局 1970 年版。
[104] 谢在全:《民法物权论》(上、下),中国政法大学出版社 1999 年版。
[105] 谢怀栻:《票据法概论》,法律出版社 1990 年版。
[106] 夏雅丽:《有限责任制度的法经济学分析》,法律出版社 2006 年版。
[107] 杨立新:《共有权理论与适用》,法律出版社 2007 年版。
[108] 杨大文主编:《婚姻家庭法》,中国人民大学出版社 2001 年版。
[109] 杨君仁:《有限责任公司股东退出与除名》,神州图书有限责任公司 2000 年版。
[110] 尹田:《民事主体理论与立法研究》,法律出版社 2003 年版。
[111] 余能斌主编:《现代物权法专论》,法律出版社 2002 年版。
[112] 虞政平:《股东有限责任——现代公司法律之基石》,法律出版社 2001 年版。
[113] 叶林:《公司法研究》,中国人民大学出版社 2008 年版。
[114] 张力:《法人独立财产制度研究:从历史考察到功能解析》,法律出版社 2008 年版。
[115] 张舫:《公司收购法律制度研究》,法律出版社 1998 年版。
[116] 张开平:《英美公司董事法律制度研究》,法律出版社 1998 年版。
[117] 张俊浩主编:《民法学原理》,中国政法大学出版社 2000 年版。
[118] 张礼洪:《物权法教程》,北京大学出版社 2005 年版。
[119] 张民安:《现代英美董事法律地位研究》,法律出版社 2000 年版。
[120] 张民安:《公司法上的利益平衡》,北京大学出版社 2003 年版。
[121] 张文显:《二十世纪西方法哲学思潮研究》,法律出版社 2006 年版。
[122] 张文显:《法哲学范畴研究》(修订版),中国政法大学出版社 2003 年版。
[123] 张文显:《法学基本范畴研究》,中国政法大学出版社 1993 年版。
[124] 左传卫:《股东出资法律问题研究》,中国法制出版社 2004 年版。
[125] 赵德枢:《一人公司详论》,中国政法大学出版社 2004 年版。
[126] 赵旭东:《企业与公司法纵论》,法律出版社 2003 年版。
[127] 赵旭东主编:《公司法学》(第二版),高等教育出版社 2006 年版。
[128] 赵旭东、宋晓明主编:《公司法评论》(2006 年第 4 辑),人民法院出版社 2007 年版。
[129] 赵旭东、宋晓明主编:《公司法评论》(2008 年第 1 辑),人民法院出版社 2009 年版。

[130] 赵万一、卢代富:《公司法:国际经验与理论框架》,法律出版社 2005 年版。
[131] 朱江主编:《新公司法疑难案例判解》,法律出版社 2009 年版。
[132] 朱慈蕴:《公司法人格否认法理研究》,法律出版社 1998 年版。
[133] 褚红军主编:《公司诉讼原理与实务》,人民法院出版社 2007 年版。
[134] 郑玉波:《公司法》,三民书局股份有限公司 1980 年版。
[135] 郑玉波:《民法总论》,中国政法大学出版社 2003 年版。
[136] 周枏:《罗马法原论》(上册),商务印书馆 1994 年版。
[137] 周枏:《罗马法原论》(下册),商务印书馆 1996 年版。
[138] 周友苏:《新公司法论》,法律出版社 2006 年版。
[139] 周友苏等:《公司法学理与判例研究》,法律出版社 2008 年版。

## 二、中文期刊论文类

[140] 蔡世军:《股权强制执行的基本原则》,载《人民司法》2007 年第 2 期。
[141] 程合红:《试论股权的客体——物、股份、公司》,载《法学》2000 年第 1 期。
[142] 陈小君:《我国他物权体系的构建》,载《法商研究》2002 年第 5 期。
[143] 陈小君、易军:《论我国合同法上赠与合同的性质》,载《法商研究》2001 年第 1 期。
[144] 陈小悦、徐晓东:《股权结构、企业绩效与投资者利益保护》,载《经济研究》2001 年第 11 期。
[145] 陈华彬:《业主的建筑物区分所有权——评〈物权法草案〉第六章》,载《中外法学》2006 年第 1 期。
[146] 戴俊勇:《论强制执行中的有限责任公司股权处分原则》,载《人民司法》2006 年第 10 期。
[147] 董翠香、祖良军:《合伙主体的层次与合伙立法研究》,载《烟台大学学报》2007 年第 3 期。
[148] 丁南:《论民商法上的外观主义》,载《法商研究》1997 年第 5 期。
[149] 范健:《论股东资格认定的判断标准》,载《南京大学法学评论》2006 年秋季号。
[150] 范黎红:《公司章程"侵权条款"的司法认定及救济——以"强制离职股东转让股权"之章程条款为例》,载《法律适用》2009 年第 1 期。
[151] 方新军:《权利客体的概念及层次》,载《法学研究》2010 年第 2 期。
[152] 冯果:《内部交易与私权救济》,载《法学研究》2000 年第 2 期。
[153] 冯果:《论公司股东与发起人的出资责任》,载《法学评论》1999 年第 3 期。
[154] 傅曦林:《股东名册受托管理人制度初探》,载《学术论坛》2009 年第 1 期。
[155] 高晓春:《论自然人的行为能力》,载《甘肃社会科学》2004 年第 1 期。
[156] 郭富青:《从股东绝对主义到相对主义公司治理的困境及出路》,载《法律科学》2003 年第 4 期。
[157] 韩世远:《民事法律行为解释的立法问题》,载《法学》2003 年第 12 期。
[158] 贺强兴、张一鸿:《对中外合资、合作企业投资股权的强制执行》,载《人民司法》

1999 年第 11 期。

[159] 江平、龙卫球：《法人本质及其基本构造研究——为拟制说辩护》，载《中国法学》1998 年第 3 期。

[160] 江平、孔祥俊：《论股权》，载《中国法学》1994 年第 1 期。

[161] 江平、卞宜民：《中国职工持股研究》，载《比较法研究》第 3、4 期。

[162] 江苏省高级人民法院民二庭：《有限责任公司股东资格的认定》，载《人民司法》2003 年第 2 期。

[163] 蒋大兴：《公共信息的回归路径？——股东名册和营业执照保管的乌托邦》，载《河北法学》2005 年第 10 期。

[164] 蒋学跃、向静：《合伙作为第三种民事主体否定论大纲——以法人制度的价值与功能为考察线索》，载《法学论坛》2007 年第 6 期。

[165] 焦富民、陆一：《论建筑物区分所有权业主共有权的保护》，载《比较法研究》2007 年第 5 期。

[166] 贾少学、唐春丽：《中日两国自然人民事行为能力制度之比较分析》，载《河北法学》第 11 期。

[167] 孔祥俊：《论现代公司的产权结构（上）——兼评我国公司法对公司产权的规定》，载《政法论坛》1994 年第 3 期。

[168] 孔祥俊：《论现代公司的产权结构（下）——兼评我国公司法对公司产权的规定》，载《政法论坛》1994 年第 4 期。

[169] 孔祥俊：《论法律事实与客观事实》，载《政法论坛》2002 年第 5 期。

[170] 〔德〕康拉德·茨威格特、海因·克茨：《行为能力比较研究》，孙宪忠译，载《外国法译评》1998 年第 3 期。

[171] 李萱：《法律主体资格的开放性》，载《政法论坛》2008 年第 5 期。

[172] 李锡鹤：《论共有》，载《法学》2003 年第 2 期。

[173] 李俊：《论离婚时有限责任公司夫妻准共有股权之分割》，载《人民司法》2006 年第 9 期。

[174] 李庆海：《论民事行为能力与民事责任能力》，载《法商研究》1999 年第 1 期。

[175] 李晓辉：《信息权利——一种权利类型分析》，载《法制与社会发展》2004 年第 4 期。

[176] 李青山：《论人的本性及其与法律的关系》，载《社会科学》2004 年第 10 期。

[177] 李霞：《论我国成年人民事行为能力欠缺法律制度重构》，载《政治与法律》2008 年第 9 期。

[178] 梁上上：《股份公司发起人的责任》，载《法学研究》1997 年第 6 期。

[179] 楼晓：《论"出资""股份""股权"及"股东资格"间的法律关系——以有限责任公司为论述基点》，载《法学杂志》2009 年第 2 期。

[180] 楼晓：《未成年人股东资格之商法检讨》，载《法学》2008 年第 10 期。

[181] 楼晓、冯果：《论股份交换制度在我国的推进与适用》，载《法学评论》2008 年第

6期。

[182] 楼建波:《论有限公司股东的股权继承与股东资格继承》,载《当代法学》2007年第5期。

[183] 刘本荣:《区分所有之共有权及相关纠纷案件的审理》,载《法律适用》2004年第8期。

[184] 刘保玉、秦伟:《论自然人的民事责任能力》,载《法学研究》2001年第2期。

[185] 刘贵祥:《论行政合同效力——以外商投资企业股权转让为线索》,载《中国法学》2011年第2期。

[186] 刘继峰、吕家毅:《企业社会责任内涵的扩展与协调》,载《法学评论》2004年第5期。

[187] 刘俊海:《论抽逃出资股东的民事责任》,载《法学杂志》2008年第1期。

[188] 刘青文:《论共有的法律适用——以〈物权法〉为视角》,载《河北法学》2008年第9期。

[189] 刘士国:《论物权转让与危险负担》,载《社会科学》2008年第11期。

[190] 刘燕:《职业利益笼罩下的法律制度创新——对英国〈有限责任合伙法〉的评述》,载《环球法律评论》2005年第2期。

[191] 雷兴虎、邱国红:《论公司终止后的环境法律责任》,载《法学评论》2001年第6期。

[192] 雷兴虎、邱国红:《论国有企业产权》,载《湘潭工学院学报(社会科学版)》2002年第3期。

[193] 雷兴虎:《论我国公司出资制度的完善》,载《法商研究》2004年第1期。

[194] 雷兴虎、陈虹:《社会团体的法律规制研究》,载《法商研究》2002年第2期。

[195] 龙卫球:《法律主体概念德基础性分析》(上),载《学术界》2000年第3期。

[196] 龙卫球:《法律主体概念德基础性分析》(下),载《学术界》2000年第4期。

[197] 卢代富:《国外企业社会责任界说述评》,载《现代法学》2001年第3期。

[198] 廖中洪:《关于强制执行立法几个理论误区的探讨》,载《现代法学》2006年第3期。

[199] 麻昌华、南庆明:《论公司财产权性质》,载《法商研究》2001年第3期。

[200] 马俊驹、林晓镍:《我国股份回购的现实意义与立法完善》,载《法学》2000年第11期。

[201] 明盛华:《论有限责任公司"挂名"股东股东资格的确认——以一起案例为例的实证研究》,载《法律适用》2007年第9期。

[202] 宁红丽:《共有人分管契约的基本构造》,载《法商研究》2003年第6期。

[203] 宁红丽:《我国赠与合同制度若干问题的反思》,载《浙江社会科学》2007年第2期。

[204] 潘晓璇:《实际出资人股东资格的认定》,载《法律适用》2007年第4期。

[205] 钱明星:《论公司财产与公司财产所有权、股东股权》,载《中国人民大学学报》1998年第2期。

［206］孙光焰：《也论公司、股东与董事之法律关系》，载《法学评论》1999 年第 6 期。

［207］申卫星：《对民事法律关系内容构成的反思》，载《比较法研究》2004 年第 1 期。

［208］沈贵明：《共有股份的公司法规范》，载《法学研究》2010 年第 2 期。

［209］沈贵明：《股东资格灭失时的股东财产权保护》，载《经济经纬》2010 年第 3 期。

［210］沈贵明：《未成年人取得股东资格的法理分析》，载《社会科学》2010 年第 10 期。

［211］沈贵明：《未经变更登记的股权转让不能对抗第三人吗？——新〈公司法〉第三十三条质疑》，载《河南政法管理干部学院学报》2007 年第 2 期。

［212］石少侠：《股权问题研析》，载《吉林大学社会科学学报》1994 年第 4 期。

［213］童之伟：《法律关系的内容重估和概念重整》，载《中国法学》1999 年第 6 期。

［214］唐绍欣、王凤祥：《评"资本民主化"理论》，载《理论学刊》1993 年第 2 期。

［215］滕蔓：《夫妻财产共有与分割的经济学分析》，载《法商研究》1999 年第 6 期。

［216］吴汉东：《文化多样性的主权、人权与私权分析》，载《法学研究》2007 年第 6 期。

［217］吴汉东：《论财产权体系——兼论民法典中的财产权总则》，载《中国法学》2005 年第 2 期。

［218］吴汉东：《财产的非物质化革命与革命的非物质财产法》，载《中国社会科学》2003 年第 4 期。

［219］吴汉东：《论信用权》，载《法学》2001 年第 1 期。

［220］吴汉东：《财产权客体制度论——以无形财产权客体为主要研究对象》，载《法商研究》2000 年第 4 期。

［221］吴汉东：《无形财产权的若干理论问题》，载《法学研究》1997 年第 4 期。

［222］王保树：《资本维持原则的发展趋势》，载《法商研究》2004 年第 1 期。

［223］王保树：《商法的实践和实践中的商法》，载王保树主编：《商事法论集》（第 3 卷），法律出版社 1999 年版。

［224］王利明：《论代位权的行使要件》，载《法学论坛》2001 年第 1 期。

［225］王建东：《离婚诉讼中股权分割问题研究》，载《政法论坛》2003 年第 3 期。

［226］王鸿晓：《转投资的异化及其规制》，载《法律适用》2009 年第 1 期。

［227］王勇华：《有限责任公司股份自由继承的理论基础》，载《法学》2005 年第 10 期。

［228］王宁：《日本民法民事行为能力制度刍议——兼谈我国民事行为能力制度的完善》，载《河北法学》2002 年第 6 期。

［229］王荣康：《股份回购及对债权人和中小股东的保护》，载《现代法学》2002 年第 3 期。

［230］王成勇、陈广秀：《隐名股东之资格认定若干问题探析》，载《法律适用》2004 年第 7 期。

［231］王远明、唐英：《公司登记效力探讨》，载《中国法学》2003 年第 2 期。

［232］王丹阳：《德国民事合伙之债务与责任学说的演变》，载《政治与法律》2009 年第 5 期。

［233］许德风：《论私法上财产的定价》，载《中国法学》2009 年第 6 期。

[234] 徐国栋:《从身份到理性——现代民法中的行为能力制度沿革考》,载《法律科学》2006年第6期。

[235] 薛军:《〈物权法〉关于共同共有的规定在适用中的若干问题》,载《华东政法大学学报》2007年第6期。

[236] 薛文成:《关于赠与合同的几个问题》,载《清华大学学报》1999年第4期。

[237] 谢非:《德国商业登记法律制度的沿革》,载《德国研究》2000年第3期。

[238] 谢怀栻:《论民事权利体系》,载《法学研究》1996年第2期。

[239] 肖作平:《股权结构、资本结构与公司价值的实证研究》,载《证券市场导报》2003年第1期。

[240] 萧伯符、易江波:《略论中国赠与法律传统及其现代转型》,载《法商研究》2007年第2期。

[241] 严存生、王海山:《"法律事实"概念的法哲学思考》,载《法学论坛》2002年第1期。

[242] 严桂珍:《论公司股东资料取得的条件》,载《法学》1999年第9期。

[243] 杨立新:《论人格利益准共有》,载《法学杂志》2004年第6期。

[244] 杨建军:《法律事实的概念》,载《法律科学》2004年第6期。

[245] 杨波:《法律事实辨析》,载《当代法学》2007年第6期。

[246] 阎天怀:《论股权质押》,载《中国法学》1999年第1期。

[247] 叶林:《公司股东出资义务研究》,载《河南社会科学》2008年第4期。

[248] 易继明、李辉凤:《财产权及其哲学基础》,载《政法论坛》2000年第3期。

[249] 袁秀挺:《股东资格继承及其例外之司法解读——陶某诉某有限公司股东权纠纷案》,载《法律适用》2007年第5期。

[250] 余能斌、范中超:《所有权社会化的考察与反思》,载《法学》2002年第1期。

[251] 虞政平:《股东资格的法律确认》,载《法律适用》2003年第8期。

[252] 张礼洪:《物权法草案中建筑物区分所有权规定之完善》,载《法学》2005年第10期。

[253] 张平:《股权转让效力层次论》,载《法学》2003年第12期。

[254] 张双根:《共有中的两个问题——兼谈对〈物权法〉(草案)"共有"章的看法》,载《比较法研究》2006年第2期。

[255] 张强:《民事行为能力制度的反思与重构》,载《法律论坛》2005年第5期。

[256] 张作华:《传统法律行为理论的现代改造及体系重构——从"权利行为"到"关系行为"》,载《法商研究》2009年第1期。

[257] 张彩云:《论赠与合同的性质》,载《当代法学》2000年第4期。

[258] 张学军:《身份登记制度研究》,载《法学研究》2004年第1期。

[259] 张新、祝红梅:《内幕交易的经济学分析》,载《经济学》2003年第4期。

[260] 张淳:《英国法对未成年人合同的调整》,载《法学杂志》2001年第4期。

[261] 张玉平:《论持分权》,载《政法论坛》2005年第6期。

[262] 张德芬：《自然人缔约能力制度比较及我国立法的完善》，载《法学杂志》2001 年第 5 期。

[263] 郑祝君：《公司与社会的和谐发展——美国公司制度的理念变迁》，载《法商研究》2004 年第 4 期。

[264] 曾见：《德国民法中的未成年人保护》，载《德国研究》2004 年第 2 期。

[265] 赵旭东：《公司法修订的基本目标与价值取向》，载《法学论坛》2004 年第 6 期。

[266] 赵万一、王兰：《有限公司股权继承法律问题研究》，载《华东政法学院学报》2006 年第 2 期。

[267] 赵渊：《"董事会中心说"与"股东中心说"：现代美国公司治理学说之辩》，载《比较法研究》2009 年第 4 期。

[268] 周友苏：《试析股东资格认定中的若干法律问题》，载《法学》2006 年第 12 期。

[269] 朱碧慧、王辉：《美国强制执行法律制度及借鉴》，载《法律适用》2006 年第 11 期。

[270] 朱一飞：《公司设立主观性瑕疵的处理模式——民事法律行为的研究进路》，载《政治与法律》2008 年第 6 期。

[271] 钟明霞、蔡元庆：《股份非法回购之法律救济》，载《法学评论》2003 年第 4 期。

## 三、博士论文类

[272] 陈敏：《公司治理与投融资效率问题研究》，中南财经政法大学 2006 年博士学位论文。

[273] 陈善昂：《股份信用研究》，厦门大学 2003 年博士学位论文。

[274] 胡洁：《股份公司股权结构研究》，中国社会科学院研究生院 2002 年博士学位论文。

[275] 黄军：《国家所有权行使论》，武汉大学 2005 年博士学位论文。

[276] 李康：《二元股权结构下公司行为与股东利益的法律经济分析》，中国政法大学 2006 年博士学位论文。

[277] 李军：《法律行为研究——以私法为根据》，山东大学 2005 年博士学位论文。

[278] 李晓霖：《论股东资格确认——以有限责任公司为视角》，吉林大学 2008 年博士学位论文。

[279] 李旭东：《法律规范理论之重述》，南京师范大学 2006 年博士学位论文。

[280] 李克武：《公司登记法律制度研究》，武汉大学 2005 年博士学位论文。

[281] 刘贵祥：《论债权保护在公司法制中的优先性》，对外经济贸易大学 2005 年博士学位论文。

[282] 刘蔚：《上市公司股份回购制度研究》，中国政法大学 2008 年博士学位论文。

[283] 娄伟：《"资本话语权"论——现代企业理论反思及我国上市公司实证研究》，复旦大学 2003 年博士学位论文。

[284] 蓝发钦：《公司股利政策研究》，华东师范大学 1999 年博士学位论文。

[285] 米兴平：《公司设立的合法性问题研究》，中国人民大学 2008 年博士学位论文。

[286] 马栩生:《登记公信力研究》,武汉大学 2005 年博士学位论文。
[287] 宁晨新:《股权出资法律问题研究》,中国政法大学 2006 年博士学位论文。
[288] 宋良刚:《有限公司股权转让问题研究》,中国政法大学 2004 年博士学位论文。
[289] 孙有强:《股权公示制度研究》,中国政法大学 2005 年博士学位论文。
[290] 孙鹏:《物权公示论——以物权变动为中心》,西南政法大学 2003 年博士学位论文。
[291] 孙东雅:《民事优先权研究》,中国政法大学 2003 年博士学位论文。
[292] 唐保银:《中国公司法经济分析》,吉林大学 2008 年博士学位论文。
[293] 谭甄:《移植与差异:有限责任公司制度研究》,中国政法大学 2003 年博士学位论文。
[294] 王军:《国家所有权的法律神话——解析中国国有企业的公司制实践》,中国政法大学 2003 年博士学位论文。
[295] 王旭东:《股东参与权研究》,吉林大学 2007 年博士学位论文。
[296] 王令浚:《商事登记法律制度研究》,对外经济贸易大学 2007 年博士学位论文。
[297] 杨松:《股东之间利益冲突研究》,北京大学 2004 年博士学位论文。
[298] 张付成:《安全·公平·效率——公司法的价值均衡与整合》,吉林大学 2004 年博士学位论文。
[299] 朱勇:《所有权结构与绩效——基于分地区上市公司的研究》,重庆大学 2007 年博士学位论文。
[300] 赵学刚:《有限责任公司股东预期利益的法律保护》,重庆大学 2007 年博士学位论文。
[301] 周海博:《股权转让论——以有限责任公司为视角》,吉林大学 2009 年博士学位论文。
[302] 钟青:《权利质权研究》,中国社会科学院研究生院 2002 年博士学位论文。

## 四、外文翻译类

[303] 〔美〕阿道夫·A.伯利、加德纳·C.米恩斯:《现代公司与私有财产》,甘华鸣、罗锐韧、蔡如海译,商务印书馆 2005 年版。
[304] 〔美〕埃德加·博登海默:《法理学——法哲学及其方法》,邓正来、姬敬武译,华夏出版社 1987 年版。
[305] 〔英〕保罗·戴维斯:《英国公司法精要》,樊云慧译,法律出版社 2007 年版。
[306] 〔美〕保罗·A.萨缪尔森、威廉·D.诺德豪斯:《经济学》(第 12 版),中国发展出版社 1992 年版。
[307] 〔美〕保罗·R.格雷戈里、罗伯特·C.斯图尔特:《比较经济制度学》,葛奇、许强译,知识出版社 1988 年版。
[308] 〔德〕鲍尔施蒂尔纳:《德国物权法》,张双根译,法律出版社 2006 年版。
[309] 〔意〕彼德罗·彭梵得:《罗马法教科书》,黄风译,中国政法大学出版社 1992

年版。

[310]〔美〕伯纳德·施瓦茨:《美国法律史》,王军、洪德、杨静辉译,中国政法大学出版社1989年版。

[311]〔加〕布莱恩·R.柴芬斯:《公司法:理论、结构和运作》,林华伟、魏旻译,法律出版社2000年版。

[312]〔俄〕B.B.拉扎列夫主编:《法与国家的一般理论》,王哲等译,法律出版社1999年版。

[313]〔英〕丹尼斯·吉南:《公司法》(第十三版),朱羿锟等译,法律出版社2005年版。

[314]〔德〕迪尔克·克斯勒:《马克斯·韦伯的生平、著述及影响》,郭锋译,法律出版社2000年版。

[315]〔德〕迪特尔·梅迪库斯:《德国民法总论》,邵建东译,法律出版社2000年版。

[316]〔德〕格茨·怀克、克里斯蒂娜·温德比西勒:《德国公司法》(第21版),殷盛译,法律出版社2010年版。

[317]〔德〕黑格尔:《法哲学原理》,范扬、张企泰译,商务印书馆1982年版。

[318]〔德〕卡尔·拉伦茨:《德国民法通论》(上、下),王晓晔、邵建东、程建英、徐国建、谢怀栻译,法律出版社2003年版。

[319]〔奥〕凯尔森:《法与国家的一般理论》,沈宗灵译,中国大百科全书出版社2003年版。

[320]〔德〕康德:《实用人类学》,邓晓芒率译,重庆出版社1987年版。

[321]〔美〕罗伯特·C.克拉克:《公司法则》,胡平、林长远、徐庆恒等译,工商出版社1999年版。

[322]〔美〕罗伯特·W.汉密尔顿:《公司法概要》,李存捧译,中国社会科学出版社1999年版。

[323]〔美〕罗伯特·W.汉密尔顿:《美国公司法》(第5版),齐东祥等译,法律出版社2008年版。

[324]〔德〕罗伯特·霍恩、海因·科茨、汉斯·C.莱塞:《德国民商法导论》,楚建译,中国大百科全书出版社1996年版。

[325]〔美〕罗尔斯:《正义论》,何怀宏等译,中国社会科学出版社1988年版。

[326]〔韩〕李哲松:《韩国公司法》,吴日焕译,中国政法大学出版社2000年版。

[327]〔美〕理查德·A.波斯纳:《法律的经济分析》,蒋兆康译,中国大百科全书出版社1997年版。

[328]〔法〕卢梭:《社会契约论》,何兆武译,商务印书馆1994年版。

[329]〔英〕洛克:《政府论》(下),瞿菊农、叶启芳译,商务印书馆1983年版。

[330]〔英〕迈恩哈特:《欧洲九国公司法》,赵旭东、杨仁家、顾永中译,中国政法大学出版社1988年版。

[331]〔日〕末永敏和:《现代日本公司法》,金洪玉译,人民法院出版社2000年版。

[332]〔美〕切斯特·I.巴纳德:《经理人员的职能》,王永贵译,机械工业出版社2007

年版。

[333]〔英〕R. E. G. 佩林斯、A. 杰弗里斯编:《英国公司法》,《公司法》翻译小组译,上海翻译出版公司1984年版。

[334]〔英〕史蒂文·卢克斯:《个人主义》,阎克文译,江苏人民出版社2001年版。

[335]〔德〕托马斯·莱塞尔、吕迪格·法伊尔:《德国资合公司法》,高旭军等译,法律出版社2005年版。

[336]〔日〕我妻荣:《我妻荣民法讲义Ⅱ·新订物权法》,〔日〕有泉亨补订,罗丽译,中国法制出版社2008年版。

[337]〔日〕我妻荣:《我妻荣民法讲义Ⅰ·新订民法总则》,于敏译,中国法制出版社2008年版。

[338]〔新加坡〕沃尔特·C. M. 伍恩:《新加坡公司法新论》,卢炯星译,厦门大学出版社1989年版。

[339]〔日〕星野英一:《私法上的人》,王闯译,载梁慧星主编:《民商法论丛》(第8卷),法律出版社1997年版。

[340]〔英〕亚当·斯密:《国民财富的性质和原因的研究》(上、下),郭大力、王亚南译,商务印书馆1994年版。

[341]〔日〕志村治美:《现物出资研究》,于敏译,法律出版社2001年版。

## 五、外文资料

[342] Janet Dine, Company Law, 4th edition,法律出版社2003年版(麦克米伦法学精要丛书·影印本2003年版)。

[343] Alan R. Palmiter, Corporations,中信出版社2003年版(案例与解析影印系列)。

[344] R. W. Hamilton, The Law of Corporation, 4th edition,刘俊海、徐海燕注,中国人民大学出版社2001年版(民商法精要系列·影印注释本)。

[345] Robert W. Hamilton and Richard A. Booth, Corporations, fifth edition, Thomson/West Publishing Co. ,2006.

[346] L. C. B. Gower, Gower's Principles of Modern Company Law, London, 4th edition, steuens & sons, 1979.

[347] Eugene F. Fama, Agency Problems and the Theory of the Firm, 88 J. POL. ECON. 288 (1980).

[348] William A. Klein, The Modern Business Organization:Bargaining Under Constraints, 91 YALE L. J. 1521(1982).

[349] 大野正道:《株式の共有者による権利行使》,載《ジュリスト(増刊)》(新法律学の争点シリーズ5,会社法の争点)2009年(平成21年)11月。

# 后 记

在我国,股东资格认定是一个实践性很强,操作性很复杂的问题。然而,在国外市场经济发达国家,股东资格认定根本不是个问题。这是为什么?或许这与我国民众对公司法知识欠缺、股东意识薄弱、公司立法不健全等众多实际情况有重要关系,但是,我在对股东资格问题不断深入研究的过程中认识到,这也与我国公司法的一些基本理论问题研究落后有关,尤其是与对股东与公司的关系、股份与公司资产的关系等等一系列最基本但却是至关重要的问题研究不够有关。

其实也难怪,自改革开放以来短短三十年的时间中,为了发展社会主义市场经济,我国公司法制迅猛发展,大量引进了国外的一些规则,而这些规则运作所需要的基础条件,却不可能像相关立法的借鉴那样一蹴而就;对这些规则所蕴含的基本原理也不是凭直观感觉就可一目了然的。为什么我国引进的一些国外行之有效的规则、制度没有产生预期的效果呢?没有充分理解这些规则、制度的内在原理,从而难以正确使用这些规则、制度是一个重要原因。有关股东资格问题,就是这方面的有力佐证。责任心促使我对股东资格问题进行深入研究。

对股东资格的深层研究,自然会涉及公司法最基本的理论问题,触及公司法原理的根基。于是,尽管内心的愿望仍是立足于解决司法实践中的具体疑难问题,尽管我已经搜集到大量的案例资料而对它们的分析会极大地增加书的厚度,但我仍将此书定位于学术著作。学术需要超脱,因为超脱才利于俯视所研究对象的全貌;学术追求理性,因为理性就是要以严密的逻辑思维周密分析所研究的对象;学术宣扬个性,因为个性的宣扬是对一切束缚的突破,是对真理的向往;学术主张创新,因为创新要大胆质疑,勇于挑战,不断进取,与时俱进!

对股东资格理论问题的研究需要耐心。股东资格是有关股东的一个方面问题,而股东是公司法学最基本的范畴之一。对股东资格越是深入思考,越是会发现问题所涉及的面之广,需要研究的问题之多。股东资格问题,不仅与现实生活联系极为密切,更是一个内容丰富、体系庞大的理论问题。对股东资格的深入研究,涉及公司法的方方面面。有些理论问题看似"简单"、"无聊",然而,这些问题却是构成宏大的公司法理论体系难以或缺的因素,是解决现实问题逻辑思维的起始点。对这些基本问题的潜心深入思考,不只是为了对股东资格研究取得尽可能较好的成果,更是以期有助于公司法理论的研究发展。

对股东资格理论问题的研究使我的视野不断开阔,目标随也之伸远。日渐完美的股东资格理论的体系框架,满足了我内心的向往,给了我学术研究的方向,也给了我巨大的压力——需要研究解决的问题太多。我围绕股东资格开展的一系列问题的深入研究逐步取得的成果,使我看到了研究的价值,品味了艰难探索苦涩之后的甘甜。然而,所承担国家社会科学基金项目的重任迫使我原本完美的计划难以实现。现实与理想总是会有距离,这就是真实。真实的生活需要淡定和智慧。淡定之后我认识到,完美是暂时的,缺憾是难免的。为了不与国家社会科学基金项目的研究形成冲突,我重新审视了股东资格研究的内容,发现股东资格深入研究会有深层障碍,如股东与公司的关系看似简单,实际上是十分复杂的,必须专题深入研究。因此,对股东资格的研究计划必须分阶段进行。而第一阶段的成果,就是呈现于诸位读者面前的本书。

本书作为我学术生涯中的一个结晶,既是我承担的科研项目的更新成果,也是博士学位论文的修改之作。2006年,我承担了上海市教委的重点科研项目"股东资格研究",该项目如期结项,但我对该成果不甚满意,未交付出版。五十岁生日这天,我拿到了中南财经政法大学的学生证,师从吴汉东教授,攻读博士学位。在攻读博士学位期间,经导师同意,我将股东资格问题作为学位论文的选题,重新研究撰写。经过不断努力,对股东资格选题的研究有了全新的成果,形成了我的博士学位论文。在论文答辩中答辩委员会认可了论文选题及研究成果,评为优秀论文,同时也对论文提出诸多修改意见。此后,我又对论文进行了较大修改,交付出版社出版。

本书作为我学术生涯中的一个结晶,既凝结了我的辛勤付出,也折射出恩师贤达们对我学术研究的指导和帮助。我深深地感激他们!

感激恩师吴汉东教授!他以博大、宽厚的胸怀接纳了我这名"高龄"学生,更是以极大的宽容心,允许我按自己的专业兴趣选择研究方向、决定论文选题。我深知,没有吴老师的宽容,我没有机会和足够的时间对股东资格进行深入研究;我深信,正是得益于吴老师的学术指导和研究方法、学术品质的熏陶,才使我的研究内容不断深化,研究质量不断提升。师从吴汉东教授,我不仅因吴老师深厚的罗马法底蕴和财产关系法学研究深受教益,更是因吴老师对我的多方面悉心关怀、学术指导,领悟了做人、做事的真谛。吴老师"三求"的学术精神引领我进入学术研究的"绿色通道":固守学科研究的求真学术信念,保持独立思考的求异学术品性,勇于挑战和超越的求新学术精神。吴老师高尚的人格品性、宽宏的人生视野、忘我的敬业精神、严谨的治学态度、谦和的待人风格,深深地影响了我的学术思维,也影响了我的人生态度……

感激令我敬重的陈小君教授!在攻读博士学位期间,得以接受陈老师言传身教,倍感幸运。陈老师是我身受直接教导最多的导师之一。她体谅我求学之艰辛,关心我的学业,并对我的学位论文予以了具体指导,令我十分感动,不会忘却。陈老师超强的工作能力令人敬佩,她对工作忘我的投入、高度的责任心、求真务实的作风和奉献精神,更值得我学习。

感谢学位论文答辩委员会的余能斌教授、易继明教授、陈小君教授、覃有土教授、雷兴虎教授,他们敏锐的专业眼光、严谨的学术态度,给我留下了深刻印象;他们从不同的专业角度,从论文内容的逻辑关系等方面提出问题,甚至对论文中不起眼的个别概念的内涵意义以及使用的准确性,都提出了质疑。思考、回答专家们的提问是一次别样的学术体验和另一种学习收获。感谢曹新明教授、胡开忠教授、赵家仪教授、彭学龙教授、刘仁山教授、雷兴虎教授以及其他老师给我的帮助;感谢中南财经政法大学研究生部、法学院和知识产权中心对我的关心和培养,我将铭记母校对我的恩泽!感谢卢海君博士、宋慧献博士、杨建斌博士、马波博士、刘春霖博士、牛强博士、张爱国博士、王政超博士、郭继博士、祝之舟博士、陈汉法博士和苏燕英博士以及其他博士同学给我的热忱帮助,我将永远珍惜与这些青年才俊们之间的真挚友谊。

感谢华东政法大学,这所美丽学校宽松的工作环境给了我求学的便利;浓厚的学术氛围催促我勤勉治学,不敢懈怠。由衷感谢顾功耘教授、罗培新教授,以及经济法学院吴弘教授、傅鼎生教授等领导和同仁给我多方的帮助和支持。在年近半百之时,我非常庆幸能来到华东政法大学经济法学院工作,这是一个非常和谐、充满朝气的团队。

我还要感谢的是我的部分研究生,他们在我的项目研究中曾参与撰写稿件,虽然最终未被采用,但他们为此题研究收集的案例和相关资料,给我的研究和撰稿提供了方便和支持。

本书能够顺利出版,我还要感谢由顾功耘教授主持的经济法学科建设的经费支持和北京大学出版社王业龙副编审的鼎力相助,以及徐音编辑认真负责的工作作风。

我到华东政法大学工作,远离了父母。老母以多病体弱的身躯扶持更弱且瘫的父亲,忙于企业行政管理的大哥和有自己家庭拖累的小妹倾力照顾老父,而我却鞭长莫及,无能为力。这些年每每想起,就痛苦无比。我默默祝福我体弱的父母,感激我忙碌的兄妹,但是,不管怎样的祝福与感激,都无法平抑我内心的"不孝"之愧疚!我只能默默承受,潜心追求我的理想。在这一过程中,得以宽慰的是我妻子给了我充分的理解和体贴,与我共同承受、共同追求……